国宝劫难备忘录

张 健

文物出版社

国定教科书

目　录

序 ··· （1）

古 代 篇

一　从文物及古代文物珍宝的收藏和流失说起 ············· （3）
　　（一）什么是文物 ·· （3）
　　（二）古代的文物发现、收藏与著述 ························ （7）
　　（三）古代文物珍宝散佚举要 ·································· （12）
　　　　1. 和氏璧的传说　2. 九鼎的流传和遗失
　　　　3. 钟鐻铜人　4. 洛阳铜马与铜驼

二　古代青铜器和石刻的劫难 ······································ （18）
　　（一）古代青铜器的发现和收藏 ······························ （18）
　　（二）古代青铜器的损毁 ·· （20）
　　（三）古代石刻的厄运 ··· （23）
　　　　1. 早期摩崖碑碣的发现与散佚　2. 汉晋以后历代
　　　　石刻的损毁　3. 古代著名碑刻沧桑

三　古代书画的沉浮 ·· （36）
　　（一）早期书画及名家作品 ····································· （36）

(二) 古代书画的主要劫难 …………………………（38）
    1. 汉代:七十余乘只剩半 2. 晋代:萧绎兵败焚书画 3. 隋代:船覆书画落水沦弃 4. 唐代:水火之灾和战乱之毁 5. 宋代:金兵南下,宋内府书画遭殃 6. 明代:为凑军饷卖书画

四 古代陵墓及建筑的劫难 ……………………………（48）
  (一) 厚葬必然导致古墓被盗 …………………………（48）
  (二) 古代盗墓风盛 ……………………………………（50）
    1. 秦始皇掘地找宝剑和秦始皇陵寝的毁坏 2. 西汉始有大规模盗墓 3. 魏晋南北朝时期盗墓不断 4. 北宋皇陵屡遭破坏 5. 农民起义军毁坏明朝皇陵
  (三) 古代宫廷建筑的焚毁 ……………………………（58）
    1. 明清以前的宫廷建筑全部被毁 2. 其他被毁的古代建筑举例

五 古代典籍频遭禁毁 …………………………………（66）
  (一) 古代的早期典籍 …………………………………（66）
  (二) 古代典籍的发展、整理与收藏 …………………（67）
  (三) 古代典籍的禁毁 …………………………………（70）
    1. 从商鞅燔《诗》、《书》到秦始皇焚书坑儒 2. 以谶纬为主的南北朝至隋唐禁书与宋元禁书范围的扩大 3. 明清文字狱带来的禁书和编纂《四库全书》造成的空前浩劫
  (四) 典籍散佚毁损举要 ………………………………（79）
    1.《竹书纪年》 2.《永乐大典》 3.《西域图记》 4.《文苑英华》 5.《明实录》 6. 朱睦㮮万卷堂藏书 7. 大内档案 8. 天一阁及其藏书

近代篇

一 走进西方的博物馆 …………………………………（89）
  （一）美国的七大收藏中国文物中心 …………………（89）
    1. 波士顿美术博物馆　2. 哈佛大学福格艺术博物馆　3. 纽约市艺术博物馆　4. 费城宾夕法尼亚大学博物馆　5. 弗利尔艺术馆　6. 美国纽约大都会艺术博物馆　7. 纳尔逊艺术博物馆
  （二）欧洲的中国文物收藏 ……………………………（98）
    1. 英国　2. 法国　3. 瑞典、瑞士和德国、俄国
  （三）中国文物变成东瀛国宝 …………………………（103）
  （四）强盗的逻辑 ………………………………………（107）
    1. 西方掠夺中国文物的手段　2. 欺人的辩解

二 疯狂的魔鬼与圆明园的焚毁 …………………………（116）
  （一）园林史上的奇迹 …………………………………（116）
  （二）疯狂的魔鬼 ………………………………………（117）
  （三）为什么选择圆明园 ………………………………（121）
  （四）圆明园的再次遭劫及遗踪寻觅 …………………（126）

三 西北阴霾 ………………………………………………（129）
  （一）令盗贼垂涎的丝绸古道 …………………………（129）
    1. 历史悠久的丝绸古道　2. 丝绸古道上的明珠
    3. 荒漠中的文明遗迹
  （二）斯坦因对丝路文物的劫掠 ………………………（144）
    1. 斯坦因其人　2. 斯坦因的自白
  （三）丝绸古道上的其他盗贼 …………………………（156）

四 王朝末日与清宫珍宝的散佚 ……………………………… (165)
（一）庚子之变中的文物掠夺 ……………………………… (165)
1. 在北京公开抢劫三天　2. 皇城遭殃
3. 四国军队抢劫保定古莲池
（二）末代皇帝是国宝大盗 ……………………………… (171)
1. 监守自盗　2. 溥仪逃亡天津与盗出文物的散佚
3. 小白楼浩劫与文物市场上的"东北货"
4. 溥仪携出清宫的珠宝首饰和书画
（三）故宫文物的痛苦别离 ……………………………… (186)
1. 故宫博物院的成立与差点被拍卖　2. 炮火追击下的文物大迁移　3. 日伪抢劫故宫文物
4. 文物精华运往台湾

五 动荡年代 ……………………………………………………… (198)
（一）民国时期洛阳文物的劫难 ……………………………… (198)
1. 繁荣与劫难相伴的洛阳古城　2. 民间和官方参与的盗墓活动
（二）兵匪肆虐清代陵寝 ……………………………… (202)
1. 孙殿英胆大妄为盗东陵　2. 土匪对东陵的第二次洗劫　3. 隐秘军人盗崇陵　4. 鄂士臣夜盗珍妃墓
（三）在日寇的铁蹄下 ……………………………… (218)
1. 与军事入侵相伴随的文物盗劫　2. 世纪悬案：日本人与北京猿人化石的失踪　3. 代号"真迹008"
4. "铜铁献纳运动"与宗镜阁被劫　5. 中国在战时损失的文物数量统计　6. 抗战胜利的果实

六 古玩业的风风雨雨 …………………………………………… (245)
（一）中华珍宝从这里流失 ……………………………… (245)

（二）古玩业风云人物 …………………………………（248）
　　　1. 岳彬倒卖珍贵文物病死狱中　2. 岳乾斋与清代
　　　官廷珍藏的抵押　3. 丁济谦与御窑瓷器的外流
　（三）专向国外出口文物的卢吴公司 ……………………（261）
　（四）活跃在中国的外国古玩商 …………………………（264）
　　　1. 美国人"中国通"福开森　2. 日本人诡计多端
　　　3. 欧洲人卡必尔和魏武达

当 代 篇

一　从解放初到十年动乱 ……………………………………（275）
　（一）文物市场管理的薄弱与以出口为主
　　　的文物经营方针 ……………………………………（275）
　（二）夹杂在废品中的珍贵文物 …………………………（280）
　（三）"文化大革命"中的文物破坏 ………………………（283）
　　　1. 康生等人的文物掠夺　2. 范宽《雪景寒林图》的
　　　遭遇　3. 文成公主头上的黄宝石　4. 洛阳白马
　　　寺事件及故宫大佛堂文物的分离

二　肆虐华夏的盗挖古墓和盗窃古遗址狂潮 ………………（290）
　（一）中国的古墓也在开放吗 ……………………………（290）
　（二）国家对盗墓违法犯罪活动的有力打击 ……………（299）
　（三）盗墓活动为何屡禁不止 ……………………………（302）
　（四）触目惊心的盗掘、盗窃古墓和古遗址案 …………（308）
　　　1. 吴王陵文物的追寻　2. "中国第一古尸"被盗
　　　3. "中华唐陵之冠"被盗文物的追还　4. 古生物化石
　　　难逃厄运

三　魔爪伸向博物馆 …………………………………………（322）

(一) 博物馆藏品失盗统计及失盗原因 ……………………… (322)
(二) 博物馆被盗案例举要 ………………………………… (325)
　　1. 发生在故宫的几次盗窃珍宝案　2. 新中国第一
　　文物大案　3. 敦煌莫高窟第465窟壁画被盗案
　　4. 青州博物馆"状元卷"失窃案　5. 辽宁省博物馆
　　文物被盗案　6. 秦始皇陵将军俑头被盗案

四　疯狂的文物走私 ……………………………………… (348)
(一) 来自海关的消息 ……………………………………… (348)
(二) 文物走私要案 ………………………………………… (358)
　　1. 三千件国宝的艰难回归　2. 追踪"郎卡宁布"
　　3. 从纽约索斯比拍卖行追回战国铜敦
　　4. 司马光家庙佛头被盗走私案

五　无序的文物市场 ……………………………………… (375)
(一) 国家垄断下的文物外流 ……………………………… (375)
　　1. 文物货源　2. 文物商店的大量设置
　　3. 文物销售
(二) 文物拍卖的出现和民间旧货市场的遍地开花 ……… (379)
　　1. 对文物拍卖管理的薄弱导致珍贵文物的流失
　　2. 管不住的旧货市场
(三) 文物市场的发展给文物保护带来的困难 …………… (383)

六　艰难的文物索还 ……………………………………… (388)
(一) 归还和偿还民族文物的国际论争 …………………… (388)
　　1. 战争与文物的掠夺　2. 战争中保护文物国际公
　　约的诞生
(二) 政府间委员会的建立及国外的文物索还情况 ……… (392)
(三) 二战中文物的失踪、掠夺与索还 …………………… (395)

（四）流失海外的中国文物能得以归还吗 …………………（398）
  1."三希"的分离与"二希"的回归　　2.金编钟历险
  3.宝云阁铜窗海外归来

后记……………………………………………………………（410）

序

郑欣淼

文物古迹是一个国家和民族悠久历史文化的积淀,是联系历史与现实的血脉。综观世界,几乎没有一个国家和民族不倍加珍视自己的文物古迹。保护文物,就是在保护历史和文化,在保护自己的根。文物的流失,在某种意义上说,就是血脉的流失。正因为如此,对于中国文物的流失问题,也向来为国人所关注。特别是近年来,社会各个方面关于这个问题的评议不绝于耳。这是一件好事,是全民文物保护意识提高的一个反映。

在我国历史上,由于王朝更迭、天灾人祸,使历代遗物遭受损毁者,不胜枚举,数不清的见于文献记载的文物湮灭于历史的长河中。到了近代,中国简直就是一块置于砧板上的任人割取的肥肉,西方列强在对中国进行殖民统治的同时,各种名目的文化掠夺也从未停止过;更有某些国人见利忘义,与文化盗贼狼狈为奸,将国之珍宝拱手相让。于是,古老的中华文物精品,就相继摆进了西方国家的博物馆,令人扼腕。清王朝覆灭以后,政局不稳,军阀混战,加上日寇侵华,致使我国文物的破坏、损毁和流失非常严重。建国以后,文物的外流和破坏得到了一些抑制,但十年动乱期间,文物又蒙受了一次厄难。20世纪80年代以后,在发财暴富的心理驱使下,盗掘古文化遗址、盗窃馆藏文物和走私文物的案件屡有发生,许多文物精品流失海外,受到破坏。在国家大规模开展经济建设的同时,在城市建设和改造的过程中,文物遭受破坏的情况同样触目惊心。

张健同志的《国宝劫难备忘录》，基本勾勒出了中国文物饱受劫难的历程。在我看来，这本书主要有以下两个特点：

一是比较系统地论述了中国古代文物的劫难和沧桑。近些年来有很多人士著书撰文，较多地论及了中国近代和当代的文物流失和破坏情况，此书则更为全面、系统。全书根据古代——春秋战国时期至1840年、近代——1840年至1949年、当代——1949年至20世纪90年代这三个大的时期文物劫难的不同情况，从大的历史背景、社会背景入手，选取重点，对三个不同时期文物的劫难进行了叙说、分析和初步研究，由古及今，脉络清楚。

二是全书是在占有大量资料的基础上编写而成的。张健同志从1986年就开始搜集有关资料，阅读了大量历史文献。虽然由于篇幅的限制，许多资料没有采用或没有完全采用，但他在资料的收集和整理方面花费了很大精力，使此书在文物劫难的叙说方面有理有据。

人类文明已经进入了21世纪，但是历史上曾经发生的文物遭受破坏和流失的事情今天仍在不断发生。回顾文物的劫难史是令人难过的，但回避这个事实更是不应该的。张健同志对文物事业怀有满腔热情。他编写此书的动机，就是由对中国文物事业的使命感所驱使，字里行间，凝聚了他对中国文物流失的关注、担忧之情。但此书也有不足，例如在对文物破坏和流失的分析、研究方面，还有待深入；对当前基本建设中造成的文物破坏，涉及寥寥。这也是应该深入研究的一个重要方面。

了解历史上以及近现代中国文物的流失和破坏情况并不是目的。中国的历史文化遗产是属于中华民族的，也是属于全人类的，全社会都有责任和义务保护文物。新中国成立后，我国的文物保护工作成就卓著。近些年来,在党中央、国务院确定的文物工作方针和原则的指导下,我国的文物事业更是成绩辉煌,但存在的问题也不少。我希望能有更多的人来关心中国的文物和博物馆事业,参与到文物保护的行列中来,为避免中国文物的流失和破坏而鼓与呼。正是基于此,我愿意向读者推荐张健同志的这本《国宝劫难备忘录》。

古 代 篇

古外論

一　从文物及古代文物珍宝的收藏和流失说起

（一）什么是文物

"文物"泛指古代人类历史发展过程中遗留下来的遗物、遗迹，是人类宝贵的历史文化遗产。"文物"二字在我国最早出现于春秋战国时期，是礼乐、典章制度的统称。到唐代，其涵义已经与今天文物的涵义比较接近了。在古代的不同时期，对文物的称谓有所不同，如：宋代称文物为"古器物"、"古物"或"骨董"，明清两代更多地称为"古董"或"骨董"。到了清代乾隆年间，则又开始谓之"古玩"。随着近代考古学、博物馆学的兴起与发展，古物的内容更加丰富起来。1930年中华民国政府公布的《古物保存法》，包括了考古发掘对象。自1935年北平市政府编辑出版《旧都文物略》起，"文物"一词再度被使用。此时"文物"不仅指可移动的古器，还包括了不可移动的古代文化遗产，如古建筑、墓葬等。中华人民共和国成立后，"文物"涵盖的内容更加宽泛，不但包括可移动与不可移动的历史文化遗存，当代的优秀文化产物也被列入文物范畴。

现在，我们称所有遗存在社会上或埋藏在地下的历史文化遗物为文物。根据1982年11月19日第五届全国人民代表大会常务委员会第二十五次会议通过的《中华人民共和国文物保护法》，我们可以将如下具有一定的历史、艺术和科学价值的人类活动的遗物看作文物：

——具有历史、艺术、科学价值的古文化遗址、古墓葬、古建筑、石窟寺和石刻；

——与重大历史事件、革命运动和著名人物有关的，具有重要纪念意义、教育意义和史料价值的建筑物、遗址、纪念物；

——历史上各时代珍贵的艺术品、工艺美术品；

——重要的革命文献资料以及具有历史、艺术、科学价值的手稿、古旧图书资料等；

——反映历史上各时代、各民族社会制度、社会生产、社会生活的代表性实物。

具有科学价值的古脊椎动物化石和古人类化石同文物一样受国家的保护。

保护文物，是包括我国在内的世界上所有国家和民族都重视的一项工作。之所以如此，是由文物具有的三个属性所决定的，即文物有历史、艺术、科学价值；文物是不能再生产的；文物具有特殊的物质属性和直观形象。文物的价值和作用是其他任何财产所不能取代的。

我们可以从以下几个方面来说明为什么要保护文物：

其一，任何文物都是一定历史时期人类社会活动的产物，具有鲜明的时代特点。文物首先具有的是历史价值，可以从不同的侧面反映各个时代的社会生产力、生产关系、经济基础、上层建筑、社会生活以及自然环境的状况。文物是我们研究和探索历史的最形象、最直观的实物见证，可以与历史文献互相印证，并补充历史文献资料之不足，在反映人类当时的各种活动的同时，起到证明历史、补充历史和纠正对历史的错误记录和错误认识的作用。

其二,文物是一个国家和民族独特的文化传统的形象和直观的重要载体,是一个国家和民族在长期改造自然和自我的过程中,凝结其所形成的共同心理素质、意识形态、生活习俗的重要遗存。从这个角度来说,文物是一个国家、民族和文化的象征,能够产生巨大的凝聚力和激励作用。正是基于这一点,我国党和政府极其重视文物工作,社会也认同将文物作为对人民进行爱国主义教育的生动教材。

其三,任何一个国家和民族都有自己独特的文化艺术传统,而这种传统又是在长期的历史发展过程中逐渐形成和发展,并被继承发扬的。文物的制作,往往凝结有古人审美情趣和艺术表现形式的大量信息,能够具体地把各种传统的艺术形式形象生动地表现出来,为今天的艺术创作和发展提供有益的借鉴。这一点,正是文物的艺术价值之所在。

其四,文物的制作过程,又是当时人们对大自然所提供的物质材料和所掌握的科学技术手段相结合的产物,能够从不同的侧面反映当时人们认识自然、利用自然的程度,反映当时的科学技术水平和生产力发展水平。因此,文物具有科学价值,是古代科学技术遗产的宝库。文物可以为我们提供关于天文、地理、地质、冶金、农业、医学、纺织、交通、航海等各个方面的资料;有的文物虽然不能为我们直接提供反映当时科学技术的信息,却能够反映当时自然环境和生态环境的变化,同样具有科学的价值。

其五,就我国而言,文物又是发展旅游、加深世界人民对中国的了解的重要媒体。

其六,文物具有一定的历史性,也就是说,文物是在历史上某一个特定的时期创造的。因此,文物是不能再生产的,一旦毁掉,就永远不能再现,即使复制得再完美,文物所包涵的历史信息也已不复存在,空有其形。所以,即使作为商品的文物,也只能是一种特殊的商品,而不能如同在工厂里制作出来的产品一样进行买卖。

文物所包含的内容比较广泛,但基本可以分为两大类别,即:

——不可移动文物

不可移动文物主要是以古建筑、古遗址、古墓葬等形式存在的地上文物和埋藏于地下的文物,通过分别核定,公布为国家、省、市(县)等级别的文物保护单位的形式来保护和管理的。对于尚未发现和公布的文物单位,同样受到国家的保护。不可移动文物的某些组成部分,如建筑的构件、墓葬或遗址中埋藏的文物等,可能由于被盗、拆毁、挖掘等原因转化为可移动文物。

——可移动文物

可移动文物主要有四种存在形式:一是存在于国有的博物馆或其他的文物收藏单位,二是存在于私有性质的文物收藏单位或私人文物收藏家手里,三是在国家允许的文物市场上流通的部分,四是在非法的文物市场上贩卖或走私的部分。

与不可移动文物相比,可移动文物具有进入文物市场的可能性。

出于对文物进行有效保护的目的,世界上绝大多数国家都有关于文物时限的规定,用于日常的文物管理和确定是否允许进出境的界限。但不同的国家由于国情的不同,关于文物的时间界限也不完全一样,不过大都是以本国的历史转折点为界限的。

在我国,关于文物的界限有四种:

——1795年,即清代乾隆六十年,在此以前的文物基本不允许出境,除非经国家特别许可;

——1911年,此年发生的辛亥革命推翻了清王朝的统治,与1795年之间的物品大都属于文物和一般的文物商品;

——1949年,新中国成立,与1911年之间的物品大部分属于文物"监管物品",只有少数属于文物和一般的文物商品;

——1949年以后,主要是限制已故著名书画家和工艺美术家的作品随便出境。

(二)古代的文物发现、收藏与著述

我们之所以要在这里谈及中国古代的文物发现、收藏与著述,是想说明许多古人发现的、收藏的和著述过的文物,今人已难以见到,从这样一个角度说明中国古代文物的损失。

中国古代的厚葬习俗使得大量文化遗物得以免遭历代的兵燹水火之灾保留下来,又随着时间的流失因人为或自然之故重被发现,成为喜爱古物者青睐的对象。在古代文献史料中,我们经常可以见到古人发现前代文物的记载,从中可以看出,对于偶尔发现古代文物,人们往往当作一件极其重要的事情来看待,发现者多数把古物献给皇帝。而统治者又常把古物作为神奇之物供奉于祠庙之中,甚至因发现古物而改变年号。宋以后,从古墓所获文物日益增多,而皇室对古物的崇尚,也带动了民间收藏之风。此时,人们不再以发现古器为神奇祥瑞之征。古物屡屡被发现及其所具有的审美和收藏价值,使其成为朝野玩赏研究的对象,被大范围地加以搜罗。

对于古文物的搜集、收藏与研究,由来已久。早在商代,商纣王就曾建鹿台,存放大量各诸侯国敬献的奇珍异宝,西周时的天府和祖庙也是保藏典籍和国家重宝珍器的地方。战国以后,国家建库藏宝物的也屡见不鲜。

如汉政府收藏就十分丰富,汉武帝创置秘阁以聚图书与绘画,其中还有战国齐桓公时的铜器。据《汉书·郊祀志》记载,汉宣帝时还设立古物祠用来存放珍宝,其中有"剑宝、玉宝璧,周康宝鼎"。东汉明帝刘庄更是"雅号丹青,别开画室",并创立鸿都学。

唐宋以降,朝廷则建有专门收藏历代珍宝的处所,想方设法收罗皇帝喜爱之物。唐太宗李世民曾指使萧翼从永欣寺僧辩才处骗取晋代大书法家王羲之的《兰亭序》。宋代金石学的研究提高了世人对古物的认识,加之朝廷崇尚,收藏并研究古物之风盛行。其时内府收藏丰富,哲宗时收藏古代文物即达万件以上。徽宗将古器藏于宣和殿,又起保和殿,左右建稽古、博古、尚古等阁,收藏古玉、印玺、礼器、法书、名画等。据《石林避暑录话》:"宣和闻内府尚古器。士大夫家所藏三代秦汉遗物,无敢隐者,悉献于上。而好事者复争寻求,不较重价,一器有值千缗者,利之所趋,人竞搜剔山泽,发掘冢墓,无所不至,往往数千载之藏,一旦皆见,不可胜数矣。"据《宣和博古图》著录,皇宫在宣和殿一处所藏青铜器就达839件;《宣和画谱》著录有231名画家作品6396件。南宋内府收藏也很多,其中高宗时以铜器为多,孝宗时以玉器居多。

金代章宗也好藏古物,凡盖有"明昌御府中秘之珍"印章的书画,即经其收藏者。

明代的《大明律》规定:"若于官私地内掘得埋藏之物者,并听所用,若有古器、钟鼎、符印异常之物,限三十日送官,违者杖八十,其物入官。"明廷藏品亦多,尤其深得宣宗喜爱的字画,无论数量还是内容、名头均可与南宋绍兴时比美。神宗喜好的美术工艺品,今尚存故宫博物院的不在少数。

清代内府收藏之丰富更是前所未有,仅青铜器就达4105

件。据内府编辑的《秘殿珠林》、《石渠宝笈》可知,明清许多著名收藏家的收藏已大部分归于内府。

古代的宫廷收藏,多与皇帝的爱好有关。喜爱古文物的历代皇帝不乏其人,如唐太宗李世民、南唐后主李煜、宋哲宗赵煦、徽宗赵佶、高宗赵构、金章宗完颜璟、清高宗弘历,均以收藏兼鉴赏而闻名于史册。总之,汉唐以来历代王朝,包括西蜀孟氏、南唐李氏,都收藏有大量的古物。

但是,由于改朝换代及频繁战乱,被高度集中的文物无法避免兵燹水火的毁灭,纵使未被损灭,或为新王朝接收,或散佚于民间,不得安宁。

在古代,不仅皇室收藏文物,私人收藏者也代代有之。

如西汉广川王为多聚宝物,招集无赖大发国内古冢,将所得据为己有。

唐武则天时,建昌王武攸宁设置内库贮藏财物,不幸的是一场大火,将其二百余间屋内所收藏的珍宝焚毁无余。

宋代因金石学研究深入而兴起的收藏古物之风,带动了许多好古之士。吕大临所著《考古图》就著录了38家私人藏品,仅庐江李氏(伯时)一家所藏就有62件。其时私人收藏家兴趣各异,如著名画家李公麟偏爱铜器,收藏有庚鼎、辛鼎、癸鼎、丁父鬲、四足疏盖小敦、三牛鼎盖、虎敦、父己人形卣、主父己足迹卣、持戈父癸觯、父己足迹觯、象壶、兽环细纹壶、提梁卣、召仲考父壶、父丁爵、己爵、瓿、龙纹瓿等。米芾遇有古器物、书迹、绘画,必设法搜求,所收六朝以来笔帖甚富,包括褚遂良临《兰亭序》、谢安《八月五日帖》等。赵彝斋喜藏钟鼎圭璧。欧阳修收集的金石铭文真迹拓文多达千卷。赵明诚、李清照夫妇亦倾其毕生精力,收集古物。

元代见于著录的收藏家有数十人,其中柯九思为著名的鉴藏家,被授奎章阁学士院鉴书博士,凡内府所藏古物、法书、名画均需经他鉴定,他个人所藏著名的有晋人书《曹娥碑》、《定武兰亭》,苏轼《天际乌云帖》等。他题跋、钤印的名迹流传至今者为数颇多。

明代私人收藏以严嵩、严世蕃父子为最著。太仓王元美尔雅楼、嘉兴项子京天籁阁收藏亦有名,项氏藏瓷尤多,并以之作《瓷器图说》。见于著录的收藏家还有:范钦、董其昌、张应文、陈鸣阳、朱存礼等。其中朱存礼所藏最为著名。据《江南通志》:元季明初年间,吴南园何氏、笠泽虞氏、庐山陈氏,书籍金石收藏,甲于海内。范钦以藏书著名,其所建天一阁,为清廷所仿。项元汴是历代鉴赏家中鉴审最精,收藏印鉴最多者,他所藏的顾恺之《女史箴图》、阎立本《幽风图》、王维《江山图》等到清乾隆时大部分为内府所收取。

清代见于著录的私人收藏家更多,著名的就有孙承泽、梁清标、宋荦、安岐、卞永誉、黄丕烈、杨以增、李佐贤、陈介祺、瞿镛、杨守敬、端方、吴大澂、吴式芬、钱坫、阮元、孔尚任、孙星衍、朱为弼等。

至迟在春秋时期,古人就已开始对古文物进行鉴定、整理与研究。

其中,孔子对文物研究就有很深的造诣,他认为玉器是美器,"远而望之鱼若也,近而视之瑟若也"。春秋时代的韩非子在所著《十过》中提出的"禹作祭器,墨染其外,而朱画其内。殷人……食器雕琢,觞酌刻镂"的论点,对不同质地、不同特征器物的时代先后的划分,已被今天的考古发掘证明大体是正确的。汉代的张敞也是博学之士,据《汉书·郊祀志》载,汉宣帝时,美阳地区获得一鼎,献给朝廷,许多官员认为此为祥瑞之兆,应仿效元鼎时先例,将鼎陈设于宗庙,张敞则根据鼎铭及鼎所出土地点

(二) 古代的文物发现、收藏与著述

等方面分析,得出此鼎不过是周王赐给大臣之器的正确结论。晋唐以后,对古文物研究整理有所成就的人逐渐增多,其中不乏名家,如整理过古本《竹书纪年》的晋人束皙、荀勖,著有《鼎录》的虞荔,《古今刀剑录》的著者陶宏景,《铜剑赞》的著者梁江等。

尽管早在春秋时就有了与文物有关的论述,但专门论述文物的著作出现得较晚。目前所知最早的文物专论是顾烜著《钱谱》一卷,惜已散佚。以后,关于文物的著述可谓层出不穷。其中宋代以前主要有:虞荔著《鼎录》、陶宏景著《古今刀剑录》、吴协著《三代鼎器录》、张彦远著《历代名画记》;宋代主要有:吕大临著《考古图》、王黼著《宣和博古图》,徽宗时内府编《宣和画谱》、《宣和书谱》、《宣和印谱》、《续考古图》,张抡著《绍兴内府古器评》、尤大渊著《古玉图谱》;元代主要有:朱德润著《古玉图》、潘昂霄著《金石例》、夏文彦著《图绘宝鉴》;明代主要有:杨慎著《金石古文》、曹昭著《格古要论》、郭宗昌著《金石史》、黄成著《髹饰录》。清代的著述更多,主要有《石渠宝笈》、《西清古鉴》、《宁寿鉴古》、《西清续鉴甲编》、《西清续鉴乙编》、《寰宇访碑录》、《金石萃编》等,还有许多私人收藏家的个人专著。

上述与文物相关的著作,有记录某一时代某类文物收藏情况的,有记录某类文物流传兴衰史的,有将器物的文字全部录出的,有将器物的原形照样摹出的,有对古代器物进行鉴别分类的,也有论及某类文物的具体制作过程及其保管知识的,内容十分丰富。这些著作是研究古代文物不可或缺的重要资料,在研究这些著述时我们不难发现,其中所记录的古代文物,目前已多不能再见,它们已经湮灭在历史发展的长河之中了。

(三) 古代文物珍宝散佚举要

中国是一个有着连绵不断五千年文明史的古国,但是,作为凝结了中国古代文化精髓实物见证的文物,在历史的长河中却屡因人为的和自然的缘故而遭到破坏和散佚,其中最为突出的是战争和王朝更迭的原因。汉代末年和三国两晋南北朝时期的长期战乱,唐末及五代时期的战乱,宋代后期的战乱,都使数不胜数的前代遗存遭到了无可挽回的损失。例如:被北宋王朝高度集中于内府的万千古珍,先是"靖康北徙,器亦并迁",被金人掠去大半,毁弃无余。"是以在政和时内府有六千余器,至《绍兴内府古器评》只有七十器,所存不过百分之一。"而这仅存的七十余器也未能被完整地保存下来。据《宋史·食货志》:绍兴六年、绍兴十三年、绍兴二十八年,南宋朝廷分别"敛民间铜器","至于发冢墓","出御府铜器千五百事付泉司,大索民间铜器,得铜二百余万斤"毁以铸钱,造成"内府所藏尽毁",私人所藏"仅余百器"的恶果。

从历史传说和史料记载中,我们经常可以见到一些稀世珍宝散佚的情况。

1. 和氏璧的传说

在春秋战国时期,许多诸侯国都有自己的镇国之宝。《战国策》载:"周有砥厄,宋有结缘,梁有悬愁,楚有和璞。"和璞即和氏璧,璞是没有经过琢磨的玉。

对于今人来说,和氏璧是一个谜,并且极富传奇色彩。两千多年来的历史文献中,有许多关于它的记载和传说,有许多文人墨客的诗文吟咏。

关于和氏璧的最早记载,见于《韩非子》、《新序》等书,并且情节大致相同。说是在春秋时期,楚国有一个叫卞和的琢玉能手,在荆山里得到一块璞玉。卞和捧着璞玉去见楚厉王,厉王命玉工查看,玉工说这只不过是一块石头。厉王大怒,以欺君之罪砍下了卞和的左脚。厉王死,武王即位,卞和再次捧着璞玉去见武王,武王又命玉工查看,玉工仍然说只是一块石头,卞和因此又失去了右脚。武王死,文王即位,卞和抱着璞玉在楚山下痛哭了三天三夜,哭干了眼泪后又继续哭血。文王得知后派人询问为何,卞和说:我并不是哭我被砍去了双脚,而是哭宝玉被当成了石头,忠贞之人被当成了欺君之徒,无罪而受刑辱。于是,文王命人剖开这块璞玉,见真是稀世宝玉,命名为和氏璧。

和氏璧面世后,成为楚国的国宝,从不轻易示人。后来,楚国向赵国求婚,使和氏璧又到了赵国。公元前283年,秦国听说赵国有和氏璧,提出以15座城相交换,因赵弱秦强,赵国不敢怠慢,但又不情愿,便派智谋双全的蔺相如奉璧使秦。蔺相如知道其中有诈,偷偷将和氏璧送回了赵国。此事在司马迁《史记》中有详细记载。

但后来,和氏璧还是被秦国拥有,至于何时、如何被秦国拥有,史无记载。秦王政十年(公元前237年),李斯在上《谏逐客书》中提到:"今陛下致昆山之玉,有随、和之宝。""随、和之宝",即指"随侯之珠"与"和氏之璧"两件当时著名的宝物。很有可能,赵国是在不得已的情况下,畏惧秦国的强大,将和氏璧送给了秦国。

从此以后,关于和氏璧的记载屡见不鲜,并大都相信《韩非子》、《新序》等书的记载。如西晋傅咸《玉赋》说:"当其潜光荆野,抱璞未理,众视之以为石,独见知于卞子。"唐代诗文中关于和氏璧的记载更多,大诗人李白《古风》三十六便有"抱玉入楚国,见疑古所闻。良宝终见弃,徒劳三献君"的诗句。

据《史记》记载,秦王政九年,便制造了御玺,刘邦灭秦得天下后,子婴将御玺献给了刘邦,御玺成为"汉传国玺"。到汉末董卓之乱,御玺先后落入孙坚、袁术之手,再传魏、晋。五胡十六国时,一度流于诸强,后被南朝承袭。隋灭陈后,御玺被陈朝的萧太后带到突厥,直到唐太宗贞观四年(公元630年)御玺归唐。五代时,天下大乱,流传的御玺不知所终。在六朝以后的记载中,大都认为被秦始皇所用的御玺是用和氏璧改造而成的。

清代以后,人们开始对和氏璧的真实性产生怀疑,乾隆皇帝在《卞和献玉说》中,认为这只是韩非子的寓言而已。

2. 九鼎的流传和遗失

据文献记载,夏代铸造了象征中央政权的九鼎。夏灭亡后,九鼎传到商王室手里,商朝治国六百年后,由于纣王昏庸暴虐,使得社会动乱,国力衰微,商的附属国周在周武王的率领下,联合诸侯国讨伐商纣,灭商建周,九鼎旋即成为周王室的镇国之宝。

春秋时,诸侯国势力不断强大,周朝统治日渐衰落,名存实亡。齐、晋、秦、楚、宋五霸先后称雄,欲取代周王室的统治地位。公元前606年,楚庄王把军队开到周王室的边界上,周定王惊慌失措,派大夫王孙满前去慰劳。楚庄王心怀叵测,趁机向王孙满询问九鼎的情况。王孙满告诉楚庄王,九鼎是夏禹时用各诸侯国朝贡的铜铸造的,鼎上铸有全国九州的山川名物,象征九州一统。九鼎是神圣的镇国之宝。夏桀暴虐,被商朝推翻统治,九鼎传给商汤,商纣王荒淫,被周所灭,九鼎传给周武王,现在必然还保存在周王室。楚庄王问鼎自讨没趣,只好带兵回国。后来,晋、齐、秦、宋先后兵临周境,欲图九鼎。《国策·东周策》记载了齐国向周王索求九鼎的一段趣事:先是诸侯国秦举兵向周王索求九鼎,周王非常担心王位不保,向颜率询问对策,颜率说,大王勿忧,我们可以向齐国请求救兵。颜率到齐,对齐王说:秦实在无理,欲兴兵临周而求九鼎。周王认为,将九鼎给秦不如给比秦强大的齐国。齐王非常高兴,发兵五万人,使秦兵败退。之后,齐又借机索求九鼎,周王十分担心,再派颜率至齐,对齐王说:周室深明大义,如果您能保证王室君臣父子的安全,可以献出九鼎,但齐在东方,中间经过数国,不知你如何把九鼎平安地运送到齐国?齐王说:经过梁国。颜率说:不可!鼎一旦入梁,恐怕难以再运出来。齐王说:那就经过楚国。颜率说:也不可!楚之君臣,很久就欲得九鼎,若入楚,鼎一定运不过来。齐王说:那怎么办呢?颜率说:以前周取代殷而得九鼎,运一个鼎需九万人,运九鼎要九九八十一万人。今大王纵有其人,又从哪条路运出呢?齐王说:难道你最初所说的不算数了?颜率说:我怎敢欺骗您,只是眼下不行,王室会做好准备,待机会合适时再给您。这样,齐王无奈,停止了索要九鼎。

周王室覆亡后,鼎先被秦窃取,后为宋所获,到宋被吞并后,鼎湮没,未再现。据传,公元前296年,秦昭襄王夺得九鼎,运经泗水时,一鼎突然落入水中,打捞不得,只好将八鼎运抵咸阳。秦始皇统一中国后,于公元前219年南巡时,曾遣千人,到泗水中打捞宝鼎。

在两汉时期,人们经常将"泗水捞鼎"的内容刻制在画像砖或画像石上。1998年,山东微山县将军庙村的村民在山上挖沙时发现一座汉代画像石墓。墓中东壁石的右格刻"泗水捞鼎"图,泗河刻为井状,井上有三角支架,支架上有两只滑轮,井两旁各有四人拉绳升鼎;井内刻一鼎,三足双耳,向左倾斜,鼎内一龙头伸出,咬断绳索,鼎下有鱼;井上有一亭台,内坐一人观看升鼎。这块画像石具有明显的西汉晚期风格,说明在这个时期,人们依然对九鼎的下落抱有浓厚的兴趣。

3. 钟鐻铜人

钟鐻铜人,或作钟鐻金人,是古代钟架的主要构成部分。目前所见的钟鐻铜人实物是战国曾侯乙墓出土的大型编钟及其钟架间的六具铜人。有关钟鐻铜人的文献记载始见于汉代。

文献记载表明,秦始皇统一中国后,于始皇二十六年将天下兵器收聚咸阳,销毁而改铸十二个巨大的人形铜钟架,也就是十二个钟鐻铜人。金人威武高大,雄伟壮观,制作精工。如果这些钟鐻铜人得以流传至今,于世人的震撼定不会亚于秦始皇陵兵马俑。可惜的是金人早在历史长河中湮没。

记载金人被毁的文献颇多出入,但可以肯定的是秦所铸铜人在存世数百年后,未能逃脱被毁的命运。如果能如《汉晋春秋》所言,尚有一金人被沉入河中,随着考古发掘及科学技术的高度发展,也许有一天,这惟一幸存的秦代铜人能重现于世人面前。

4. 洛阳铜马与铜驼

按《铜马相法》所说的千里马具有如下特征:"水火欲分明,上唇欲急而方,口中欲红而光,此马千里。颔下欲深,下唇欲缓。牙欲前向……。目欲满而泽。腹欲充,膁欲小,肋欲长。悬薄欲后而缓。肋堂欲平满,汗沟欲深长,而膝本欲起,肘腋欲开,膝欲方,蹄欲厚三寸,坚如石……"文献载,东汉时期,根据上述的千里马特征,铸造了两对大型铜马,高1.17米,围1.47米,铸成后于建武二十一年(公元45年)置于洛阳宫宣德殿。另铸铜驼高3米,置于中央大街中段。魏建国后,将中央大街更名为铜驼街。西晋诗人陆记在《洛阳记》中"金马门外聚群贤,铜驼陌上集少年"的诗句,描述了这两个受人喜爱的地方的热闹景象。

但珍贵的铜铸像并没有受到应有的重视被保存下来。据文献记载,铜马在三国时即被董卓毁铸铜钱。铜驼则几经沧桑浮沉。先是西汉末年,匈奴刘曜率兵攻入洛阳后,铜驼被弃置污泥浊水中,任凭风吹雨淋日晒。到北魏孝文帝迁都洛阳,重修洛阳宫时,铜驼得以复用。隋炀帝重建东都洛阳城时,又将铜驼运抵瀍河东岸,并借北魏曾用过的名称,亦将此地称为铜驼陌(今洛阳老城中华桥一带)。唐宋诗人多有颂此地的诗句。如唐刘禹锡:"金谷国中莺乱飞,铜驼陌上好风吹。"司马札:"前朝冠带掩金谷,旧游花月经铜驼。"宋邵雍:"花深抑暗铜驼陌,风暖莺娇金谷堤。"可以想见将铜驼置于景色如此秀美的地方,景物交融,相得益彰。据传"铜驼暮雨"还是当时洛阳八景之一。

遗憾的是北宋末年,金兵南侵,洛阳遭难,铜驼虽免于浩劫之毁,却再次遭遗弃。到南宋洛阳被金人攻陷时,铜驼罹难,湮佚亡失不知归何方。

此外,还有成书于春秋时期的《竹书纪年》以及《西京杂记》中记载的汉代皇帝用于殓葬的蛟龙玉匣、西汉时期的仙人承露盘、唐宋宣笔、定窑宋鼎等,都是在历史上曾有过明确记录,但却不为后人所见的古代文物珍品。

二 古代青铜器和石刻的劫难

(一) 古代青铜器的发现和收藏

青铜器盛行于公元前21世纪至公元前5世纪的青铜时代，即夏、商、周及春秋时期。

夏代青铜器形制较简单，纹饰也很朴素，主要有刀、戈、镞、矛、匕首、锛、凿、斧、鱼钩、锥、针、镬、指环、耳环、铃及爵等。商代至西周前期，青铜器数量大增，不但有食器、酒器、水器、乐器、兵器、工具、车马器、货币及玺印等实用器，还出现大量的精美礼器。西周早期在礼器的使用上出现了严格区分等级的用器定制。据《公羊传·恒公二年》，其时用鼎制度："天子九鼎，诸侯七，大夫五，元士三。"西周后期至春秋战国时期是青铜器的衰落期。战国以后，随着铁器的推广和其他材料在器物制作上的运用，青铜制造业逐渐衰落。秦汉以后，除铜镜外，其他青铜器品种很少制作。

青铜礼器是青铜器中的精华，向为古人重视。古代对青铜器的发现和研究，是从西汉时期开始的。

据文献载，公元前116年夏天，在山西汾水发现铜鼎，汉武帝闻知此事，以为是祥瑞之兆，特改年号为"元鼎"。元鼎四年（公元前119年）六月，汾阳人在汾阳后土祠旁发掘出了"大异于众鼎"的铜鼎。河东太守将此事上报武帝,武帝遂派人前去鉴定鼎的真伪,验明确凿无误后,决定将鼎运往甘泉宫,在征求臣下的意见后,遂将鼎供奉于宗庙。此后汉代还多次发现青铜器,如美阳得鼎、王雒山得鼎等。

三国吴分别于赤乌十二年(公元249年)、宝鼎元年(公元266年)发现铜鼎。晋愍帝建兴二年(公元314年)发现铜铎,晋成帝咸康五年(公元339年)得铜钟,晋穆帝升平五年(公元361年)得铜钟,晋安帝义熙十二年(公元416年)得铜钟。宋文帝元嘉年间(公元425年~公元453年)得一鼎一钟。孝武帝孝建三年(公元456年)得铜钟,宋明帝泰始四年(公元468年)得古钟、鼎。宋太宗时,从暴露的秦襄公墓中得铜鼎,状方形,四足,铭曰:"天王迁洛,岐丰锡公,秦之幽宫,鼎藏于中。"

唐玄宗开元十一年(公元732年),在汉代出土宝鼎的汾阳后土祠附近,又发现两件铜鼎,至清同治初年,再次发现大批青铜器,包括12件邵钟。经考证,这里是春秋后期晋国的墓葬群。

北宋时期,汉代出土尸臣鼎的美阳,也就是周原遗址,发现过有西周铭文的青铜器。在清代以后,此地更是出土了许多重要的青铜器,包括1890年扶风法门寺附近任家村出土的厉王时期克组铜器和中义父组铜器等一百二十余件,1933年在法门寺附近上康村发现的厉王前后的函皇父组铜器和白鲜组铜器等共一百多件。1940年再次在任家村发现厉王时期铜器一百多件。这些青铜器多有铭文,其中有著名的盂鼎、毛公鼎等,是研究西周社会不可多得的重要资料。

古人对青铜器的收藏极为重视,五代时期的梁代刘之遴就收藏有数百种古器。但公私收藏青铜器的真正兴起,始于宋代,私人收藏以宋代、清代为甚。宋代吕大临《考古图》所录私人收藏者38家,藏器最多的泸江李伯时共收62件。而清代罗福颐

《三代秦汉金文著录表》载私家藏器者达187人,可见清代私人收藏风更盛。

从史书记载中,大致可以了解到一些古代的主要青铜器收藏家及其主要收藏,书中对收藏家的姓名、籍贯、器物名称均有明确的记载。

除史书外,还有很多古籍记载了古代收藏青铜器的有关情况。如:《考古图》,成书于宋元祐七年(公元1092年),是我国最早而较有系统的一部文物图录,著录当时公私所收藏的古代铜器和玉器,计十卷。前六卷著有商周鼎、鬲、簋、爵等礼器143件,第七卷著有钟、磬等乐器9件。吕大临将每件器物的尺寸、重量、容量、铭文加以记录,并摹绘图形,注明收藏处及出土地点,并加以考证。宋至清末著录铜器的书还有宋代的《续考古图》、《啸堂集古录》、《历代钟鼎彝器款识法帖》、《钟鼎款识》、《绍兴内府古器评》,清代的《西清古鉴》、《宁寿鉴古》、《西清续鉴甲编》、《怀米山房吉金录》、刘喜海《长安获古编》、吴大澂《恒轩所见所藏吉金录》、吴荣光《筠清馆金文》、徐同柏《从古堂款识学》、孙诒让《古籀拾遗》及《余论》、刘心源《奇觚瓜室吉金文述》、米善旃《敬吾心遗》及《余论》、陈介祺《簠斋吉金录》、罗福颐《三代秦汉金文著录表》等。

虽然古代收藏家所收藏青铜器的具体情况我们不得而知,但至少说明,在历史上曾有很多人注重于青铜器的收藏。遗憾的是,这些收藏中的大多数已很少能为今人再见,仅有少数流传下来。

(二) 古代青铜器的损毁

见于历代著录的青铜器,由于屡遭天灾人祸,能流传至今的

（二）古代青铜器的损毁

极为罕见。譬如宋代《博古图》著录的839件青铜器,已全部在历代的兵燹水火中罹难,湮失无存。

文物损毁有人为损毁和自然灾害损毁两种情况,人为的因素主要有战争损毁、盗墓、人为损害等,自然灾害主要有水灾、火灾、地震等。如果说自然损毁在古代是难以抗拒的,那么,人为的损毁可以说是中国古代青铜器的真正劫难。

从文献记载中不难看出,很多奉于宗庙视为神圣之物的青铜彝器,虽有王室的庇护也早已湮没在历史长河中不可重见。纵观古代青铜器之人为被毁,主要有以下几种情况:

第一,帝王之命。

奉帝王之命毁坏青铜器,历史上常有发生,被毁文物数量亦很多,如隋高祖毁废"平陈所得古器"、周世宗的毁废古器、金熙宗的焚毁"平辽宋古器"、明思宗毁历代铜器铸钱,都曾使大量的青铜器毁于一旦。明思宗命毁古铜器铸钱时,有人请主持毁物之事的监督官手下留情,陈明三代铜器"质清轻之极,下炉之后,惟有青烟一缕尔",并愿意用二千斤的铜换取一千斤的古铜器,但监督官不敢违抗君命,婉言拒绝,很多青铜器最终还是被毁弃了。

第二,战争。

战争致使青铜器损毁,主要发生在朝代更迭的动乱时期,而且数量往往是成百上千。一些拥有青铜器的王侯将相、豪族显贵们,若赶上改朝换代的战乱时期,有与所据宝物同归于尽的,如商纣王、梁武帝萧绎、南唐后主李煜等;也有匆忙逃路前将宝物埋于地下,以使其免落他人之手或遭劫难的。新中国建立后,在陕西长安县丰镐遗址内发现的长安铜器窖藏、陕西岐山县东北和扶风县北部的周原遗址发现的周原铜器窖藏,都是西周末年贵族逃亡之时匆忙所为。

第三，销毁他人之器，重铸自用。

如《左传》载春秋时鲁国的季武子将所掠得的齐国钟毁铸公盘，兵器毁铸林钟铭记鲁国功绩；《史记》载秦始皇二十六年（公元前221年），聚收天下武器，毁于咸阳，并更铸为钟鐻铜人十二，置于宫廷之中。据碑记，河北正定隆兴寺内的大铜佛，是利用寺内菜园中发现的数万个古代铜器铸造而成的。一尊铜佛成，不知损毁多少古器！

第四，毁古器铸钱。

据《后汉书》、《三国志·董卓传》等记载，董卓挟献帝迁都长安后，自为太师，不仅令人纵火烧毁洛阳宫殿，使大批古代建筑化为灰烬，还令人大肆发掘洛阳城郊王陵及大臣冢，盗取宝物。他在"废五铢钱更铸小钱"时，为得到足够的铜材铸钱，将洛阳、长安两城内的大型青铜雕塑——秦始皇二十六年收天下兵而后销毁所铸造的钟鐻铜人，汉代所铸造的飞廉、铜马等椎破销毁，更铸小钱。《旧唐书·食货志》记载，唐肃宗乾元二年（公元759年），寺观钟及铜像多被毁坏铸钱。《资治通鉴·后周记》载：周世宗显德二年（公元955年），下令立即开采铜矿获铜铸钱，并诏除县官法物军器、寺观钟、磬、钹、铎之类铜器可保留外，民间所存铜器、佛像必须在五十天内上交官府，过限期有隐匿不交铜器者，按其所藏铜器重量治罪。《宋史·食货志》分别记载宋太宗雍熙初年，高宗绍兴六年（公元1136年），收民间铜器付泉司铸钱。《烈皇小识》载明思宗将内库历代诸铜器尽发宝源局铸钱，其中不乏制造得十分精美的三代铜器。《明史·食货志》载："言隋世尽销古钱，启祯时广铸钱，始括古钱以充废铜。"

第五，因怀疑而损毁。

如《北史·隋本纪》载，隋文帝开皇九年（公元589年）四月，诏毁平陈所得秦汉三大钟，越二大鼓；《隋书·高祖记》也载，开皇十一年(公元591年),"以平陈所得古器多为妖变,悉命毁之";《大金国志》载,金海陵王正隆三年(公元1158年),"诏平辽、宋所得古器,年深岁久,多为妖变,悉命毁之"。此所谓平宋所得古器,即靖康北徙,金兵攻入汴梁后掠得北宋内府古器。其时北宋内府藏古物达六千余件,绝大多数被金兵掠得,据《绍兴内府古器评》记载,到政和年间,内府的六千余器仅剩七十器。被掠的北宋内府器,皆毁于正隆三年的诏毁令后。

第六,因无知而损毁。

历史上有很多将发现青铜器视为祥瑞之兆,使所出青铜器得到保护的情况。但也有因不知其价值,或愚昧迷信,而毁坏古器。著名的兮仲钟是清嘉庆二年(公元1797年)一农民在江宁城外发现的,秤得钟的重量为五十六斤八两,欲以每斤铜付银一钱六分卖给铜作坊。后当地秀才倪灏将钟买回,使兮仲钟得以免遭熔毁。癸父爵是嘉庆十五(公元1810年)年被人发现的,得爵者自认为爵中有银成分,就将其架在火上熏烧,以期获银,冯云鹏听说此事,用二两银子将爵换出,方使其免遭损毁。

(三) 古代石刻的厄运

1. 早期摩崖碑碣的发现与散佚

《墨子》有"书于竹帛镂于金石"之说,在石质材料上书刻较竹、帛、纸等更易于保存,同时也很受古人的喜爱。

以石为文之载体,在我国有着悠久的历史。我国古代最早的关于石刻的文字记载,见于《管子》,说春秋时期,管仲在泰山上见到过70种封禅石刻,而他只识别其中12种。据元人记载,古代两件最早的刻石分别是夏禹岣嵝铭和周穆王坛山刻石。

相传唐代人曾在湖南衡山祝融峰(或云岣嵝山)发现77个形象奇古的石刻文字,这些文字被认为是夏禹治水时的石刻。唐代诗人刘禹锡为之作诗云:"传闻祝融峰,上有神禹铭,古石琅玕姿,干文龙虎形。"文学家韩愈曾到衡山寻访,可惜未见,留下"岣嵝山尖神禹碑,字青石赤形横奇。千搜万索何所有,森森绿树猿猱悲"一诗。到南宋宁宗嘉定年间,一个四川人游历衡山时发现了岣嵝铭,拓得72字,返乡后据此刻碑置于夔门一个道院里,后遗失。但当时有一个叫何子一的人,也依据那个四川人的拓本于嘉定年间刻石,并被岳麓书院收藏,使岣嵝铭得以流传。明代杨慎依就岳麓书院刻石拓本,再钩刻两块石碑,分置昆明及成都。明以降,翻刻本见多,目前所见最早的就是明代嘉靖年间的翻刻本,而岳麓书院的刻石不知何时已佚。虽然据金石专家考证,被称为夏禹岣嵝铭的石刻为古人伪托,但毕竟年代久远,遗失可惜。

周穆王坛山刻石也是最早的石刻文之一,刻文云"吉月癸巳",相传是周穆王登山时所刻,原在河北省赞皇县南坛山上,北宋初被发现,仁宗皇祐四年(公元1052年),开始有拓本。后来愚蠢可笑的赞皇县令刘庄因嫌索要拓本的人太多,派人将山石凿下,嵌在县署墙上。宋徽宗时,石刻得到皇帝的重视,被移置于宫中,后也亡佚。

目前公认的最早的石刻是春秋战国时期秦国的石刻,即秦石鼓。秦石鼓共有十个鼓形的圆石,每石上刻四言诗一首,字奇古难识。唐人多认为是周代《诗经·周颂》的佚篇。

宋元以来,一直将秦石鼓定名为《周宣王猎碣》,直到现代才被学者们公认为秦石刻。石鼓从汉代起就被弃置在陕西凤翔的田野里,饱经日晒雨淋而无人问津,直到唐代才受到重视。唐代大诗人杜甫有"陈仓石鼓文王讹"诗句,对石鼓进行了描述。韦

（三）古代石刻的厄运

应物也有石鼓歌："周宣大猎兮岐山阳，刻石美功兮炜炜煌煌，石如鼓形数止十，风雨缺讹苔藓涩。"已可看出石鼓有所损坏。

由于得到了重视，石鼓被移到凤翔孔庙中保护，其间佚失一个，原因不明。唐末五代时，在社会动荡之际，石鼓又散失于民间。北宋初年，几经努力，将九只散失于民间的石鼓又收集起来，安置在凤翔府学宫。宋皇祐年间，另一件石鼓也在一农民家找到，但它已被农民改作石臼，部分字迹损失，但毕竟分而又合，值得庆幸。

宋大观年间，徽宗下诏将石鼓运到开封，置于禁中，并令用黄金将石鼓文字填满，以免继续椎拓损坏。靖康之乱金兵入侵后，将石鼓运到燕京(今北京)。至元明清三代，石鼓一直保存在北京孔庙内。1931年日军攻占沈阳，危及北京，为免国宝落于日寇手中，国民政府将石鼓与故宫文物一并迁运到南京。新中国成立后，经历了躲避战乱的石鼓又被运回到北京，存于中国历史博物馆。这些秦代石鼓虽经历动荡劫难得以保全，但已破损不堪。唐宋之间鼓上文字尚可见四百六十多字，现在只存二百五六十字了。但是，秦代石鼓作为现存最早的石刻文字，仍具有极高的学术研究价值，堪称国宝。

诅楚文石刻有秦嗣王谴责楚王熊相的祀神文《祀巫咸文》、《祀亚驼文》、《祀大沈久湫文》三篇，是北宋初年在凤翔开元寺附近秦穆公墓域发现的。石刻发现后被移置凤翔郡署便厅内保存，苏东坡曾到凤翔参观石刻并作诗，欧阳修、赵明诚、叶石林曾有《祀巫咸文》的拓本。南宋末年，诅楚文石刻亡失，再不见收藏家著录。目前所存拓本最早为元代翻刻的木版拓。宋人的原拓，也损毁殆尽。

绎山、泰山、琅玡山、芝罘山、碣石、会稽几大石刻，是秦统一中国后，秦始皇于二十八年至三十七年间(公元前219年～公元前210年)东巡时,每到一处勒石纪功的产物。除绎山石刻外,另五篇文辞均载于司马迁所著《史记》。绎山石刻是始皇东巡第一刻,传至唐代被野火烧毁。幸亏当时有人用枣木版仿刻一块,拓印流传。南唐徐铉将所得绎山刻石拓本赠给郑文宝,郑文宝于宋淳化四年(公元993年)藉之刻勒石碑,即今西安碑林的《秦绎山碑》,惜已断为两截。元至正元年(公元1335年),绍兴路总管府推官申屠駉又据郑文宝的刻本翻刻一石,立于绍兴,称为《绍兴本绎山碑》,至今犹存。泰山石刻是始秦皇东巡第二刻,立于泰山之颠,刻字损毁严重,到宋代欧阳修、赵明诚所得拓本仅存秦二世皇帝加刻的47字。刻石后被移置碧霞元君祠中,清初石刻仅存29字,不幸于乾隆五年(公元1740年)因祠宇失火被烧毁。嘉庆年间,有人从池水中得一残石,存10字,被认为是泰山石刻遗骸。宋时尚存47字的拓本已世无留存。琅玡石刻是始皇东巡第三刻,为圭形扁石,刻字400。该石刻是仅存的秦代石刻,现存中国历史博物馆。惜石刻300字的字迹于岁月流逝中磨灭,只有一面尚存文13行86字。第一行为秦始皇时原刻的最后一行,其余12行是秦二世时加刻的诏书。碣石石刻时日已久,历代无著录。宋欧阳修曾得芝罘石刻拓本,仅存21字,还是秦二世时加刻的诏书,可见芝罘石刻损佚亦早。会稽石刻是秦始皇东巡第六刻,魏晋文人有所记录。大约在南宋时,石刻犹存,但文字几近损灭。元至正元年,申屠駉据旧拓将其翻刻在绍兴绎山碑碑阴,后世流传拓本均为申屠駉的翻刻本。

2. 汉晋以后历代石刻的损毁

到西汉时期,我国石刻的种类已经非常丰富,根据形制和用途的不同,大致可分为碑碣、摩崖石刻、神道阙铭、墓碑、石经、墓

（三）古代石刻的厄运

志及其他石刻等几类。汉以后，石刻的种类也基本如此，只不过在形式上有所变化。尽管古代石刻相对而言易于保存，但由于人为和自然的破坏严重，很多古代石刻已难为今人所见，有的虽然尚存，也已非原貌。

褒斜道是秦蜀交通要道，位于今陕西省褒斜城县褒谷中。东汉明帝永平六年（公元63年），汉中郡太守奉诏书动用人工七十六万六千八百余人，花费三年时间，于此修建阁道。竣工后，在崖壁上刻文，记载此事，此即著名的褒斜道石刻，其拓本称为《大开通》。此后，该处摩崖又分刻有建和二年（公元148年）的《石门颂》，建宁四年（公元171年）的《西狭颂》，建宁五年（公元172年）的《郙阁颂》，熹平二年（公元174年）的《杨淮表纪》等历次修路的摩崖记录。北魏宣武帝永平二年（公元509年）修栈道时，再刻《石门铭》于山上。隋唐以后，汉魏摩崖开始不为人知。北宋时期，褒斜道石刻重被发现，文人学士纷至沓来，并多有刻石留名，褒谷中添增宋人题刻达三十余处。但是，1971年在此地兴建水库，最重要的十三种摩崖石刻被割截，现藏汉中博物馆，其他均被水淹。黄河三门峡崖壁也曾有许多汉魏晋三代摩崖题刻，因19世纪50年代修水库被损毁，现仅有记录报告存世。

东汉时期，墓碑的使用比较普遍。如酸枣令刘熊碑、湘妃庙碑、淳于长夏承碑、曲阜孔林孔庙碑、孔褒碑、孔彪碑、济宁北海相景君碑、司隶校尉鲁峻碑、东平张迁碑、河南闻喜长韩仁碑、豫州从事尹宙碑、陕西的曹全碑、三老掾赵宽碑、鲜于璜碑等，都很著名。这些碑刻大都已不能见其原貌，有的在古代曾留有拓本，现也亡失。如刘熊碑、湘妃庙碑、夏承碑等。赵宽碑堪称汉碑上品，是1942年才出土的，在地下埋藏一千多年保存完好，但却毁于一场火灾。

祠庙碑在汉代也很流行，礼器碑、乙瑛碑、史晨碑、西岳华山庙碑等均为后代临摹范本。其中华山庙碑被誉为汉碑中隶书最佳者，原碑不幸毁于明嘉靖三十四年（公元1555年）的大地震，现仅存拓本三份，其中一份流入日本。

神道阙铭又称神道碑，目前所见最早的是西汉时期的篪孝禹阙铭碑。见于文献最早的汉神道碑是宋人洪适《隶释》所见汉武帝建元二年（公元前139年）的"郑三益阙铭"，可惜其石佚失，铭本也未能流传于世。

《熹平石经》始刻于汉灵帝熹平四年（公元175年），是中国历史上最早的官定儒家经本，由蔡邕、李巡等人主持完成。《熹平石经》有《鲁诗》、《尚书》、《周易》、《仪礼》、《春秋·公羊传》、《论语》等七种经文。碑石长方形，面无纵横界格，经文自右至左，骈罗相接。据王国维考证，每碑一面约3行，每行75字左右。为标准四分体隶书，碑下有座。《熹平石经》刻成后七年，董卓烧毁洛阳宫府，致使洛阳太学荒废，石经受到一次严重摧残。此后更是屡遭劫难。据文献载，石经有毁的，有"悉崩坏"的。

三国两晋南北朝间，石刻秉承前代之风，又有所发展。目前所知这一时期最早的碑刻是曹魏的《幺卿将军上尊号奏》和《受禅表》，两碑均于黄初元年（公元220年）立于河南许昌。三国时碑还有范氏碑，青龙三年（公元235年）立于任城（今山东济宁），佚失长久，至清乾隆五十四年（公元1789年）重出土，仅存上半截，北京故宫博物院藏有黄小松旧藏宋拓本。

王基碑，景元二年（公元261年）立于洛阳，后佚，清乾隆初年重发现时，仅存下半截。

谷朗碑，凤凰元年（公元272年）立于耒阳（今湖南），此碑为楷书初创时期的重要碑刻，现只有传世墨本。

天发神谶碑，又称《吴天玺纪功刻石》，天玺元年（公元276

年)立于建业(今南京)。宋时,碑断为三段,也有人认为碑原为三石相垒而成,今俗称其"三段碑",原在南京孔庙,清嘉庆十年(1805年)毁于火,由是不复见。现在南京煦园有两块端方的仿刻本,是三段中的二段。传世拓本中最早为明初拓本。

载国山碑,天玺元年(公元276年)立于阳羡(今江苏宜兴),因形如米囤,故俗称"囤碑"。碑文环刻,共43行,满行25字。现已文字漫漶不清。

北朝时期因皇帝推崇,碑刻较多。其中刻于太延三年(公元437年)的《皇帝东巡碑》是第一块碑,1920年出土。《吊比干碑》,太和十八年(公元494年)立,原石久毁,北宋年间复立。仅据郦道元《水经注》记,北魏碑刻还应有许多,但现已难见。目前所知著名的还有太安三年(公元457年)的《嵩高灵庙碑》,太和十二年(公元488年)的《晖福寺碑》,永平三年(公元510年)的《南石窟寺碑》,正光四年(公元523年)的《马鸣寺根法师碑》,东魏兴和二年(公元540年)的《修孔子庙碑》,武定八年(公元550年)的《修齐太公庙碑》,北齐天保四年(公元553年)的《造西门豹祠堂碑》,乾明元年(公元560年)的《夫子庙碑》,武平元年(公元570年)的《陇东王感孝颂》,北周天和三年(公元568年)的《华山神庙碑》,正光三年(公元522)的《张猛龙碑》,北齐武平四年(公元573年)的《兰陵王高肃碑》等。

墓志始兴于南北朝时期,以青石制成,书法、文章皆妙。又因其埋于地下千百年,多保存完整。清代道光、咸丰年间,洛阳北魏墓葬大量被盗,出土了许多墓志。在重见天日的同时,墓志被毁的也很多。

《正始石经》是魏文帝正始二年(公元241年)在复立的洛阳太学讲堂西侧勒石刻立的。但仅为《尚书》和《春秋》,因经文皆用古文、小篆和隶书三种字体书写,后世又称其为三体石经。历代战乱，洛阳深受其害，石经未能幸免，亡失日久。1922年以后，陆续有所出土，多已残缺不全。

隋唐以后的石刻基本沿袭前代，有摩崖、碑、墓志、石经、造像，并出现了塔铭和经幢，名品迭出。特别是唐代的碑刻，形体变大，且更加精美。但隋唐以来的石刻，因各种原因损坏的非常多。在西安碑林中，尚存许多著名的唐碑，可惜相当一部分碑头、碑座佚失。著名的隋代墓志，黄美人墓志于清咸丰三年（1853年）毁于兵燹。隋唐法寺碑佚于宋代，仅有临川李宗瀚藏有旧拓。唐代丁道护书孔子庙堂碑，武德九年（公元626年）刻，贞观年间（公元627~649年）即毁于火，今所见西安碑林存的"庙堂碑"为长安三年（公元703）重刻。欧阳询书化度寺碑，贞观五年（公元631年）刻，宋代毁损。褚遂良书孟法师碑，贞观十二年（公元638年）刻，早已佚失，仅有清代李宗瀚藏唐拓本传世。薛稷书信行禅师碑，神龙二年（公元706年）立，久佚。李邕书叶有道碑，开元五年（公元717年）立，现佚失，仅有明代翻刻本传世。

另据史料记载，唐代书写碑文的名家褚遂良、虞世南、王知敬、欧阳询、薛稷、薛曜、颜真卿、李邕、蔡有邻、韩择木、梁升卿、徐浩、柳公权、沈传师、唐玄度、刘禹锡等都写过不少碑文。如李邕一生写三十多块碑，颜真卿写石刻九十多种，史维写隶书四十多块，柳公权写碑六十多种，甚至唐玄宗李隆基也写过三十多块碑。但岁月沧桑，兵燹火毁，这些珍贵的石刻名迹多已损佚，所剩寥寥。

在历史上，虽然有文人墨客甚至官府曾一度致力于保护石刻，如唐初魏征收聚石经置于九成宫秘书监内，宋徽宗取石鼓以金填文置之禁中，清洛阳知县马恕搜访石刻建存古阁贮石等，但是，历代毁坏石刻的情况也屡屡发生。

（三）古代石刻的厄运

《砚北杂记》载宋尤袤谓"西汉石刻文，自昔好古之士，固尝博采，竟不之见，闻自新莽恶称汉德，凡有石刻，皆令仆而磨之，仍严其禁"，说明王莽曾大毁汉碑。

后魏末年，齐神武执政，曾将大量汉魏石经从洛阳徙于邺都，但行至河阳时，不幸有许多没于水中，得以运至邺都的不足一半。

《咸宁金石志》载："咸宁为隋唐以来都会所在，吉金乐石之富甲于天下，更黄巢之乱，多所残毁。"这里说的是黄巢起义之际，碑毁于战乱。

有的以碑代砖为建筑材料，致碑损毁，如《隆平集枢密列传》载："宋姜遵知永兴军，太后诏营浮图，遵毁汉唐以来碣代砖甓，躬督成之。"

也有因百姓无知而毁石刻的，如杨文公《谈苑》："宋王溥荐何拱为凤翔师，拱思所以报之，问溥所欲，溥曰：'长安故都，多前贤碑版，愿悉得见之。'拱至，分遣使督匠摹打，凡得石本三千余以献溥，当拱访求石碑，成蹊害稼，村民深以为害，多镵凿其文字，或镌凿击折，为柱础帛砧。"

元代曾毁碑建塔，也属于用古代石刻为建筑材料的，如清施闰章《蠖斋诗话》："元时西僧杨琏真珈，欲取宋高宗所书经石垒塔，赖申屠致远力争始止，然其他碑碣，为僧徒所毁者已不少已。"

明代曾以碑铺路，据《月池精舍目扎》："明太祖定鼎南都，取碑版治三山街官路，舍三段碑外，南朝遗刻，遂罕有存者，吴兴守某，以署后卑湿，取墨妙亭碑刻，尽填入淤泥中，与此同一煞风景也。"

3. 古代著名碑刻沧桑

中国古代出现了许多著名的石刻作品,尤以碑刻及其拓本引人注目。它们与其他石刻一样,饱经沧桑。现略举数例,述其沉浮。

——华山庙碑

华山庙碑是汉延熹八年(公元165年)四月建在陕西华阴县华岳庙的。碑额"西岳华山庙碑"6字为篆书,碑文22行,每行36字,为隶书。碑末刻"遗书佐新丰郭香察书",在汉碑中比较少见。此碑的碑文书法结字匀称严紧,富于变化,遒劲秀丽;点划波磔,抑扬得法,俯仰有致,具有装饰性和韵律感,为汉碑中之杰作。该碑流传近千年,历受关注,碑额两旁留有唐代李商隐、张嗣庆、崔知白、李德裕、王式等人题名,碑右下方有宋人王子文题记,具有很高的艺术价值和历史价值。明代嘉靖三十四年(公元1555年)关中大地震,此碑因自然灾害之无情,令人痛惜地遭到毁灭,不复存在了。万幸的是,早在宋代即有有识之士进行碑拓并保存了下来,其中明时陕西华阴人郭宗昌家所藏的拓本,被今人称作华阴本,是华山庙碑诸拓本中最精的。该拓本上明清两代名人题跋很多,计有郭宗昌、梁章钜、阮元等跋38段,张岳崧、徐世昌等观款43段,并"郭氏胤白"、"王山史啸月楼图书"、"苏斋"、"子贞"、"陶斋十宝之一"等藏印148方。华阴本现存于北京故宫博物院,为剪条装成册叶形式,碑额3页,碑文35页,每页3行,每行6字,纵22.3厘米,横12.8厘米。在原碑不存的情况下,有此精美拓本留存也是欣慰之事。

除"华阴本"拓本外,见于著录的《华山庙碑》拓本还有现藏于日本东京上野书道博物馆的"长垣本",现藏于北京故宫博物院的"四明本",现藏于香港中文大学的"顺德本"等拓本流传于世。

据记载,华山庙还曾有过北周赵文渊写的《华岳颂》及唐玄宗写的《华山铭》(或称华山庙碑)等。唐玄宗所书之碑高四丈多,在后来的黄巢起义时,华山庙被放火烧毁,碑也同时被烧毁,碑上的文字几乎全部磨灭。

——三绝碑

梁天监十四年(公元515年),梁武帝为纪念高僧宝志,命建宝志墓塔,张僧繇曾替宝志绘像。到唐代,又由吴道子重新作画,李白作诗,颜真卿书写,将三位大师的作品同刻在一个石碑上,因此有三绝之称。元代时又加刻了赵孟頫写的《志公十二时歌》,三绝碑之称仍沿用。明初为了兴建孝陵,将塔与碑随寺迁灵谷寺内。后来碑、塔亦相继毁坏,三绝碑也从此不存。

——汉忠烈纪公碑

唐代武则天长安二年(公元702年)立于现在河南信阳郡纪(信)公庙。碑高290厘米,宽110厘米,厚27厘米。盘龙螭首,碑额篆书"汉忠烈纪公碑"六字,正文23行,满行41字。由初唐书法家卢藏用撰文并书,碑文为八分隶书,343字。同上述出自名家之手的碑刻一样,此碑也向为金石学家、考古学家、史学家、书法家所推崇。历经一千二百多年的磨难,仍保存完好,十分难得。但是在"文化大革命"中,此碑被作为"四旧"拦腰砸断,严重破坏。目前,碑下部已缺数十字,碑阴许多字迹也难以辨认。

——昼锦堂碑

据史料记载,此碑由欧阳修撰文,蔡襄书,邵必篆额,也被世人称为三绝碑。镌刻后,因存放北宋重臣相州(今安阳)韩琦所筑昼锦堂内,故又称昼锦堂碑。金兵南下,灭北宋,昼锦堂成为某达官贵人的宅第,此时碑尚存,有许多人相继入内拓碑。后来不知何时,堂与碑均毁。现在所见的昼锦堂记碑,是元至元年间摹刻的,碑阴刻有司马光撰《韩魏公祠堂记》。

——无字碑

出于多种原因,中国古代的无字碑有不少,如泰山之巅的汉代无字碑和陕西乾陵的唐代无字碑等。此处所说的无字碑树立在苏州市玄妙观三清殿的东侧,碑高两丈,原来有字,为明代洪武四年(公元1371年)著名文学家方孝孺撰写。明燕王朱棣篡夺皇位后,谴责之声不断。为平息舆论,朱棣令方孝孺起草登基诏书,但方孝孺宁死不从,终遭极刑。苏州的地方官吏害怕因方孝孺株连自己,想方设法消除方孝孺的影响,所采取的措施包括急忙把他写的碑文铲光,使此碑从此变成了无字碑。

——景苏园帖

"景苏园帖"是一组石刻通称。清光绪年间,喜爱苏东坡书法的黄州府黄冈县教谕、著名历史地理学家、金石书法家杨守敬及黄冈县知县、书法家杨寿昌共同策划,精心挑选了68件苏东坡书墨法帖,由杨寿昌出资,武昌著名石工刘宝臣从光绪十七年(公元1891年)开始摹刻,总计6卷,勒石126块。第一批4卷完成于光绪十八年,后又完成2卷。因石刻镶嵌在杨寿昌辟建的"景苏园"内墙壁上,故名《景苏园帖》。所刻内容中,《前赤壁赋》出自《余清斋帖》,《后赤壁赋》出自《秀餐轩帖》,《郭熙秋山平运帖》出自《西楼帖》,《祭黄几道文》及《于谢民师书》出自《怡园帖》,《洞庭春色赋》及《中山松醪赋》选自《秋碧堂帖》,《送安国教授成都》帖选自《经训堂帖》等。也有从散于各处的墨迹及宋拓本中选取的。《景苏园帖》石刻单块高37.5厘米,宽85厘米,卷前有苏轼小像,卷末有杨守敬、杨寿昌作的跋。《景苏园帖》石刻是目前保存苏书石刻最多、最好的石刻碑林,在苏氏由于政治原因,生前死后作品遭到数次禁毁、墨迹及石刻流传较少的情况下,摹刻其作品的《景苏园帖》绝大部分能保存至今已十分不易。《景苏园帖》石刻原有126块,杨寿昌卸任黄冈知县后,曾将《景苏园帖》石刻运往四川,到汉口时,因运费缺乏无法继续,只得将石刻典当给汉口"张信记"商铺。杨寿昌回四川不久就辞世了,其子至汉口欲赎取石刻时,典当期限已过。虽经长达三十年之久的诉讼,仍未能如愿。1925年,"张信记"商行准备将石刻售予海外,湖北督军萧耀南(黄冈人)听说后,出资购得石刻,交由在黄州东坡赤壁修建挹爽楼的承办人汪梦,镶嵌于挹爽楼下的"碑阁"四壁,此时发现石刻已经遗失了24块。"文化大革命"时,"红卫兵"将石刻视为"四旧",主张砸毁,被文物管理人员连夜以石灰、泥沙及水泥封闭于墙壁内,才免遭劫难。现在,劫后余生的102块石刻仍完好地保存在湖北黄冈市东坡赤壁碑阁内,只是遗失的24块石刻,不知何日可完璧归赵。

三 古代书画的沉浮

(一) 早期书画及名家作品

书画是书法与绘画的统称,在我国有着悠久的历史,向为文人墨客和收藏者所喜爱。

据文献记载,黄帝战败蚩尤后,叫人画了蚩尤的形象悬挂起来,以警示其他部落首领。当时一个叫史皇的画工,《世本》称其"始善图画,创制垂法,体象天地,首冠群工"。商代伊尹也曾绘制了从尧舜开始的九个贤明的部落首领画像,以作君王之楷模。周朝的周公为辅助周王,将尧、舜、桀、纣的事迹分别画在纪念祖宗的明堂窗户上,以之警示。不管这些绘画的出发点是什么,从新石器时代的彩陶绘画和春秋战国时期的漆器绘画及青铜器纹饰来看,可以断定它们曾经存在过,而今早已湮没于历史的尘埃之中了。

目前所见早期书法,当属商、周甲骨文、金文,以及楚国的帛书、江陵睡虎地秦简、石鼓文等。真正意义上的早期绘画,是春秋战国时期的帛画和漆画。在此以前的均已湮灭。

到汉代,关于绘画的文献记载就很多了,如《文苑英华》载汉文帝令画家在未央宫的承明殿绘"屈轶草"象征能辨识奸臣,

"进善图旌"象征选拔人材,"诽谤木"象征警惕过错,"敢谏鼓"象征虚心接受意见,"獬豸"象征明辨是非。《汉书·苏武传》载汉宣帝甘露三年(公元前51年),皇帝刘询命画家在麒麟阁上描绘功臣像。东汉明帝也曾借鉴此法,命画工将邓禹等28名将的像画在"云台"上。东汉明帝刘庄在派人出使印度后,根据带回的佛祖释迦牟尼像,命画家在清凉台和显节陵画佛像。据《历代名画记》载,明帝还曾让班固、贾逵等摘取一些经书和历史上的故事,交由画家们据此绘画,成为"画赞"共50卷。史书记载的西汉画家有龚宽、陈敞、刘白、毛延寿、阳望、樊育,其以画人物肖像、牛马等见长;东汉画家有赵岐、刘褒、蔡邕、张衡、刘旦、杨鲁等,画作有人物、景物、禽兽等;书法家有首创八分书体的蔡邕等,作品均已不存。

魏晋南北朝时期,社会动荡不安,极大地影响了书画艺术的发展。但对后世非常有利的是,故事画、风景画等占据了主导地位,显宦士大夫开始涉足书画创作和书画理论,特别是出现了卷轴画,使得书画的收藏成为可能。

史书记载的魏晋时期有成就的画家达百余人之多,其中著名的有曹不兴、顾恺之、陆探微、张僧繇、卫协、戴逵、萧绎、曹仲达等。惜年代久远,他们的原作散佚无存,只有后人的一些摹本传世。如顾恺之的《女史箴图卷》为隋人所摹,《洛神赋》和梁元帝萧绎的《职贡图》等为宋人所摹,《列女仁智图》则不知为何人所摹。

魏晋南北朝时期也是我国书法艺术的鼎盛时期,在帝王的倡导下,文人风从,真、行、今草各书体成绩卓然,知名书家有钟繇、皇象、卫夫人、陆机、王羲之、王献之、王珣、羊欣、王僧虔等,但流传于世的基本是拓本墨迹。

(二) 古代书画的主要劫难

与青铜石刻相比,书画更易于创作,但却更不易于保存。综观中国古代书画的传承,留存至今的,更显珍贵。因为在历史上,或因战乱,或因好恶,或因劫掠,或因自然损毁,书画至少有过如下一些大的劫难。

1. 汉代:七十余乘只剩半

据《历代名画记》,书画的收藏可追溯到夏商时期。但书画被统治者当作珍贵文物保存起来并传之后世的信史,可上溯到汉代。第一次书画劫难,也发生在汉代。

《历代名画记》载,东汉明帝喜欢绘画,因而设置画室,后又创立鸿都学收藏书画及其他宝物。画室、鸿都学保存了大量书画,东汉末年董卓叛乱时,皇室所收"图画缣帛"被乱军抢夺去充当帷帐行囊,装载达七十余乘(古代指七匹马拉的车,一辆为一乘)之多。只是因为下雨导致道路泥泞,运输不便,这些文物便多被弃置。尽管由于历史缘故,汉代所收书画数量极为有限,但在当时已经是非常不容易了。假如没有这次雨中遗弃,今人或许还能够见到汉代"图画缣帛"的真容。

2. 晋代:萧绎兵败焚书画

到三国两晋南北朝时,不仅书画的创作更加活跃,书画的收藏量也开始有所增加。曹魏西晋旧藏书画,在西晋愍帝司马邺建兴四年(公元316年)刘曜攻陷长安时,多为胡寇焚烧。此即史书所记载的"魏晋之代,固多藏蓄,胡寇入洛,一时焚烧"。

但是,由于喜爱书画已经成为社会风尚,并向为朝野喜爱珍视,所以,虽然在三国两晋南北朝时期的朝代更迭和战乱中,不断有书画的散佚、销毁,幸存者却又能在不长的时间内再度聚集起来。东晋桓玄酷爱法书名画,在元兴间篡晋安帝司马德宗皇位时,将晋内府所藏书画尽掠为己有。据《晋书·桓玄列传》记载,在他篡夺帝位前,曾命作"轻舸,载服玩及书画等物",认为"书画、服玩既宜恒在左右,且兵凶战危,脱有不意,当使轻而易运。"刘裕灭东晋建宋,桓玄所藏均归刘宋王朝所有。刘宋王朝数帝均为书画爱好者,他们在晋内府珍藏的基础上,征收扩大,使库藏得以不断充实。明帝之时,诏令寻求前废帝刘子业乱政中所散失的书画,遣使到三吴、荆、湘一带征询散佚书画,所得丰厚。据载,其时仅王羲之父子书法就有707卷,钟繇纸书697字,张芝缣素及纸书4件,张昶缣素及纸书4件,毛宏八分缣素书4件,索靖纸书5件……在战乱年代收藏如此丰富,真是难得。

公元477年,萧道成灭宋建齐,将刘宋内府书画悉数占有,并进行了鉴别分类,分划等级优劣。自画家陆探徽至范惟贤42人评为42等,计27帙348卷,供其闲暇时欣赏。遗憾的是,现在检阅起来,这些早期珍贵书画连目录也没能保存下来,更何况真迹了。

到梁武帝萧衍时期,在继承齐内府所藏书画的基础上,继续广收前人作品。据《书法要录》,梁武帝尤好图书,搜访天下,大有所获,其中,所得"二王"书法作品就有78帙767卷。萧衍之子元帝萧绎(字世诚)才艺过人,也不遗余力访求名迹,使内府所藏书画数目剧增,远远超过前代。但是,也正因为他的竭力搜寻庋藏,给古代书画带来无法弥补的灾难。先是太清二年(公元

548年)侯景作乱,致使内府珍藏书画被焚数百函。此后内库所藏书画被运抵江陵收藏。不幸的是承圣三年(公元554年),江陵被西魏将领于谨攻陷,元帝走投无路,遂命后阁舍人将所藏书法名画典籍24万卷堆聚一处,并大小二王遗迹,付之一炬。萧绎也要投火与书画同焚,被后宫嫔妃阻拦。于谨等赶到后,在灰烬中抢出书画四千余轴,运往长安。这是我国书画史上见于文献记载的最大的一次书画被毁事件。究竟有多少历代珍迹遭受此劫,因《梁太清目》一书失传,无从查对。颜之推在《观我生赋》中,沉痛慨叹道:"人民百万而囚虏,书史千两(辆)而烟飏,史籍以来,未之有也。溥天之下,斯文尽丧。"

到南朝最后一个王朝陈,文帝天嘉年间,又继续广泛收集民间流传的书法名画,才使内库所藏日渐增多。

3. 隋代:船覆书画落水沦弃

据《历代名画记》记载:"陈天嘉中,陈立肆意搜求,所得不少,及隋平陈,命元帅记室参军裴矩,高颖收之,得八百余卷。"

隋文帝杨坚被周禅为帝,于开皇九年(公元589年)攻陷建业(今南京),俘虏陈后主叔宝,统一中国,为书画的创作和收藏创造了优越的条件。隋文帝时期,关于书画收藏的壮举是,在东京(洛阳)观文殿后建起二台,东曰妙楷台,藏自古书法,西曰宝迹台,收自古名画。大业十二年(公元616年),隋炀帝杨广东幸扬州,尽将在东京的书画随驾。哪知在中途船覆,大半书画落水沦弃。炀帝被宇文化及杀死后,运到扬州劫后余生的部分书画,并归宇文化及。宇文化及至聊城,窦建德击败宇文化及并取书画。留在东京洛阳的部分书画,为王世充所取。自此,隋代宫廷收藏的历代书画尽数散佚。

4. 唐代：水火之灾和战乱之毁

唐武德五年（公元622年），秦王李世民克平僭逆，擒王世充和窦建德，将两都秘藏书画精品尽归己有。之后，命司农少卿宋遵贵随船，沿黄河逆流西上，护送运往长安。船行到三门峡时，因水流湍急而覆没，载运的书画所剩不过十之一二。

唐太宗李世民在做皇帝之前，就用心搜求，特别是王羲之的墨迹，已很丰富。即位之后，更是人间购求，查抄私家藏品，获得各方进献书画，使御府所收藏书画数量日渐其多。有信史可查的有：查获杨素20卷；左仆射萧瑀进呈13卷；许善心进献3卷；高平县行书佐张某进献10卷；褚安福进献4卷。这样，使唐内库所藏很快就在建国之初的300卷的基础上大增，仅钟繇、王羲之父子的真迹就有1510卷之多。太宗于贞观六年（公元632年）下诏整理御府所藏钟、王等大家的真迹，又采取各种方法征集名作，对王羲之之作，更是不遗余力，志在必得。

武则天时期，准张易之奏请，召天下画工修内库图画。据《历代名画记》载，当时，张易之利用职权，招聘有特长的画家和工匠，对藏画认真临摹，并且采用原装裱方法，一毫不差，几可乱真。完成后，真迹多归张易之。张易之被诛后，其所藏为薛少保稷获得。薛殁后，又为岐王范所得。王初不陈奏，后来惧怕，便将所藏书画焚毁。这样，唐代内库所藏书画，在由人以假换真之后，又在火中被焚。

实际上，在武则天和唐中宗李哲时期，内库真迹也有不同程度的散佚。据徐浩《古迹记》载：公主觐见中宗，"颇有怨言，帝令开缄倾库悉与之。延秀复会宾客，举柜令看，分散朝廷，无复宝惜。太平公主取五轶五十卷，别造胡书四字印缝，宰相各三十卷,将军、驸马各十卷。自此内库真迹,散落诸家。"

到唐玄宗李隆基时期,亦十分重视历代书画征集,设集贤院各类书画征集与摹制。其继位不久,即征得大小王真迹158卷。其时,内库书画收藏已经非常丰富。但是,天宝十四年(公元755年),安禄山叛乱,使书画损失惨重。其中包括徐浩、史维则、张怦于开元十年(公元722年)十二月和十九年(公元731年)二月通过搜访和悬赏入库的书画。待肃宗平定安史之乱时,内库书法所藏不过218卷。据唐人张怀瓘《二王等书录》所记,安史之乱初平定时,"天府所有,真书不满十纸,行书数十纸,草书数百纸,共有二百一十八卷,张芝一卷,张昶一卷……。"与太宗时取钟繇、王羲之父子真迹,"即有一千五百一十卷之富"(《唐朝叙画录》)几乎无可比拟。德宗建中四年(公元783年),朱泚叛乱再起,内库珍品再造损失。

肃宗以后,内府收藏衰微。虽然肃宗任命徐浩为搜访书画使,史惟则奉使访求书画,重新收集二王法书二百余件,寻回安禄山从内府劫取的扇书《告誓》等四卷,二王真迹四卷,却终因边防战争,无心顾及,散失书画难以回收。宪宗时,皇室收藏已颇寥寥。

5. 宋代:金兵南下,宋内府书画遭殃

唐亡后,五代十国割据混战,丰富的唐代内库所藏在五十余年间散失殆尽。倒是喜爱丹青的南唐后主李煜,在内府里收藏较多。这些藏品多源自唐内府,南唐被灭后,又归属宋朝内府。

两宋公私鉴藏活动较唐代更加活跃。宋太祖赵匡胤和太宗赵光义在统一全国的过程中,即不断搜寻地方王朝的庋藏文物,集中于汴京。据《图画见闻志》载:"太祖平江表,所得图书赐学

（二）古代书画的主要劫难

士院。初有五十余轴,及景德、咸平中,只有《雨村牧牛图》三轴(无名氏)、《寒庐野雁》三轴(徐熙笔)、《五王饮酪图》二轴(周文矩),悉令重装褙焉。""太平兴国初,江表(南唐)平,上以金陵六朝旧都,复闻李氏精博好古,艺士云集,首以公倅是邦,因喻旨搜访名贤书画,后果得千余卷上进。"太宗赵光义即位不久,即"诏天下郡县搜访前哲墨迹图画",颇有收获,"先是荆湖转运使得汉张草书,唐韩干马二本以献之。"皇帝的重视,使得宋初宫廷古书画收藏日丰,太宗端拱年间,秘阁藏书画已达数千卷。宋淳化三年(公元992年)刊刻的《淳化阁帖》所选画录,只是宋初宫廷收藏的唐及其以前的法书作品,是皇室收藏的一小部分。

宋徽宗时,内府的书画收藏数量达到了前所未有的程度,《画继》称:"秘府之藏,充牣填溢,百倍先朝。"根据内库收藏所编的《宣和书谱》和《宣和画谱》两书所载的法书名画达7644轴,这其中还不包括徽宗赵佶个人的作品及画院画家作品在内。

无奈在这庋藏的鼎盛时期,喜中含悲。1126年发生靖康之变,金兵攻陷汴梁(开封),宋代内府所藏书画,或为金人掠去,归入金内府,这其中包括传世至今的《虢国夫人游春图》和《捣练图》;或流落民间,散失不见,成为中国古代书画的又一次大劫难。

南宋时期,经过几代皇帝的努力,收集了一部分北宋流散出的书画,并征得一些新的作品。据庆元年间《中兴馆阁录》载,内府收藏法书215轴,绘画1260轴(册)。恭帝德祐年间,籍没权相贾似道家产时,所获古书画再度充实了宫廷收藏。高宗赵构时,对秘藏的古书画作品进行重新装裱,并钤不同印记,但为整齐划一,不惜将前代人的题记拆去,无形中造成对古书画的再次损害。

6. 明代：为凑军饷卖书画

元代宫廷收藏的书画主要源于金内府和南宋内府，其余则是四方纳收的。但作为游牧民族，在入主中原之前，因为不重视造成古代书画的损失，当是可以理解的。

元代帝王中，元文宗图帖睦尔比较重视历代书画的收藏。他建奎章阁，设书画博士，一方面整理内库旧藏，一方面接收献纳，并留意征集收搜。虽然业绩平平，但有欧阳询《劝学帖》和董源《夏景山口待渡图》等佳作。元代私人收藏则十分活跃，著名的私人收藏家有郭天锡、赵孟頫、鲜于枢、乔篑成、王芝、柯九思、张晏、倪瓒等。他们曾经收藏为数众多的宋以前法书名画，从而使南宋内府流散出的部分书画得以保存下来。

明代初期，俘获和献交的书画均由稽察司保存，其中包括元文宗奎章阁所藏，也有部分查抄罪宦家财所得，法书名画数量颇丰。但明代的多数皇帝并不重视庋藏书画，管理不善，没有完成收藏目录，造成以各种名目流失私人手中。明嘉靖以后，为筹集军饷，将大批内库书画珍品卖给了豪强士绅，使明代内府的书画收藏成为汉唐以来最差的。

清初，皇室承继了明内府的收藏，同时征集了相当数量明末清初之际流散各地的书画。以后，许多私人藏家的珍品陆续被收归内府，导致私人收藏势气渐衰，书画高度集中在内府保藏。据乾隆九年（公元1744年）开始的历经一年又八个月的第一次鉴定整理，内府有历代法书460件，历代名画1261件，本朝臣工书画389件，康熙、雍正二帝书法176件，共计2286件，编为44卷。乾隆五十六年（公元1791年）春，进行了第二次鉴定整理，以弘历书画为主，加上宗教和臣工书画，共计有3062件。嘉庆二十年(公元1815年),内府进行第三次鉴定整理,共计有历代书画916件,弘历、颙琰父子书画2493件。另外,在盛京和热河行宫、北京圆明园、颐和园等地,也藏有大量的书画。

嘉庆以后,清王朝开始摇摇欲坠,1840年鸦片战争后,清王室所藏书画更是屡遭劫难。如1860年英法联军抢劫圆明园,1900年八国联军侵入皇宫,1911年溥仪被赶出故宫前假借赏赐之名盗出一千二百余件书画精品,日本投降后溥仪携带到长春书画的被抢等。依本书体例,上述内容在近代篇中再谈。

由于中国古代注重书画的收藏,书画上的印鉴题记往往可以反映出作品的流传经过,意义重大。被毁或流失的古代著名书画中,就有一些是这样的,现以《睢阳五老图》为例说明。

《睢阳五老图》为宋佚名肖像画,绢本设色,现分藏于美国华盛顿弗利尔美术馆、耶鲁大学博物馆和纽约大都会博物馆。睢阳五老指宋仁宗时太子少师杜衍、礼部侍郎王涣、司农卿毕世长、兵部郎中朱贯、驾部郎中冯平五位逾八十岁的长寿老人,每幅画高39.3厘米,宽31厘米,分别题为"礼部侍郎致仕王涣九十岁"、"驾部侍郎致仕冯平八十七岁"、"致仕祁国公杜衍八十岁"、"兵部郎中致仕朱贯八十八岁"、"司农卿致仕毕世长九十四岁",画上有五人赋诗及宋仁宗至和三年(公元1056年)钱明逸写的《五老图诗序》。据明朱存理《铁网珊瑚·画嗣》记载,五老中首先赋诗的是杜衍。其诗云:"五老四百有余岁,俱称分曹与桂冠。天地至仁难补报,林泉休致许盘恒。花朝日夕随时乐,雪鬓霜髯满座寒。若也睢州为故事,何妨列向画图看。"其余四老依韵赋诗。以后依韵赋诗的宋代名人有欧阳修、晏殊、张商英、范仲淹、富弼、韩琦、胡瑗、苏颂、邵雍、文彦博、司马光、张载、程颢、苏轼、黄庭坚、苏辙、范纯仁;题记的有南宋的蒋璨、杜绾、钱端礼、胡安国、朱熹、吕祖谦、王铚、季南寿、谢觌、洪迈、张贵谟、游彦明、范成大、欧阳希逊、洪适、黄缨、谢如晦、杨万里、俞端礼、何异、朱子荣，元代的赵孟頫、虞集、李道坦、程巨夫、姚遂、马煦、袁明善、刘致、周仁荣、曹鉴、邓巨川、曹元用、马祖常、张翥、俞悼、韩金庸、赵期颐、郭畀、夏干、泰不华、柳贯、杜鹏、李祁、周伯琦，明代的王逊和吴宽等。明以降题记再无所载。现在能见到的题跋真迹有钱明逸的《诗摩》，王逊、李干、姚广孝、申时行、朱之蕃、顾起元、魏宦柱、朱集璜、归庄、徐烟、朱懋修、高廷琛、左宗棠、李珣、沈余、李在铣、李慈铭、金城等人的诸多手迹。但《铁网珊瑚》所载南宋和元代人的题记已佚失。据南宋蒋璨题记云：此画在南宋时为五老之一的毕世长后代收藏。约1191年左右，画为朱贯后代所得，并长期收藏。元嘉定二年（公元1325年），画传给朱德润。明嘉靖四十一年（公元1562年），朱景贤为邢部郎中时，以宋画为蓝本在河南商丘刻五老遗像碑及《睢阳五老遗像碑记》。碑不知何时遗佚，今已不见。万历年间朱氏将画典质给申时行，申认为画应由朱氏保留，故于万历三十八年（公元1610年）写了题跋后，将画送归朱名佐。崇祯四年（公元1631年），画为朱汝梅收藏。清顺治二年（公元1645年）转传朱汝任，康熙初年画为顾氏所有。至康熙四十六年（公元1707年）又被朱柏庐以12两金子购回。后又转入金氏之手。公元1744年朱懋修以16两金子购回并将画卷裱成册页，于其时朱彝尊写了引首——隶书"睢阳五老"四个大字。18世纪，画从朱氏手中转出，光绪年间归满族收藏家盛昱。1914年金成写的题跋成为此画在国内最后九百余年的纪念。五老图是如何被分割数段并流落国外的不得而知。据现存纽约大都会的毕世长像上的题记可知，此段是1917年落入其处的。据此推测，《睢阳五老图》流于国外时间当是民国初年。历经千劫万难，未能保全全貌的《睢阳五老图》最终流落异域的结果，令人唏嘘。据说上海博物馆藏有《睢阳五老图》的部分题跋,尚未公开发表,不知其中是否包括被割掉的宋元部分。我们期待着有一天这件珍贵的宋代画作能珠联璧合。

四 古代陵墓及建筑的劫难

(一) 厚葬必然导致古墓被盗

"视死如事生"是世界上绝大多数民族的基本传统文化习俗之一。特别是帝王和达官贵人的陵墓,更是在墓内陪以其生前所需、所用、所喜好之物,在陵墓上兴建宫殿,进行祭祀供奉,实际是在用现实世界的生活模式对待死者。中国最迟在旧石器时代晚期就出现了墓葬,并在墓中发现了简单的随葬品;随着贫富分化的出现,随葬品有了多寡贵贱之分,墓葬成为死者生前身份和地位的又一种体现。

随着社会的发展和物质的丰富,随着儒家"慎终追远"思想的渗透,"视死如事生"也逐渐演变成一套完整的陵寝制度,厚葬先人也成为上至帝王将相下到贫民百姓非常重视的事情了。

随葬品的出现,特别是厚葬的出现,为诱发盗墓提供了最简单的理由。中国古代的厚葬习俗尤其体现在帝王贵族墓葬的营建上。

夏、商、周时期,前后有八十余帝王,但我们今天尚未发现真正的帝王陵寝。不过据考古发掘,商周时期,帝王贵族大墓已经具有了相当大的规模,并具备了一定的形制。一般认为,我国的陵寝制度创始于战国中期,河北省平山县中山王墓及其出土的铜版《兆域图》,表明陵寝制度到汉代已非常成熟。商周时期的帝王贵族墓葬随葬品已经非常丰富,如商代妇好墓中出土各类随葬品达1928件,包括468件青铜器、755件玉器等。

秦始皇统一六国后,选定骊山,动用七十余万人,历时三十多年,为自己建造了中国历史上第一个皇帝的陵寝。宫中的"奇器珍怪"全部随葬墓中。

西汉有帝陵11座,除文帝霸陵和宣帝杜陵在今西安市东南郊外,其余都在渭河北岸的咸阳原上,其中渭北九陵和杜陵都有覆斗形坟冢。主陵之外,另有"陪陵",高祖刘邦的长陵和宣帝的杜陵各有陪陵六十多座。

东汉帝陵12座,只知光武帝原陵在河南孟津,献帝祥陵远在河内郡山阳,部分在汉魏洛阳故城附近,其他尚是谜团一个。

曹魏和西晋帝陵也在汉魏故城附近,"依山为陵,不封不树",除晋文帝崇阳陵和晋武帝峻阳陵的位置基本查明外,其他西晋、曹魏诸陵还有待探寻。东晋和南朝帝陵大都在南京附近,个别的在丹阳,目前已有5座南朝陵墓被发掘。

北方在十六国时期,多采用"潜埋"而不起坟的葬式。北魏统一北方后,恢复陵寝制度,其迁洛以后的帝陵均在洛阳瀍河以西的北邙山下。但除孝文帝长陵、文始皇后高氏陵和宣武帝景陵外,其余已无迹可查。

唐代除昭宗葬于河南渑池,哀帝葬于山东菏泽外,其他18个帝陵都在关中平原北部。其中高祖献陵"积土为陵",其余均"依山为陵"。太宗昭陵陪葬陵墓最多,达167座,献陵也有67座。五代时期,陵墓沿用唐制但规模较小,已被发掘的有南京的南唐二陵,成都的前蜀王建墓和后蜀孟知祥墓。

北宋八陵集中在河南巩县,基本沿袭唐代陵寝制度。突出的是神道石刻的品种和数量增多,一般是帝陵23对,后陵十余对。将石像生的组合和形制定型化。南宋六陵在浙江绍兴,沿用北宋制度,但宋亡后被破坏,了无踪迹。

辽陵在内蒙古境内,地面建筑均被金兵破坏。金陵在北京西南郊大房山下,破坏于明代。西夏陵在宁夏境内贺兰山麓。元陵秘葬不起坟,难以确定。

明清两代的陵寝制度相似,改覆斗形为平面圆形,前建方城,后有宝顶。明朝15个皇帝陵,除太祖朱元璋的孝陵在南京紫金山,惠帝朱允炆下落不明外,其他13个皇帝都葬在北京昌平县天寿山,现称"明十三陵"。清朝除末代皇帝溥仪外,其余九个皇帝的陵墓分别建在河北省遵化县的"清东陵"和易县的"清西陵",另有入关前的三帝陵在辽宁沈阳附近,称"清初三陵"。

除历代皇陵外,已知的各个历史时期的皇亲后戚、达官显贵的墓葬达数万座。这些陵墓很多被盗,或在战乱之中遭到破坏。

(二) 古代盗墓风盛

我国自进入阶级社会以来,历代帝王和贵族无不把陵墓的建造放在极为重要的地位。有的帝王从即位之日起,就穷其国力,建设豪华的陵寝。统治者妄图通过陵寝的营建,反映其生前至高无上的地位,使自己死后能继续享受生前的奢侈淫逸的生活。为此,不少朝代还制定专门的法律,采取一些陵寝保护措施。尽管如此,在朝代更迭、连年战乱的古代社会里,统治者建造起来的规模非凡的陵寝和大墓,几乎无一幸免地遭到了劫难,甚至墓主被扬尸野外。

中国古代的盗墓之风由来已久。

据文献记载,盗墓现象在春秋战国时期就已经出现了。当时,由于社会动荡不安,民不聊生,不法之徒渐多,觊觎古墓随葬宝物风起,盗坟掘墓之事日盛。

《吕氏春秋·安苑》载:"宋未亡而东冢掘,齐未亡而庄公冢掘。"据《汉书·地理志》,当时,赵、中山等国,"地薄人众……丈夫相聚游戏,悲歌慷慨,起则椎冢",盗墓已蔚然成风。

从中国古代的盗墓现象中可以看出,达官贵人墓葬和历代帝王的陵寝,是盗墓者的首选目标。盗墓者所破坏的不仅是陵墓本身,更重要的是劫掠墓中随葬的珍宝,许多珍贵文物因此而惨遭损毁。

1. 秦始皇掘地找宝剑和秦始皇陵寝的毁坏

秦始皇成为中国历史上的第一个皇帝之后,广收天下财宝。他听说南方吴王锻冶有削铁如泥的宝剑,并在死后随葬,便下令将虎丘(今江苏苏州)一带挖地三尺,大量墓葬被毁,但结果却大失所望。

秦始皇是中国历史上最为著名的帝王之一,是他统率千军,兼并六国,使中国历史上第一次结束了四分五裂的局面,达到了统一。但是,秦始皇在位期间,大兴土木,生活奢侈,为修建阿房宫和骊山墓,耗尽了天下的人力物力。其中秦始皇陵的营建前后动用了七十余万人,高大雄伟。秦始皇陵由内外两部分组成,内城周长2520米,外城周长6294米,陵园内有豪华建筑。陵寝的地宫更是举世无双,据《史记·秦始皇本纪》记载,地宫"穿三泉,下铜而致椁,宫观百官奇器珍怪徙藏满之"。由此可以想像,秦始皇陵的地上地下都是一座宝库,集中了当时之精华。秦始皇陵原高120米,但是,由于两千余年的风雨侵蚀和人为破坏,我们今天所看到的秦始皇陵只是一座高七十余米的陵冢。尽管它仍然是历代帝王陵寝中最为宏伟者,而地面建筑却无一留存,这使我们在评价秦始皇的雄才大略和奢欲残暴时,缺少了一个有力的证据。据史料记载,秦始皇陵的人为破坏,主要是在秦末战乱中。秦始皇死后四年,项羽入关,一把大火,烧毁了陵园的所有建筑。之后,始皇陵被项羽掘开,他动用三十万人,历时三十余天,也没有将墓内所藏珍宝财物搬完。后来,有一位牧羊人手举火把到地宫寻宝,又不慎将地宫点燃,大火持续三个月才熄灭。果真如此,地宫中很难再有什么能幸存的了。但在唐朝末年,黄巢率领农民起义军进入长安,再次对秦始皇陵进行了盗掘,不知是否从中有所收获。令人欣喜的是,考古工作者通过对陵园周围的勘察发现,地宫并没有被人破坏的痕迹。如果是事实,有朝一日,我们或许可以看到一座藏满珍宝的地下宫殿,但地面建筑及建筑中的所藏,恐怕是永远都找不回来了。

2. 西汉始有大规模盗墓

经过秦末动乱之后,公元前202年,刘邦重新建立了专制主义中央集权的封建国家——西汉王朝,把中国古代历史推向了一个高峰,同时也使帝王陵寝的营建进入了一个鼎盛时期。

据历史记载,西汉皇帝吸收了秦代陵寝建造的基本形式并进行了若干改革,在即位的第二年便开始用天下贡赋的三分之一建造帝陵,虽然没有如同秦始皇陵那样高大封土,却同样有着宏伟的规模和华丽的建筑。从封土看,一般高在12~14丈,方在120~140步。从陵园规模看,一般在周长1600米左右,陵园内有各种建筑物。为了便于祭祀和维系皇权,陵园之外设有庙,并有"衣冠出游之道"与陵寝相连。帝陵周围一般都有功臣贵戚的陪葬陵,同样规模不凡。

(二) 古代盗墓风盛

虽然汉代各朝皇帝以及不少汉以后帝王对汉代陵寝采取了保护措施,但目前我们看到的西汉诸陵,却没有一座是完整的,留下的满目疮痍,使我们很难想像这就是汉朝帝王的葬身之所。

西汉初年,即有不少人盗墓取铜铸钱作兵。《史记·游侠列传》:轵人郭解"藏命作奸,剽攻不休,铸钱掘冢,固不可胜数"。《汉书·景十三王传》:"赵敬肃王彭祖,使人椎埋坟剽。"顾亭林注"椎埋即掘冢"。《论衡·死伪篇》:"岁凶之时,掘丘墓取衣物者数以千数。"

《汉书·张汤传》载,汉孝帝素称薄葬,但在武帝时已有盗发其园中瘗钱的。

西汉末年,开始有了较大规模的盗墓活动。景帝之孙刘吉好交无赖游侠之辈,他们勾结一起,将封地内的无主墓葬盗挖一空。广川王刘去与刘吉如出一辙,将河北蓟县、南宫、新河、枣强、武邑、衡水等地境内的高大墓葬尽掘。王莽秉政居摄时,借口汉哀帝祖母傅皇后、哀帝母丁姬的陵寝不合制度,要取出玺绶、玉匣等随葬品移葬别处。结果,傅皇后之陵因为塌方而压死数百人,丁姬墓则因长明灯遇外面的新鲜空气燃烧有大火涌出,烧得盗墓者焦头烂额。王莽从墓中取出随葬品据为己有。

西汉皇陵除文帝霸陵、宣帝杜陵外,在汉末的农民大起义中,咸阳原上的诸皇帝陵皆被赤眉军发掘损毁。据《后汉书·刘盆子传》载:西汉末年,赤眉入关,发掘诸陵,取其货宝。

据《后汉书·献帝纪》:东汉顺帝建康元年(公元144年),群盗发顺帝宪陵;献帝初平二年(公元191年),董卓开灵帝之陵,悉取葬中珍宝,又使吕布发诸陵及公卿以下冢墓,收其珍宝。《后汉书·礼仪志》称:"丧乱以来,汉氏诸陵,无不发掘,乃烧取玉押,金缕,骸骨并尽。"

东汉末年战乱中,董卓曾派遣吕布等人盗掘汉代帝陵和达官贵人的坟墓,掠夺珍宝,其中东汉光武帝刘秀的原陵被盗窃一空。此时,距东汉不过几百年的时间。

3. 魏晋南北朝时期盗墓不断

魏晋南北朝时,盗墓者已掌握探测古墓的技术。据《抱扑子·仙药》篇载,其时人"以杂巨滕为烛,夜遍照地下,有金玉宝藏,则光变青而下垂,以插掘之可得也"。

三国时期的曹操开始了有组织有计划的盗墓活动。他特意设"发丘中郎将"、"摸金校尉"等官职,从事挖坟盗墓的勾当。他还亲自率领将校士卒,发掘了梁孝王的陵墓,"破棺裸尸,略取金宝"。由于他曾干过盗墓的恶举,深怕死后也被人横尸荒野,故设72冢以惑人,以防盗墓者知其真墓所在。

《太平御览》卷557引《抱扑子·逸文》载:吴景帝(公元258~264年在位)时,为修建城墙,军队在江陵一带大规模地挖掘古墓,取石板和石砖。其中有一座大墓,内有重阁,以石为门,可以转动,墓道上有数十个铜人石兽。开棺后,士兵们发现,有一老人尸体"鬓斑白鲜明,面体如生人","棺中有白玉璧三枚籍尸","一玉长一尺,形似冬瓜"。士兵将尸体搬出来,掠夺了墓中的所有珍宝。

《世说新语》载,魏文帝黄初末年(约公元226年),吴人掘开了长沙王吴芮(死于公元前202年)的坟墓,此墓"广逾六十八丈,以其材于临湘为孙坚立庙"。此时,吴芮已经死去四百多年了。

西晋咸宁五年(公元279年),古本《竹书纪年》被盗掘者从战国晚期的魏王墓中掘出。西晋末年,晋愍帝迁都长安后,财政出现困难。为充实国库,晋愍帝下令将西汉杜陵(宣帝陵)、霸陵

(文帝陵)和薄太后(文帝母)的陵寝掘开,盗取财宝。在晋愍帝建兴三年(公元315年)的一次盗掘中,墓中所出珠玉彩帛数以千万计。

《晋书·石季龙载纪》说:石勒及季龙两人,不仅贪得无厌,而且目中毫无礼法,他们已经拥有了十州之地,家中金帛珠玉及外国珍奇异货,不可胜记,却仍然不满足,到处寻找以前帝王及先贤陵墓,找到后无不发掘而取其随葬宝物。

《晋书·束晳传》称:晋武帝时,有人在嵩山下得到一枚竹简,上有两个暗蝌蚪文字迹,拿它给别人看,没有人能认识。司空张华问束晳,束晳说:这是汉明帝显节陵中的策文。

《太平御览》卷557引《晋书》载,晋愍帝建兴年间(公元313~317年),有一个叫曹嶷的人,盗挖了春秋战国时期管仲和齐景公的墓葬。管仲和齐景公都是春秋战国时人,分别死于公元前645年和公元前490年,但他们的尸体均保持近千年而"尸并不腐,缯帛可服"。近年考古发现过许多保存完好、死而不朽的古人,这是埋葬地点的特殊和棺椁严密的保护措施所致。同样的记载还有《太平御览》引《从征记》载,西晋怀帝永嘉年间(公元307~313年),一个叫衡熙的人盗掘了刘表之墓。刘表死于公元208年,其子用"四方珍香药数十石"放在墓中,使"其尸俨然,颜色不异,犹如平生"。

据《太平御览》卷549引《异苑》载,南朝宋文帝元嘉年间(公元424~453年),分别埋葬于一千多年和四五百年的春秋战国时期齐襄公和西汉昭帝之侄昌邑王刘贺墓葬被盗挖。

三国的吴,东晋及南朝的宋、齐、梁、陈,都是以建康(今南京)为都城的,在历史上合称六朝,在南京周围分布有很多这一时期的帝王陵寝。六朝陵寝一般都依山而建,注重风水,在陵前置神道,以神道两侧对称的石雕最具特色,在我国雕刻艺术史上具有特别值得称道的成就,为唐宋石雕艺术的发展奠定了雄厚的基础。但由于六朝都是短命王朝,在军阀混战、血肉拼杀的同时,陵寝也遭受到严重的破坏,使精美的石刻雕像残破不全,留给今人的只能是一些断石残碑了。

在六朝诸帝陵中,宋武帝初宁陵被破坏的尤为严重。它多次被盗掘,现在所见是一片平地。

后赵的皇帝石勒、石虎均为贪得无厌之徒,对历代帝王及先贤之墓无不发掘,并曾派人盗秦始皇冢,取其铜柱做器。

前燕皇帝慕容儁因在夜间做梦被后赵皇帝石虎啃嚼其肩醒后非常不快,便命人掘其墓剖棺鞭尸。

4. 北宋皇陵屡遭破坏

北宋皇陵在今河南巩县境内,布局统一,建筑豪华。由于皇陵区处于西京洛阳与东京开封间的咽喉地带,属兵家必争之地,难逃历代战乱骚扰,屡被盗掘。

最早盗掘宋陵的是金朝统治者。钦宗靖康元年(公元1126年)十一月十七日,金帅粘罕率军过黄河后,就掠抢焚烧了宋仁宗天圣八年(公元1030年)建立的用以供奉太祖、太宗、真宗"三圣御容"的会圣宫。金兵攻陷东京,北宋灭亡。金兵又冲进皇陵区,先是将供祭殿的金银玉器、古玩字画、衣服什物等一抢而空,接着开始挖坟掘墓,攫取陵墓随葬珍宝,有的陵墓不止一次遭洗劫,疯狂的盗掘使陵区内一片狼藉。在南宋高宗为安慰先圣,敕令河南镇抚使瞿兴父子及岳飞等将官到永安驱逐金人并派专人修葺陵寝后,金兵为报复宋军,挖掘更凶,加以烧房毁屋,断树砍木,使陵区颓垣断壁,白骨遍地。

金兵撤退后,北宋在河南巩县的八座帝陵继续遭到破坏。

1132年,刘豫之子纠集乡兵十余万人,遍掘两京陵墓;之后,刘豫又专门组织"淘沙队",从事盗掘帝陵的勾当。刘豫任命谷俊为汴京淘沙官,负责盗掘汴京附近坟墓,刘从善为河南淘沙官,负责盗掘洛阳、巩县一带陵寝,做到无一"漏网之鱼"。这样,没被金兵盗过的陵墓被刘豫盗掘,被金兵已盗过的墓再次被挖掘,老百姓小坟墓也未能幸免。之后,刘豫派人放火烧毁了陵上建筑及园林。刘豫之后,民盗又起,其中有一伙以朱姓为首的盗墓贼,用绳子绑住宋太祖的肩膀将其拖起,盗取了棺内宝物和太祖的腰束玉带(见《宋人轶事汇编》)。

宋陵被盗掘后,所出文物珍宝屡被发现。南宋高宗就在临安(今杭州)买到一水晶注子,是哲宗陵寝之物。在盗墓的当年,西京奉先指挥士兵李英曾拿着从宋皇陵内盗掘的玉注碗在开封出售。

元朝控制了北宋陵区后,宋代帝陵遭受了又一次严重的破坏,元朝统治者下令将陵区"尽犁为墟"。在《南宋杂事诗》中,就有一首是专为北宋巩县帝陵所写的,诗曰:

"回首东都老泪垂,水晶遗注忍重窥。南朝还有伤心处,九庙春风尽一犁。"

从此以后,对北宋巩县帝陵的盗掘之风也是愈演愈烈。

清末民初,古董商与洋人勾结,倒卖古董。洛阳盗墓贼们利欲熏心,勾结地痞流氓,在陵区搭起帐篷,公然挖掘。20世纪30年代,包公墓被盗,墓志至今下落不明。建国以来,对宋代皇陵的破坏依然,附近居民经常利用陵区建筑构件建房筑墙,某中学将永熙陵内的砖石运回学校盖教室。"文革"期间,北宋皇陵的石刻被当成"四旧",多有砸毁。

北宋灭亡后,赵构在临安(今杭州)建立偏安王朝,苟延残喘,有六个皇帝死后埋在绍兴宝山下。南宋统治者在江南苟且偷安之后,曾一度期望能将南宋诸帝陵迁往北宋在河南巩县的陵区。但是,在巩县诸帝陵被毁的同时,南宋皇帝们也落了个国破陵毁、尸骨残碎的可悲下场。

5. 农民起义军毁坏明朝皇陵

明朝开国皇帝朱元璋的老家在安徽凤阳县,几乎是家喻户晓的事情。朱元璋父母死后,也埋在这里。起初只是草草埋葬,朱元璋称帝的第二年,便在父母坟上大兴土木,营建皇陵。但是,据《凤阳县志》记载,明朝末年,农民起义军对皇陵进行了严重的毁坏,使宏伟的皇陵建筑焚于火海之中。

清代的帝王陵寝,同样没有摆脱被盗掘的厄运,关于这一点,我们将在本书的"近代篇"中涉及。有必要在此补充的是,在本世纪初叶,由于社会动荡无秩,古墓被盗频繁。平西路五台山附近龙家村清肃王豪格墓,平湖新仓乡戚继光墓,河南彰德西北沿洹河南北一带古墓,伊州境内唐代名将裴度墓,无锡县刘潭桥乡的黄盖墓等,纷纷被盗。而这一时期的被盗古墓所出珍宝文物,很多流失国外。

(三) 古代宫廷建筑的焚毁

1. 明清以前的宫廷建筑全部被毁

中国的古代建筑在世界上颇具特色,特别是宫殿建筑,被视为帝王的统治活动中心和王权的象征,向为统治者重视,是古建筑中的精华。在谈到古代建筑的焚毁时,以宫廷建筑为例,是最具有说服力的。

(三) 古代宫廷建筑的焚毁

公元前21世纪的夏王朝,中国就有了宫廷建筑,其"前堂后室"的布局,是以后历代帝王宫殿"前朝后寝"的雏形。据《史记·殷本纪》记载:商代末年的纣王曾大兴土木修建宫殿。在朝歌(今河南汤阴朝歌镇南)和邯郸及沙丘的数百里范围内建离宫别馆,其中著名的商宫,又称鹿台,别称"南单之台",是纣王为讨好爱妾妲己,驱使数万奴隶建筑的。鹿台的用料是金梁玉柱,白璧明珠,台内装满来自各诸侯国的金银财宝,奇珍异物,极尽富贵豪华。《逸周书·克殷》、《新序·刺奢》及《水经注·淇水》等书记载,鹿台规模"大三里,高千尺",纣王的叔父箕子曾在这里见过奴隶为妲己雕琢的一副象牙筷子,见过犀角制作的碗,白玉琢磨的杯等。另外,纣王还命工匠建造一座琼室,用白玉叠成门,称为玉门。在公元前11世纪,周武王率军在牧野伐商。纣王自知大势已去,引火自焚,鹿台及其无数珍宝同时被焚毁。

春秋战国时期,宫室高台建筑更加发达,装饰更加华丽。秦汉更是营建了许多规模宏大,气势磅礴的宫殿。据《三辅黄图》载:秦王朝的"离宫别馆弥山跨谷,……以兰木为梁,以磁石为门。"汉朝未央宫"以木兰为棼橑,文杏为梁柱,金铺玉户……黄金为璧带,间以和氏珍玉……。"

东汉以后,高台建筑减少,楼阁建筑增多。魏晋南北朝时期出现了琉璃和金属建筑材料,隋唐时期建筑技术日臻成熟,木构建筑发达。北宋起,宫殿群中出现了形式复杂的殿堂楼阁。明清故宫更是宏伟壮观,充分显示了皇权的至高无上。

在古代,随着王朝更迭,焚烧宫殿建筑几乎是所有胜利者的必用手段。《史记·秦始皇本纪》:"始皇以为咸阳人多,先王之宫廷小,……乃营作朝宫渭南上林苑中,先作前殿阿房,东西五百步,南北五十丈,上可坐万人,下可建五丈旗。周驰为阁道,自殿下直抵南山,表南山之颠以为阙。"唐代杜牧在《阿房宫赋》中描述为"五步一楼,十步一阁,廊腰缦回,檐牙高啄,各抱地势,钩心斗角","复道行空,不霁何虹"。项羽攻入咸阳后,放火烧毁了阿房宫,秦始皇苦心经营的六国宫殿建筑也荡然无存。项羽"烧秦宫室,火三月不灭",使我们今天只能看到阿房宫前殿东西1200米、南北450米、最高处约7~8米的高大夯土台遗存,以及砖、瓦、陶管、陶弯头、陶圈等遗物,并有铜器、陶器等生活用具。

秦汉以后的宫廷建筑,也都没有摆脱被烧毁的命运。目前,古代宫廷建筑除明、清故宫以及清入关前的沈阳故宫外,历代宫殿均不复存在,给中国建筑史留下不可弥补的损失。

2. 其他被损毁的古代建筑举例

同宫廷建筑一样,点缀在华夏大地的其他古代建筑,也多在王朝更迭、兵荒马乱的年月里被毁。我们今天所能看到的,多是后世重修。因不胜枚举,仅择要介绍几处:

——栖霞寺

坐落在南京栖霞山凤翔峰西麓,与山东临清灵岩寺、湖北荆州玉泉寺、浙江天台山国清寺并称为"天下四绝",相传南齐高帝萧道成建元年间明僧绍在此隐居。唐高祖时改名功德寺,增置梵宇49所,"楼阁延豪,宫室壮丽"。明洪武二十五年(公元1392年),复改为栖霞禅寺。清咸丰年间,寺毁于兵燹。清光绪三十八年(公元1908年)寺僧宗仰重建,规模比原来小得多。"文革"期间,佛像全毁。1979年政府拨款重修。

——鸡鸣寺

原为梁武帝时同泰寺的旧址,大通元年(公元527年)建,有大佛阁数重,寺内有九层宝塔、七层大佛阁、大殿六座、小殿及堂十所,殿内铸供十方金像、十方银像,非常壮观。梁武帝四次假意舍身,到寺内当和尚。后寺遭雷劈火烧,除瑞仪殿、柏殿外,焚之殆尽。明洪武二十年(公元1387年),在同泰寺旧址建成鸡鸣寺,清遭兵燹,同治时重建。十年浩劫中,寺门和全部佛像法器,毁之无余。

——金山寺

在镇江市西北,初建于晋代,原名泽心寺,唐起更今名,宋改称龙游寺,清康熙二十五年(公元1686年)改称江禅寺,但后世仍称金山寺。金山寺殿堂层层,楼台密密,主要建筑有天王殿、大雄殿、藏经殿、方丈处和二台、四阁、六楼、十阁、四亭、一塔。自晋至今,历经沧桑,屡有兴废。1948年发生大火,烧毁大雄宝殿、藏经楼和方丈室等二百余间房屋,残存建筑在"文革"中亦有所损坏,现已修复。

——净居寺

位于光山县大苏山南坡,始建于北齐天保年间(公元555年前后),由名僧慧思主持。初为庵。唐神龙时(公元705年)道岸禅师建寺,始名净居寺,广明庚子之乱(公元880年),毁于兵火。北宋乾兴中(约公元1022年)修复,赐名"梵天"。南宋宁宗嘉定十四年(公元1221年),金兵南犯,寺庙又毁。明初修复,崇祯年间又毁。清顺治年间(公元1656年前后)再修复。民国以来,多年战乱,净居寺又遭损毁。

——开元寺

开元寺创建于唐玄宗开元年间。据郑州文物志载:"开元寺五项田"。由舍利塔、大雄宝殿、尊胜幢等组成。大雄宝殿内塑供"三世佛",韦陀、韦力二天将及十八罗汉。尊胜幢是五代后唐明宗天成三年(公元928年)移至此处的。一千二百年间的沧桑,寺屡有倾塌。1938年,舍利塔被毁。1946年寺址被占用。"尊胜幢"存至郑州市博物馆。

——相国寺

相国寺是我国著名的佛教寺院之一。初建于北齐天保六年（公元555年），初名建国寺，后毁于兵火。唐景云二年（公元711年）名僧慧云募化重建，次年，唐睿宗改名为相国寺。明崇祯十五年（公元1642年）黄河水淹开封，相国寺成废墟一片。清乾隆三十一年（公元1766年），河南巡抚阿思哈重修相国寺。1927年，冯玉祥在河南提倡破除迷信，将佛像、碑文、匾额等烧毁。铜器、铸币、其他文物、字画、古玩，全部抄存。

——少林寺

少林寺坐落在中岳嵩山的少室山之阴，以禅宗和武术著称，是我国现存最早的佛教寺院之一。据《魏书·释老志》的记载，少林寺始建于北魏太和十九年（公元495年），是孝文帝元宏为安置印度僧人跋陀落迹传教而敕令修建的。孝昌三年（公元572年），因印度僧人菩提达摩到此，广集信徒，传授禅学，寺院逐渐扩大。北周时，由于佛、道教的盛行，与统治集团发生矛盾，于武帝建德三年（公元574年）遭到禁毁。据《北史·周本纪》："断佛、道二教，经像悉毁，罢沙门、道士，并令还俗。"少林寺所属建筑、佛教文物，与众多古寺道观一样遭到破坏。大象年间，静帝宇文衍重兴佛寺，少林寺再兴，改名陟岵寺。隋开皇年间（公元581～600年）文帝大倡佛教，诏令在五岳各建一所佛寺，"陟岵寺"复称"少林寺"，受朝廷扶持，少林寺日益兴盛。隋末农民起义，寺受攻击，一把大火烧得古刹仅剩佛塔一座，寺再衰。唐太宗李世民登基后，赐予少林寺大量田、财，并允许寺内养僧兵。从此少林寺大为兴盛，再次复兴，并成为天下第一名刹。据裴漼《少林寺碑》记载，至玄宗李隆基时，少林寺已是"州楼香阁，俯映乔林，金刹宝铃，上摇清汉"，但武帝李炎会昌五年（公元845年）焚佛时，少林寺再次遭到火焚，许多殿宇、佛像、经书化为灰烬。宋代

(三) 古代宫廷建筑的焚毁

由于儒佛合流,促使禅学发展,少林寺十分兴旺,寺院面积达500余亩,殿宇楼台约500间。元末红巾军起义,攻至少林寺时,摧毁佛像,焚烧殿宇。据寺存明初山锡之《重装佛像碑》载:"至正之末,天下板荡,海内名刹焚毁殆尽,……殿中佛像,则刮金破背,疑中有物。"朱元璋建明伊始,就对少林寺进行大规模修建,现在少林寺布局及主要殿宇,多为此时重建。到宣德间,少林寺已是亭台楼阁俱备,建筑雄伟,造像经书文物繁多。1928年,冯玉祥部下石友三与建国军樊钟番激战于少林寺,石军纵火焚烧寺院,寺内天王殿、大雄宝殿、藏经阁、钟鼓二楼、东西禅堂、六祖殿、紧那罗殿、垂花门楼、积香厨、御座房及前院、中院的全部廊房、僧房多处建筑;寺内大量文物、佛像、经卷、书版、法器、千年武术资料、齐魏名碑、石像焚毁无遗。自此,少林寺殿宇成废墟。1944年日军入侵河南,少林寺文物古迹三次遭到破坏,千年名刹满目疮痍。现所见少林寺是1979年重修。

——峨眉山金顶铜殿

据卧云庵所藏《大峨山永明华藏寺新建铜殿记》铜碑载:"铜殿疪工于万历壬寅(公元1602年)春,成于癸卯(公元1603年)秋","殿高二丈五尺,广一丈四尺四寸,深一丈三尺五寸。上为重檐雕甍环以绣棂琐窗。中坐大士(普贤),傍绕万佛,门枋空处,雕画云栈剑阁之险,及入山道路逶迤曲折之状。渗以真金,巍峨晃漾,照耀天地。"嘉庆版《峨眉县志》载:"殿左右还曾有小铜塔四座,高约六、七尺,现不存。"

峨眉山铜殿,是山西临汾人师号妙峰的福登祥师受业于山西蒲州万固寺募捐而造的。民国版释印光编《峨眉山志·寺庵胜概》载:"妙峰曾募造金殿三座,分送五台、峨眉,其一座,欲载送普陀,至金陵,遇普陀僧,恐招海盗,不敢受,遂送江宁(南京)宝华山供奉云。"今峨眉、南京两铜殿均不存,峨眉山顶的铜殿于清光绪十六年(公元1890年)被大火烧成灰烬。

——华严寺

辽代道宗为存放亲撰的《华严经随品赞》10卷,特建华严寺。寺内安放诸帝石像、铜像,具有辽皇祖庙性质。保大元年(公元1122年)毁于兵燹。金天眷三年(公元1140年)重修。辽金两代备受皇室重视。元明之际,再次经受战争磨难。明初,寺格局始定为上、下二寺,各开山门。清初因为姜瓖之变,寺院复遭摧折。几经修缮成今日规格。上寺以金重建的大雄宝殿为主,殿身面阔九间,进深五间,为我国现存最大的佛殿。殿内有20尊诸天等明代塑像,四周壁画为清代作品。下寺以辽建薄伽教藏殿为中心,殿身面阔五间,进深四间,殿内保存31尊辽代塑像。四壁38间重楼式藏经阁,是国内仅存的辽代建筑。

——报恩寺琉璃塔

大报恩寺及琉璃塔位于南京城南中华门(旧称聚宝门)外,是明成祖朱棣为报答与宣扬其父明太祖朱元璋与马皇后恩德,纪念生母碽妃而建立的。永乐十年(公元1412年)动工,郑和等监工,十万良匠参与,历时16年,耗银248万两,至宣德三年(公元1428年)建成。寺由金刚殿、天王殿、大雄宝殿、观音殿、香河桥、法堂寺等佛教殿堂建筑组成,还有众多的僧房和禅堂,周长九里余。寺中的琉璃塔塔身九层,八面开门,四实四虚,隔层错开。每层用砖数相等,但体积逐步缩小,四个拱门用五彩琉璃嵌合,塔底四周镌四大金刚护法神像,门上刻以琉璃神龙人兽。二层至九层平座用朱红色的琉璃栏杆围绕,覆瓦采用绿色琉璃构件,饰羊、狮子、白象等图案。塔内外壁皆以白瓷砖砌成,上嵌无以数计的金身佛像。塔顶盘有9个铁圈,顶上置黄金宝珠,金重2000两,以8条铁索固定在檐角,每层角梁上悬挂152个金铃。大报恩寺与琉璃塔建成后,香火兴旺,名扬海内外。据明张岱

《陶庵梦忆》:"海外蛮夷重译至者百有余国,见报恩塔必顶礼赞叹而去,谓四大都州所无也。"清康熙皇帝南巡到达南京时,特登报恩寺塔,在每层书匾额一块,并赐金佛、金刚经供奉塔顶。乾隆皇帝亦曾登塔赐书。太平天国起义军与清军在南京对峙期间,大报恩寺受到重创,破坏不堪,但琉璃塔尚保存完好。1856年天京事变发生后,在韦昌辉的指挥下,太平军用炸药、木柴等焚毁了名噪四百余年的大报恩寺院琉璃塔,现只存遗址。据史料记载:明初造琉璃塔,加工定烧建筑构件时,一律制作了双份甚至三份。一份用于建筑上,另外的密藏于地下,以备日后维修时更换。果真如此,或许有一天密藏的建筑构件会被发现,琉璃塔也可再现风姿。

五 古代典籍频遭禁毁

(一) 古代的早期典籍

说到典籍,首先要说文字。在新石器时代的后期,古代先民已经创造出了属于象形的文字符号,但这时还没有出现典籍。商周时期出现的甲骨文、金文、刻石、简策和帛书,才是中国的早期典籍。

商代刻在龟甲、兽骨上的甲骨文,已经是一种比较成熟的文字,也是目前公认的中国最早的文字。甲骨文是刻在甲骨上的卜辞,是商王朝重视神权的体现。帝王在有什么行动之前,都要占卜,再根据占卜的结果决定怎么做。卜辞由专人刻记到甲骨上,备查考用,因此成为最早的档案资料,其内容涉及政治、战争、狩猎、农业、畜牧、祭祀及天象等诸多方面。甲骨文虽然不是现代意义上的书籍,但在当时具有书籍的作用,也是中国最早的典籍。

与甲骨文同时或稍后产生的是金文,流行于商周和春秋战国时期。金文是指刻、铸在青铜器上的文字,又称"铭文"或"钟鼎文",多为载记祀典,歌颂战功,奖赏勋臣,订立盟约,训诰百官,颂扬祖先及制作该器目的等内容。

商代后期,出现了真正意义上的书籍——简策。简策是由写有文字的竹片或木片用皮条或丝绳按顺序缀连而成的,其中竹片作的称"简",木片作的称"牍",统称为"策"(册),在古代文献中常称为"典册"、"典策"、"简编"、"方策"等。

在春秋末年竹木简策盛行的同时,又出现了帛书。因是以帛、素、缯、缣等丝织品为载体,在古文献中又有"素书"、"缯书"、"缣书"之称,系在帛等丝织品上书写后,按其篇幅的长短剪裁折叠或翻卷成书。正是由于折叠不如翻卷方便,帛书最终固定为卷子形式,使"卷"随之成为计算书籍的数量单位沿用至今。与简策相比,帛书价格高昂,虽然春秋战国起即与竹木简策并行,直到东汉末纸发明后帛书仍然流行,却始终未能广泛应用。隋唐以后,帛书告退历史舞台。由于帛书与简策一样不易保存,所谓"简蠹帛裂"(《文心雕龙·练字》),加之人为破坏损毁,导致自春秋末起流行了六七百年的帛书实物极为罕见。

东汉蔡伦发明了造纸术,使纸书成为典籍的重要载体,并沿用至今。随着造纸技术的改进和纸的质量的提高,纸才作为书籍原料日益受到欢迎。但直到南朝桓玄下令废止竹简,纸书才完全取代过去的竹木帛丝,成为制作书籍的主要载体。纸书的形式最初与帛书的卷子相同,卷轴分等,尤其帝王将相、豪门贵族所用的卷轴以琉璃、象牙、紫檀、珊瑚、金、玉等珍贵材料为之,显示了书籍的华贵。纸书取代简策帛书,促进了古代典籍的发展和流传,使书籍的种类和数量急剧增加,鸿篇巨制层出不穷。直到今天,人们仍然离不开以纸为书。

(二) 古代典籍的发展、整理与收藏

商王朝对甲骨文的整理和保藏已经十分重视,设有专人进

行管理。公元前6世纪,周代设立"盟府",是最早的国家图书馆,掌管书籍的官吏叫吏,老子曾担任周代的"守藏宝之吏",掌管"百国宝书"。

春秋战国是社会变革、思想异常活跃的时期,人们纷纷著书立说,形成百家争鸣的局面,名家名著层出不穷。在这个古代典籍第一次大规模形成的时期,出现了老子、墨子、庄子、韩非子等的哲学著作,屈原的文学著作,孙武、孙膑的军事著作,以及《黄帝内经》、《神农本草经》等医学著作,《周髀》、《九章》等数学著作,以及儒家创始人孔子整理的《诗》、《书》、《礼》、《易》、《乐》(已佚失)、《春秋》六经。

西汉时期,国家藏书有了飞跃发展。西汉初年,相国萧何就在宫廷建藏书阁,曰石渠阁和天录阁。兰台、石室、麒麟阁也都是收藏图书的地方。汉武帝"广开献书之路",开始大规模征收书籍,设立国家藏书机构和专门抄写书籍的职官。汉成帝派刘向等人编成我国第一部图书分类目录——《七略》。

汉代是我国古代典籍大规模形成的第二个高峰,有大量著作问世,如司马迁的《史记》、班固的《汉书》、董仲舒的《春秋繁露》、王充的《论衡》、扬雄的《法言》和《太玄经》、张仲景的《伤寒论》、张衡的《灵宪》,以及丰富的文学作品和佛、道、儒著作等。汉代的书籍仍以简策为主,但历经磨难,几乎没有能久传于世的。

魏晋南北朝时,专设秘书所、秘书监的官职来管理图书。这一时期涌现出大批的典籍,如《魏书》、《宋书》、《南齐书》、《晋书》、《北齐书》、《周书》、《陈书》等"八书",《南史》、《北史》,与《史记》、《汉书》合称"前四史"的《三国志》和《后汉书》,史评巨著《史通》,典章体通史《通典》等史学著作,《文章流别志》、《文选》、《玉台新咏》、《典论》、《文赋》、《文心雕龙》、《诗品》,以及许多文学大

(二) 古代典籍的发展、整理与收藏

家的个人作品集等文学著作,还有翻译、研究佛经的著作和经学著作等。此期无论政府还是私人对藏书都极为重视,著书、藏书远远超过前一时期。

从魏晋到隋唐五代,除宫廷外,全国出现了许多专门的藏书处。隋朝政府藏书达八万九千多卷,比以前历代出书的总数还多3000卷,遗憾的是这些手写本书籍绝大部分在朝代更迭的过程中被焚毁。

唐代印刷术的发明,推动了书籍的刊印与整理。宋朝则迎来了雕版印刷的黄金时代,图书馆更是发达。北宋王朝在组织编纂《太平御览》、《文苑英华》、《册府元龟》、《太平广记》等四大类书的同时,也十分重视图书的搜集、整理、保管及收藏。宋初的皇宫有各种藏书机构,如史馆、昭文馆、集贤馆等。太宗建立的崇文院也是藏书之处,后又建神阁。建隆初年,北宋内府有藏书一万余卷,到开宝年间增长至正副本图书四万多卷,太平兴国年间,增加到八万多卷,这前后不过二十余年的时间。这些书籍有的是从割据国获得的,如公元965年平蜀时收集一万三千余卷,公元983年平南唐时收集图书二万多卷;更多的是向民间收集来的,当时规定每捐献一卷书赐绢一匹或钱一千文,捐献三百卷以上则赏以官职。在金兵南下时,宋代皇室藏书散失损毁惨重,宋代因派别之争引起的禁书,也造成了极大的损失。

元朝的国家图书馆有宏文院、艺林库。明朝南京的文渊阁全国著名。清朝国家图书机构有文渊阁、文源阁、承德的文康阁、沈阳的文溯阁、镇江的文宗阁、扬州的文汇阁和文润阁等。在这三朝,政府致力于编纂文献典籍,如:《元朝秘史》、《蒙古黄金史》、《元典章》、《元经世大典》、《元秘书监志》、《国朝名臣事略》、《文献通考》、《农书》、《授时历》、《本草纲目》、《农政全书》、《天工开物》、《经训堂丛书》、《十三经注疏》、《颜氏文彦小说》、

《永乐大典》、《御批通鉴纲目》、《御批通鉴辑览》、《通鉴纲目》、《康熙字典》、《古今图书集成》、"二十四史"及《四库全书》等。

（三）古代典籍的禁毁

早期的甲骨文、石刻、简策、帛书等典籍文献，能够流传至今的，均得益于考古发现。

商代的甲骨文在河南安阳出土较多，于清代光绪初年由农民在耕地中首先发现，时人称为"龙骨"，以之为药。1899年，时任清朝北京国子监祭酒的王懿荣最早认识了甲骨上的文字，从此一批金石学家开始了对甲骨文的研究，目前已了解到有四千五百多个单字，辨识了两千多个字。安阳殷墟是甲骨的集中埋藏地，1936年在殷墟127号坑中，发现有专门存放的甲骨17000片。到目前为止，共有15000片以上的甲骨被发现，但新中国建立前发现的大都流失到了国外，美国、日本、英国、法国、加拿大、俄罗斯、德国、瑞士、比利时、荷兰、瑞典等国都有大量收藏，数量比国内的还多。金文有的是因青铜器世代相传而保存，但更多的是因考古发现后得以妥善保存，简策也是如此。

虽然从南朝时起纸就成为制作书籍的主体，但今日所见早期的纸本书，无一不是地下出土。1924年，新疆鄯善县出土一份晋人写本《三国志》残卷，隶书，80行，一千余字，现已流失国外，国内仅存影印本。1965年，新疆吐鲁番一座佛塔遗址中发现晋人写本《三国志·孙权传》残卷，隶书，45行，五百余字，是在陈寿成书后不久抄写的，为国内所见最早的纸本书。1969年，新疆吐鲁番唐墓中出土一份手写《论语郑氏论》的前五篇，从书中"公冶长篇"和"景龙四年二月一日私学生卜天寿写"等内容推断，为公元710年的纸抄本。另外，在敦煌莫高窟发现了一些约

9世纪的"册子",但大都流失国外。

如果说甲骨文、金文、简策、帛书等可能随着考古的深入继续有所发现的话,纸质典籍的考古发现就是微乎其微了,这与纸质易腐难存有关。纸质典籍是中国古代典籍的主体,但正如清人黄宗义在《天一阁藏书记》中所言,"无力者既不能聚,聚者亦以无力而散",说明了其流传的不易。

中国古代的典籍应该说是浩如烟海,如果都能保留下来,那是一笔多么巨大的财富。但是,或由于保管不当的自然损耗,或由于兵燹火焚的人为毁坏,或由于改朝换代"去瘀生新"的销禁,种种原因,使历代典籍遭受着一次又一次的浩劫,能够世代相传的,几近于零。

1. 从商鞅燔《诗》、《书》到秦始皇焚书坑儒

中国历史上的第一次焚书事件发生在战国时期。

早在公元前362年,秦统一中国前的秦孝公时期,发源于西部秦岭一带的小国秦就因被中原诸国看不起而伤透了心。秦孝公虎视中原的计划希望良士良策的支持,来自中原魏国的公孙鞅(即后来的商鞅)应征前来,在秦实施变法。

文化禁锢、思想控制乃至禁书,是公孙鞅变法的主要内容。他认为:只要禁止了儒家的《诗》、《书》及其学说,便可富国强兵。在秦孝公的支持下,商鞅于公元前356年变法,并把"燔《诗》、《书》而明法令"(《韩非子》)作为变法的重点,大批儒家典籍被焚。从商鞅开始,秦建立了一套对民间文化典籍"灭其迹"的文化禁锢政策,一直延续到统一中国之后。

春秋战国时期,百花齐放,百家争鸣,文化兴旺,简策书籍昌盛。但是,这种大好形势未能持久,秦始皇统一中国后,为加强

封建专制统治,采纳丞相李斯的建议,继续进行文化禁锢。由李斯负责执行的文化禁锢政策主要包括:

——"史官非秦记皆烧之。"

——"非博士官所职,天下敢有藏《诗》、《书》、百家语者,悉诣守尉杂烧之。"

——"有敢语《诗》、《书》者弃市。以古非今者族!吏见知不举者同罪。"

公元前223年,秦始皇下令焚毁秦纪以外的诸子百家书籍。焚书令下三十日不执行者,受黥刑并发配边疆修长城的惩罚。焚书之火从咸阳烧起,很快燃遍了全国,其规模远远大于商鞅的燔《诗》、《书》。第二年,又下令将四百六十多名敢于议论时政的方士儒生活埋。历史上将这两次事件称为"焚书坑儒"。秦以外的六国史书悉数被焚,秦以前的书籍很大部分因此失传,造成了我们今天对先秦历史的模糊。秦始皇的"焚书坑儒",为中国文明史增添了永远抹不去的伤痕。

2. 以谶纬为主的南北朝至隋唐禁书与宋元禁书范围的扩大

从西汉开始,中国古代文化基本上处于大发展时期,各种典籍不断出现。但其间的禁书活动,却未曾间断过,规模或大或小,几乎每代都有。规模较小的是汉初,汉灭秦后,不学无术只知鲁莽用兵的汉高祖刘邦痛恨读书人,继续执行秦始皇制定的严禁私家藏书的政策。刘邦死后,禁锢解除,为汉乃至晋文化的发展打开了通道。

司马炎当上西晋皇帝时,正是从西汉末年始有的谶纬之学流行的时候。其间,发生了包括东汉光武帝在内的一班人利用谶纬之学篡权夺位的事件。司马炎难以容忍,于泰始三年(公元

267年)十二月公布了以禁星气、谶纬之学为主要内容的禁书令,规定:凡私自收藏天文、图谶之书的,判处两年徒刑。

到后赵建武二年(公元336年),石虎再次颁令禁止星气、谶纬之学。反对谶纬之学也许是应该的,但扩大到所有天文图书,是对在发达的中国古代天文学基础上形成的天文典籍的一次灭顶性摧残。

前秦灭后赵以后,为"增崇儒教",笼络士大夫,打击玄学,于公元375年下令:禁《老子》、《庄子》、谶纬之学,犯者弃市。谶纬之学被禁并不可惜,可惜的是《老子》与《庄子》,在经过了秦始皇的焚毁后,再次遭到禁毁,世存已稀。

从汉末以来,社会一直处于动荡不安的时期,从印度经西域传到中原的佛教成为人们的精神寄托,非常流行。前秦之后的一段时间,政权更迭迅速,禁书之事未曾发生,但当鲜卑拓跋部建立北魏后,禁书又开始了。这次,佛经成了首选对象。公元446年,北魏太武帝拓跋焘与开国老臣、厌恶佛教、意欲复兴儒教的汉人丞相崔浩一起,主持了中国历史上的第一次对佛教经典的禁灭。崔浩似乎并不满足于纯粹的禁书,寺庙也同时遭到焚毁,他还劝太武帝杀光天下所有和尚,砸碎所有佛像。禁令称:敢有事胡神及造型像泥人、铜人者门诛。……有司宣告征镇诸军、辞史,诸有浮屠形象及胡经,皆击破焚烧,沙门无少长悉坑之。这一点,与秦始皇的焚书坑儒似乎没有什么两样。这次禁毁佛经的政策历时七年,从两晋以来中国北方翻译佛经的中心长安开始,大批佛教经、律、论被大火吞噬。

南朝的刘宋孝武帝刘骏大明年间(公元457~464年)和萧梁武帝萧衍执政期间,分别对谶纬之学进行了禁毁,但规模不大。北魏太和九年(公元485年),孝文帝拓跋宏主持的对谶纬之学的禁毁,比宋、梁要严厉得多。这年正月颁布的禁书令称:

"自今图谶、秘纬及名为《孔子闭房记》者,一皆焚之。留者以大辟论。"《孔子闭房记》从此亡佚。宣武帝永平四年(公元511年)和孝明帝熙平二年(公元517年),北魏又连续两次禁毁天文图书。

北魏后期,佛教得以继续流行,但与中国土生土长的道教的论争却愈演愈烈。北周建德三年(公元574年),周武帝听从原为和尚的卫元嵩"佛在虚空,不处泥木,修寺不救民穷,敬像只成愚俗"的论点,和"二家空言其理,而周帝亲行其事,故我事帝,不事佛、道"的表白,来了个佛、道同禁,将佛经、道经一并烧毁。规定:"禁佛、道二教,经、像悉毁,罢沙门、道士,并令还俗。"禁毁的佛经数量不得而知,但从史书记载的佛经在北魏文成帝开禁以来流行空前和关中与齐鲁僧侣列朝如云等情况来看,应为数可观。至于道经,据当时统计不少于2040卷,包括《太平经》、《黄庭经》、《灵宝经》、《周易参同契》等著名经典。

谶纬之书从汉末以来一直在赞许和禁毁之间蹒跚发展,隋朝的两次打击,使其所存无几了。在隋朝再次统一中国后,文帝杨坚于开皇十三年(公元593年)下令:私家不得藏谶纬之书。杨广即位后遍寻全国谶纬之书,放火焚烧。经过隋及以前的多次禁毁,隋朝的国家图书馆里也难以找到全套的谶纬图书了,以致于到唐初编纂《隋书经籍志》时,此类书籍只剩下13部了。

唐代,首先遭禁毁的是《三皇经》,只因其中有诸侯有此文者必为国王、大夫有此文者为人父母、庶人有此文者能聚钱财、妇人有此文者必为皇后之类的记载,被毁似不足惜。但在唐代的法律中,规定的禁书范围是比较广泛的。《唐律疏议》中,有"诸玄象器物、天文、图书、谶书、兵书、七曜历、《太一》、《雷公式》,私家不得有,违者徒二年。私习天文者同"的条款。其中的"玄象器物"指天文仪器,天文指《史记·天官书》中说的星宿,图书指

《河图》和《洛书》,谶书指记载灾祥征兆之书,兵书指《太公六韬》、《黄石公三略》等,七曜历指历书,《太一》和《雷公式》是占卜凶吉的。同被唐朝所禁的还有涉及神鬼和阴阳术数的书籍。

除兵书外,唐代所禁之书在五代时期继续遭禁。

960年,五代后周的殿前都点检赵匡胤在陈桥兵变中黄袍加身,当上北宋皇帝之初,他对禁书并不感兴趣。直到宋太祖晚年,那些依据唐律写入《宋刑统》的关于禁书的规定才被特别重申。从此,北宋开国的前一百年,经历了四次禁书活动:一是宋太祖晚年,禁止玄象器物、天文、图谶、七曜日、太一雷公、六壬遁甲等书藏于私家;二是开宝九年(公元976年)十一月,刚即位的宋太宗就更严厉地规定将懂得天文术数的人押到京城,违者斩,严禁天文阴阳图书的传播;三是景德元年(公元1004年),宋真宗焚毁有关天文历法、谶纬等书籍,并奖励检举者;四是宝元二年(公元1039年),真宗再次禁毁阴阳书籍和除《孙子》、《天文》、《律历》、《五行》以及《通典》所引诸家兵法外的其他兵书,开列了十四个门类的禁书目录,使禁书更加周密和完备。

到宋徽宗崇宁二年(公元1103年),发生了历史上第一次"因人废书"的具有"文字狱"性质的禁书事件,以扫除奸党为名,将"苏洵、苏轼、黄庭坚、张耒、晁补之、秦观、马涓《文集》、范祖禹《唐鉴》、范镇《东斋纪事》、刘邠《诗话》、僧文莹《湘山野史》等印版,悉行焚毁"。宣和五年(公元1123年),再次规定上述书籍不得保留片言只语,必须全部焚毁勿存,违者以大不恭论处。靖康元年(公元1126年),上述书籍开禁。

靖康元年,金兵将北宋皇帝赶到了现在的杭州踞守半壁江山。南宋时期,野史和私史较多,如《靖康传信录》、《司马温公纪闻》、《中兴小历》、《九朝通略》等。宋高宗赵构认为这些书很多都张扬了国丑,前后三次进行禁绝。除野史和私史外,南宋还对

《论语讲解》、《江湖集》等书,严禁擅自刻印。

元朝再次统一中国后,先后有二十多次禁书,且大都集中在元世祖忽必烈时期。主要有:两次禁毁包括《老子化经》和集道教经典大成的《道藏》在内的所谓"伪道德经",使道教经典遭受了一次极其沉重的打击;元世祖曾经在大都的悯忠寺烧毁禁书,召集百官观看,之后派员前往各地收缴禁书并予焚毁;元世祖六次禁毁天文、图谶及阴阳书。元贞元年(公元1295年),因僧侣准备作乱,元成宗铁穆耳禁毁伪造佛经。泰定二年(公元1325年)又"申禁图谶,私藏不献者罪之"。与宋代相比,元代的禁书活动往往没有形成法律规定,较为松弛。

3. 明清文字狱带来的禁书和编纂《四库全书》造成的空前浩劫

明清时期,中国古代的禁书活动达到了最高潮。

《大明律》规定:"凡私家收藏玄象器物、天文图谶、应禁之书及历代帝王图象、金玉符玺等物者,杖一百。"一个"应禁之书",使明代的禁书变的有些随意了。特别是明成祖朱棣将禁书发展为不禁之禁,使一般人都不敢收藏。那些被皇帝所杀的人,其著作无一不被列为禁书,如在方孝孺案中,被杀873人,在梅殷案中,被杀3000人左右,这些人的作品大都被销毁,所存极少,或是后人重新编辑的。

为了加强思想禁锢,明代还禁止小说和时文的传播,如《剪灯新话》和《剪灯余话》等。最为突出的是孝宗弘治十二年(公元1499年)火烧书坊。自宋代以来我国最重要的出版基地的福建建阳书坊,在明代是畅销书和廉价书的大本营,其中的"古今书版,荡为灰烬"。明朝政府后又公布,"晚宋文字及《京华日钞》、《论范》、《论草》、《策略》、《策海》、《文衡》、《文髓》、《主意》、《讲章》之类，凡得于煨烬之余者，悉皆断绝根本……仍令两京国子监及天下提学等官，……遇有前项不正书版，悉用烧除。"但这并不能阻止明代思想界的活跃，万历三十年（公元1602年），李贽被捕，著作亦遭禁毁。崇祯十五年（公元1642年），明思宗又下令禁毁《水浒传》。

需要说明的是，在明代后期，统治集团的内部派系斗争严重，随着势力的此消彼长，被打击者的著作也往往遭到禁毁，这也是以前各朝代所没有过的。明代同样禁止谶纬、天文以及与"邪教"有关的书籍的刊行，但却往往禁而不绝。

清代是中国古代禁书的顶峰，而且次数最多的禁书举动基本都是与文字狱及血腥屠杀相连的。主要有：

——康熙初期的明史案，为打击反清复明思想，不仅禁毁《明书辑略》等书使今人已经看不到书的原貌，还残杀了与此有关联的一千多人。康熙后期，《南山集》和《滇黔纪闻》的遭禁，也具有同样的性质。

——雍正时期，共有五次文字狱，主要是为打击对汉民族意识的宣传、加强独裁统治，如汪景祺《西征随笔》案、查嗣庭试题案、陆生楠史论案（《通鉴论》）、谢济注《大学》案。

——乾隆在位60年，文字狱却有30起。无论是宣传汉民族意识，还是对清统治有稍许的不满，都可能引起文字狱，在禁书的同时人头落地。如金堡《偏行堂集》案、卓氏家族诗文集案、蔡显《闲渔闲闲录》案、王锡侯《字贯》案等。

上述因文字狱而引起的禁书案，虽然有不少书籍遭毁，但其范围毕竟是有限的。为了真正达到禁书的目的，维护统治，乾隆时期以编纂《四库全书》为名，广征天下图书，趁机对不满意的图书进行销毁，无疑是中国古代文化典籍遭受的一次空前浩劫。

从乾隆六年（公元1741年）开始，皇帝数次下诏征集图书，到乾隆三十九年（公元1774年），所进图书已达一万余种。经过从三十八年二月至四十六年十二月历时数年的编纂，除通俗小说和戏曲外，共收书3470种，79018卷。《四库全书》没有刊印，是以抄本的形式保存的，共抄七份，分别保存在北京皇宫的文渊阁、圆明园的文源阁、奉天的文溯阁、热河的文津阁、扬州的文汇阁、镇江的文宗阁、杭州的文澜阁。

在编纂《四库全书》的过程中，乾隆将不满意的图书分别判定罪名，计有"狂悖"、"悖诞"、"干犯"、"违碍"、"诞妄"等45种，予以禁毁。其标准一是对清朝统治者有所不满的；二是能引起人们对明朝有好感或怀念的，如《明实录》、《宝训》、《帝后纪略》；三是不符合所谓道德观念的，如李贽的《藏书》；四是作者有问题的。对所要禁的书的处置方法有"销毁"、"铲毁"、"焚毁"、"抽毁"、"必究"等23种。从乾隆三十九年起，迄乾隆五十七年（公元1792年）止，18年间，焚书达两千余种。其中江西省仅在乾隆四十年（公元1775年）和四十一年（公元1776年），即禁毁书八千余部。姚觐元《禁书总目》即列河南、浙江两省题奏禁毁书目共二千六百余种，陈乃乾纂《禁书总目》载江西、湖北、广东各省情况，除去重复、校补、缺失，总计全毁、抽毁各类书版共2929种。至乾隆四十三年（公元1778年），江南一省禁毁书约2678部。总计乾隆时焚毁的禁书共两千余种，71万卷，其中有流行于世的普通图书，也有极为罕见的秘籍珍本。

在清代遭到禁毁的书籍还有通俗小说、戏曲，以及一些宣扬"邪教"的"妖书"。到清代后期，维新派的书籍也遭到了禁毁。

(四) 典籍散佚毁损举要

1.《竹书纪年》

古代编年体史书,因以竹简制作,故名。宋时佚失,后有人伪托编辑二卷,被近人称为《今本竹书纪年》,以与古本相区别。《竹书纪年》原是战国时魏国襄王或安釐王的随葬品。西晋咸宁五年(公元279年),或说为武帝太康元年或二年(公元280或281年)被盗墓者发现。据史料记载,晋武帝咸宁五年十月,汲郡汲县(今河南汲县)人盗发战国魏王墓,发现众多竹书简策,敛集装载七十余车,汲县地方官闻讯向朝廷作了报告,并把被盗的竹书、钟、磬、玉律(定音器)、铜剑等送到都城洛阳。晋武帝令将墓中出土文物存放秘府。到太康二年才命人校清编理竹书。其时竹简用素丝编连成册,每册长约晋尺二尺,战国古尺二尺四寸,一简40字,分为2行,每行20字,用黑漆书写。西晋学者们用了20年的时间,才将竹书全部整理完毕,编校为16种75篇,10余万字。纪年从黄帝时代起,迄止魏襄王二十年(公元前299年)。《晋书·束皙传》还记载了竹书出土前后被损毁的情况:盗墓者得竹书10本共75篇,由于盗墓者点燃简策用来照明偷取宝物,到官方收取墓中出土物品时,简札多已化为灰烬或折断,文字残缺。即便如此,经整理而成的《竹书纪年》对考订先秦史实,仍有极其重要的价值,可惜传到宋代就已亡失。

2.《永乐大典》

《永乐大典》是我国最大,也是迄今世界最大的一部百科全书。明永乐元年（公元1403年）开始，由解缙等纂修。全书22887卷，目录60卷，装成11095册，约3.8亿字。辑入上起先秦，下迄明朝的经、史、子、集、释藏、道经、戏剧、平话、工艺、农艺等图书达8000种。这部书保存了大量已失传的古籍和民间著作，佚文、孤本和秘籍皆备，是一部极其宝贵的文献。此书虽然卷帙浩繁，但当时只抄录了原本一部。迁都北京后，将《永乐大典》移贮文楼。嘉靖至隆庆年间，重录正、副二本。明清之际，原本、正本被毁。清初，副本已佚2422卷。光绪时期，副本已不足半数。光绪二十六年（公元1900年），八国联军入侵，未被毁的大都被劫掠到国外，国内仅剩三百余册。辛亥革命后，只有64册，存教育部图书馆。以后经过多方征集，又得797卷，由中华书局影印出版，仅为全书的3%。

3.《西域图记》

《西域图记》是隋代裴矩根据其主持丝绸之路西域的通商贸易经历，在与西域商人交往过程中，反复调查后写下的一部关于西域诸多风土民俗、政治经济情况的著作。书共三卷，分别记载了西域各国的交通贸易、地方特产、山川地貌、风土人情、服饰品貌等。并附以西域各国的地图。原书已失传，其大致内容只能从诸史籍网罗收集。

4.《文苑英华》

《文苑英华》是宋代四大类书之一。北宋太宗赵光义为继承太祖遗志，"以文化成天下"，先后下诏修《太平御览》、《太平广记》、《文苑英华》。《文苑英华》诏修于太平兴国七年（公元982

年),收文起自南朝宋、梁,迄于五代。宋真宗景符四年(公元1007年),重新组织力量校勘《文苑英华》及《文选》。由于宫城失火,《文苑英华》等书被焚为灰烬。南宋庆元初年,周必大主持再次对《文苑英华》进行校勘。宋刻本的《文苑英华》每半版13行,每行22字,白口,左右双边。版心上方镌每版字数,下方镌刊工姓名。刻本完成后,进呈内府,藏在南宋皇家藏书楼缉熙殿。南宋理宗景定元年(公元1260年)装裱人员曾予以检修。目前所见南宋版《文苑英华》仅有15册,150卷,相当于原书的15%,其中还有缺页。明时,书被收于大内,先庋藏在南京文渊阁,后随国都北迁至北京存于文渊阁。清宣统三年(公元1911年)清理内阁大库藏书时,点明尚有卷601至卷700共百卷十册宋版《文苑英华》存在,这部分书后被拨给京师图书馆(今国家图书馆)。另五册宋版《文苑英华》被清末内阁中书刘启瑞偷出皇宫,辛亥革命后,才为人所知。目前三册在流散于社会后,先后被捐、售归北京图书馆,一册收藏于台湾"中央研究院历史语言研究所",另一册在1995年嘉得秋季拍卖中以120万元人民币的竞价卖给马来西亚人。

5.《明实录》

《明实录》是明代最重要的史料之一。《明实录》修成后誊抄成正、副本,正本呈进皇帝,藏于内府(后藏于皇史宬),副本藏于内阁,草稿则焚于宫内太液池旁的芭蕉园。据《万历起居注》:"查有累朝纂修事修,凡纂修《宝训》、《实录》已完,正本于皇极殿恭进,次同日送皇史宬尊藏,副本留贮内阁。其原稿则阁臣会同司礼监及纂修各官,于西城隙地内焚毁,盖崇重秘书,恐防泄露故也。"弘治时期,大学士丘濬担心《实录》正副本被毁,奏请于

"文渊阁"近便处别建重楼一所,不用木植,专用砖石垒砌为之,如民间所谓土库者,收贮紧要文书,以防意外之虞。乞敕内阁儒臣计议,督令内阁书办、中书舍人等官,遇其理办本等文书稍有暇隙,不妨本职,分写累朝实录各一部,不限年月,书成盛以铜匮,庋于楼之上层(见《明实录·孝宗实录》卷63)。嘉靖皇帝时,随着皇史宬的建成而成就了抄本即所谓新正本后,原藏内府的旧正本失去正本地位,被移存皇史宬,后被移放西城万寿宫,不幸毁于火灾。神宗深感不便,令申重新抄录,花费近三年时间完成,计1928卷,100函,藏于乾清宫内,供皇帝随时阅览,在其问世后的第六年,坤宁宫失火,延及乾清宫,书被火焚毁。于是,神宗复诏重抄,重抄本就是弥补内府旧本之缺的大本"实录"。明末战乱,使《明实录》损失缺佚。清廷为修《明史》,曾将明藏四种本子移入明史馆,及至《明史》修完,将它们移入内阁大库,等到《明史考证》亦完成后,听从大学士三宝的意见,于乾隆四十八年(公元1783年)三月将《明实录》的四个正规抄本移出内阁大库全部焚毁。现今所见《明实录》,皆为明代私人及清初明史馆官员传抄的,没有一种版本是完整的。

6. 朱睦㮮万卷堂藏书

朱睦㮮为明太祖朱元璋第七世孙,是明代中州著名的藏书家,少年时代就喜好收藏古籍,成年后更是如痴如醉。据《古今图书集成》记载,当时"藏书之富,推江都葛氏,章丘李氏,睦㮮倾资购之",计得两氏书籍万卷,经数十年的积累,共收藏书籍达四万余卷,成为明代中州最大的藏书家。朱睦㮮将所藏书分经、史、子、集四类,用不同颜色象牙签识别。经类下属11类子目,为易、书、诗、春秋、礼、乐、孝经、论语、孟子、经解、小子,计680

部,6120卷;史类下属子目12类,为子史、编年、杂史、制书、传记、职官、仪注、刑法、谱牒、目系、地志、杂志计930部,18000卷;子类下属子目10类,为儒、道、释、农、兵、医、卜、艺、小说、五行家,计1200部,6070卷;集类下属子目3类,为"楚词、别集、总集",计1500部,12560卷。明末黄河水淹开封时,他所收藏的四万卷图书与他自己的多种著作均被洪水吞没。

7. 大内档案

明、清数百年列朝的公文,包括制诏诰书、圣训实录、题奏表笺、外交函件等档案资料,累朝存放于故宫午门右侧东华门内的内阁大库,故称之为"大内档案"。

宣统元年(公元1909年),将这些档案移至文华殿西廊及端门门洞中,其中属文渊阁残存的古籍珍本准备转交京师图书馆,余下的以"旧档无用"奏准焚毁。学部参事罗振玉见档案十分珍贵,力请军机大臣张之洞上奏罢焚档,档案被保留下来转交到学部。但学部除留存部分科考试卷外,却将其余部分装8000个麻袋,置于国子监敬一亭内,1913年交历史博物馆,1916年档案搬到端门。1918年对档案进行一次清理,把认为值得存管的置于端午楼上,其他的准备舍弃。1921年,余下的被以4000大洋卖予北京西单同懋增纸店。纸店把大部分档案打运至唐山、定兴两地准备化浆,剩余的作包装纸,也有一部分流于民间。罗振玉得知后,花12000元大洋将没有流失的档案购回,并将其中一部分整理编辑成《史料丛刊初编》10册。后来,李盛铎又以16000元大洋将罗振玉尚未整理的档案买下。为免于再次流失,在傅斯年、胡适、陈寅恪等人的提议和蔡元培、杨杏佛的支持下,又以近20000元大洋的价钱将档案从李盛铎手中购回。新中国成立后,大内档案归中央档案馆保存,但已损失近一万公斤。

8. 天一阁及其藏书

天一阁位于浙江省宁波市月湖西,是中国现存最古的私家藏书楼,始建于明嘉靖四十年(公元1561年),为范钦(嘉靖进士,官至兵部侍郎)创建。阁名取义于汉郑玄《易经》"天一生水",即以水克火之意。阁原藏书七万多卷,以地方志和登科录最为珍稀。据清初李邺嗣《甬上耆旧诗》载:"天一阁所藏书最有法,至今百余年,卷帙完善。适余选里中耆旧诗,公曾孙光燮为余扫阁,尽开四部书使纵观,……其有功吾乡文献为甚大矣。"清乾隆以后,藏书屡遭盗窃,散失甚巨,乾隆时期史学家全祖望在《天一阁藏书》中说:"自易代以来,亦稍有阙佚,然犹存其十之八,四方好事,时来借钞。"乾隆三十八年(公元1773年),为修四库全书,天一阁后人范懋柱遵旨向政府呈进了638种图书,《四库全书》完成后,仅有魏了翁《周易要义》、马总《意林》二书还归范氏,余书大部分未有发还。至嘉庆十三年(公元1808年),天一阁藏书尚实存五万三千余卷,4094部。到1940年,仅存13038卷。鸦片战争至清末的七十年间,天一阁藏书多次散佚,综计一千六百余部书失传。据缪荃孙《天一阁始末记》:"道光庚子,英人破宁波,登阁周视,仅取一统志及舆地书数种而去。咸丰辛酉……阁既残破,书亦星散……闻书为洋人传教者所得,或卖诸奉化唐岙造纸者之家。"藏书家中以"奉化士子某买得最多,后毁于火"(见《鄞范氏天一阁书目内编序》)。1914年,天一阁藏书被大盗薛继渭大量盗窃,他将一千多部被盗书籍全部运到上海,陆续售归南方藏书家。当时以吴兴蒋氏收得最多,号称孤本的明抄《宋刑统》就在其中。除蒋氏所收后归北平图书馆外,其他多归商务印书馆。抗日战争期间,天一阁藏书陆续流出,直到新中国建立后,才使得一部分流散出来的图书重归原处。

近代篇

一 走进西方的博物馆

(一) 美国的七大收藏中国文物中心

在美国,有世所公认的七大收藏中国文物的中心,它们收藏了极其丰富的中国历代文物珍品,而且绝大部分是在中国近代蒙受西方列强欺侮之时,通过种种不正当的手段获得的,令许多中国的文物工作者提起来就气愤不已,如鲠在喉。这七大收藏中心是:

1. 波士顿美术博物馆

波士顿美术博物馆是美国著名的博物馆,坐落于波士顿亨廷大街465号,是在1870年哈佛大学波士顿图书馆的马萨诸塞理工学院为展出他们收藏的艺术品而建立的,1876年正式开放,1909年迁到现址。这座美术博物馆设有亚洲艺术、古典艺术、绘画艺术、埃及和古代近东艺术等9个部门,其中亚洲艺术品的收藏最为丰富。

波士顿美术博物馆亚洲艺术部以中国的各类文物最为丰富,共有10个中国文物陈列室,这可能与它是美国最早盗窃中国文物的博物馆有很大的关系。早在1904年,这个馆就雇用日本人担任东方部的主任,先后有同仓、富田等人,达四十多年。由于日本人对中国的文化很熟悉,所以也能为美国掠夺更多、更精美的中国文物。中国文物陈列室分为雕刻、绘画、铜器、陶瓷器等。

那么,在波士顿美术博物馆收藏了哪些有代表性的中国文物呢?

在古代绘画室里,有中国唐代画家阎立本人物画的代表作《历代帝王图》,此图为绢本,设色,纵51.3厘米,横531厘米,画有13位古代帝王的形象,加上侍从共有46人。帝王有:汉昭帝刘弗陵、汉光武帝刘秀、魏文帝曹丕、吴主孙权、蜀主刘备、晋武帝司马炎、陈文帝陈蒨、陈废帝陈伯宗、陈宣帝陈顼、陈后主陈叔宝、北周武帝宇文邕、隋文帝杨坚和隋炀帝杨广,对每个帝王都有标名。作者在描绘这些帝王形象时,不是平淡地描绘,而是根据每个帝王生前的政治作为和不同的命运,进行了个性化的描绘,显然是融入了作者对这些历史人物的态度和评价。此图线条挺拔,色彩凝重,具有相当高的艺术水平。这件本应属于中国的珍品,在宋代曾经被富弼、杨褒、吴升、周必大等人收藏,南宋时进入了内府大衙,成为宫廷秘藏,清代又辗转于李吉安、蔡友石、孙星衍、李左贤等人手中,千百年来一直在中国人手中流传,但后来它却成了波士顿美术馆的宝贝。

宋徽宗赵佶虽然治国无方,但在书画方面却颇有建树,临摹水平也很高。在波士顿博物馆,收藏有宋徽宗所摹唐代著名画家张萱的《捣练图》和宋徽宗签押的《五色鹦鹉图》。张萱是京兆(今陕西西安)人,唐代开元年间曾任史馆画直,工人物仕女画,尤其是在画贵族妇女、儿童、鞍马方面,名噪一时,他的人物画最大的特点是,能通过笔墨揭示出人物的心理状态。《捣练图》描写的是唐代宫中妇女加工白练的劳动场面,描绘的十个人物,神情有别,姿态各异,刻画得惟妙惟肖;而煽火幼童的怕热和观看女孩的好奇,也被生动真实地展现了出来。图上还有金章宗完颜璟的题签"天水摹"。

该馆绘画室内,还有宋代擅画墨龙的陈容的作品《九龙图》卷。陈容,字么诸,号所翁,福建长乐人,曾官至国子监主簿,后至朝散大夫,以画墨龙著称。其作品存世有四幅,其中《墨龙图》两幅,一存广东省博物馆,一存北京故宫博物院;《五龙图》一幅,藏于美国纳尔逊艺术博物馆;《九龙图》一幅,藏于美国波士顿博物馆。

其他绘画精品,还有五代董源《平林秋霁图》卷,宋代李成《雪山行旅图》轴、宋代人所绘《北齐校书图》卷等。

在波士顿博物馆的铜器室内,陈列有大量中国的商周礼器和历代铜镜,在最引人注目的展品中,有一件是1913年出土于正定大佛寺的北魏正光五年(公元524年)的铜佛造像。

中国的历代瓷器,也是波士顿博物馆藏品的重要组成部分。在开放的三个陈列室中,我们可以发现晋代越窑、唐代三彩、宋代的五大名窑(钧、官、哥、汝、定),明清时期的青花器、彩瓷等各个时期各种风格的瓷器精品。

2. 哈佛大学福格艺术博物馆

福格艺术博物馆隶属于闻名世界的哈佛大学,是一所与众不同的博物馆。说其与众不同,主要是因为它不仅是一所博物馆,更是一所不折不扣的培养、训练盗掠其他国家珍贵文物人材的学校。

哈佛大学开设的"博物馆学"专业,是在福格博物馆内实地

讲授的。赛克斯曾是这个专业的最主要的主持人,在他的《博物馆学大纲》中,竟然包含了以下主要内容:

——如何提出理由去说服博物馆的理事们同意收购某件文物(主要指来历不明、不正当的文物,因为这些文物的入藏实际上违背了博物馆的宗旨,容易引起社会的争议);

——如何说服外国的政府、学术团体、机关,签订发掘其所在国古代遗址和古墓葬的合同,并且这些合同要有利于我方;

——详细了解在美国和世界各地都有哪些古董商,熟知他们的姓名、地址、经营范围和经营特点,掌握与古董商打交道的手段;

——怎样与外国古董商签订合同,并达到使古董商保证将文物从文物的所在国运出,最终送到美国交货的目的;

——掌握文物的修复技能,以便在因文物难以整体运输的情况下,能将文物打破之后再运输,到达目的地后再进行修复;

……

哈佛大学福格艺术博物馆的这些授课内容,无疑是在培养文物盗贼。而福格艺术博物馆的东方部主任华尔纳,便是一个最大的文物惯盗。

1923年,华尔纳曾以考古的名义来到中国,盗走了大批珍贵的敦煌文物。关于这一点,他自己也并不否认,《在中国漫长的古道上》一书是华尔纳结束中国之行回国后写的,其中有这样一段自白式的描写:

经过了五天由早到晚的工作,并五夜的内心惭愧,——由于我们的粘剥,使得这些古代壁画与洞窟分离了;我们把一块块壁画夹放在平板之中,用毯子裹紧,再用皮条捆牢。它们将经过大车(马车?)、火车、轮船先后十八个星期运输,被送到哈佛大学福格博物馆。

在福格艺术博物馆内,有一个十分先进的文物修复中心,中心的主任叫史道特,是化学专家。他曾成功地将盗运而来的壁画背后的泥土清除掉,然后再粘裱在布上,在漆器脱水和其他文物的修复上发挥了很大的作用。这个修复中心的一系列科研成果,无不是为文物的盗劫服务的。

正因为如此,在哈佛大学的福格艺术博物馆里,集中了大量中国古代文物的精品,山西的天龙山石窟具有相当高的艺术价值,但它也是国内石窟中破坏程度最严重的一处,许多造像及细部雕刻都被盗劫到了国外,初步统计共有150多件。天龙山石窟的破坏,主要是20年代美国人指使日本古董商"山中商会"盗凿,福格艺术博物馆是最主要的幕后支持者。走进福格艺术博物馆,我们可以看到很多精美的来自天龙山石窟的石刻、造像、飞天浮雕等。另外,这个馆内还有大批精美的中国古代瓷器、玉器、铜器。河南洛阳金村出土的大批战国时期的青铜器,如今都集中在这个博物馆内。

3. 纽约市艺术博物馆

纽约市艺术博物馆是美国最大的博物馆之一,收藏中国文物十分丰富。据1946年统计,该馆的东方艺术部共有两万一千多件文物,其中绝大部分来自中国。在东方艺术部入口处的墙上,镶嵌有一块来自中国龙门石窟的供养人石雕像,这块石雕像即龙门石窟宾阳洞的"帝后礼佛图"。1934年10月21日,该馆东方部主任普爱伦勾结北京的文物贩子岳彬,签订了盗凿龙门石窟礼佛图的合同之后,将石雕像运往了美国。关于这一点,普爱伦在其《纽约市博物馆中国雕刻图录》中,却是这样写的:

1933年至1934年间,宾阳洞的男女两石礼佛图(即皇帝礼佛图和帝后礼佛图)浮雕人物的头部和身部衣带碎片,渐渐在北京的古董市场上发现。文物是这样被盗的:龙门石窟的看守人只是住在附近,夜间有人从河对岸涉过半人多深的水前去盗凿,而看守者并没有发现。他们将碎片送到郑州,经古董商收买之后,再运到北京去拼凑起来……幸亏两个美国博物馆拯救了这些浮雕,那就是堪城的纳尔逊博物馆,得到了有女供养人的一石;纽约市艺术博物馆得到了有男供养人的一石……

普爱伦在1925年曾去敦煌,准备大规模盗剥壁画,因当地民众的抵抗而无法得手。在盗劫了龙门石窟的北魏雕刻艺术的最优秀的代表"礼佛图"后,他却在著作中混淆是非,妄图掩盖盗运的真相。除此之外,纽约市艺术博物馆还收藏有不少云冈石窟的雕刻精品,也大都是这一时期盗凿的。该馆中还有不少明清瓷器和青铜器。其中包括清末重臣端方收藏过的西周青铜礼器,我国的天津历史博物馆收藏有这一套文物中的一件。

4. 费城宾夕法尼亚大学博物馆

费城的宾夕法尼亚大学博物馆也有一个东方部,其主任名叫杰尼,抗战以前就曾到甘肃一带盗窃文物,抗战后垂涎于故宫文物,要求这些文物赴美展览,抱有不可告人的野心。

这个博物馆以收藏中国古代的雕刻艺术品而著名,特别是汉魏隋唐石刻方面,在美国首屈一指。其中最著名的石刻,是我国陕西"昭陵六骏"中的两骏——拳毛䯄和飒露紫。在千千万万流散到海外的文物中,这两件唐代的艺术珍品,是雕塑文物中的宝中之宝。所谓昭陵六骏,指的是唐太宗李世民的陵墓昭陵前的六块以马为题材的浮雕。六块浮雕上各雕有一匹马,表现了李世民立国征战时的六匹心爱的坐骑,它们是:特勒骠、什伐赤、青骓、白蹄乌、拳毛䯄和飒露紫。早在李世民生前,他便命能工巧匠将这六匹心爱的战马雕塑立像,置于陵前,永远陪伴自己。所雕成的六骏,每块浮雕都略小于真马,其中三匹雕成奔马状,三匹为立状。昭陵六骏因具有很高的艺术价值,早已为国内外的文物盗贼所觊觎。1914年,六骏中的拳毛䯄和飒露紫被打碎成六块后运往美国,一直陈列在宾夕法尼亚大学博物馆里。

除雕刻艺术品外,该馆还收藏有大量古代书画,其中的《宫中图》,是宋代临摹的南唐周文矩的绘画精品。周文矩是南唐著名的画家,在南唐开国君主李昪的升元年间(公元937~942年)便已奉命作画,至李后主时任画院翰林待诏。他工于冕服、车器、人物、仕女,作品多以宫廷和文士生活为题材。他的作品目前只知有三件流传,除《重屏会棋图》藏于北京故宫博物院外,其余两件均流失海外。

5. 弗利尔艺术馆

弗利尔原是美国铁路机车的垄断资本家,一生致力于搜刮中国文物。1905年,他将所收藏的文物和一大笔基金捐献给了斯密沙尼学院,在华盛顿建立了弗利尔艺术馆,该馆遵照弗利尔的遗嘱,非常重视搜集中国文物。三四十年代,美国古董商福丹森盗运的中国文物,有一部分收藏在该馆。该馆的主持人波博和艾克,在抗战期间曾以军官的身份来华,掠走了不少中国古代艺术精品。中国文物几乎占了弗利尔艺术馆收藏量的一半,所展出的中国文物分为绘画陈列室、佛教艺术陈列室、铜器和玉器综合陈列室、陶瓷陈列室。

在绘画陈列室中,有唐朝所画的《释迦牟尼佛会图》卷,宋朝所摹晋人顾恺之的《洛神赋图》卷、宋代郭熙的《溪山秋霁图》卷以及元代的钱选、赵孟頫、吴镇等著名画家的作品及大量明清绘画。其中元代邹复雷的《春消息图》卷,为纸本,墨画一株老干苍劲,新枝秀拔的古梅,其花瓣以淡墨点染,并以焦墨点苔与蕊托,干湿浓淡,恰到好处;梅梢的新枝系一笔画成,雄秀之极。此画法度严谨,表现了初春时梅花冰清玉洁的特有本质。画上还有作者自题的一首七绝诗,并有元人所题"春消息"引首和元杨维桢、顾晏诸跋,经明清许多著名书画收藏家鉴藏著录,是一幅难得的流传有绪的墨梅孤本。

在佛教艺术陈列室内,有来自云冈、龙门、天龙山、巩县等中国著名石窟的石刻艺术品,有唐人写经和宋元明各代的佛教题材的绘画,有各种质地的北魏至元明时期的佛教雕塑。

其铜器、玉器、陶瓷馆的陈列,更是美国其他博物馆所无法相比的。

6. 美国纽约大都会艺术博物馆

大都会艺术博物馆是美国最大的艺术博物馆,世界著名的博物馆。该馆从1866年开始筹建,1870年1月正式建成。整个博物馆的面积达13万平方米,收藏有来自埃及、巴比伦、亚述、远东和近东、希腊和罗马、美洲前哥伦布时期和新几内亚等地的文物和艺术珍品三百三十多万件,有19个部门负责各类藏品的征集、保管和展览,有18个陈列室和展室。

大都会艺术博物馆内收藏有大量中国古代文物。其中有从南北朝到元代的各种木雕、石雕精品;有从商代以来各时期的精美青铜器。书画收藏更是丰富,其中元代的绘画精品就有:

赵孟頫的《双松平远图》卷,多用湿笔皴点、渲染,层次分明,画面水晕墨障,境界旷远静穆,一变宋人的刻画之习,自成一体。

他的另一幅《三世人马图》卷,为 43 岁时所作,代表了赵孟頫早期人物鞍马画的风格,保留了较多的唐代遗风。

吴镇与黄公望、王蒙、倪瓒并称元代中后期四大家,吴镇在山水画的创作方面做出了重大贡献。大都会艺术博物馆中收藏有吴镇的绢本墨竹,笔法简洁苍劲,是他画中的代表作。

王蒙虽被称为元四大家之一,但在个人风格方面明显有别于黄、倪、吴三家,他的山水在元以后被奉为范本,大都会艺术博物馆中收藏有他的《丹崖翠壑图》卷。

大都会艺术博物馆中还有许多其他时代的绘画精品,同时它还是美国收藏中国历代法书最多最精的博物馆。

7. 纳尔逊艺术博物馆

纳尔逊艺术博物馆是由美国报业资本家纳尔逊于 30 年代创建的,虽然较其他六大中心建馆为短,但却后来居上,不遗余力地搜刮中国古代文物。

这个博物馆的东方部主任兼副馆长史克门,毕业于哈佛大学,又曾于 1930 年至 1934 年到北京的燕京大学留学。从 30 年代到新中国建立初期,他从中国盗运了大量珍贵文物。

该馆有一个著名的"中国庙宇室",所用的建筑材料分别来自清西陵和北京的智化寺,陈列品中有从山西广胜寺盗走的元代壁画。绘画陈列室中有唐代陈闳的《八公图》,元代张彦辅《棘竹幽禽图》轴及李成、夏珪等名家的作品。铜器陈列室内商周礼器颇为壮观。

除上述七大中心外,美国收藏中国古代文物较多的博物馆还有:

芝加哥艺术博物馆

该馆有15个中国文物陈列室,收藏的中国文物以铜器最为精美,陶瓷文物中的宋代龙泉窑大瓶、明朝永乐时期的甜白釉暗花高足碗等也很有代表性。

克利夫兰美术馆

藏有五代著名山水画家巨然的《溪山兰若图》、元代吴镇的《草堂诗意》卷、赵孟頫的《幽兰秀石》横披、明代沈周和吴含的《山水册》、文征明的《古松长卷》、董其昌的《江山秋霁》卷等。

明尼亚波市美术馆

藏有1931年河南金村墓葬群被盗掘出土的大量东周青铜器及其他中国古代文物。

芝加哥自然历史博物馆

藏有唐代雕刻的孔子、老子像等。

普林斯顿大学美术馆

藏有商周青铜器及大量唐、宋、元、明、清各代书画。

可以说,在50年代,美国的所有博物馆中都收藏有珍贵的中国文物。

(二) 欧洲的中国文物收藏

与美国相比,欧洲收藏的中国文物更为丰富。这不仅是因为欧洲的汉学研究早于美国,更因为欧洲列强曾凭借武力,从中国掠夺了大量珍贵的中国文物;当然,欧洲的文化奸商也曾同美国人一样,通过其他的不正当手段,盗运中国文物回国。欧洲的中国文物收藏大都是巧取豪夺而得的,其中国古代文物的收藏之丰富,尤其是早期的仰韶彩陶,敦煌画幡及写经,曾为明清皇家所收藏的精美艺术品,更是冠绝世界,令人叹为观止。

（二）欧洲的中国文物收藏

欧洲收藏中国文物最丰富的国家，主要有英国、法国、俄国、德国、瑞士、瑞典。

1. 英国

与欧洲其他地方收藏的中国文物相比较，英国的收藏数量最大，质量最高，并且绝大部分是通过掠夺的手段获得的，这其中有1860年英法联军火烧圆明园时掠夺的，有1900年八国联军进攻北京时劫掠的，也有1907年前后斯坦因从新疆及甘肃敦煌盗劫的。

英国的中国文物收藏，以大英博物馆的中国馆为最。该馆位于伦敦鲁赛尔大街，收藏有来自世界各国的精美艺术品。共设有一百多间陈列室。中国文物在该馆藏品中占有很大的比重。并且基本都是有计划地从中国劫掠的。

大英博物馆的镇馆之宝，是我国晋朝大画家顾恺之所作《女史箴图》。此图在中国美术史上具有极高的地位，被誉为"开卷之图"，是最让中国人看了心痛的海外遗珍之一。

唐三彩的收藏质美量丰，其中的三彩驼、三彩文官俑、三彩镇墓兽等都是极品。

陶俑的收藏也多稀世之珍，其中的一件北朝时期的猎鹰坐俑，是国内博物馆中难得一见的极品。此俑表现的是猎人训练猎鹰时的情景，人物蹲坐，猎鹰凝神，栩栩如生。唐代的一件黑人陶俑，一直是文化人类学家认为中国在古代就有蓬勃的对外贸易的证据，有着极高的历史和艺术价值。

雕刻文物也很丰富精美，例如宋代的木雕观世音菩萨坐像，优雅无比，是目前所见观音雕像中所少有的。一米多高的唐代天王立像、巨大的门神头像，也都令人动容敛目，表现了中国古代雕刻艺术的极高水平。

其敦煌文物的收藏,特别是唐代画幡、绢画和写经、文书的收藏更是举世无双。比较著名的唐代佛教绘画有:灵鹫山释迦说法图、观世音菩萨像、观世音陀罗曼荼罗、千手千眼观世音菩萨图、大悲救苦观世音菩萨、沙门和乾达婆、观经变相图、报恩经变相图、帜盛光佛与五星图、树下说法图、药师经土变相图、佛幡、燃灯佛授记三苦图、佛传图、持水瓶地藏菩萨图、文殊菩萨像、金刚力士像。

大英博物馆中的中国古代玉器、瓷器、珐琅收藏也很丰富,若想看完瓷器和玉器陈列,至少需用半天的时间。玉器中比较珍贵的有汉朝的玉雕驭龙和唐朝的黄玉坐犬,世界闻名。

除大英博物馆外,英国还有其他一些收藏有大量中国古代文物的博物馆。例如,维多利亚博物馆内,收藏有清代乾隆皇帝的宝座、清朝皇帝的龙袍、各种明清家具。英国的一些基金会、拍卖行和私人收藏家,也都拥有大量中国文物。

2. 法国

法国是欧洲收藏中国文物的第二大中心,仅次于英国。而法国的巴黎也和英国的伦敦一样,是中国文物在海外的收藏重镇。收藏在法国的中国文物,究其来源,也和英国有惊人的相似之处。一言以蔽之,就是通过劫掠的手段而获得的。这其中有1860年和1907年法国人伯希和从新疆和敦煌盗运的;也有法国人沙畹于1874年到山东、山西、四川、辽宁等地搜刮的文物(沙畹依据在中国搜刮文物的经历著有《中国北部考古记》和《汉代雕刻》);有法国人色伽兰1924年到陕西、四川盗挖古代墓葬的非法所得(色伽兰著有《中国西部考古记》)。巴黎的卢浮宫博物馆是世界最大的博物馆之一，同时，它也是法国收藏中国文物最集中的地方。卢浮宫博物馆的分馆吉美博物馆，是亚洲文物的专馆，其中一半以上的收藏品都是中国文物，达三万多件。其中尤以原始社会的彩陶器、商周青铜器、瓷器、敦煌画幡闻名于世。在青铜器收藏中，有一件1930年从河南安阳出土的成王鼎，上面有大片铭文，历史科学价值极高。其敦煌画幡的收藏，几可与大英博物馆齐名。该馆还是全世界有名的中国古代瓷器的收藏中心，共有6000多件瓷器精品，是中国国内除故宫以外的大部分博物馆所不能比的。此外，该馆还收藏有大量商代和汉代的玉器精品，有龙门和巩县石窟的精美雕像，有200多件唐宋绘画，元明绘画精品也很多，著名的有文征明、沈周、石涛、董其昌等名家的佳作。

巴黎市立东方博物馆（又名雪尼西博物馆）的中国文物收藏，与卢浮宫博物馆不相上下。虽然从数量上看，东方博物馆里的中国文物要少一些，但其中却不乏稀世珍品。其中比较有代表性的收藏品有：

商代的青铜器母虎卣，是该馆的镇馆之宝，这件青铜器无论其制作技术、艺术感、精确度，都是古代艺术的完美典范。

韩干是唐代的大画家，他的作品目前只知有三件流传于世，其中一件在北京故宫博物院，一件在日本，收藏在巴黎市立东方博物馆的一件，是韩干的《牧马图》，被定为该馆的镇馆之宝。

另外，巴黎市立东方博物馆还收藏有北魏时期的云冈石窟观音佛像石雕、汉墓石雕、史前半山文物的彩陶、商周青铜器、古代玉器、陶俑等，精品颇多。

从1953年起，巴黎市立东方博物馆开始大力收藏近代中国名画，其中有齐白石、黄宾虹、傅抱石、徐悲鸿、林风眠、张大千、黄君璧等名家的作品，为该馆增添了新的特色。

法国的国立图书馆收藏有敦煌文物一万多件,其中敦煌书画的三种唐拓本是稀世珍宝。

1860年,法国士兵把从中国掠夺的中国文物带回了法国,除有一部分被博物馆收藏外,还有很多流散在社会上。在法国,著名的公私博物馆中都收藏有中国文物,尤其是中国的瓷器和家具最为普遍。在法国人的心目中,能在家庭陈设中有一两件中国瓷器等文物,是文化及社会地位的象征,是令人骄傲的事情。

3. 瑞典、瑞士和德国、俄国

在瑞典的首都斯德哥尔摩,有一所规模不小的国立东方博物馆,馆中收藏有很多中国文物,尤以仰韶文化的彩陶最为丰富。该馆还收藏有一批中国古代字画,其中最为著名的是元代王蒙的《修竹远山》。瑞典的中国文物大部分都是斯文海定等人在本世纪初以探险和考察的名义从中国盗运的。

在瑞士的苏黎世,有一座闾特伯美术馆,该馆虽然收藏的中国文物数量不多,却有一批极其精美的明清书画。正是得益于这批珍贵的收藏,才使苏黎世大学能够成功地开设东方美术史课程。

德国的中国文物收藏以书画为主,收藏机构主要有科隆的东亚美术馆和西柏林的亚洲美术馆。在东亚美术馆中,收藏有一册石涛《罗浮山水》,是石涛画作中的精品。德国收藏的许多文物,是本世纪初一些德国人到中国进行所谓的"考古"而劫掠的,这些文物主要是吐鲁番、库车等地的佛教艺术品及一些古籍。

在欧洲列强中,俄国是较早劫掠中国文物的国家。早在明朝万历三十二年(公元 1604 年),俄国派出的探险者便到吐鲁番考察文物古迹,并劫掠了一些文物。自此开始,到 19 世纪末 20 世纪初,有很多俄国人先后到新疆、甘肃、四川等地以考古为名进行文物掠夺。俄国的亚洲博物馆和人种博物馆,收藏有丰富的古代佛画、元代纸币及中文、藏文、西夏文古籍。在列宁格勒图书馆和列宁格勒博物馆,收藏有鄂登堡等人于 1909 年、1910 年、1920 年从新疆的吐鲁番、焉耆、库车盗掘的文物。

(三) 中国文物变成东瀛国宝

日本有计划地搜集中国文物,是从明治维新以后开始的。现在,在日本各地的博物馆、美术馆、寺庙、财团、社会团体及一些个人收藏家手中,有数十万件中国文物。日本的文物藏品定级标准与中国的一级、二级、三级、一般文物定级标准不同,而是分为国宝、重要文化财、文化财等几个标准等级。依据这个标准,在日本的中国文物被日本政府定为国宝的有一百多件,定为重要文化财的则成千上万。

日本共有一千多座博物馆及美术馆、宝物馆,几乎都收藏有中国古代文物,有的还设有专馆、专室。在这些博物馆中,东京国立博物馆收藏的中国文物最为丰富。该馆设有东洋馆,共有五大陈列室,专门陈列展览中国古代文物。

东洋馆的第一部分以商周青铜器和玉器为主。

第二部分以春秋战国以后的器物为主,包括战国至秦汉时期的青铜器、铜镜、漆器,以及战国以后的随葬用品,如唐三彩等。这一部分还有中国古代的名窑瓷器,其中有南宋官窑中的极品六花形钵,有越州窑青釉四耳壶,有郊坛官窑青釉钵等。日本政府很重视这些瓷器珍品的保护,将它们列为重要文化财。

第三和第四部分是汉晋南北朝时期的石刻造像,这与日本崇尚佛教有关。

第五部分以书法和绘画为主,这些展品大都是日本的私人收藏家、横滨生丝巨商原富三郎以及高岛菊次郎的生前收藏品,死后捐献给了东京国立博物馆。这一部分的绘画珍品有:南宋李迪的《红白芙蓉图》、《潇湘卧游图》,梁楷的《雪景山水图》,因陀罗的《寒山拾得图》,李在的《山水图》,文伯仁的《四万山水图》。在书法方面,主要有汉碑、六朝造像题记、隋唐碑刻拓本等,还有王勃集的写本和元代赵孟頫的"兰亭十三跋",有在日本被定为最珍贵墨迹的"圜悟克勤墨迹印可状"等。

除东京国立博物馆以外,日本收藏中国古代文物的代表性博物馆还有如下一些:

大仓集古馆

该馆位于国宾级的饭店大仓内,是以大仓喜八郎的收藏品为基础而建立的。大仓生前经营军火和矿业,1910年左右被确立为大仓财阀,一生致力于中国文物的搜集。在这个博物馆内,收藏有宋版大藏经取经诗话三册,宋刊本徐文公集十二册,宋版韩集举正十册,这些均已被日本政府列为重要文化财。此外,还有许多中国出土的其他文物,包括墓志、铜器、瓷器等。

静嘉堂

日本三菱财团的创始人岩崎弥之助(公元1834~1885年)及其儿子岩崎小弥太父子,都是中国文物的搜刮者,他们利用所收藏的珍贵中国文物,建立静嘉堂,并集有《静嘉堂文库》。他们的收藏品中,有古典汉籍达十二万册之多,所有的中国字帖、典籍,全部被指定为重要文化财,其中的"倭汉朗咏抄"和赵子昂的"与中峰明本尺牍",已被列为国宝。静嘉堂的藏书丰富而且重要,已经成为全世界汉学家的必游之地。

静嘉堂的收藏之所以如此丰富,是岩崎弥之助父子两代人多年不遗余力搜刮的结果。特别是 1900 年以后,岩崎弥之助委托驻华外交官在上海买进了大量中国文物。1884 年,即岩崎弥之助死的前一年,他们将清末大藏书家陆心源的收藏统统搜刮而走,成为最重要的一次收藏。陆心源共有三处藏书的地方:第一是宋楼,收藏有宋元刻本及名人手抄本;第二是守先阁,收藏明清刻本;第三是十万卷楼,收藏的是当时的普通书。这些书包括宋刻本 200 种、元刻本 400 种以及 15 万卷善本书,是在陆心源死后,由其妻子陆树蓄卖给日本人的。如此众多的古代典籍一次外流他国,确实是我国古代文物遗产的一次重大损失。

根津美术馆

根津美术馆位于东京京青山,是由东武铁道董事长根津嘉一郎创建的。该馆收藏有相当数量的中国古代文物精品,其中有包括国宝级的牧溪谷《渔村夕照图》,以及钧窑红紫斑瓶、白瓷龙瓶、花卉纹大皿等宋钧、龙泉大器。

出光美术馆

出光美术馆是以日本出光石油老板出光佐三命名的美术馆,其收藏品以出光佐三七十余年搜集的美术品为主,其中包括中国古代青铜器和陶瓷器、书画等,名品有青瓷下蕉花生、龙泉窑青瓷裤腰大香炉、《平沙落燕图》等。

藤田美术馆

藤田美术馆位于日本关西,是以藤田传三郎的名字命名的,收藏品以陶瓷为主,其中建窑窑变天目茶碗和白绿油滴天目钵都是国宝级的中国古代陶瓷器。

藤井齐成会有邻馆

藤井齐成会有邻馆是日本京都有名的私立美术馆。该馆的建筑使用的完全是中国古代建筑材料,其中屋顶覆盖的是

36000块清代乾隆年间制作的黄色琉璃瓦。有邻馆的主人藤井善助在年轻的时候曾入上海东亚同文书院,以巨资搜集中国的古代文物,并建成此馆。

有邻馆收藏的中国珍宝非常丰富,有南宋马和之的《毛诗大雅荡之什图》、南宋王庭筠的《幽竹枯槎图》、北宋许道远的《秋山萧寺图》;有中国最早的北魏铜塑菩萨立像,东魏石造弥勒佛及两胁侍立像、北齐石造菩萨及两胁侍立像;有国宝级的唐代《春秋经传集解卷》第二残卷,南宋张即之的李伯嘉墓志铭。

有邻馆的中国古印收藏最具特点,从周代的铜印、玉印到清代的玉玺应有尽有,其中有号称世界第一的青岛陈介琪的旧藏以及吴大澂及端方旧藏古印,总数达六千方以上。

此外,在该馆三楼的一个展室中,还陈列有清代乾隆皇帝的朝服。

东京五岛美术馆

五岛美术馆由五岛庆太创建,其中也有一部分是日本人高梨仁三郎的旧藏。该馆有不少中国玉器和陶器都被列为重要文化财,如殷代鱼形佩玉、殷代鸱鹄形白珏、战国时代玻璃握、金襕手透雕仙盏瓶、宋磁州窑黑花纹梅瓶等。

白鹤美术馆

白鹤美术馆是在嘉纳治卫收藏的中国文物的基础上创建的,尤以商周青铜器最为丰富,达一千余件。其重要的收藏还有1926年洛阳郊外唐代墓葬出土的全部文物,有1928年以后河南殷墟出土的文物。白鹤美术馆还收藏有大批中国古代铜镜,著名的有唐镜中的精品螺钿鸳鸯宝相花纹八花镜、金银平脱双凤纹镜。另外,还有以色彩绚丽名噪一时的赤绘金襕手八角大壶。

大原美术馆

日本是一个佛教国家,许多博物馆都收藏有大量中国古代的佛教文物,其中大原美术馆"东洋馆"的收藏最为惊人。走进这个博物馆如同进入石窟一般,大型石佛有十数座。其中一座2.5米高的北魏石雕佛像精美绝伦,原在河南新乡百官村百官寺中供奉,后被日本人劫掠而去。在此馆中,除这座北魏巨佛是完整的以外,其他大型佛像都为了搬运便利,先是在中国锯断,运到日本后再拼装而成的。

日本的中国文物收藏来源主要有:

第一,本世纪初,大谷光瑞和橘瑞超等人从新疆、甘肃一带劫掠的;

第二,本世纪20年代,滨田耕作、八木奖三郎、原田淑人、小牧实繁等人从中国各地盗掘的;

第三,抗日战争时期,日军从中国抢掠的;

第四,日本人以经济手段,从中国及世界各大文物市场上买进的;

第五,历史上中日文化和贸易往来的结果。

(四) 强盗的逻辑

1. 西方掠夺中国文物的手段

不可胜数的中国古代文物珍品,被收藏进了西方的博物馆,而且大多是利用非法手段从中国盗取的。这些非法的手段有的是在隐蔽状态下进行的,外表蒙有一层文明的衣衫,有的则属明火执杖,肆意抢劫。综合来看,西方各国掠夺中国文物是从鸦片战争以后开始的,那时的中国沦为了半封建半殖民地的社会,主权受到了严重的损害,一些西方国家便于19世纪末20世纪初相继派人来到中国,把反映中国古代文化丰厚精美、博大精深的古代遗物当作搜求的目标,大肆掠夺。在西方国家中,掠夺中国文物最多的是美国,最早的有英国和美国,其次是法国、日本、俄国等。

西方列强掠夺中国文物所采取的手段,主要有以下几个方面:

第一,利用在华的政府和文化机构以及教会组织掠夺中国文物。

鸦片战争以后,中美签订了《望厦条约》,美国派出的首任驻中国大使顾盛在任期间,搜求了包括珍贵的太平天国文献在内的满汉古籍二千五百多卷册,闯关出境。美国大使馆还在1925年支持华尔纳等人盗窃甘肃敦煌壁画。

民国时期,有些美国派遣来华执教的教师,也以教书为掩护,暗地搜集中国文物。1935年至1936年间,长沙雅礼学院的美国教师柯克斯就曾怂恿中国同事帮助他收集各类中国文物。当时正值长沙城郊因修马路和取土做砖,挖出大批古墓葬,出土许多文物,柯克斯便收购了大批精品,先后盗运回美国,其中最珍贵的文物是楚国缯书,它是我国发现最早的一件用毛笔在丝织物上绘画、写字的艺术品。

还有一名美国教师俞道存,在长沙解放后申请回国,我边防人员在他准备带走的行李中发现了大批文物,后来又在他的住所发现了中国历代文物八箱二百多件。俞道存在华期间,以教学为名,四处搜求文物,如果没有长沙的解放,这些文物又将流失海外,给我国造成重大损失。

鸦片战争以后,欧美各国派遣了大批传教士来中国传教,这些传教士也大都以传教为掩护,行搜求、盗运中国文物的勾当。其中美国传教士的表现最为突出。在山东潍坊传教的美国传教士方法敛,从我国盗运了 2720 片殷墟甲骨。1908 年至 1922 年,美国传教士薛尔敦从西康盗走了大批珍贵的西藏文物,其中有用金、银书写的巴塘喇嘛寺的藏文经典、佛画,六世班禅的银制法轮等,仅仅纽瓦克博物馆就一次性收购了他盗运的西藏文物 1200 多件。

第二,政府或博物馆组成考古发掘队或考察队来华,以合作与交流为名,进行文物掠夺活动。例如:弗利尔艺术馆和波士顿博物馆就曾以协助我国进行考古发掘为名,在河北易县、河南信阳和新郑、陕西西安等地,从事文物掠夺活动。1924 年,华尔纳等人组织"哈佛大学考古调查团"来华,进行考古调查,并以此为幌子,到敦煌千佛洞,用化学胶水和布粘去了 36 幅著名的唐代壁画,1901 年至 1910 年间,纽约自然历史博物馆、芝加哥自然博物馆先后派遣以劳弗尔为首的考察队,到我国西藏地区掠夺了大量文物。斯坦因、伯希和、橘瑞超等人对丝绸之路文物的掠夺也多属这种手段,我们在第二章中将涉及。

第三,派一些所谓的"汉学家"和"考古学家"长期住在中国,盗窃掠夺中国文物。这方面的代表人物是美国人福开森,他以"中国通"自居,经常出入达官贵人之家,与中国的古玩商交往密切,言谈举止和衣着打扮无不像一个典型的中国绅士。他不仅在中国传教、办学、办报,而且担任亚洲文会会长、华洋义赈会会长、中国红十字会副会长,曾高居北洋政府顾问之职。1914 年,在故宫前半部成立了古物陈列所,并设立古物鉴定委员会这一学术机构,福开森为鉴定委员。1925 年,故宫博物院成立,福开森又任故宫古物审查委员会的专门委员。福开森在中国前后生活近六十年,在很多中国人的心目中,福开森是一位汉学家、考古学家、教育家、新闻出版家、慈善家。但是,正是由于这些令人眩目的身份的掩饰,他在北京、上海、南京等地盗掠了大批中国古代文物,并趁太平洋战争爆发后的混乱时期,偷运回国,为美国的许多博物馆输送了大批的中国文物精华。福开森对中国文物非常熟悉,著有《历代著录画目》和《历代著录吉金目》,一般人都认为这是福开森潜心钻研中国文物的结果,但哪里知道他这是为了按图索骥,更好地、有系统地盗掠中国文物。他也曾将一些文物捐献给中国的有关部门,例如今南京大学的文物室就曾有福开森留下的文物,故宫古物陈列所曾辟有福开森文物专馆。但与福开森偷运回国的文物相比,留在中国的只能算是一些残次品。

除福开森外,还有瑞典人卡比尔、日本人梅原龙三郎和高田、法国人魏武达等盗掠中国文物。

第四,扶植各国的古玩商,为他们搜罗中国文物的精华。西方的博物馆和其他文物收藏机构,通过办学的手段培养人才,并加强与各国古玩商的合作,委托他们从中国搜求文物,盗运出境。有的甚至向古玩商提供所需文物照片,由古玩商在中国利用非法手段盗掠。我国天龙山等著名石窟寺的破坏,基本都是美国的博物馆指使古玩商进行的。这一方面,1935年出版的《古物保管委员会工作汇报》中的一篇题为"追究盗卖山西天龙山北齐石刻之始"的报告最能说明问题,因为它是美国人根据照片指使日本的山中商会盗凿的。报告说:

山西太原县天龙山摩崖石佛造像,系北朝名迹,工艺精湛,法象庄严,关系我国古代文化者甚巨。前代省县志书均经著录。近期日本考古家关野贞、田中俊逸等,亦均先后亲来踏访,著论阐扬。惟此以来,屡经盗凿毁伤。本会自民国二十年闻悉该项石刻有被盗之讯后,即一方咨函山西省政府饬令太原县加意保护,勿使淹没;一方即加紧调查,追究奸人之盗卖。二十二年冬,侦知北平打磨厂长巷头条谦义馨客栈主人张兰亭,勾通奸人盗

（四）强盗的逻辑

运此项石刻两方来平,当即函咨北平公安局协同本会北平分会干事王作宾君前往,将兰亭依法逮捕,押公安局审讯。具供该佛教石刻两方系其友人侯敦卿及已散店伙王御书二人由晋携来,存于店内,曾经介绍古玩商周同山到店内看货,嗣因索价一万八千元,周即拒购,侯敦卿即将此两方石刻以三百元代价,抵押于甜水井日本人田村手中,以两日为限,届时如不赎取,即归中村所有等情。本会除函咨北平市公安局严行追究,务获主犯,依法惩办外,为明了天龙山石刻被盗详情起见,又派干事王作宾躬赴山西太原县调查。

后来,王作宾在调查报告中说:

查天龙山北朝石刻造像,共分东西两区:东区各洞原有大小佛像,上下各层,悉被凿毁,或身完首失,或全体残碎,洞顶天龙仙女,亦悉无存,洞外石壁原有碑刻,亦大半经人凿取仅遗空穴。西区各洞,除最大坐像,仅凿矒目,未损全身,余者亦皆被毁坏。纵观各像被毁之处,凿痕极新,碎片石屑,散布满洞,定为最近所为,断非旧迹。又查造像所在,位于天龙寺之山后巅,登陟艰难,石刻坚重,断非一手一足所能盗凿,亦非一朝一夕所能为功。且运送下山必经寺门,山静人稀察觉甚易。寺中原有僧人净亮、普彼二人,及太原县派驻天龙山警察二人,常驻此寺内,倘非同谋盗运,则截留禁止,只需举手之劳,……此项石刻之盗凿私售,寺中僧人驻警,实有伙同勾串嫌疑,该管县政府亦难辞放任疏忽之责。

虽然有了调查结果,但天龙山石窟的精美石刻,却经日本从事古玩经营的山中商会之手,倒卖给了美国人,使我国的石窟寺艺术遭受到了难以弥补的损失。

除山中商会等外国古玩商外,还有不少中国古玩商与西方的政府和博物馆相勾结,为赚取不义之财,大肆破坏、倒卖中国文物,成为中华民族的罪人。关于这一点,我们将在本篇《风雨琉璃厂》一章中作详细介绍。

第五,通过图书馆掠夺我国的善本图书。美国农业部图书委员会主席曾以考察我国农业为名,三次来华,搜集了六万余卷有关地理、资源的图书文献。美国农业部植物工业局的顾克,以考察棉花种植为名,盗走了 108 种 1239 卷湘赣等省的地方志。在美国国会图书馆,收藏有大量中国的古籍善本,并以地方志、家谱、农书、医书、政治、法律书籍和少数民族文献为最多。这些书籍基本都是在图书馆的授意下,派人从中国搜集、盗运的。

第六,通过武力直接劫掠中国文物。如果说上述五种手段在某种程度上还有一定的隐蔽性的话,那么通过武力来劫掠中国文物则是毫不遮掩地公开抢劫了。这方面最突出的有 1860 年英法联军抢劫并焚毁圆明园,1900 年八国联军对北京等地的抢劫,抗日战争时期日本人和美国人对中国文物的抢劫和盗运。我们在以后有关章节中还将详细涉及。

2. 欺人的辩解

虽然西方列强在过去的年代里,通过种种手段从中国劫掠了大批珍贵文物,但他们始终认为他们这样做是正当的,而且还利用一切机会为自己的行为辩解。

斯坦因是因劫掠中国敦煌文物而闻名世界的最有代表性的人物,他在自己的著作里声称,他同王道士之间所发生的只是一桩"公平的交易",目的是把那批文物从王道士的不安全保管中"抢救"出来,"以供西洋学者研究"。但这是一桩什么样的"公平交易"啊,他只用了 4 块马蹄银(共合 200 两银),平均每卷写本或佛画只付 2 分银子,就骗走了那么多的敦煌经卷。连他自己在写给朋友的信中也曾得意地说:这批文物只花了130英镑,买了一个梵文贝叶写本和一些古旧物品就需要这些钱了。

西方人普遍认为,被藏进大英博物馆的那些敦煌经卷,是由斯坦因发现的。为斯坦因写传的密尔斯基为斯坦因辩解说:

以今天的标准说,他可说是由于把独特的文书和古物运去西方而侵犯了中国以前的学术利益。但当时他正在那里,他并不这样想。那时考古学认为科学性的实据是把这批文物运去西方的充分理由,这是可以争论的事。但必须说明,中国人对斯坦因在尼雅、丹丹乌里克和米兰等地的沙漠遗址上所挖各物并未如此指控。

如果斯坦因没有拿那批东西,那些珍贵文物依然聚集一处而不散失吗?或是会像剩余的上万卷写本那样,在运至北京时有许多便一卷一卷流入商人之手再藏于西方?可以确定的是,斯坦因带回大英博物馆的东西没有一件入私人之手,或被割裂,或被遗失的。

英国的霍普科克也替斯坦因辩解说:

如果那些文书仍然保留在王某那个老骗子手里,最后所要遭到的命运将是不堪设想的。

历史会怎样发展,人们无法准确地预测。如果没有王道士的偶然发现和斯坦因的盗劫,敦煌文物会有一个怎样的结局,人们也不得而知。但实际情况却是,毕竟是斯坦因把珍贵的中国文物劫往了西方,给中国日后的学术研究带来了巨大的损失,也给中华民族造成了巨大的心灵创伤。有了"敦煌在中国,而敦煌学在国外"这样令中国政府和学术界都极为尴尬的事情,西方的任何辩解,都不能掩盖斯坦因掠夺中国文物的实质。

实际上,西方政府一直都在鼓励对他国,特别是有着古老文明的第三世界的文物掠夺。他们鼓励文物的进口,在贸易壁垒森严的时候,对进口文物却可不缴纳关税,而文物一旦进入了西方的博物馆,他们又要人们放弃争论。

现任大英博物馆馆长威尔生说:"已经失去时效的旧案不要重提,何况多数东西还是合法取得的。"

面对第三世界的谴责,威尔生说:

我们挽救了很多在当地可能被摧毁的东西,如果我们不替他们保留,早就没有了。

过去对他们的古物弃之不顾的人,今天却向我们追讨,其实,他们只要今天照我们以前那样做就完成了:他们只要收集保存一些今天看似不重要的东西,不出两百年,他们拥有的国宝就多得不得了。

中国的古代漆器世界闻名,同其他文物品类一样,也有大量的漆器珍品收藏在西方国家的博物馆。例如,1986年8月23日台湾的《日报新闻周刊》发表了《中世纪瑰宝大本营——漆器在旧金山》,文章说:"隶属于旧金山狄扬博物馆的亚洲艺术博物馆,在过去十年之间,靠着先见之明和幸运之神的眷顾,成为全美博物馆中拥有最多和最重要的中国中古世纪遗珍——漆器的博物馆。"

这个博物馆的桑格劳馆长在《大陆出土漆器新发现》一书中说:"江苏、浙江和湖北省,是中国中古世纪时代最负盛名的漆器产地。许多中古世纪的漆器,不是经由科学方法的挖掘,即是被人从古墓中偷盗出来的。很幸运的是,这些珍品部分已获得留存下来。"他还说:"许多弥足珍贵的中国中古世纪漆器,已在日本受到长久的妥善照顾。"

美国大都会博物馆的亚洲艺术部主任菲达·墨克承认他们的藏品除接受捐赠外,很多是寻找并说服别人替博物馆购藏。她说:"文化是国际性的,虽然发源各有不同,但艺术之美应该同全世界一同分享,因此应视之为世界宝物,而不应只视为中国古物。"她还承认,博物馆之所以要不断增多中国的文物珍品,是为了拿出最好的藏品来给美国人看。因为美国人懂中国文化,如果只拿一些二三流的藏品给美国人看,会被人嗤之以鼻的。

上述这些言论,完全是强盗的逻辑。抢劫了别人的东西,还要说是合理合法的,似乎只有他们才有权利、有资格欣赏古代文明的成果,中国的(包括其他文明古国的)民族和历史文化遗产只有在他们的保护下,才能保持完整和发扬。这与他们目前尚在行使的"枪炮外交"、武力和制裁相威胁,是多么惊人地相似。

二 疯狂的魔鬼与圆明园的焚毁

(一) 园林史上的奇迹

众所周知,圆明园是我国建筑、园林的典范,其中充满的各种陈设、绘画、文物和艺术品,更是集中了我国古代文化艺术的精华。但现在我们所看到的,仅仅是一个历史的遗迹。1860年,英法侵略者在几昼夜之间便将这座世界上最瑰丽多姿的宫苑建筑焚毁殆尽。

圆明园位于北京西郊,那是一处山清水秀、风景优美的地方,早在辽、金时期,帝王们便看中了这里的绝美景色,相继在此营造离宫和殿堂,明代便已经初具宫苑的规模了。

圆明园的大规模营造是在康熙时期,康熙曾六次南巡,江南的灵山秀水使他久久难忘,并终于在康熙四十年(公元 1701 年)以后,命人仿照江南园林的特色,在北京西郊营建园苑。从此以后,清代的历朝帝王更是不遗余力地加强对圆明园的管理和营造、修缮,以至于帝王们的大部分时间都是在圆明园度过的,皇宫仅仅成了举行大典仪式的地方。

王闿运在《圆明园宫词》中,把圆明园形容为"移天缩地在君怀",这里的每一处地方都让人感到新奇。就宫殿而言,虽然是以中国传统的宫殿建筑风格为主,但却极富变化,屋顶有庑殿顶、歇山、硬山、挑山、悬山、卷棚等各种样式,其布局也有工字、口字、田字、井字、卍字、偃月、曲尺、扇面等,在统一和均衡之中,追求无穷尽的变化,避免了中国传统建筑中的刻板、滞腻的成分。另外,圆明园中还有一处西式宫殿建筑,统称为西洋楼,共占地一百多亩,是由任职于清宫中的意大利人郎世宁、法国人将友宁和王致诚等外国人设计并监工而成的。

圆明园实际上由圆明园、长春园、万春园三部分组成,另外还有许多附属花园。在圆明园三园中,共有著名风景一百多景,每一组建筑中,又包括许多的楼、阁、轩、榭;单是长春园的"狮子林"一景,就包括了十六个景致,每一景内又有无数千变万化的壮丽建筑,给人以趣意无穷的感觉。

圆明园是人类智慧的结晶,文化的精华,人们曾将中国的圆明园和法国的凡尔赛宫称为世界园林史上的两大奇观。

但是,就是这样一座最能反映中国人民造园艺术卓越成就和中国园林在世界上的特殊地位的皇家园林,却在第二次鸦片战争期间,在清政府的无可奈何之中,毁之一炬。

(二) 疯狂的魔鬼

中国的近代史,是一部中华民族的屈辱史,而现存的圆明园遗迹,正如树瘿一样,是留在中华大地、留在中国人心灵上的最惨痛的一块伤疤。圆明园的劫难,是西方列强掠夺中国文物的第一次高潮。

而这一切,又无不与西方列强掩藏在文明外衣下的野蛮和残忍及清政府的腐败无能密切相关。

1840年爆发了第一次鸦片战争,西方列强用枪炮打开了清政府闭关锁国的大门,使中华民族遭受了深重的灾难。1856年至1860年以英法联军为主发动的侵犯中国的战争,史称第二次鸦片战争。圆明园正是在这次战争中遭受焚毁的。

咸丰十年(1860年)十月,英法联军以寻求议和的英使巴夏礼被清政府逮捕为借口,大举进攻圆明园。开始并没有发生抢劫事件,但是,没有多久,这些来自遥远的异域的英法联军的官兵们便难以抵御圆明园内那些精美的文物、珠宝和工艺品的诱惑了,"军官和士兵们,都成群结伙,冲上前去抢劫,毫无纪律"。

英法联军可以自由劫掠圆明园的命令,是由联军司令部于十月十七日正式下达的(见《北平图书馆馆刊》第七号)。关于抢劫的一些具体情况,我们同样只能以外国人的记录为依据,这使我们在追寻这段历史时,感到心情很沉重。但是,反过来说,当我们看到那些参加过圆明园劫掠的魔鬼的自白的时候,我们更容易看出他们的丑恶嘴脸。

斯文候,当时任英军的书记官,他记载:

十月十七日联军司令部正式下令可以自由劫掠,于是,英法军官和士兵疯狂抢夺,每个人都腰囊累累,满载而归,这时全园秩序最乱。法国兵营驻扎园前,法人手持木棒,遇珍贵可携者则攫而争夺,遇珍贵不可携的如铜器、瓷器、楠木等物,则以棒击毁,必至粉碎而后快。(范文澜《中国近代史》上编第一分册第201页)

……浓烟直冒,渐渐冲上天空,表明这件工作(即焚园)已经开始了;当白天慢慢过去,烟雾逐渐加大,并且越来越浓密,飘飘荡荡,仿佛是大片的云彩,罩盖着北京;并且又像一个可怕的暴风雨即将来临的样子。当我走近行宫的时候,火声劈啪劈啪地响着,足以使人震惊。……太阳照耀中天,使一切花草树木都带上了一片憔悴的病色。……圆明园很迅速地变成了一片蹂躏不堪的景象,但是墙垣以内,还有残余的物件。许多闲人在四处奔跑,东探西望,虽是穷僻的地方,都不绕过去,因为现在他们是被允许的,随心所欲地去抢劫了。(法国人高第尔语,见《北平图书馆馆刊》第七号)

埃尔丝莱,《与中国之战争》一书的作者,曾身临其境地目睹了圆明园的焚毁。他说:

米启尔中将率领的第一师,由北京的近郊附近直达圆明园,将皇帝的宫苑一齐纵火焚烧。此两日中,黑烟所成的浓云,横空笼罩其上,往昔富丽豪华的区域,而今已矣。有风自西北来,吹其烟团,直过我军营之上,直抵北京城……

马卡吉的记载则表明,焚烧是由马队分头进行的。他说:

焚烧的命令发下后,不久就看见了重重的烟雾,由树木中蜿蜒曲折升腾起来。树木中掩隐着一座年代古旧的广大的殿宇,屋顶镶着黄色的瓦,日光之下光芒闪灼。鳞鳞的屋瓦,构造奇异,只有中国人的想像力才能构思出来。顷刻功夫,几十处地方,都冒出一缕缕的浓烟密雾,……所有的庙宇、宫殿、古远建筑,被视为举国神圣庄严之物,其中收藏着历代富有皇家风味和精华的物品,都付之一炬了,以往数百年为人们所爱慕的崇构杰制,不复能触到人类眼帘了。这些建筑,都足以表彰往日的技术和风格,独一无二。世界上没有什么东西可以和它比拟。你们曾经看过一次,就永远不能重睹。……当我们回来的时候,劳纳尔带着一两队骑兵,绕行一周,将我们所忽略过去的那些外面的建筑,也都一齐架火燃烧。我们回到圆明园以后,才知道第六十队的来福枪士兵和旁遮普的士兵,已经将他们的时间利用的极其巧妙。所焚毁的区域,宽阔而且遥远。现在所仅存的,只有那座正大光明殿,以迄大宫门中间所有的建筑,尚屹立存在,未付焚毁。因为里面住着军队,故迟迟有待。时已三点,我们必须整队开回北京,乃发布命令一并焚毁。刹那间找到了燃火的材料,有几个手脚伶俐的来福枪手,立刻动手放火,遂将这座正大光明殿熊熊地燃烧起来。庄严华贵之躯,且曾为高贵朝觐之殿,经此吞灭一切的火焰,都化为云烟了。屋顶在火焰中燃烧一些时候后,不久就要倒塌,一百码以外就可以感到那种炎热的气息,随后巨声一响,屋顶倒塌,真是惊心动魄。……这算做世界最宏伟的美丽宫殿圆明园,绝不存留一点痕迹。我们进行完毕这件工作后,便回到北京去。

在焚烧的同时,英法联军的士兵们对圆明园内的各种文物、珠宝和艺术品进行了疯狂的劫掠,并将抢劫来的各种宝物用拍卖的方法出售,所得款项分给士兵。尚没有卖出去的五光十色的宝物,充满了官兵的帐篷。在参加抢劫的官兵中,有一位英国陆军军官,名叫赫斯利,他因拥有大批从圆明园抢劫而来的古董财富,而获得了一个"中国詹姆"的绰号。他以此为荣,并用这个绰号来命名自己的著作。1912年,80岁的赫斯利出版了《中国詹姆》一书,书中叙述了他52年前如何在中国抢劫圆明园宝物,如何在回国后发财致富的经过,他说,写这本书的目的只是为了"就个人亲历目睹的事实,把它忠实地记下来。"在书中,他把能参加对圆明园的抢劫看作是一件很荣幸的事情。在他的记载中我们知道,很多士兵并不识货,"我看见华尔怀里抱着一个盘膝默坐的大佛像,从佛像的重量上我直觉出它是金铸的,立刻告诉华尔,可是他不相信。……几天后,华尔终于把他的金佛像卖给一个随军贩卖酒食的犹太人,得到676镑。"

在抢劫焚烧了圆明园之后,强盗们仍意犹未尽。10月19日,英法联军将领格兰特又派米启尔马队烧毁了万寿山的大报恩延寿寺、田字殿、五百罗汉堂、玉泉山(静明园)十六景、香山(静宜园)二十八景和宗镜大昭之庙的八十一间铜殿、畅春园及海淀一带的一些建筑。

一百多年过去了,当我们踏上圆明园的残迹的时候,眼前仿佛又呈现出那冲天的火光,火光映照在那些英法抢劫者的脸上,使他们如同魔鬼一样。我们真切地希望,圆明园这块中华大地上的疤痕,能永远印在中国人的心灵上,记住那些疯狂的魔鬼的名字,记住他们令人发指的行径,记住中华民族曾经有过的屈辱。

(三) 为什么选择圆明园

英法联军是丧失了人类理智的疯狂的魔鬼,魔鬼总会做出没有正义的事情,对中国的瓜分和掠夺是不可避免的,但他们为什么要选择焚烧圆明园呢?

就笔者所掌握的资料,至少有如下几方面的因素:

第一,在英法联军全力进攻北京的时候,他们以为咸丰皇帝还住在圆明园里,便以圆明园为进攻的最主要目标,他们知道,自清代乾隆皇帝以后,历朝皇帝的大部分时间都是在圆明园里度过的。但他们不知道,早在9月22日清早,咸丰皇帝便率领一批贵族和官员逃到热河去了,那里是清帝的避暑山庄。

第二,由羡慕而生嫉、生恨。据《世界通史》记述,中国的建筑和园林,很早就引起了西方国家的羡慕。他们进入圆明园以后,没有找到清帝和政府官员,怀恨在心,怒火中烧,便焚烧圆明园以解其恨。

第三,为了给清政府一点颜色看看。关于这一点,联军司令额尔金在洗劫圆明园后发表的声明中说:

只有焚烧圆明园一法,最为可行。……至于此举足以使中国及其皇帝产生极大的震动,余尚有理由:圆明园乃是清帝所最宠爱的行宫,是他燕居之所,如焚毁足以稍戢其骄佚。今宫中宝物既已荡然无存,大军所到,非在虏掠,乃在初肆罪恶者能警惕耳。

英国陆军司令格兰特在致法军司令孟多邦的信中也说:

圆明园宫殿为重要之地,人所共知。毁之所以予中国政府以打击,造成惨局者为此辈,而非其国民。故此举可谓最严创中国政府,即就人道而言,亦不能厚非也。

此景(指焚烧的情景)奇伟,像这样壮丽的古宫竟夷为平地,我不胜婉惜!并觉此举有欠文明。然我欲警惕中国人,使其以后不再破坏国际公法,此事实属必要。(以上引文均见1930年12月《大公报》文学副刊)

第四,龚孝琪的出谋划策。对于龚孝琪其人,人们一般都知之甚微,更不知他曾为英法联军火烧圆明园出谋划策。

清代道光年间的礼部主事龚自珍,是中国历史上的一位著名人物,他学务博览,提倡通经致用,主张"更法"、"致国"。第一次鸦片战争前,当林则徐赴广东查禁鸦片时,他曾预见到英国可能侵犯,建议加强战备,抵制英军。但龚自珍做梦也没有想到,他的长子龚孝琪会在日后成为英法联军的走卒,成为中华民族的罪人。

据孙静安《栖霞阁野乘》记载:龚孝琪,原名橙,后更名公襄,字孝琪,晚年号米伦,浙江仁和人。他自幼好学,天资绝人,其父龚自珍所藏书籍无所不读,青年时代随其父到了北京,他性格怪僻,寡合少语,轻财、侠义、好游。道光十四年(公元1834年),他参加京北乡试未中,便发誓永不再进考场。龚自珍辞世后,龚孝琪客居上海。

进入中年以后,龚孝琪的生活开始寥落,基本是靠卖书来维持生计。就在这个时候,他认识了英国驻上海的副领事托马斯,成为托马斯的幕僚。

咸丰十年(公元1860年)英法联军进攻北京时,托马斯任联军司令额尔金的通事,龚孝琪也因此和额尔金相识。起初,额尔金准备进攻北京城,但龚孝琪极力阻止,他对额尔金说:"圆明园珍宝山积,中国精华之所萃,毁此亦可偿所愤也。"额尔金听从了龚孝琪的建议,带领联军绕过德胜门直捣海淀,奔向圆明园。当时,龚孝琪也随军前往,他骑马首先进入圆明园内,并取走了一些他喜欢的金玉重器。

正是由于龚孝琪的这种叛行,使他众叛亲离,遭世人诟骂,成为孤家寡人。在英法联军劫掠圆明园的时候,龚孝琪也大发其财,之后便继续回到上海客居,恣意挥霍,坐吃山空,不久便把获得的不义之财涤荡殆尽。这时,托马斯也已故去,使龚孝琪丧失了经济来源,因此,他的晚年生活潦倒落泊。同治八年(公元1869年)龚孝琪患了精神分裂症,在一片唾骂声中发狂疾而死,时年53岁。一代名流之子,本可有一个较好的结局,却因大行不义而获得如此下场,也可说是天意。

英法联军在圆明园的兽行,不管是出于什么目的,都是得到了本国政府的支持的。伦敦的《每日电讯》曾写道:

大不列颠应攻打中国沿海各地,占领京城,将皇帝逐出皇宫并得到物质上的保证,担保以后不再发生袭击(英国军队的行为)……。我们应该鞭打每一个穿蟒袍而敢于侮辱我们国徽的官吏……应该把这些人(中国将军们)个个都当作海盗和凶手,吊在英国军舰的桅杆上。

……应该教训华人重视英人,英人高出于华人之上,英人应成为华人的主人翁……。我们至少应该夺取北京,如果采取更勇敢的政策,则应于夺取北京后永远占领广州。

正是由于英法政府和舆论的大力支持,英法联军才有焚烧圆明园的恣意妄为。

　　当然，英法联军在中国的暴行，也受到了他们国内一些爱好和平、有正义感的人士的强烈反对，这方面的代表人物有法国的著名作家雨果。1861年，雨果给参与焚掠圆明园的法军上尉巴特莱写了一封信，信中高度评价了圆明园的历史、文化和艺术价值，怒斥了英法侵略者在中国犯下的滔天罪行。信中说：

　　先生，您问我对这次远征中国的看法，您觉得这次远征值得称誉，干得漂亮，而且您很客气，相当重视我的感想。按照您的高见，这次在维多利亚女王和拿破仑皇帝的双重旗帜下对中国的远征，是英法两国的光荣；您想知道我对英法两国的这一胜利究竟赞赏到何等程度。

　　既然您想知道我的看法，那么我答复如下：

　　在世界的一隅，存在着人类的一大奇迹，这个奇迹就是圆明园，艺术有两种渊源：一为理念——从中产生欧洲艺术；一为幻想——从中产生东方艺术。一个近乎超人的民族所能幻想到的一切都汇集圆明园。圆明园是规模巨大的幻想的原型，如果幻想也可能有原型的话。只要想像出一种无法描述的建筑物，一种月宫似的仙境，那就是圆明园。假定有一座集人类想像力之大成的灿烂宝窟，以宫殿庙宇的形象出现，那就是圆明园。为了建造圆明园，人们经历了两代人的长期劳动。那么这座像城池一样规模巨大、经过几世纪营造的园林究竟是为谁而建造的呢？为人民。因为时光的流逝会使一切都属于全人类所有。艺术大师、诗人、哲学家，他们都知道圆明园。伏尔泰亦曾谈到过它。人们一向把希腊的巴特农神庙、埃及的金字塔、罗马的竞技场、巴黎的圣母院和东方的圆明园相提并论。如果不能是亲眼目睹圆明园，人们就在梦中看到它。它仿佛是在遥远的苍茫暮色中隐约眺见的一件惊人的杰作，宛如亚洲文明的轮廓崛起在欧洲文明的地平线上一样。

这个神奇的世界现在已经不见了。

有一次,两个强盗撞入了圆明园,一个动手抢劫,一个对它付诸一炬。原来胜利就是进行一场掠夺。胜利者盗窃了圆明园的全部财富,然后彼此分赃。这一切所做所为,均出自额尔金之名。这不仅使人油然想起巴特农神庙的事。他们把对待巴特农神庙的手法搬来对待圆明园,但是这一次做得更是干脆,更是彻底,一扫而光,不留一物。即使把我国所有圣母院的全部宝物加在一起,也不能同这个规模宏大而又富丽堂皇的东方博物馆媲美。收藏在这个东方博物馆里的不仅有杰出的艺术品,而且还保存有琳琅满目的金银制品。这真是一桩了不起的汗马功劳和一笔十分得意的外快!有一个胜利者把一个个上衣口袋都塞得满满的,至于那另外的一个,也如法炮制,装满了一个个箱子。之后,他们双双才拉着手荣归欧洲。这就是两个强盗的一段经历。

我们欧洲人,总以为自己是文明人,在我们眼里,中国人是野蛮人。然而,文明却竟是这样对待野蛮的。在将来交付历史审判的时候,有一个强盗就会被人们叫做法兰西;另一个叫做英吉利。对他们我要提出抗议,并且感谢您给了我抗议的机会。绝对不能把统治者犯下的罪行跟受他们统治的人民的过错混为一谈。作强盗勾当的总是政府,至于各国的人民,则永远不会。

法兰西帝国侵吞了一半的宝物,现在,她居然无耻到这样的地步,还以所有者的身份把圆明园这些美仑美奂的古代文物拿出来公开展览。我相信总有这样的一天——解放了而且把身上污浊洗干净了的法兰西,将会把自己的赃物交还给被掠夺的中国。

我暂且这样证明:这次抢劫就是这两个掠夺者干的。先生,您现在总算知道了这就是我对远征中国的赞赏。

这封信,被江泽民总书记称为进行爱国主义教育的好教材。

(四) 圆明园的再次遭劫及遗踪寻觅

圆明园太大了,英法联军的大火并没有把它烧得一无所剩。虽然清政府没有对圆明园的损毁做过调查,但确有一些完整的建筑尚存,并有太监看守。

同治十二年(公元 1873 年),清政府决定对圆明园进行重修,但困难重重。往日的圆明园盛况,只能成为同治、光绪及慈禧太后的向往和留恋,圆明园的命运,一步步地走向衰落,正如腐败的清政府一样,无可挽回。

1900 年,八国联军入侵北京,清廷帝后(光绪和慈禧)逃往西安,圆明园再次成为侵略者劫掠的目标。与此同时,清政府的八旗兵和地痞流氓也在圆明园内四处抢劫。这使同治和光绪两朝重修的圆明园内建筑基本被损毁了,只留下一些大型石构件。

北洋军阀时期,军阀们又盗运了圆明园内所遗存的大型石构件,其中有徐世昌搬走了鸣鹤园与镜春园殿宇的木材,王怀庆拆走了舍卫城和安佑宫、西洋楼的建材,张作霖为修自己的墓地盗走了一些汉白玉石料……有证据表明,自辛亥革命以后二十多年的时间里,几乎每天都有车辆从圆明园运出各种物品。到解放初期,由于疏于管理,圆明园内的遗存仍在遭受破坏。

从英法联军劫掠圆明园以来近百年的时间里,园内文物的流失从来未停止过,其中最精美的当然都被英法两国劫掠而去。据《石渠宝笈》记载,圆明园收藏有历代书画 200 多件,或被烧毁,或被劫掠。如唐人所摹晋时著名画家顾恺之的《女史箴图》,现藏在英国伦敦大英博物馆,沈源所画的《圆明园四十景图》现藏在法国巴黎国家图书馆。

此外,在欧洲的许多地方,我们已知的圆明园遗物还有:

法国枫丹白露的中国宫,其大厅正面是镶嵌珠宝的屏风、宫扇。展室的左侧依墙是两个大多宝阁柜。透过玻璃可见珊瑚、田黄石、白玉等雕刻摆件,传世的青铜器、精美的瓷器,清代皇帝夏天戴的皇冠;在一架木托碧玉插屏上,还刻着记录乾隆六十大寿举行百叟宴盛事的文章。展室的另一侧是几个大展柜,里面全是大型器物。中国宫内的所有展品说明牌上,都注明这些文物来自中国。

挪威实用艺术博物馆,其收藏品中除蒙茨(1887年来到中国,在海关任职,其后又成为袁世凯的骑兵教练,以后升为骑兵团长、总指挥、袁世凯的副官兼参谋,在中国呆了五十多年)从中国搜集的2500件古代文物,包括石雕、玉器、青铜器、陶瓷、绘画、丝绣外,在其一层陈列室内,几乎全部陈列的都是雕刻精美的圆明园建筑构件,有残断的柱础、栏杆、望柱、石像等,在大厅的墙壁上,还有一幅圆明园海宴堂铜版画,使人们看出部分石雕的原来位置。这个陈列室起名就叫"圆明园厅"。

还有不少圆明园文物虽然尚在国内,但却早已离开了圆明园,例如:

在北京中山公园内,有圆明园的"兰亭八柱"铜人承露盘(露水神台)的石座、长春园西洋楼和远瀛观的美术石栏、"海岳开襟"和"别有洞天"的太湖石,这些都是在建造中央公园(中山公园前身)时移置的。

在北京大学内,有来自圆明园安佑宫的三座华表、一块龙凤丹陛台石阶、一对汉白玉麒麟,有来自长春园西洋楼"海晏堂"前的两座喷水台、观水法宝座正面的五块石屏风(现已退回圆明园原处),另外尚有很多其他圆明园遗物散存在北京大学校园内。

在文津街北京图书馆内,有来自安佑宫的一对华表,长春园大东门的一对石狮子,文源阁的两块石碑及一些昆仑石,太湖石、汉白玉座等。

在北京颐和园,有来自安佑宫大殿前的丹陛台阶石,长春园二宫门的一只铜獬豸。

美国都乐公司总裁大卫·牟德格先生是一位兴趣广泛的文物收藏家,他曾在美国苏富比拍卖行的一次拍卖中,以重金买下了一件圆明园的遗物,即西洋楼前大水法周围的十二生肖中的猪头。

三 西北阴霾

(一) 令盗贼垂涎的丝绸古道

1. 历史悠久的丝绸古道

1870年,德国著名的地理学家李希霍芬首次提出了"丝绸之路"的理论并为世人所公认,从此,一条横跨在我国大西北的20世纪初期以前中外交往的通道和桥梁,便有了一个"丝绸之路"的典雅称呼。

丝绸之路从我国的长安(今西安)出发,通过西域绿洲地带,横穿伊朗高原,经伊拉克、叙利亚,最后到达意大利的罗马。由于这条道路是通过中亚沙漠中点点绿洲连接起来的,所以又有"绿洲之路"之称。

发生在古丝绸之路上的中西交往,有着悠久的历史。早在三四千年以前,我国商代的青铜文化和西北草原民族便有着密切的关系,通过草原民族的传播,在西伯利亚西部地区和欧洲的塞伊玛文化、中亚的纳马兹加文化发生了最早的接触。

周穆王时期(公元前1001~公元前947年),由于犬戎势力的日益扩张阻碍了周和西北方国部落的交往,于是周穆王西征犬戎,打开了通往大西北的草原之路。据《穆天子传》记载,周穆王每到一处,便以丝绸、铜器、贝币馈赠各部落酋长,各地酋长也向他赠送大量马、牛、羊、酒,新疆玉石的成批东运和中原地区丝绢、铜器的西传,成了这一时期中西交通的主要内容,这些货物西运的终端越过葱岭,一直伸向乌拉尔和伊朗高原。战国时期,居住在中亚一带的塞人通过他们的游牧方式,在中国和遥远的希腊城邦之间充当了最古老的丝绸贸易商,使中亚成了丝绸之路最早通过的地方。

汉代建国之初,天山南路共有 36 国,其中大部分都在匈奴的控制之下,这不仅对汉王朝构成了极大的威胁,而且阻碍了中西贸易的开展。公元前 138 年,汉武帝刘彻派张骞出使西域,张骞对西域各国地理、物产和军事的了解,使汉武帝认识到了与中亚、西亚各国发展贸易往来的重要性,于是便多次派军征伐,击败匈奴,在西域设武威、酒泉、张掖、敦煌四郡和玉门、阳关两关,使通往西域的大门从此敞开。可以说,著名的丝绸之路,从汉代张骞起,便成了中国和它以西各国的贸易之路、友谊之路。

汉通过西域与中亚各国的联系在天山南路实际有南北两道,这两道都是从长安经河西走廊的武威、张掖、酒泉、安西到敦煌,敦煌郡龙勒县有玉门关、阳关,南北二道就是从这里向西延伸的。其中南道出阳关(今南湖)西南沿阿尔金山北麓至伊循(今木兰)、且末(今且末)、精绝(今民丰)、抒弥(今策勒)、于阗(今和阗)、皮山(今皮山)、莎车(今莎车),由此经蒲犁(今塔什库尔干)出明铁盖山口,沿兴都库什山北麓喷赤河上游西至大月氏(巴尔克)和安息(赫康托姆菲勒斯)。北道出玉门关(今小方盘城)西过白龙堆(罗布险滩)至楼兰后,必须向北绕道车师前王国(吐鲁番西雅尔湖),西南取道塔克拉玛干沙漠北缘的危须(博斯腾湖北的乌沙克塔尔)、焉耆(今焉耆)、龟兹(今库车)、温宿(今乌什)、姑墨(今阿克苏)、尉头(今阿合奇)至疏勒(今喀什)、康居(撒马尔罕及其附近)。康居西北可通奄蔡(咸海东北),向南可到大月氏,西南则通安息。汉代丝绸的大批西运,使这南北二道成了真正的丝绸之路。在这丝绸之路上,中国的丝绸、漆器和铁器是外销的俏货,从西域输进的则主要是毛皮、马匹、瓜果、香药。在贸易往来的同时,文化交往也进一步扩大,佛教也经过西域传到中原。

从汉朝以后,经过魏晋南北朝时期中国文化和西域文化的大交融,到隋唐时期,中西文化交流和贸易往来的进一步扩大,使丝绸之路的重要性显得日益突出,这一作用一直持续到近代。

文化和贸易的发达,丝绸经济的繁荣,使丝绸之路成为布满宝藏之路。当然,这条贯通中西的古丝绸之路,从来就没有真正地平静过。千百年来,发生在这条古道上的故事,说不清,道不完。

遗憾的是,到了近代,往日的丝绸之路,早已变成了荒漠之中的古老遗迹。但就在这古道上,人们却分明发现了宝石般的光芒……

2. 丝绸古道上的明珠

站在古长城的重要关隘——嘉峪关的城墙上,向西望去,沙海茫茫,透着荒凉,也透着神秘。这里,每年至少有五个月的冰冻期,夏季高温可达到摄氏 44 度以上,冬季低温可到零下 24 度以下。这里最为人们所常见的是风沙,特别是当西北风吹起的时候,沙尘遮天蔽日,使人难以区分出这里到底是人间还是地狱。有人说,如果从空中鸟瞰这块神秘、荒凉的土地,映入眼帘的如同是一块灰黄色的画布,极少的居民点和草原、耕地,如同画家无意间滴落的几点绿色,稀稀落落地点缀着。

就在这荒原上,在滚滚黄沙之中,有一块小小的绿洲,隐藏着举世闻名的敦煌莫高窟。莫高窟又名千佛洞,位于甘肃省敦煌县城东南25公里处,洞窟开凿于鸣沙山东麓的崖壁上,上下五层,南北长达1600米。据武周圣历元年(公元698年)《李怀让重修莫高窟佛龛碑》记载,早在前秦建元二年(公元366年),有一位叫乐尊的僧人,行到此山,忽见金光照耀,状如千佛,于是便在崖壁上开凿了第一个洞窟,拉开了敦煌莫高窟辉煌历史的序幕。从此以后,历经十六国、北魏、西魏、北周、隋、唐、五代、宋、西夏、元代的相继开凿,终于形成了一个内容丰富、规模宏伟、艺术形式瑰丽多彩的石窟群。据统计,目前仍保存有洞窟492个,壁画45000平方米,彩塑2415身,唐及宋木构建筑5座,莲花柱石和铺地花砖数千块。莫高窟的洞窟形制,有禅窟、中心柱式、方形佛殿式、覆斗式四种,其中最大者高40多米,最小者高不盈尺。窟内塑有大量的形式多样的泥质塑像,有单身像和群像,一般都是佛像居中,两侧侍立有弟子、菩萨、天王、力士等,少则三身,多则十一身。莫高窟的这些造像,神态各异,精巧逼真,其艺术感染力令人惊叹不已。而洞窟内的壁画,绚丽多彩,其内容包括有古代狩猎、耕作、纺织、交通、作战,以及房屋建设、音乐舞蹈、婚丧嫁娶等生产活动和社会活动的各个方面。遗存的几座唐宋木构建筑,是目前国内所存最为古老的古代建筑的珍贵实物资料。除上述所涉及的以外,莫高窟还收藏有丰富的佛经绘画、文书等文物。

我们现在所见的敦煌莫高窟,并非历史上最辉煌壮丽的景象。历代的碑文、洞窟内的壁画和题记、建筑遗迹,都在告诉我们,敦煌莫高窟有一个更为辉煌的过去,是名震海内外的佛教艺术的最大宝库。但很多到过莫高窟的人都难以理解,如此辉煌

（一）令盗贼垂涎的丝绸古道

壮丽的莫高窟，为什么要建造在荒凉寂寞、杳无人烟的沙漠地区呢？原来莫高窟所在的敦煌，曾是古代通往西域的起点，两千多年以前的汉武帝时期，负有凿通西域使命的张骞从这里走过；汉武帝时，贰师将军李广利攻破大宛国时也曾从这里走过；印度佛教在一千九百七十年前经大月氏传入中原大地时从这里经过，九百多年以后唐代的玄奘法师西行取经也曾从这里经过……在历史上，敦煌是边防重地，是交通中心，更是中西文化的大碰撞、大交流、大融合的交汇点，是以佛教为代表的宗教繁荣的圣地。石窟寺艺术起源于古代印度，在佛教的流传过程中，石窟寺艺术也如同一粒种子一般，撒落在佛教所传播的地区，敦煌的莫高窟，正是其中融合了印度佛教艺术、西域风情、中原传统等种种营养培育出来的最为优良的种子所生成的最为美丽的花朵。

但是，莫高窟却是在社会的大动乱中开放出的佛教艺术的花朵。从西汉末年，佛教便开始在中国流行，但其流行所依恋的土壤，却是社会的动荡，人们的贫困。特别是东汉末年以后，简直成了一个盗贼蜂起、天下大乱的时代，魏、蜀、吴的三国鼎立和频繁战乱，把人民推向了难以偷生的境地。于是，一个奇怪的现象发生了：城市和村庄在战乱中被夷为平地却没有人去管，而平地之上建起了数不清的佛教寺庙。佛教的教义，吸引了成千上万的人们，上至帝王权贵、下至穷困百姓。在东汉末年到隋代统一近三百年的时间里，是佛教在中国最为兴盛发达的时期。敦煌莫高窟，正是在这一时期日益生长成为一朵中国佛教艺术的奇葩。在荒漠的沙丘之中，从前秦开凿第一窟始，到隋唐便进入了光辉的顶点。到唐天宝年间，"安史之乱"的发生，不仅葬送了大唐的繁荣，也使莫高窟这支艺术奇葩开始踏上了枯萎之路。

敦煌莫高窟惨遭冷落是从明初开始的。明洪武五年（公元1372年），在明代长城的最西端修建了著名的嘉峪关，把位于关外的土地置于中央管辖之外。嘉靖时期，干脆封闭了嘉峪关，彻底放弃了敦煌莫高窟，在当时中国人的心中，已经不知莫高窟为何物了。此时的明代，也曾称大明帝国，曾派郑和七下西洋，但对敦煌，对这座已有一千多年历史的中国佛教艺术的宝库，却表现出一副不屑一顾的样子，极其冷漠，极其无情，把敦煌推上了被损毁的边缘，并终于被西方列强当作中华民族历史文化积淀中的一块肥肉，前来拔刀割杀了。在大明统治的三四百年的时间里，没有对敦煌莫高窟的发展做出丝毫的贡献，没有维护，没有修建，没有香客，没有游人。后人很难理解，明代人为什么对历史上赫赫有名的莫高窟竟如此麻木！这种麻木，导致了莫高窟在远离中央政权的大西北，在漫漫沙漠之中，默默地静卧了三四百年之久。

清代开国之初，同样没有关注敦煌莫高窟的存在，只是偶尔有几个文人墨客来此一游，抒发一点悠悠思古的情怀。到清代光绪二十六年，即公元1900年，莫高窟才因为有外国人来此探险而名震中外。此时，正是清王朝最腐败的时期。

敦煌莫高窟是中国人开凿的，但它的价值却是被外国人发现并传播出去的。那么，在发现和传播它的价值的时候，中国人在做些什么呢？

最早发现敦煌莫高窟宝藏的，确实是一个中国人。光绪二十六年（公元1900年）五月二十六日，莫高窟道士王圆箓在现编号为第17窟中，偶然发现一个"藏经洞"，洞中埋藏有从公元4世纪到公元14世纪的历代文物五六万件。这是世所公认的20世纪初我国考古学上的一次重大发现，文物中的"写本"除汉文外，藏文、梵文、佉卢文、粟特文、古和阗文、回鹘文等各种民族文字写本,约占六分之一,并有绢本绘画、刺绣等美术品数百件。写本中除大量佛经、道经、儒家经典之外,还有史籍、账册、历本、契据、信札、状牒等。这些文物对于研究我国古代的政治、经济、文化、军事以及中外友好往来,具有重要的历史和科学价值。莫高窟被冷落是极为不幸的,但莫高窟的价值被重新发现所带来的幸与不幸,也是同样巨大的,因为它留给中国人的,是一个个大大的问号和惊叹号,这也是为什么我们把最早发现莫高窟"藏经洞"的王道士称为开创现代"敦煌学"的大功臣的同时,又把他称作中华民族的大罪人。

关于王道士其人,人们所知道的情况少得可怜。目前,我们只知道他原是湖北麻城人,但却不知道他为什么要千里迢迢来到荒漠之中的莫高窟,独守那个百年来已被遗弃的死一般沉寂的地方。当兵开小差也好,逃荒也好,关于他来莫高窟的种种说法,都只能是猜测。但有一点似乎可以肯定,即王道士是在走投无路之中才冒险在莫高窟安身的,道士的身份也可能是来到莫高窟之后才开始的,这是他得以生存下去的惟一选择。

由于王道士的到来,莫高窟的香火又萦绕在沙漠之中了,香火钱的积累使温饱之后的王道士渐渐有了修缮莫高窟的愿望。他首先考虑的是他所居住的洞窟,这个洞窟位于敦煌莫高窟北头的"七佛殿"的下面,即现在被编为"莫高窟第16号"的洞窟。当时,这个洞窟在风沙的作用下,里面堆满了积沙。王道士在用水冲击积沙的时候,甬道的墙壁发生了断裂,他由此发现了在兵荒马乱中掩埋了数百年的藏经洞。这一天,恰是光绪二十六年(公元1900年)的五月二十六日。这一天确实是一个需要纪念的日子,因为从这一天开始,敦煌艺术的宝库又重放异彩;同时,这一天也是敦煌宝库遭受劫难的开始。

王道士胆战心惊地打开了他发现的"藏经洞",里面尽是书画经卷,他并不知道这些宝藏到底有多大的价值,便从敦煌县城里面请来了一些乡绅,但乡绅们也都不学无术,他们只是很神秘地说:"这些经卷代表了佛菩萨的灵迹,很有灵验,如果传到外面是要遭天祸的,你要好好封存起来,不得再见天日。"

在当时的敦煌县,似乎只有县知事汪家瀚稍有古董知识。他听说此事后,向王道士索要了一些经卷和画像,并把其中的一幅作于北宋太祖乾德六年(公元968年)的水月观音画像和两卷经卷送给了甘肃学政叶昌炽。这是藏经洞里的珍藏第一次流落到莫高窟以外的地方。叶昌炽是一个有保护文物意识的人,他建议甘肃布政使下令把这些古物运到省城加以保护;但这些官吏认为花费五六千两银子的运输费来保护这些"废纸烂书",实在是不值得,仅仅下了一道"经卷佛像,妥为封存"的命令。于是,保护这些经卷的重任,又落到它们的发现者王道士的肩上。

不识货的地方官们敷衍了事,并没有使同样不识货的王道士甘心,他暗地里思忖:这到底是些什么东西?有什么作用?是什么人埋藏的?为什么要埋藏?……一连串的问号,使王道士下决心要追出一个结果。他表面上执行官府的命令,封存了藏经洞,私下里却把他认为是有价值的经卷收藏了起来。后来,他偷偷地装了一箱经卷,去向酒泉道台满洲人廷标"问一个明白"。王道士没有想到的是,廷标也不识货,他把王道士送给他的经卷很随意地送了一些给嘉峪关税务司一位在中国任职的比利时人。这是莫高窟经卷的第二次外流。

3. 荒漠中的文明遗迹

在祖国大西北的荒漠之中,在丝绸左道沿线,有许多古代文明遗址,而且这些文明遗址又多在近代遭受西方强盗的劫掠。

在此,择要予以介绍。

——"鬼域之地"楼兰

在丝绸古道上,最负盛名的古城莫过于位于塔里木盆地腹地的楼兰古城了。

楼兰,曾经是西汉三十六国之一,是我国早期丝绸之路上的交通要冲。楼兰的历史基本可以分为四个时期:一是史前时期,二是匈奴入侵时期,三是两汉经营时期,四是鄯善诸王时期。

早在公元前126年,张骞从西域归来后上书汉武帝提到:"楼兰,姑师邑有城郭,临盐泽。"丝绸之路上贸易的繁荣和经济、文化的发达,使楼兰成为西域最著名的文明古国。在这里,人民有较高的文化生活水平,有表达自己语言的文字,有充实自己的精神生活的林立寺院,更有荟萃东西方文化精华的绘画和雕刻艺术品……但是,就是这样一个文明古国,却在公元4世纪突然幻灭了,文明也被埋葬进了沙漠之中。

据北魏人郦道元《水经注》记载,北魏时期,楼兰已经成为"故城"了。

东晋僧人法显赴印度取经也曾途经此地,他在游记中这样描述楼兰:"沙河中多有恶鬼、热风,遇到皆死无一全者。上无飞鸟,下无走兽,遍望极目,欲求度处,则莫所拟,唯以死人枯骨为标识耳。"此时距楼兰的幻灭并没有多长的时间。

唐玄奘西天取经也从此地经过,他描述道:"东行大流沙,沙则流漫,聚散随风,人行无迹,遂多迷路,所远茫茫,莫知所指,是经来者聚遗骸以记之。乏水草,多热风,风起则人畜昏迷,因以成病。时闻歌啸,或闻号哭,视听之间,况然不知所至,由此屡有丧之,盖鬼魅之所致也。"

1229年,意大利旅行家马可·波罗来中国旅行途经楼兰,给他留下了深刻的印象。他说:"这片沙漠是许多罪恶和幽灵出没的场所。它戏弄往来的旅客,使他们产生一种幻觉,陷入毁灭的深渊。"

走进沙漠中的楼兰古城所在地,只见地势险恶,沙丘纵横,风蚀的土墩和风蚀凹地相间的"雅丹"地貌,如同一座座古堡一般,鳞次栉比,走进它便如同走进迷宫。古往今来,在楼兰地区,无以计数的旅行家、商贩、香客、僧人、科学家迷失方向,在荒漠之中留下累累白骨。这里,是一片神秘莫测的"鬼域"之地,是陆地上的"百慕大"。

在19世纪以前,人们对楼兰古文明一无所知,只是偶尔有一些盗墓掘宝人来此寻觅,并把从楼兰古城中发现的文物带到集市上拍卖,由此引起了西方盗贼的注目,由此成为了考古探险者的乐园,成为了西方列强劫掠中国古代文物的战场。

关于楼兰古国消失的原因,一直是一个有争议的话题。一般认为有三种可能:

第一,频繁的战乱导致了楼兰国的衰亡。由于楼兰在政治、交通、军事方面都处于十分重要的位置,汉朝和匈奴曾为争夺楼兰多次大动干戈。公元前77年,汉大将军霍光派人杀死楼兰国王,改楼兰国名为鄯善。到5世纪末,鄯善国也名存实亡。

第二,丝绸改道导致了楼兰国的衰亡。楼兰的繁荣确实得益于联结中西交往的丝绸之路,丝绸之路也确实曾多次改道。但是,经济的衰落是否可以导致一个国家的迅速灭亡呢?这一点值得怀疑。

第三,自然环境的恶化,特别是水资源的缺乏和沙漠的侵袭导致了楼兰古国的消失。据史书记载,由于生态环境的恶化,公元542年,仅存的古楼兰人在鄯米的带领下,背井离乡,远迁伊吾一带,使楼兰古国从此消亡。

不管楼兰古国是怎样衰亡的,但它毕竟曾有过比较发达的文明。在楼兰古国所在的沙漠地带,除了掩埋有数不尽的尸骨外,还掩埋有楼兰古国文明的见证。这些实物见证,是那样地吸引着西方的盗贼们,以至于大批楼兰古国的文物多被收藏在西方的博物馆中,留给我们的,只有一座古城废墟。

——库车龟兹遗迹

在塔里木盆地北缘中部,丝绸古道的要冲,有一个称作库车的地方,是古老的龟兹国和唐代安西都护府的所在地。在这里分布的古迹主要有皮郎古城、明田阿达古城、大黑汰沁古城和雀梨大寺、阿奢理贰伽蓝等。这些具有鲜明的龟兹文化特点的古代遗迹,是研究古代西域文化和中西文化交流的宝库。

早在20世纪初,库车的古城和寺院遗迹便先后受到日本人、法国人、英国人和德国人的劫掠,直到1928年,中国的考古学家才正式涉及这一领域。解放后,我国又组织力量对这里的古城和寺院遗迹进行了调查和发掘。虽然经各国强盗的劫掠后,龟兹文化的精品已荡然无存,但从遗址中发现的砖、瓦当、钱币、文书、塑像、壁画和古城、寺院遗址,足以说明龟兹古国的昔日繁荣。

——盛产昆山之玉的于阗古国

于阗是塔里木盆地中素有"死亡之海"之称的塔克拉玛干大沙漠内的又一文明古国。这里盛产玉石,所产的"昆山之玉"广为中原所用,秦汉时期,在山西北部和新疆昆仑山北麓的于阗之间,便有一条贩运玉石的古代商道,而在此之前的先秦古墓中出土的玉石,也基本都是于阗古国昆山所产,其中最为著名的有1976年在河南安阳妇好墓中发现的七百五十多件玉石雕刻。这里生产的玉石,一直为历代封建帝王所推崇。

早在公元前13世纪,于阗人便和黄河流域的古代居民有了经济文化联系,为丝绸之路的形成做出了重要贡献。自汉以来,于阗古国的绿色长廊既是连接塔里木南北两缘的重要通道,也是丝绸之路南北两线的联络支线。丝绸之路的开通和东西方商业与文化的往来,给于阗古国带来了空前的经济繁荣,并推动了文化艺术的发展。虽然由于外族的入侵和自然环境的恶化,使于阗的古代文明最终衰落了,但喀拉敦、麻扎塔格、丹丹乌里克、约特干、热瓦克以及老达玛沟等原属于古代于阗的文明遗迹,却使我们看到了古于阗国的辉煌。这些遗址藏于沙漠中,成为荟萃东西方文化艺术的宝库,正因为如此,它吸引了西方的那些以探险为名的强盗,从1895年开始,不断有人前来掘宝。先后被挖掘出的文物中,有不少真实地反映了于阗文化的本质,如约特干出土的陶器装饰着精美的希腊—罗马式纹样和神像;丹丹乌里克出土的木板画绘有龙女传说、蚕种西传故事;伊朗史诗中的罗斯坦像及大批反映佛教内容的精美绘画。在一幅称为"波斯菩萨"的板画上,人物的服饰和容貌是伊朗式的,背光却是典型的印度佛教绘画的风格。各遗址中发现的钱币都有一种相同的风格,即汉文—佉卢文双语钱币。

——高昌故城及阿斯塔古墓群

高昌故城位于新疆吐鲁番市以东40公里处,该城始于汉魏晋时期的高昌壁,以后又历高昌郡治、高昌国都、唐西州州治和高昌县治、高昌回鹘国等几个阶段,历时1400多年,到元末明初荒废。

现存高昌古城遗址总面积达200万平方米,布局分为外城、内城和宫城三部分,保存较好的有寺院遗迹(高昌中期)、手工业作坊和商业市场、可汗堡等遗址。

由于高昌城历时较久,又两度成为国都所在地,虽然已经荒废,文化遗存却十分丰富。从19世纪末到20世纪初,俄国人克列缅茨,德国人格林韦尔德、勒科克,英国人斯坦因,日本人桔瑞超等,曾先后到高昌故城劫掠文物。

在高昌故城以北,有西晋至唐代高昌城居民的公共墓地,又称阿斯塔那古墓群。这里气候干燥,地下水位深,优越的条件使墓内许多怕潮易腐的千年遗物以及古尸得以完好地保存下来。20世纪初,这里遭到英国的斯坦因、俄国的科兹洛夫、德国人勒科克、日本人桔瑞超等人的盗劫。

阿斯塔那古墓群中出土的文物以各种文书最具代表性,其中大多是世俗文书,包括:租佃、雇佣、买卖、借贷的契约;户籍、手实、记账、定户等账、受田账、退田账、差科籍等籍账;审理案件的辩辞和录案、授官授勋告身、收发文薄、收支账历,行旅的过所和公验、符帖牒状等官府文书;以及历书、药方、经籍写本、私人信札、随葬衣物疏等,内容涉及政治、经济、军事、文化等社会生活的各个方面。

此外,墓地还出土大量丝、毛、棉、麻织物;绘画有壁画、版画、纸画、绢画、麻布画等多种形式,其内容可分为人物画、花鸟画、天文图;出土的泥塑木雕俑千姿百态;绢花、彩绘陶罐等各具特色;数以百计的千年古尸,更是令世人叫绝。

从西方盗贼盗掘的实物和解放后我国学者的调查、研究来看,这里共有400多座墓葬,墓主以汉人为主,同时也有车师、匈奴、氐、鲜卑、高车、昭武九姓等少数民族。这样的墓葬群是十分少见的,自然会在那个特殊的历史时期引起西方盗贼的注意和劫掠。

——交河故城

交河故城在新疆吐鲁番市以西10公里的雅尔湖乡,因在两条古河床交叉环保的地带而得名。十六国至北朝时期,这里是高昌国的交河郡城,唐代贞观十四年(公元640年)以后为高昌郡的交河县城,以后逐渐衰落。现存遗址主要是唐代及其以前的建筑。

交河故城位于东西交通的要冲,从 19 世纪以来,几乎所有到新疆考古、探险的外国人都到过此地。

——北庭故城

北庭故城位于新疆吉木萨尔县以北 12 公里的护堡子,俗称"破城子"。它是在原唐代庭州城的基础上建立的,9 世纪后属西州回鹘。13 世纪初隶属蒙古,宪宗时曾置行尚书省。元在此设别失八里元帅府,仍为新疆重镇,城址约在明代初年荒废。

此城规模宏大,时代特点明显,文化遗存丰富。与新疆地区的许多文化遗址不同的是:北庭故城是由中国学者首先调查的。那是在清代嘉庆十五年(公元 1820 年),中国学者徐松首先来此调查,发现了唐金满县残碑等文物。但大批文物的被劫掠,仍然是西方列强所为。1908 年和 1914 年,日本人大谷光瑞的考察队和英国人斯坦因分别来此进行非法调查和挖掘,盗走了许多珍贵文物。

——尼雅遗址

尼雅遗址位于新疆民丰县尼雅河下游,是塔克拉玛干沙漠中现存最大的古遗址。这里最引人注目的文物是出土的干尸、佉卢文木简和汉文木简,遗址中心的标志物是一座佛塔,佛塔周围有精美的陶、木、铜、铁、玻璃等质地的文物和植物标本。据学者推定,这里是古代西域精绝国的故地,作为丝绸之路南道的域邦小国,在丝绸之路的繁荣和发展过程中发挥过重要的作用,斯坦因等人在此劫掠过大量珍贵文物。

——米兰遗址

米兰遗址位于米兰河下游,距若羌县城 45 公里。遗址东西绵延 5 公里,南北 4 公里,分布着大小建筑遗迹 15 处,包括城堡、寺庙、佛塔、居民点等。此地是西汉鄯善国的伊循城故址,后来不断废弃又重建,直到唐代中后期成为吐鲁番人的军事堡垒,以后归于消亡。

米兰遗址是研究汉晋至唐代时期古鄯善国地区历史、经济、文化等的一处重要遗址,在东西方文化交流与丝绸之路考古研究方面拥有重要地位,在国际上备受关注并具影响力。

除上述古代遗址外,丝绸古道新疆地段还有千姿百态、内涵丰富的石窟寺,它们同样受到了西方盗贼的劫掠。其中最具代表性的有:

——克孜尔千佛洞

现存236个窟,主要是4~8世纪的遗存,是龟兹石窟的典型代表。1903年日本人渡边哲信和崛贤雄,到克孜尔石窟切割壁画,盗掘文物。1913年日本人野村荣三郎、吉川小一郎来石窟调查。1906年和1913年,德国人格林韦德和勒科克又进行了长时间的测绘、记录、拍照,劫去了大量的精美壁画、塑像和龟兹文文书等珍贵文物。此外,俄国人鄂登堡、法国人伯希和、英国人斯坦因等也先后到过这里。

——库木吐喇千佛洞

现存112个石窟,是龟兹人民在本民族传统基础上,吸收外来艺术的有益成分,创造出的具有时代特点和民族风格的石窟寺艺术。石窟大约始凿于4世纪,其唐代壁画部分在内容和风格上都与中原比较接近,是古代龟兹人民智慧和艺术的结晶。

——柏孜克里克千佛洞

主要洞窟是9世纪以后回鹘高昌时期的遗迹,最晚的洞窟为13世纪开凿,现存57个窟,是古代高昌地区保存较好、内容丰富的一处石窟。

——克孜尔尕哈千佛洞

现存46个洞窟,开凿年代在公元4世纪至11世纪。该石窟对研究古龟兹王国的政治、宗教、民俗、服饰等具有特殊的意义,对研究中西文化艺术交流具有极高的科学价值。

以上只是丝绸古道新疆地段部分古代文明遗迹的简况,在丝绸古道的甘肃、青海地段,同样有大量的文明遗迹,并且其中的大部分遭到了西方盗贼的劫掠。

在甘肃,除我们所介绍过的丝绸古道上的明珠敦煌以外,石窟寺还有榆林窟、炳灵寺石窟、麦积山石窟、北石窟寺、南石窟寺等,古遗址有居延遗址、玉门关及长城烽燧遗址。在青海,有西海郡故城遗址等。

(二) 斯坦因对丝路文物的劫掠

1. 斯坦因其人

1862年,斯坦因出生于匈牙利首都布达佩斯的一个世居匈牙利的犹太人家庭,那个时候,匈牙利只是奥地利的一个省,犹太人也并没有政治上的自由。

虽然斯坦因的父母毫无所长,但他们对斯坦因却望子成龙心切,甚至在他一出生便接受在英国为主流的基督教的洗礼,以便使他有更好的发展机会。在父母的热切期盼中长大的斯坦因除了个子矮点(只有160厘米)以外,其他方面都让父母非常满意。他聪明机警,精力充沛,尤其是在语言方面特长显著,精通匈、德、法、英、希腊、拉丁、波斯、梵文、克什米尔、突厥等语言,对中文也有所了解。

读大学期间,斯坦因师从现存惟一的古印度史学著作《克什米尔诸王年表》的作者、印度语言和古物专家布勒教授,这使斯坦因对古代文物产生了浓厚的兴趣。

（二）斯坦因对丝路文物的劫掠

1883年,21岁的斯坦因从德国的杜宾大学毕业,第二年到英国伦敦大学和牛津大学研究东方语文和考古学。1886年,在英国伦敦的大英博物馆和牛津的阿希摩兰博物馆研究古钱币。这一时期,他对古代文物的兴趣进一步增强。

1888年,26岁的斯坦因决定加入英国籍,这样他感觉到了英国社会和文化的优越感。

1897年,对佛教艺术已有研究的斯坦因,把目光投向了我国的新疆地区。1898年9月,由于一篇关于在和阗附近发现的写经卷的研究文章在孟加拉《亚洲学会学报》上的发表,使斯坦因正式向英国的殖民地印度政府提出了前往和阗发掘古代遗址的计划。对中亚细亚早有野心的英政府很快便批准了他的计划,并为他提供了经费。

1900~1901年,斯坦因第一次来华,由于一位名叫杜狄的向导的帮助,使他在和阗沙漠的发掘有了很大的收获,这一切都反映在他的《中国南疆考古及地形探察初步报告》中。

1904年,斯坦因提出了第二次来中国的计划,根据这一计划,斯坦因将在中国进行两年的考古发掘,地区扩大到甘肃的敦煌,所需经费为26000卢比。这次中国之行从1906年4月开始,主要目的是攫取敦煌莫高窟的壁画和塑像,考古发掘所需要的经费由印度政府和大英博物馆共同负担,行前还商议了对斯坦因所带回文物的分配比例。

为了保证这次中国之行的成功,斯坦因特意请了一位名叫蒋孝琬的湖南人为秘书。在蒋孝琬的帮助下,斯坦因虽然没有机会得到莫高窟的壁画和塑像,却从王道士手中骗取了大量的敦煌经卷和佛画。

1913年,斯坦因在经过一年的准备后,第三次来到中国,此时他已年过五十,但中国文物的强大吸引力,使他看上去年轻了许多,他把所有的精力都投入到了中国古丝绸之路所通过的广大区域。斯坦因把这次中国之行的目标定在吐鲁番地区,他从这里盗劫了阿斯塔那的大批唐初古墓,并窃取了柏孜克里克的大批壁画。值得一提的是,他的这次中国之行,受到了新疆地方当局的反对,并禁止了他以考古为名在新疆的任何发掘。

1929年,69岁的斯坦因就他在中国的三次活动,在美国哈佛大学先后作了六次演讲。哈佛大学对劫掠中国文物的兴趣丝毫不比斯坦因逊色,在这一点上,他们找到了共同的语言。与其说斯坦因是在演讲,倒不如说他们是在互相交流如何劫掠中国文物的经验和体会。从此之后,斯坦因在从中国劫掠文物方面,似乎腰杆更硬了,因为他自恃有英、美两国做他的坚实后盾。

果然,1930年,在哈佛大学的聘请下,通过英美两国外交人员向中国政府获得了特别许可证,并以供应武器为筹码经新疆省主席金树仁的批准,取道和阗前往尼雅,然后横穿塔克拉玛干大沙漠,直向迪化。斯坦因依此路线,本想多挖出一些古代遗址,但由于他前几次在中国境内盗掘文物已经臭名昭著,一路上受到地方官员的密切注意,甚至无法雇佣到帮助他发掘的工人。但他仍然伺机偷挖,终于使中国政府取消了他的通行证,半路而返。

1943年,81岁的斯坦因受美国人之邀访问阿富汗,10月29日,他病逝在阿富汉首都喀布尔,葬在他20年前想去却遭到拒绝的地方。

斯坦因几次在中国丝绸古道上的"巨大收获",特别是1907年他从莫高窟王道士那里骗取了九千多卷敦煌写本和五百多幅佛画,使他获得了许多荣誉。

而更让斯坦因兴奋的是:敦煌经卷和佛画本来是王道士发现的,并且为知府、台学等人所深知,但在西方学术界,却变成是斯坦因发现的了;同样,敦煌莫高窟也变成是由斯坦因发现的了。颠倒黑白竟至如此,实在令人惊讶,不仅如此,由于斯坦因从丝绸古道上盗掠的大量文物给西方带来了益处,因此,西方政府和学术界竭力为斯坦因辩护,妄图使他的盗劫活动合法化。但是非难以颠倒,黑白总会分明,任何语言都掩盖不了斯坦因在中国盗劫的事实。在中国人民面前,他永远是一个罪人。

2. 斯坦因的自白

斯坦因在中国境内的几次盗掘活动,总行程达二万五千英里,相当于举世闻名的中国工农红军万里长征路程的三倍。但是,红军所走过的是一条为了中国的解放北上抗战之路,斯坦因所走过的这二万五千英里的路程,却留下了罪恶的脚步,留下他掠夺中国的历史文化遗产的印迹。

在他国的土地上行掠夺之事,斯坦因并不能像英、法联结劫掠并焚毁圆明园那样若无其事。但心虚并不能阻止他去劫掠,让我们顺着他走过的路程,看看他在中国的罪恶行为吧!

斯坦因从1900年开始的首次中国探险活动是从克什米尔进入中国领土的,所取的是经过吉尔吉特和洪查那条路,主要目标是和阗。

经过在沙漠边缘的几星期徘徊和寻找,斯坦因的矛头首先对准了一些后来成为回教先贤墓的佛教寺院。在他们之前,即有人在此挖掘,但那大都是为了掘取金叶子,因为这里的佛教建筑物上面,无不贴有金叶子。后来,当地人不仅揭取金叶子,连装饰用的陶片、塑像、雕刻的石器等,也盗来出卖赚钱了。因此,这里所留下来的古代佛教寺院,已经遭到了空前的破坏。

斯坦因一行从和阗所见到的一些古代文化遗物上,嗅到了浓郁的古代气息，他相信这里有比当地土著人所搜寻到的更重要的"宝"，他要去寻找这些宝。于是，他又在当地招兵买马，扩大了他的探险实力和适应沙漠地区恶劣环境的能力，其中最令斯坦因欣赏的佣人，是杜狄。

12月12日，他们正式出发。第五天，他们来到了古代文明的区域，隐没在沙漠中的西域古国的文明，被斯坦因发现了。斯坦因最感兴趣的，是残破寺院建筑上保留的壁画。这些壁画和公元1世纪前后流行于印度的佛教壁画具有同样的风格，当是佛教初入中国时的遗物，甚为珍贵。斯坦因把这些珍贵的壁画揭取下来，送进了英国的大不列颠博物馆。其中最珍贵的是这样几幅：

——鼠头神像

在玄奘《大唐西域记》中，记述有一鼠壤坟的故事，据说古代此地对于鼠及鼠王都得敬奉，原因是有一次匈奴人大举入侵这里，这里的鼠辈全体出动，以其锐利的牙齿咬断匈奴人的马具，因而使匈奴人在交战时人仰马翻，惨败而归。为了彰显鼠辈们的功绩，在寺院的壁画中，人们选择了这个题材。壁画中所描述的主体形象，是一位人身鼠头的神，刚开始，斯坦因并不了解这幅壁画的内涵，只是在杜狄等向导向他讲述了当地人敬奉鼠的习俗以后，他忽然记起了唐玄奘关于鼠壤坟的记载，才对这幅壁画有所认识。

——公主传播蚕种图

壁画中间所描述的是一位身着盛装的贵妇，头戴高冕，另有女仆跪于两旁。左侧女仆正用左手指着贵妇头上的高冕。壁画的一端绘有一篮，篮中装满了蚕茧，另一端是纺丝用的纺车。根据玄奘《大唐西域记》的记载，那贵妇是中原地区的一位公主，由于当时中国禁止将养蚕丝织的技术传往西域，所以这位颇有心计的公主便将蚕种偷藏在头上之冕中,以此躲避检查,成功地把蚕种带到了和阗。当地人因此奉她为神,并在域外建庙纪念她。玄奘西天取经路经此地时,曾专门去庙中拜谒。

另外,还有一幅波斯菩萨像画版,是在一座寺院中发现的。画的一面绘一有力量的男子像,体格和衣服全然是波斯风格,但又显然是佛教中的神祇。男子的脸长而红,长有黑色的浓髯,这是任何庄严的佛像所没有的;头缠金色高头巾,极像波斯萨珊朝万王之万的帽子;身穿一件锦缎外衣,腰下腿与脚露在外面;足蹬高筒黑皮靴;腰饰一柄短的弯剑;围巾从颈部垂下,缠绕臂部,正如普通的菩萨像一样;共有四臂,以示其为神道,其中有三臂擎有法物。画版反面画的是印度式的三头魔王的形象,似乎与正面的菩萨像没有任何关系,令人不解。

在这里,斯坦因共清除了十二座建筑遗址,除壁画外,还有长条单叶的纸质写本和其他佛教实物,它们都是产生于印度的佛教传入中国的早期实物资料。当然,使斯坦因感兴趣的决不仅仅是壁画和佛教资料,因为那不是他来中国的主要目的。他要调查并搜集有关中国古代社会文化生活的所有实物见证,并要以此来研究古代中国,在西方世界最早地有系统地用实物来说明古代中国的状况。因此,他还搜集了不少地方官员的文书、寺院放债的证据,考察了园林道路遗迹、水源的分布,甚至连住室附近的垃圾堆他也没有放弃,因为他相信垃圾堆中也含有古代文化的因素。

1901年1月,斯坦因离开丹丹乌里来到了克里雅河流域。这里是古于阗的地域,依仗昆仑上的雪水,孕育了这里肥沃的土壤。在于阗,七品县官礼貌、周到地迎接了这些专门来中国盗宝的人,使斯坦因一行受宠若惊。村民们也出人意外地对斯坦因一行格外地友好,以至于斯坦因到达的当天,便有一位年迈的老人主动向他们介绍哪里有古代的遗迹。于是,1月18日,斯坦因向尼雅出发,并在到达尼雅的第一天便收集到几百片木牍。斯坦因明白,这些木牍的价值远远超过以前发现的文书,所以异常高兴。另外,还有一些古代居民的家庭用品。斯坦因把他们都运回了英国的大不列颠博物馆,交给有关汉学家进行了详细的研究。他们从中了解了东汉以后中原帝王对西域的统治、特别是军队的驻扎和撤退情况以及当时的经济情况。

上面所述,仅仅是斯坦因来中国盗宝的开始。之后,他又再次盗掘了尼雅遗迹、安得悦遗迹、磨郎遗迹、古楼兰遗迹等,并沿长城进行了发掘。但最让斯坦因自以为伟大、最让中国人痛恨的、对中国古代文物破坏最为惨重的,是他对敦煌莫高窟的掠夺。

斯坦因在《西域考古记》一书中曾这样表白过:

在第一次中亚探险以后几年,我便从事计划第二次的探险,并很想将这一次的探险扩展到中国西北边界上的甘肃省去。我的朋友匈牙利地质调查所所长洛克齐教授曾同我说及敦煌东南的千佛洞佛教石窟寺,因此更大大地促进了我的愿望。教授曾参加过塞陈尼伯爵的探险队,为近代甘肃地理学探险的先进,在1879年的时候便曾到过千佛洞。他自己虽不是一个考古学家,然而他对于那里所看见的美丽的壁画同塑像在美术上同考古学上的价值,却有正确的认识,他那种热烈的叙述使我大为感动。

与其说是洛克齐教授使斯坦因有了去敦煌莫高窟探险的念头,倒不如说斯坦因这个投身到英帝国主义怀抱的匈牙利人,为了向主子表明其有一番非凡的才能,下定决心要在东方探险中做出更惊人的壮举,因为以前的几处古遗址的发掘,所得到的壁画、文书、木牍、生活用品等,还没有使他的英国主子大为激动。他发誓要向敦煌莫高窟进军。

（二）斯坦因对丝路文物的劫掠

1906年，斯坦因从印度出发，途径阿富汗的部分地区，来到中国。在简单发掘了一座废弃的古堡之后，他驻扎疏勒，为进一步的劫掠行动做准备。斯坦因后来回忆道：

……不顾沿途溶雪和河水泛滥的危险，以六日行180英里的急速度前进，找出毫无错误的地形上和考古学上的证据，见出这同12世纪以前我的中国护法圣人玄奘行经此路时并无二致。

我到了疏勒，作客于印度政府代表，我的老友马卡尔特尼先生的府上。在这里我终日忙碌于组织我的旅行队，购买耾马骆驼等等一大堆实际事务之中。因有马卡尔特尼先生的帮忙，以及他个人的力量，省政府对于我的考察才允善意待之。但是，更其重要的乃是承他介绍一位中国人蒋师爷（即蒋孝琬）做我的中文秘书。我学习中国土耳其斯坦所通用的东土耳其土语，还不甚难，但是要好好的学习统治者所用的中文，我只恨没有充分的余暇。

在蒋孝琬的帮助下，1907年3月，斯坦因来到了敦煌莫高窟，展现在他面前的一切，使他大为吃惊，感到不可思议。那好几百座凿于黑暗的岩石上的大大小小如同蜂房一般的石窟，从壁底直达崖顶，连成密行，长达半英里以上。更让斯坦因惊心动魄的是，每一个石窟中都有壁画，有的壁画在外面就可以看见。其中有藏有大佛像的两座石窟一望就可知道：雕塑的大佛像高达九十英尺左右，为使这些大佛像有适当的空间起见，依崖开凿了一些房屋，层叠而上，每一间都有通路和通光的处所。

敦煌莫高窟让斯坦因看到了东方文明的奇迹，他下决心要把这个奇迹的一部分奉送给支持他的英国主子。他甚至看见了自己因为敦煌莫高窟而成为世界上最伟大的探险家，禁不住垂涎欲滴，恨不得立即开始他的掠夺行为。

但斯坦因却不敢轻举妄动，因为他看到了敦煌的善男信女

们对石窟的崇拜,来来往往的人们,使他很难下手。正如斯坦因在《西域考古记》一书中所披露的那样:

敦煌的善男信女一直到今日,对于混杂了中国民间宗教的佛教,信仰之诚,还是特别热烈。我第一次匆匆往访千佛洞,便看出那些石窟寺虽然颓败,然在实际上仍是真正的拜祷之所。5月中旬我从沙漠中探险古长城遗迹归来,正是每年盛举香会之期,草地中无论城乡的人民都成千上万地来到此处,此事虽有丰富的机会,不少的遗物,可以为研究佛教美术之用,然而开始还是以限于考古学方面的活动为妙,如此庶几不致激起民众的愤怒,酿成实际的危险。

可见,斯坦因自知是在做贼,是在盗窃,不得不做周密的安排。

1907年5月21日,斯坦因见时机逐渐成熟,再一次来到莫高窟,在其附近安营扎寨,准备做长时期的停留。此时,他已听说了在莫高窟发现大批古代经卷的消息,并且知道了官府下令重新封锁,他猜到那些古代经卷肯定具有很高的研究价值,认为"这种宝物很值得去努力侦察一番"。

此时,莫高窟的香会已散,发现并受命保护那些古代经卷的王道士也化缘去了,只有一个年轻的西藏僧人在那里看守,他把发现经卷的石窟寺告诉了心怀鬼胎的斯坦因。

斯坦因了解到王道士对唐僧玄奘充满了虔诚。便装作对唐玄奘非常了解、非常崇奉的样子。在王道士化缘归来不久,便对这位从外国来的唐玄奘的崇拜者失去了戒心,亲切地称斯坦因为"司大人"。晚上,王道士便举着油灯,带斯坦因查看了发现经卷的地方。然后,又将经卷一捆捆地抱出来,供斯坦因细心"研究"。除经卷之外,斯坦因还看了大批古画。

王道士对佛教、佛教遗存,都是极为漠视的,唯有唐玄奘还

(二) 斯坦因对丝路文物的劫掠　　　　　　153

在他心中占有一定的位置,斯坦因正是巧妙地利用了这一点。由于经卷和佛画数量太大,斯坦因没有精力去寻找供养人的文辞,他回忆说:

……我所最注意的只是从这种惨淡的幽囚以及现在保护人漠视的手中,所能救出的究竟有多少。我引以惊异松快的是王道士对于这些唐代美术最好的遗物竟看得很不算什么。所以在第一天匆匆寻访之中,我便能够把可以携取的最好的画选出来放在一边,留待细看。

到了这一步,热烈的心情不要表露的太过,这种节制立刻收了效。道士对于这种遗物的漠视,因此似乎更为坚定了这一点。他显然是很想牺牲这些,以转移我对于中国卷子的注意,于是把放在杂物堆底下的东西一捆一捆的很热心地找出来。结果甚为满意;在那些残篇断简的中文书中,所得显然为世俗性的文书愈来愈多,常常附着年代;纸画丝织物等,明明白白都是发愿的供养品。因此蒋师爷同我自己在第一天一直工作到天黑,没有休息。

为了进一步减消王道士的戒心,并为今后更为顺利地窃走这些书画经卷作准备,斯坦因对王道士说:"将来我要捐一笔功德钱给庙里,以用于对石窟的保护。"开始,王道士一方面惧怕这样有损他的名声,一方面又极想得到这些利益,犹疑不决之时,蒋师爷对王道士进行了谆谆劝谕,斯坦因也再三表露他对于佛教传说和唐玄奘的真诚信奉。最终斯坦因获得了成功。

半夜,王道士便让蒋师爷把第一天所选出的经卷和书画中的精品抱到了斯坦因的住所。之后,每天半夜如此,连续进行了七天。斯坦因把得到的一切装满了整整29只大木箱,趁无人注意,离开了敦煌,直到把它们全都安全地运到了英国伦敦的大不列颠博物馆之中,他才感到如释重负。

1914年,斯坦因第二次来到敦煌,由于官府的追问,使王道士不敢再把经卷佛画等送给斯坦因了,这使斯坦因觉得极为遗憾。

回到英国之后,斯坦因便开始对从莫高窟劫掠的宝物进行研究。他最为欣赏的是一些佛教绘画,如:绣有佛之生活情景的古绢幡、绣有佛之出生事迹的绢幡、文殊菩萨绣像、南方天王广目天王绣像、北方天王多闻天王绣像、千手观音及其侍从之诸菩萨绣像、观音绣像、普贤及文殊之绣像、千手观音绣像、弥勒佛绣像、信女像、药食佛像等。斯坦因得意地说:"我们觉得千佛洞石室秘藏的那些残画,居然保留了一个最好的机会给我们,这实在是一件可以庆贺的事。"

1907年夏天以后,斯坦因离开敦煌向西而去,继续他在丝绸古道上的盗宝工作。这期间,他的足迹到达了疏勒河流域、天山山脉、吐鲁番一带,盗挖了一些古城遗址,并从柏孜克里克石窟中盗走了一些珍贵文物。斯坦因后来在总结盗剥伯孜克里克壁画时说:

几百年来,此地的壁画为不供偶像的回教徒有意的损坏不少。到了近来本地人又破坏一次。他们很鲁莽的一小部分一小部分地拆下来卖给欧洲人。最近的将来之会再加破坏,那是再显明不过的事。在目前的情形之下,要把中亚这些精细的佛教绘画美术遗迹中特别的标本尽量予以保存,只有很仔细地用有系统的方法搬走。……

拆下来的这些壁画整整装满一百多箱,装箱时很严密地依着我第一次装扎弥兰寺院壁画的专门方法。这些脆弱易破的大泥版,如何用骆驼、犁牛、驴子运输,经过近三千英里的路程,沿途最高处达一万八千英尺,安然运到印度的详细情形,此处不能细说。从1921年到1928年,我的美术方面的朋友和助手安德

（二）斯坦因对丝路文物的劫掠

鲁斯先生大部分的时候都花在把柏孜克里克的壁画装置在新德里特别为陈列我的第三次探险所带回的古物而建筑的新博物馆里面。

斯坦因在中国境内盗掠文物的行为，还有许多，我们在此不去一一赘述。虽有部分地方官员和贫民百姓不满斯坦因在中国的盗行而时常设阻，并且最终中国政府也取消了他的通行证，但斯坦因在中国境内的长期盗掘，就在个人和西方社会来看，还是取得了巨大的成功。而这成功是以中国古代文化遗产的大量外流为惨痛代价的，并且逾时愈久，中国所感到的伤痛愈甚！

就莫高窟经卷和佛画而言，如果没有斯坦因的骗盗，可能也就不会有法国、日本、俄国等相闻而继劫于后。

斯坦因第一次来中国的和阗和丹丹乌里克盗掘时，和阗地方官周潘震几次问他为什么要把这些东西运往欧洲，斯坦因含糊其词，无言以对。他第二次来莫高窟盗取时，把壁画和塑画划入了礼拜用品，"除照像绘图外，不敢有所希冀，恐伤人民之情"，似乎是能取而不取；文书却是属于学术研究的，可以随便带走，不管它们的历史有多久。这种强盗的逻辑听来实在是可笑。他第三次来中国盗掘阿斯塔那唐墓时，看到有些地方不法分子盗墓取宝，他便断言"中国因为革命而使人们对于亵渎死者的事不在乎了"，于是他的盗掘也就谈不上违法了。

在专门陈列斯坦因盗掠品的大英博物馆里，找不到斯坦因的肖像，也找不到取得这些文物的方法，显然，这不是一般性的忽略，斯坦因的行为，在西方也很有争议。而在大英博物馆的藏库内，有一件文物则更能说明斯坦因的盗行。在从阿斯塔那带回的文物中，有一卷东西是紧紧地被抓在一块小孩的手骨里的，这卷东西至今仍未能取下打开，但手骨显然是在手腕处折断取走的。这件文物，充分地说明了斯坦因的残忍。

斯坦因在中国境内盗窃文物的行为还有许多，在此难以一一尽述。尽管有部分地方官员和平民百姓对斯坦因的盗行加以阻止，并且最终中国政府取消了他的通行证，但是，斯坦因终究在中国攫取了大量的珍贵文物，这对中国古代文化遗产而言是一个深重的灾难。纵观斯坦因在中国的行径，令我们不能忘记的是：英帝国的支持，清政府的腐败无能，是他蔑视中国法令、盗取中国文物的直接根源。

斯坦因是劫掠丝路古道文物的最重要人物。然而，丝路上的盗贼远不止斯坦因一人，我们下一部分将分别叙述。

（三）丝绸古道上的其他盗贼

在18世纪末19世纪初这段时间里，英、俄两国都对我国的古代西域地区，即丝绸古道所通过的新疆这一广阔的土地，虎视眈眈，伺机控制。他们偷偷地派遣了很多所谓的科学考察队、探险队、商队到新疆一带活动。当时，清政府采取闭关自守的对外政策，对外国人在中国土地上的非法活动尚能提出干涉。但在1840年的鸦片战争之后，西方列强用枪炮打开了清政府闭关锁国的大门，清政府在洋人面前由妄自尊大、不屑一顾变得唯唯诺诺、毫无反抗之力。这样，外国人在新疆地区的活动明目张胆，有恃无恐。在众多来华的外国人中，有不少是专门来寻宝的，他们搜寻的对象是中国古代所遗留下来的宝贵财富。下面以他们来华先后为序，介绍一些主要的文物盗贼及其罪恶行径。

鲍尔

鲍尔原是一名英军少尉，1889年7月，他受命到中国新疆追查一件英国商人被杀案。在逮捕一名嫌疑犯时，他得到一本用树皮制成的、写有豆芽一样斜体文字的古书。他感觉到了那本书的特殊价值,放弃了追查凶手,并且也不向中国官员打招呼,离开了中国。

1890年8月16日,鲍尔带着那本古书来到了印度西姆拉,请印度学者赫恩雷鉴定古书的年代和价值。赫恩雷一看便断定这是一本无价的宝书,指出这本用中亚古文字抄写的佛经,年代至少在5世纪,其文字无人能够翻译,价值无法估量。

鲍尔因为放弃追捕凶手而丢掉了军人的荣誉,但同时他却因为那本古书而得到了永恒的荣誉,被公认为世界现存最古老的书籍之一,命名为"鲍尔古书"。一次失职行为,使这位英军少尉载入了史册。

利特代尔

1892年,英国人利特代尔受鲍尔因从中国带回古书而获得的荣誉的诱惑,带着妻子来到库车,也想搞到几本古书,扬名欧洲。在一位维吾尔族向导的带领下,利特代尔来到了一处被称作明屋的地方。

所谓明屋,实际是一座讲教石窟寺,早在宋理宗时期,这里曾有旺盛的香火,后来由于伊斯兰教的兴盛,使石窟寺被遗弃,逐渐荒芜。在这座石窟寺中,有保存完好的彩塑佛像、菩萨像,有绘有佛、菩萨、飞天及龟兹国王、大臣、武士、妇女等形象的色彩鲜艳、风格古朴独特的壁画。

利特代尔进入石窟寺中,立即被这座艺术殿堂惊呆了。他拍了不少照片,却还没有想出弄走这些壁画和塑像的办法。虽然如此,利特代尔仍然被公认是最早发现古龟兹国壁画的外国人。

利特代尔离开库车的古龟兹石窟寺,便来到罗布泊捕捉野骆驼。由于向导、脚夫、翻译等对这位傲慢的英国人对他们的歧视难以接受,纷纷离开,利特代尔只好返回英国。

杜特雷依

杜特雷依是法国人,1890年,他从巴黎来到喀什,在俄国领事馆的支持和保护下,从和阗走进丝绸古道,开始了对丝绸文物的盗掘。

杜特雷依从和阗出发,沿丝绸古道的南路东进,在民丰、且末、罗布泊一带,对发现的古城和墓葬群进行了盗掘,获得了大量公元6~7世纪的文物精品,前后达三年之久。

1893年6月4日,杜特雷依还曾带领一队人马前往西藏的唐布卡,并抢劫了这里的藏民。藏民们义愤填膺,开枪将杜特雷依打死。但是,藏民们只是把被杜特雷依抢走的马匹追了回来,对他盗窃的各类文物却丝毫不感兴趣。这样,其他人便把盗掘的文物平安地运回了法国,并在巴黎的一些学术期刊上陆续发表,吸引了欧洲人对丝绸之路文物的关注,这成为后来大批欧洲盗贼前来丝绸古道进行文物盗劫的重要因素。

斯文赫定

斯文赫定是瑞典人,他于1895年首次带领一支人马,到和阗河与叶尔羌河之间的沙漠中寻宝,他相信在这里有废弃的古城,有难得的文物。不久,他就真的在沙漠中发现了一座古城,经过几天的连续挖掘,获得了不少佉卢文古文卷。临走时,他不仅在一断残壁上用汉文写下了"斯文赫定到此一游"字样,而且还毁掉了带不走的古文卷。他不想让别人把他发现却带不走的文物带走。在以后一年多的时间里,斯文赫定又先后挖掘了几座古城后,取道北京回国,用两年的时间整理发表了他在中国丝绸古道上的收获,并因此获得了瑞典皇家地理学会颁发的奖章。

首次丝绸古道之行的成功和带来的巨大荣誉,促使斯文赫定有了再次来中国盗宝的念头。1899年,在欧洲名声大震的斯文赫定在瑞典国王的资助和俄国沙皇尼古拉二世的派兵保护下

（三）丝绸古道上的其他盗贼

来到中国。他先是在喀什招募翻译、文书和脚夫，购买骆驼和马匹，进行了充分的准备工作，于9月17日出发，奔向丝绸古道，楼兰古城是他的最终目标。

斯文赫定对中国的古代史有一定的研究，他清楚地知道，在公元前138年，张骞在汉武帝"西结月氏，北击匈奴"政策的指导下，被派遣到西域。西进途中，他们全部被匈奴人抓去当了奴隶。虽然被困异域，但张骞却从来没有忘记自己的神圣使命和汉武帝的殷切希望。一天夜晚，张骞及其助手甘父和随从借机逃出了匈奴地界，他们越过白龙堆，经过盐泽，到达了西域的第一个邦国楼兰。从此以后，楼兰便开始在中国的史书上出现，这个西域古国便开始闻名于中原。到了南北朝时期，楼兰古国突然从历史上消失了，使后代的人们很难清楚地说出楼兰之所在；甚至有人断言，楼兰只不过是沙漠中的幻境，是不存在的，或是张骞的记载有错误。几乎从南北朝时期，楼兰就成为了中国历史上的一个谜。

楼兰古国的传说吸引了不少欧洲所谓探险家的注意，并因此引起过争议。斯文赫定坚信楼兰古国的存在，他把目标投在了罗布泊地区。为了实现他的追求，他采取"胡萝卜"手腕对待当地居民，找到了最好的向导。不过这一次斯文赫定并没有找到真正的楼兰古城，他所获得的，只是一些古代钱币、木雕佛像，但楼兰古城却似乎已经在向他招手了。

第二年春天，斯文赫定在向导玉得克的带领下，来到一座玉得克在去年便谈起过的古城遗址。在这里，斯文赫定挖出了一百五十多件写在纸上和刻在木板上的汉文文书，这些文书不仅署有汉朝皇帝的年号，而且有很多还写有楼兰的字样。楼兰古城中遗存的文物珍品，就这样被斯文赫定首次盗掘了。

之后，斯文赫定又盗掘了米兰古城。这座古城具有浓郁的古希腊和古罗马风韵,遗存极为丰富,这里即是楼兰人迁移至此建立的鄯善国遗址。

1902年夏天,斯文赫定回到了瑞典,花费三年时间整理他从中国盗回的文物,以《丝绸之路》为名,发表了一部五卷本的西域考古巨著。

值得一提的是,斯文赫定曾从利特代尔那里知道了库车有一处千佛洞,便有了前去探测的准备,但他最终没有去成。

大谷光瑞

1902年,日本人大谷光瑞取道俄国来到丝路重镇喀什。

大谷光瑞是日本的中国文化学者。与以往几位外国盗宝者不同的是,大谷光瑞所率领的全是日本人,除刚从英国牛津地理学院毕业的助手崛贤雄外,还有几位日本脚夫、工人。他们的主要目标是库车吐拉千佛洞的文物。

大谷光瑞知道,已经有几个国家在丝绸古道上盗掘古代文物,摆开了一场中国文物的争夺战,丝绸古道已经成了没有硝烟的战场。为了学习维吾尔语,更为了掩人耳目,大谷光瑞带人南辕北辙,先是来到和田,进行周密的准备工作,以便出人意料地突然出现在库车吐拉千佛洞,速战速决,弄到文物便马上离开。

1903年,大谷光瑞见时机成熟,突然率人来到库车吐拉千佛洞。千佛洞石窟内的那些中原画风和龟兹画风并存的壁画,是东西方文化交流的结晶,具有极高的艺术价值,大谷光瑞一见大喜过望,立即进行有选择的挖取。

石窟中的壁画一般都是在开凿的石窟中先用极细的草泥涂抹洞壁,然后再涂一层石膏,最后由画工作画,大谷光瑞对壁画的绘制过程很熟悉,他所采取的盗剥手段,是先用利刃将壁画割成一块块方块,再用特制的胶布贴在小方块上,将壁画揭取下来,用薄板夹紧,装箱待运。

大谷光瑞等人从库车吐拉千佛洞中盗取了大量壁画、木雕佛像。之后，又盗劫了拜城的克孜尔千佛洞和库车的其他几处石窟的文物。

克来门兹

克来门兹是俄国的自然学家，1895年曾在蒙古进行自然考察，并因此获得普尔热瓦尔斯基金奖。英国少尉鲍尔因在中国获得的一本古书而闻名世界，使克来门兹极为羡慕。他感觉到，成名并不一定需要很大的本事，却需要赌棍的勇气。于是，他下决心改行考古，到中国的丝绸古道上捞宝。

1898年，克来门兹率人来到吐鲁番的高昌古城，挖取了一座废弃古庙中的壁画、佛像、古书、建筑材料等，之后，他又挖掘了交河古城和哈剌卓、托克马扎等地的古遗址。虽然克来门兹并不懂考古，却在三个月的时间里，光顾了130多个佛窟和庙宇，盗劫了大量文物。在进入酷夏之后，克来门兹又盗挖了一些古墓葬。

勒科克、格伦韦德尔

1904年的一个秋夜，德国垄断资本家、世界著名的军火商克虏伯，正在举行一次盛大的宴会，为第二次赴中国新疆考古探察队送行。

克虏伯是一个古玩收藏家，曾于1902年前资助格林人种博物馆的格伦韦德尔教授到新疆的吐鲁番盗掘文物，共获得各种古文卷抄本和艺术品46大箱。克虏伯这一次是为勒科克送行，他向出席宴会的人公开说：

我要在这里向大家披露一件好消息，勒科克博士这次去吐鲁番探察，所筹集的三万二千马克经费里，有一万马克是德皇陛下资助的。皇上对西域的文物也有浓厚的兴趣，不过那里是中国土地，陛下不便公开支持我们去做贼……

1904年11月,勒科克带人来到吐鲁番,先后盗劫了伯孜克里克千佛洞和雅尔湖、胜金口一带的千佛洞,以及高昌古城和交河古城。在九个月的时间里,盗劫了数百箱包括各种文字经卷抄本、佛像、古钱币、壁画在内的各类文物。

1905年12月,格伦韦德尔闻讯再次来到中国,并与准备回国的勒科克在喀什相遇。望着勒科克的成果,格伦韦德尔不无嫉妒地说:"博士,您以后就成为富翁啦,吐鲁番的文物精华全叫您弄走了!"

后来,格伦韦德尔再次来到拜城、库车、吐鲁番一带,盗走了大批珍贵文物。

鄂登堡

各国在丝绸古道上盗挖中国古代文物的消息,使俄国沙皇也蠢蠢欲动。1905年,他授意在外交部成立"中亚东亚考察委员会",专门负责掠夺丝路文物。这个委员会加紧工作,很快便组成了第一支探察队。

1905年秋,由俄国语言学家、印度学专家鄂登堡率领的一支探察队来到中国,直奔吐鲁番的高昌古城。在他的队员中,有很多人曾跟随别国的探险队来过中国,对丝路文物的情况及奇异的风光都很熟悉。鄂登堡对队员们说:

我们是为沙皇陛下来寻找珍贵文物的,不是来玩的。这几年,德国探察队以高昌古城为重点,在吐鲁番设立了考古总部,把这一带全划为他们的挖掘范围,弄得别的国家都不好插手。前几年我们也派遣了别列佐夫带着人来活动,可是没法在这一带打开局面,现在只好转移到库车、焉耆那些地方去了。昨天到吐鲁番,我听说德国探察队员的负责人勒科克弄到了几百箱文物走掉了,这里只留下几个人看守大本营,真是天赐良机啊!还不快去。

他们在高昌古城里的一座废弃宫殿里安营扎寨,开始了大规模的盗挖。留守的几个德国人一方面因为寡不敌众,另一方面因为都是在中国领土上干非法勾当,也不好多说什么,只能容忍俄国人在他们早已限定的势力范围内盗挖。

橘瑞超

橘瑞超是日本人,在佛教经典的研究方面很有造诣,1908年,他在大谷光瑞的资助下,来到中国新疆,奔向罗布泊地区。

在罗布泊地区,橘瑞超找到那个帮助斯文赫定发现楼兰古城的维吾尔向导玉得克。他先从玉得克那里买了一些汉文古籍,然后又让玉得克带他去楼兰古城。

橘瑞超首先在古城内盗挖出上百份用纸抄写的文书和经卷。这些文书具有极高的价值,它们是五胡十六国时期,前凉的西域长史李柏向西域各邦国发出的安抚信的草稿。信中说,他准备出兵攻打高昌,希望他们不要惊慌,也不要跟着东晋跑(高昌被东晋戊己校尉赵贞控制着)。这些文物证明,在公元328年,楼兰古城还有重兵,但早已不是往日繁荣的楼兰国都了。

橘瑞超得到这些珍贵文物后,不敢久留,又奔向尼雅、和田、喀什米尔等地进行盗掘。最后又遵从大谷光瑞在他临行前的盼咐,来到库车的苏巴什古城,令橘瑞超失望的是,这座古城早已被英、俄、德、法等国的盗贼们翻了个底朝天。橘瑞超并没有完全泄气,他清理了一座"翠堵波"古塔,从中发现一个圆形舍利罐,罐中藏有几颗宝贵的舍利子。

1910年,已经回到日本的橘瑞超听到在敦煌莫高窟发现古代经卷和壁画的消息后,找到了一个叫霍佩斯的英国人当助手,直奔敦煌,但这时敦煌的藏经洞已经空空如也了。橘瑞超收买了一些流散民间的敦煌经卷后,又去了吐鲁番。在这里,他盗挖到一些珍贵的佛教和文卷抄本,以及几具干尸。此时,他听说了中国辛亥革命取得成功的消息,知道情况将对他们不利,便带上文物尽快回国了。

四 王朝末日与清宫珍宝的散佚

(一) 庚子之变中的文物掠夺

从1840年第一次鸦片战争以后,清王朝的统治便开始摇摇欲坠了,清政府与西方列强签订的一系列丧权辱国的不平等条约,如同日益深挖的坟墓,随时可以把清王朝埋葬。

甲午战争后,帝国主义便妄图瓜分中国,使民族危机日益严重,为保家卫国,以农民为主体的人民大众挺身而出,兴起了义和团运动。到1899年,义和团的矛头直指西方列强,引起了他们的恐慌和仇恨。1900年(光绪二十六年庚子)4月,美、英、德、法四国公使照会清政府,限期剿灭义和团,并在天津大沽口外集结军舰,以武力威胁清政府。6月10日,英国海军中将西摩尔率领英、德、法、俄、美、日、意、奥列强军队,组成八国联军,从已占领的天津向北京进攻。8月14日,北京陷落,慈禧太后与光绪皇帝仓惶逃往西安,八国联军开始了在北京城内的烧杀抢劫。八国联军的这次进攻,以"剿灭"义和团为幌子,实际上是为了夺取在华权益。在攻占北京后,他们又增兵10万,南侵保定、正定、井陉,至山西边境,北至宣化、张家口,东达山海关,沙俄也单独出兵占领了东三省。最后,义和团运动遭到了惨败,清政府被迫于1901年与列强签订了《辛丑条约》。这就是中国近代史上的"庚子之变",从此,帝国主义从政治、经济和军事上控制了清政府,中国逐步变成了半殖民地半封建的社会。

八国联军入侵中国期间,在烧杀抢劫的同时,对中国的文物也进行了疯狂的破坏和掠夺。由于史料所限,我们在此仅能介绍联军在北京和保定的部分情况。

1. 在北京公开抢劫三天

八国联军攻入北京后,烧杀抢掠,无恶不作。最初,他们曾特许军队在北京公开抢劫三天,以慰劳军人,而在公开抢劫之后,军人的私人抢劫也从未中止。侵略者把能抢劫走的东西全部抢走,抢不走的就打得粉碎,许多寺观王府被烧毁,百姓被杀,妇女被奸。各种古代文物,是他们优先抢劫的对象,一些官宦之家,只因收藏古代文物较多,便无一幸免地遭到劫掠。据陈捷《义和团运动史》记载:联军"到富豪大吏家,见古瓷珍玩,随手打碎,或杂放车上,车子一动,狼藉满地"。

联军攻入北京后,还对一些著名的文物进行掠夺。北京的古观象台始建于1442年,到1446年又先后修建了紫微殿、晷影台、漏壶房等附属建筑。明代称之为观星台,清代叫观象台。1900年8月,最先占领观象台的德国侵略军,面对这举世无双的古代天文仪器,德国统帅兼联军总司令瓦德西激动不已,他认为"这些天文仪器有极高的艺术价值,它们的造型和每个仪器上的龙型装饰都是极为完美的"。他当即决定,把古观象台的天文仪器作为战利品运回柏林。这时,法军知道了德军的意图,以法国传教士曾帮助中国制作过天文仪器为名,提出了与德国平分这些天文仪器的要求。因古观象台是在德军管区内,由德军首先挑选了其中最珍贵的五架天文仪器,即天体仪、纪限仪、地平经仪、玑衡抚辰仪和浑仪,并于1901年8月在德军撤离北京时,装上了德国的"波南厅"号运输舰运往德国柏林,在皇家花园内展出。法国劫走了剩下的五架仪器,即赤道经纬仪、黄道经纬仪、地平经纬仪、象限仪和简仪,并暂放在法国驻华使馆内。

德、法侵略者掠夺中国古代天文仪器这一卑劣行径,受到了世界舆论的广泛谴责,德国会议员瓦拉德提斯曾说:"我个人认为,由德国政府出资把仪器送还中国,是德国政府责无旁贷的责任。"迫于世界舆论的压力,法国政府于1902年把五架天文仪器归还了我国。但德国政府却坚持不肯归还。

第一次世界大战后,中国作为战胜国派代表参加了巴黎和会,并再次提出德国应向中国归还古代天文仪器的要求。最后,凡尔赛条约第131条作出规定:在规定之日起一年内把仪器归还中国,所有归还项目的一切开支及在北京的安装费用,均由德国政府支付。这样,在1920年6月20日,被德国侵略者劫走的五架大型天文仪器,在异国他乡忍辱度过了20年后,从柏林运出,于1921年4月7日到达北京并安装复原,10月9日向社会进行了展出。

古观象台的天文仪器在被劫后终又回到了中国,但其他没有归还的文物精品,到底有多少,难以统计。

2. 皇城遭殃

八国联军攻占北京后,包括紫禁城、中南海等原皇城区域,均被侵略军占领,其中中南海一带还成了联军的司令部。

紫禁城是清王朝的皇宫,是各国侵略者抢劫的重要目标,因此,他们在攻占北京的第二天便包围了紫禁城,都想先他人进入,掠取有价值的东西。此时八国联军并不想立即消灭清王朝,而且他们也怕因在紫禁城内行抢而激化各国军队之间的矛盾和冲突,所以侵略军总部下达了不占领紫禁城的紧急命令。尽管如此,各国侵略者仍然寻找各种借口,进入紫禁城内行抢。虽然我们很难知道他们抢劫的具体数目,但后来从宫中发现的"洋人拿去乾清宫等物品清单"等宫廷档案,却告诉我们抢劫确为事实。例如,光绪二十六年(公元1900年)八月初四的档案中记载,洋人从宫中"拿去"的物品有"玉器163件、玛瑙44件、瓷器3件、笔16支、核桃珊瑚20件、扇子5把、扳指6个、挂轴2件、竹木器7件、玩器35件、册页14册、手卷4轴、铜器8件、石器墨纸4件,以上共331件"。另外,他们还抢去乾清宫内的青玉"古希天子之宝"1方(是乾隆皇帝的专用印章)、青玉"八征耄耋之宝"1方、铜镀金佛2尊、碧玉双喜花觚1件、碧玉英雄合卺觚1件等重要文物。在以后的八月初六日、十二日、二十七日,九月初一日,十月初三日、初七日、初十日等时间的宫中档案里,都有侵略军从紫禁城内抢劫物品的记录。

各种文物珍宝堆积如山的圆明园,也在1860年英法联军的抢劫之后,再次遭到八国联军的焚烧。我们在第二章已有所论及,在此不再赘言。

作为一度成为侵略军总部的中南海,当然也是侵略者行抢最为严重的地方。中南海内的紫光阁,在乾隆皇帝时便是陈列和悬挂战利品、战图和功臣像的场所。当时,这里一共陈列有二百八十多幅功臣像,记录了乾隆二十年(公元1755年)至乾隆五十七年(公元1792年)间先后平定西域、两金川、台湾等战役中立功的文臣武将的功绩,其规模之大,超过了历史上其他王朝类似的功臣像。八国联军占领中南海后,他们不仅把紫光阁里珍藏的历代文物精华劫掠一空,而二百多幅功臣像也或被焚烧、或被抢走了。

目前,这二百八十多幅功臣像国内只存两幅在天津市历史博物馆,即阿玉锡像和舒景安像,其他尚存世的八幅均在国外,它们或在侵略者的后裔手里,或收藏于美国、加拿大、德国的博物馆中。1993年夏,苏富比拍卖行在美国纽约进行的一次文物拍卖中,出现的《二等侍立特古思巴图鲁塔尼布像》,就是这些功臣像中的一幅,它最终被人以68500美元买走。据推测,还会有紫光阁功臣像相继面世,但大部分可能已遭焚毁,永无聚首之日。

在被八国联军抢走的古代文物中,最著名的是唐朝大画家韩滉所作的《五牛图》。

《五牛图》是少数几件唐代传世纸绢画作品真迹之一,也是现存最早的纸本中国画。《五牛图》画高22厘米,长140厘米,共画了五头牛,有黄色、酱色、紫花的几种。五头牛形态各异,神气生动,用粗线条勾画了牛的轮廓及骨骼和筋肉,用轻柔的笔法画出牛头生角处及牛尾的根根细毛,牛眼的刻画更是着意夸张。画面构图简洁,除有一丛荆外,不设任何背景。画面上一头黄牛在棘枝上搔痒,一花牛扬首低鸣,一正面酱色牛在张口吼叫,一黄牛正在回视,最后一头牛的头上饰有"络头"。

《五牛图》的作者韩滉,字太冲,长安(今陕西西安)人,宰相韩林之子,曾官至两浙节度使。韩滉在书画方面造诣极深,尤以描绘农村生活习俗的风俗画及写牛、羊、驴等为擅长。其传世作品有《五牛图》、《文苑图》、《丰稔图》等,其中《五牛图》最佳。此图最初被宋代内廷收藏,金兵攻宋,宋室南迁避难,宋高宗赵构曾将这幅画一直带在身边,视为至宝。元灭宋后,此图先归赵伯昂收藏,后又归大书画家赵孟頫,赵氏极为钦佩《五牛图》,欣然题跋:"神气磊落,希世名笔。"元延祐年间(公元1314~1320年),此图归元内府太子书房所有,至正年间(公元1341~1368年)有孔克表题。朱元璋灭元之后,此图在项元汴等士绅显贵手中几经转卖,至清初曾一度下落不明,直到清乾隆年间,被乾隆皇帝收入内府,且有高宗弘历等题跋。以后,此图又转藏于中南海瀛台春耦斋。

就是这样一幅传世名画,1900年被八国联军劫往国外。解放后,一位在香港的中国画家以重金买下此画,他给周恩来总理写信,建议国家将此宝赎回。经周总理批准,我国政府以数十万港币买回此图,收藏在北京故宫博物院。

但是,重新回到中国的《五牛图》已经在流离颠沛中变得面目全非,画面上粘有不少污垢,而且有大小洞蚀五百多处。1978年,故宫博物院修复裱画室的孙承枝先生受命对《五牛图》进行修复。面对难以拾起的《五牛图》,孙先生心情凝重,寝食难安。后经数年努力,《五牛图》终于被修复如初,恢复了其本来的面目,并在每年秋季同人们公开见面。

中南海的仪銮殿,曾是慈禧太后的住所,里面堆满了历史文物,但八国联军撤退后,这里已是空空如也了。

3. 四国军队抢劫保定古莲池

距北京不远的保定,有一座融秀、朴、艳、泼、媚、雅、幽、奇等我国南北园林特色为一体的古莲花池,它始建于金末,经元及清代雍正、乾隆时期的改造整修,成为我国古园林中的一个园艺杰作,闪烁着巧夺天工的智慧之光。但今天我们所见的古莲花池,仅仅是劫后遗存。1900年的庚子之变,古莲花池也遭到八国联军的焚毁,文物古迹毁于一旦。

清代乾隆、嘉庆时期,古莲池进入了历史上的鼎盛时代,并由原来的直隶总督开办的书院,扩建为清代皇帝的行宫,乾隆、嘉庆及后来的光绪皇帝都曾来此驻跸巡幸。在清代王室的营建下,形成了莲池行宫十二景,有春午坡、花南浒、北草堂、万卷楼、高芬阁、笠亭、鹤柴、蕊藏精舍、藻永楼、篇留洞、绎堂、寒绿轩、含沧亭等。这里既有楼、台、亭、堂、庑、榭、桥等古建筑,有珊瑚树、玛瑙、水晶、芙蓉石等珍玩异宝,也有金银器、玉器、铜器、瓷器、古籍、书画、文房四宝等历代文物,以供皇帝和贵戚临幸时赏玩。多年的经营,使古莲池成为同承德避暑山庄一样的皇宫以外的文物集中地。虽然在清道光时期,古莲池已经撤行宫改建为宾馆,并开辟了"校阅五营兵技"的校场,但在1894年慈禧太后六十寿辰时,直隶布政使仍拨巨额库银进行了修葺。

八国联军攻陷北京后,慈禧太后和光绪皇帝逃往西安,留守在北京的军机大臣、兵部尚书荣禄及户部尚书崇绮等人望风而逃,来到保定古莲池。不久,侵略军也杀到保定。危难之际,荣禄也逃到西安,崇绮在古莲池内自缢而死。光绪二十六年(公元1900年)十月十二日,八国联军中的英、法、德、意四国军队包围了保定,先在城内抢劫三天,然后像火烧圆明园一样,在抢劫了古莲池内的珍贵文物之后,纵火焚毁了池内的亭、楼、台、阁,使昔日繁荣的古莲花池成为一片断砖残瓦。

现在的古莲池内,有一块重建六幢亭碑记,是八国联军撤离后有直隶总督府重修古莲池时所立,碑文中记载了英、法、德、意四国联军在莲池洗劫的事实。

(二) 末代皇帝是国宝大盗

1. 监守自盗

辛亥革命的爆发,结束了中国最后一个封建王朝的统治,废除了帝制。1911年12月21日,年仅六岁但却已做了三年清朝皇帝的溥仪宣布退位。

但是,根据窃取辛亥革命胜利果实的袁世凯与清廷达成的优待清室条件,末代皇帝仍然生活在宫中,"小朝廷"在紫禁城内仍苟延残喘。

1924年10月,直系将领冯玉祥发动北京政变,将溥仪驱逐出宫。他于11月4日主持通过一项议案,组成办理清室善后委员会,随后对清室优待条件加以修正并通知逊清皇室。根据这一修正条件可知,民国政府对于哪些属于清室私有财产,哪些属于公产,是有所规定的。在中国古代,宫廷中往往都收有大量前代遗存的金石、书画、典籍、珍宝、文玩等,清宫中则收藏了前代各种府库及图籍宝物。但即使是在封建社会,其宫中所藏也有公私之别。一般来说,皇帝的日用物品、金钱及一般财产,均属私产;而书画、图籍等一些传世之宝以及宫殿、庙坛等不动产均属公产。

溥仪被迫出宫,携带出的大都是属于私产范围的物品,如每颗重约十斤的银元宝总计101328两,由鹿钟麟派遣一百人护送,存放在清室指定的盐业银行中,另有个人衣物、用品、珠宝、首饰等,由醇王府派车取走。属于公物的,只有溥仪的铺盖内夹藏的王羲之的《快雪时晴帖》和仇十洲的《汉宫春雪图》,被警卫扣留。

如果以为溥仪遵守民国政府的有关规定,决不私自携带夹藏宫中宝物出宫的话,那就大错特错了。早在1911年辛亥革命推翻清朝的统治后,民国政府给清室的优待条件中就规定:"大清皇室辞位之后,其原有之私产,有中华民国特别保护。"这一规定实际表明,所有公产一律由中华民国接收。这一决定,使尚在宫中生活的溥仪及清朝的遗老遗少们很清楚,收藏在紫禁城内的各种珍宝,已经不属于他们所有了。但他们却并不甘心从此完全失去拥有这些珍宝的权利。在1922年,军阀混战、政客们朝秦暮楚,溥仪等人时刻都在担忧这个丧失了权力的小朝廷过了今天是否还有明天的年代,溥仪便和他的父亲载沣、师傅陈宝琛等少数近臣,密谋策划盗窃宫中宝物,其目标是各种值钱的书画、古籍、珍宝、古董等。他们所采取的方式主要有两种:一是变卖,以补充宫中生活费用之不足为由,趁民国政府政治不稳,交替频繁之机,在1922年至1923年,几次公开招标拍卖宫中珍宝、金银器,其中最为著名的有金编钟,被抵押在天津的盐业银行;二是变相偷窃,在1922年8月至10月,溥仪以"赏赐"和"借出"为掩护,将大批宋元版图书和晋唐宋元书画转移出宫,特别是利用溥仪的兄弟溥杰和溥佳每天进宫读书和放学回家的机会,沿用以往赏赐臣工的方式,将大量古代书画夹带出宫,存放在醇王府,然后又装在七十余只木箱中,秘密运到天津英租界收藏。上述两种方法,无疑都是盗窃行为。

实际上,清代帝王的赏赐活动每朝都有,但导致珍宝外流,却是从清中后期开始的。嘉庆时,曾将两晋大文学家陆机传世书法墨迹中最早的一件珍宝《平复帖》赏赐给成亲王,后幸被收藏家张伯驹所获,献给故宫博物院。但唐人韩干的《照夜白图》则流向境外,或说在日本,或说经英国到了美国大都会博物馆。道光以后,赏赐更频繁,恭亲王曾一次获得宋徽宗赵佶的《五色鹦鹉图》、陈容《九龙图》、王严叟《梅花图》等,侍臣曹文植获得元代赵孟頫《二羊图》等,现均流失美国。另外,在晚清政府的腐败中,一些太监也趁火打劫,偷盗文物。清宫旧藏《法书大观》收有北宋蔡襄、苏轼、黄庭坚、米芾四人的墨迹,被太监偷出藏在土坑中,伺机盗出未成,幸在抗战后清理故宫文物时被发现。

溥仪退位后仍住宫中期间,将宫中各种文物仍然视为私有财产,不仅不加以管理,而且还肆意盗窃、送人,给故宫原有珍藏造成巨大损失。

1921年,溥仪叫太监打开了几十年没有开过的建福宫花园。这里保存着乾隆皇帝喜爱的珍贵书画和古玩玉器,嘉庆时期加了封条,青铜器、书画、瓷器等分藏在各个殿堂内,包括郎世宁给乾隆画的许多画。溥仪命人清点,哪知在6月27日夜发生了火灾,包括静怡轩、慧曜楼、吉云楼、碧琳馆、妙莲花室、延春阁等储藏文物珍宝在内的建福宫花园的所有建筑,顿成灰烬。建福宫是清宫储藏文物珍宝最多的地方,据当时统计,烧毁金佛2665尊,字画1157件,古玩435件,古书数万册。

1923年,日本东京、横滨发生地震,溥仪派陈宝琛给日本天皇送去一批文物珠宝。

至于赏赐更是常有的事,如1916年11月14日赏:

陈宝琛《王时敏晴岚暖翠图卷》

伊克坦《米元章(米芾)真迹卷》

朱益藩《赵伯驹玉洞群仙图卷》

梁鼎芬《阎立本孔子弟子像卷》

宣统九年三月初十赏:

伊克坦《唐宋名臣像册》

梁鼎芬《唐宋名臣像册》

朱益藩《范中立夏峰图》

《恽格仿李成山水轴》

溥仪的近臣在未经赏赐的情况下借而不还的文物,为数也不少。陈宝琛曾从宫中借出《郎世宁百骏图卷》,不久就出现在琉璃厂古玩铺中。

对以赏赐为名盗窃清宫的文物珍宝,溥仪本人也未曾否认过。据他在"我们行动的证词"中交代:

我们行动的第一步是筹备经费。方法是把宫里最值钱的字画和古籍,以我赏溥杰为名,运出官外,存在天津英租界的房子里。溥杰每天下学回家,必带走一个大包袱。这样的盗运活动,几乎一天不断地干了半年多的时间,运出的字画古籍都是出类拔萃精中取精的珍品。因为那时正值内务府大臣和师傅们清点字画,我就从他们选出的上品中挑最好的拿。我记得有王羲之、王献之父子的墨迹《曹娥碑》、《二谢帖》,有钟繇、僧怀素、欧阳询、宋高宗、米芾、赵孟頫、董其昌等人的真迹,有司马光的《资治通鉴》的原稿,有唐王维的人物,宋马远、夏圭及马麟等人画的《长江万里图》、张择端《清明上河图》,还有阎立本、宋徽宗的作品;古版书籍方面,乾清宫西昭仁殿的全部宋版、明版书的珍本,都被我们抖运来了。运出的总数大约一千多件手卷字画,二百多种挂轴和册页,二百种上下的宋版书。民国十六年我出官后,清室善后委员会在点查敏庆宫的时候,发现了赏溥杰单,付印公布,其中说赏溥杰的东西,皆属秘笈,缥湘精品,《天禄琳琅书目》所载,《宝笈三编》所收,择其精华,大都移运宫外,这是一点不错的。这批东西移到天津,后来卖了几十件。伪满成立后,日本关东军参谋吉冈安直又把这批珍品全部运到东北,日本投降后,就不知下落了。

1925年,清室善后委员会在点查敏庆宫和养心殿时,通过发现的《诸位大人借去书籍、字画、古玩等糙帐》和《赏溥杰单》,才发觉了溥仪等人的上述恶劣行径,仅书画手卷就有1285件,册页68件。溥仪转移出去的书画有许多是国宝级的文物,如在二百多种图书中,有宋版《毛诗》、《韵语阳秋》、《玉台新咏》、"五经"、《周易本义》、《唐英歌诗》、《说文解字》、《画继》、《三礼题》、《周礼》、《琴史》等。书画有三百多种,如王原祁《秋山书屋图》手卷、李公麟《西园雅集图》手卷、阎立本《孝经图褚遂良书》手卷、赵孟頫《村图》手卷、文征明《三友图》、顾闳中《韩熙载夜宴图》、王羲之《鹅群草书》、董源《潇湘图》和《溪山积雪图》、唐寅《垂虹别意图》、郭熙《长江万里图》、沈周《石泉图》、顾恺之《列女图》、周文矩《重屏会棋图》、阎立本《步辇图》等。

2. 溥仪逃亡天津与盗出文物的散佚

1924年11月6日,北京的报纸刊发了溥仪出宫的消息,北京城里热闹非凡,市民们悬挂民国政府的国旗,以志庆贺。溥仪出宫后,暂迁往后海北岸的醇王府居住,作为醇亲王载沣的长子,这里是他当时惟一想去又能去的地方。

溥仪离宫之后,清室善后委员会首先想到要做的工作是在没收溥仪出宫当天交出的"皇帝之宝"等两颗印玺外,又由鹿钟麟等人在清室代表绍英、宝熙等人的带领下,查看永寿宫等处,并封存了交泰殿中另外二十三方代表大清皇权的印玺,其中有:

白玉印玺八方:皇帝奉天之宝、大清受命之宝、大清嗣天子宝、天子之宝、天子尊亲之宝、敬天亲民之宝、赦命之宝。

青玉印玺七方:制诰之宝、皇帝信宝、皇帝亲亲之宝、命德之宝、讨罪安民之宝、敕正万邦之宝、巡守天下之宝。

碧玉印玺四方:庆运之宝、钦文之宝、敕正万民之宝、御制六师之宝。

另外还有"皇后之宝"等五方印玺。

清室善后委员会成立于1924年11月4日,是民国政府国务院依据国务会议修正清室优待条件议决案而组织成立的,主要任务是分别清理清室公产、私产及一切善后事宜。在他们逐步深入地进行清理时发现,大量属于公产的清宫文物早被溥仪等人盗出宫外。

溥仪出宫并非自愿,出宫后,仍是惶惶不可终日。11月29

日,他以去东交民巷德国医院看病为由,逃出醇王府,到东交民巷日本使馆的兵营中躲了起来。在东交民巷度过一段囚禁般的日子后,溥仪又在日本人的策划下潜逃到天津,安顿在日本租界内。这时,溥仪把从清宫中监守自盗的书画珍品和古董经常作为馈赠品和赏赐品送给他人。同时,民国政府每年拨给他的400万元的费用,也远远满足不了他的浩繁开支。筹措费用的念头自然转向从宫中盗出的文物上了。于是他通过陈宝琛等人,与中外古玩商勾结,不断将其作为商品出售。这样,清宫珍宝被溥仪盗出后,开始散佚。

在天津散佚的文物以书画为主,具体数量已无法统计。经查,有一部分已经能够确定。现选择几件著名的书画作品介绍如下:

唐代阎立本《历代帝王图卷》,先是作为资酬给了陈宝琛的外甥刘骏业,后归华北伪政权头目梁鸿志,再转售日本人,二次世界大战后终归美国波士顿博物馆所得。

唐代阎立本《步辇图》,先赏刘骏业,后流传到福建,新中国建立后重回故宫博物院。同样有此经历的还有五代阮郜《阆苑女仙图卷》。

晋代王羲之的《中秋帖》和王珣的《伯远帖》,被溥仪出售后,转到郭世五手中,又曾一度归国民党财阀宋子文,后被张伯驹获得,新中国建立后献给故宫博物院。

南宋李嵩《西湖图》,由上海收藏家买于天津,现藏上海博物馆。

北宋李公麟《潇湘卧游图》,流出后为日本人菊池惺堂收藏。

宋宗室画家赵令穰《湖庄清夏图》,绢本设色卷轴,先流入日本,二战后归美国波士顿艺术博物馆。

南宋末郑思肖《墨菊图》,素笺本题七言诗,历经元明多人收藏,流出后归日本人阿部房次郎。

元代赵孟頫《滦菊图》,绢本设色菊花九枝,流出后归日本人收藏。

另有不知时代与作者的《花卉》、《牧羊图》、《豳风图》三件,被美国人从溥仪手中购去。

3. 小白楼浩劫与文物市场上的"东北货"

1931年"九·一八"事变后,中国局势发生了根本的变化。出于进一步侵占中国的目的,日本人土肥原来到天津,采取威逼手段,使溥仪来到东北旅顺。

溥仪从天津出发时,携带的文物装满了用松木制成的三尺多长、高和宽各一尺多的箱子。计有:法书名画1300件,约30箱;法书名画册页40件,约4箱;书画挂轴21件,1箱;宋元版书200部,31箱;殿版书,数量不详,3箱;内装古玩玉器的大金库2个;皮货300件,8箱。可以想像,这个数字已经与溥仪从北京携往天津的数字有了较大的出入。

到旅顺不久,溥仪又来到长春,按照日本人的意图成立了伪满洲国,溥仪再一次当上了皇帝,开始了与日本人屈辱的"共存共荣"。所有文物也在日本人的督促下与溥仪同往,因为日本人无时不在惦记这些珍宝。在长春期间,溥仪从清宫中盗出的大批国宝在日本关东军司令部中将参谋吉冈安直的谋划下,书画贮存在一幢称为小白楼的建筑中,金库贮存在"内廷"缉熙楼的客厅里,鲜为人知。1945年8月,日本宣布投降后关东军也撤离长春,小白楼内的珍宝遭到了伪满士兵的哄抢。

最先进入小白楼的一个伪满士兵,看见小白楼内堆满了木箱,以为箱中必是装满了溥仪的财宝,便破窗而入,撬开木箱,打开箱内的一个个小木匣,先发现的是一卷卷包锦卷轴,打开后全是字画作品。这个伪军并不了解这些字画的价值,便随手取了几件去向其他的伪军询问,当有人说这都是些能值大价钱的古代书画时,伪军们一哄而上,在小白楼内进行了一场激烈的哄抢,有的士兵只取绘画作品,而把书法作品干脆撕个粉碎扬弃在地;有的士兵只取画卷的绘画部分,而把题签及题跋撕下;也有的士兵为争夺一幅认为值钱的画卷争打起来,便一幅作品一分为好几份;还有的士兵为发泄私愤,将一些画卷毁之一炬……长时间的争夺,使小白楼内的书画珍品遭到了极大的破坏,惟一值得庆幸的是,由于士兵们不识货,一些珍贵的宋元善本图书得以保存下来。

小白楼内的珍宝被抢劫后,命运悲惨。行抢的士兵们大都是东北人,他们在行抢后,或潜逃回乡把珍宝秘藏起来,或流落到各地将珍宝变卖。被回乡士兵秘藏起来的那些书画,并没有很好地保存下来。全国解放后,伪军和伪军的家属在土地改革时,因害怕罪证暴露,加紧毁灭证据,使小白楼流失的文物再次遭到了难以弥补的损坏。例如,东晋书圣王羲之的《二谢帖》、《岳飞·文天祥合卷》、《郑风五篇》,南宋陈容的《六龙图》,明代吴门四家沈周和文征明的书画各一卷等稀世之宝,或被伪军家属烧掉做饭用了,或在解放后怕被追究投入火中烧毁了。曾被《宣和书谱》著录过的唐代大诗人杜牧的《张好好诗》等,被一伪军埋在地下,取出时已是与土壤同腐了。被埋入地下的还有唐明皇李隆基的《恤狱诏》、南宋朱熹《奉同张敬父城南二十咏》、明代后期山水画家沈士充《仿宋元十四家笔意》、元代王振鹏《伯牙鼓琴图》、王绂《湖山书屋图》、明初戴进的《达摩六世祖图》等。

另有米芾的书法精品《苕溪诗六首》和《自书易义》、南宋牟益的《西岳降灵图》、明王绂《万竹秋深图》、沈周《辛夷花图》、初唐虞世南《积时帖》、北宋名臣范仲淹《二札帖》、北宋初名家燕文贵《溪风图》、唐代阎立德《职贡图》、唐周昉《地宫出游图》、南宋夏圭《江山胜迹图》、南宋初徐本《历代钱谱》、元代钱选的《三蔬图》和《秋江待渡图》等，被重新发现时，已经被撕为数段，残缺不全。

"东北货"这一书画业的行话，是在小白楼遭劫后不久出现的，从吉林到沈阳，从北京、天津到上海，"东北货"成了书画业津津乐道的话题。而这些"东北货"正是被伪满士兵变卖的那些从小白楼内抢劫所得的书画，伪军们或如数抛出廉价出售，或一件一件地到各地的文物商店求售，吸引了包括国民党军政大员、富贾巨绅、鉴藏名家在内的大批人士，使东北货一时名震全国，身价也日益增加，而且是以黄金论价。

曾任国民党政府教育部长的王世杰从琉璃厂购得五代李赞华的《射鹿图》，后携往台湾。国民党东北财政厅长刘时范，购得北宋韩琦《二牍》、南宋马和之《齐风图》。国民党将领郑洞国购得赵孟頫《浴马图》和《勉学赋》、李公麟《吴中三贤图》、元人《陶九成竹居诗画卷》、马逵《久安长治图》、文征明《真赏斋图》、赵葵《杜甫诗意图》、五代杨凝式《夏热帖》、辽代胡环《卓歇图》等，或在与解放军作战时遗失，或又售予他人，或在解放后卖予博物馆。

"东北货"的出现，使当时的收藏家门欣喜若狂。张伯驹购藏了西晋陆机的《平复帖》、唐展子虔《游春图》、范仲淹《道复赞》、宋徽宗《雪江归棹图》、元赵雍《元五家合绘》、南宋杨妤《百花图》、《元五人画卷》、文征明《三友图》等，后献国家。画家惠均购藏了北宋画家王铣的《渔村小雪图》、南宋画院高手李嵩的《货郎图》、《五元人墨迹》，后售予北京故宫博物院和上海博物馆。原先施公司股东谭敬，在上海市场上购藏了南宋赵子固《水仙图》、元代赵孟頫《双松平原图》、赵原《晴川送客图》、倪瓒《虞山林壑图》和《赵遹泸南平夷图》、元人《赵氏一门合札》、明初夏昶《竹泉春雨图》、解缙《自书杂诗》等,解放前谭敬将其携往香港,先后散佚,其中《赵遹泸南平夷图》后流入美国纳尔逊博物馆,《赵氏一门合札》后流入美国普林斯顿大学博物馆,其他珍品则不知下落。天津的张叔诚购藏了北宋苏轼的《御书颂》、元人倪瓒的《苕霅溪山图》、明人金润的《溪山真赏图》、文征明的《林榭煎茶图》和《人日诗画合卷》、元初钱选的《青山白云图》等。张大千购藏了五代董源《潇湘图》、顾闳中的《韩熙载夜宴图》、北宋初燕文贵的《溪风图》、北宋高克明的《溪山雪霁图》、郭熙《山水图》、南宋赵伯驹《六马图》等,在他居住台湾期间,大都转让他人。上海吴湖帆、王季迁等人,也都有所购藏。

被收藏家购藏的"东北货",很多陆续外流。当然,也有一些真正的文物收藏鉴赏家,从保护文物的目的出发,收购"东北货"。如张伯驹先生曾不惜变卖房产,收回了隋代展子虔的《游春图》等稀世瑰宝。60年代,张伯驹先生又把他收藏的晋、唐、宋、元、明、清等大批书画精品全部捐献给了国家博物馆;张叔诚的收藏也在解放后捐赠给了天津市艺术博物馆。这也是清宫流失文物不幸中的万幸。

在战乱年代,香港是许多收藏家和富贵之人避难的地方,因此很多书画被携往香港,有的从此流向他国。

面对市场上的中国古代著名书画,一些西方博物馆也不惜重金,派人从民间收购。它们的收藏,有不少便是从小白楼流失出去的那部分。已知美国的大都会博物馆收藏有17件,包括北宋屈鼎的《夏山图》、南宋李唐的《晋文公复国图》、马和之《鸿雁之什图》、南宋无名氏《胡笳十八拍图》、米友仁《云山图》、元初钱选《王羲之观鹅图》。普林斯顿大学博物馆、弗利尔博物馆、纳尔逊博物馆、克利弗兰博物馆、波士顿博物馆等,以及日本和欧洲的一些博物馆,都收藏有此时流失出去的中国古代书画。

全国解放后,我国政府曾组织专门力量查找小白楼被抢国宝的下落,并收回了数百件,但仍有不少已不知去向,想必凶多吉少。

4. 溥仪携出清宫的珠宝首饰和书画

各种珠宝首饰是溥仪携出清宫物品的重要部分。1941年12月8日,日本发动太平洋战争以后,伪满洲国遭到了日本人的大肆搜刮,溥仪也感到了一个黑暗的时代正在来临。1945年8月15日,日本宣布投降。8月17日,溥仪企图乘飞机逃往日本,大批的珍贵文物来不及携带,他便挑选了一批珠宝首饰。但在沈阳机场被苏联红军捕获,并因此在苏联西伯利亚的伯利市度过了五年的铁窗生涯。溥仪自知罪责难逃,便使出了许多手段,力求摆脱严惩,并向苏联政府贡献出了一些珍宝首饰。关于这件事,他在《我的前半生》一书中写道:

为了争取摆脱受惩办的厄运,……于是我便以支援战后苏联的经济建设为词,向苏联献出了我的珠宝首饰。

然而,溥仪并没有向苏联献出他的全部珠宝,而是把其中最好的一部分留下来,并指使他的侄子把它们藏进一只随身携带的黑皮箱的夹层里,装不进去的,又塞进肥皂等一切可以塞的地方,实在装不下的,都扔掉了。1950年7月13日,溥仪被苏联政府移交给我方,他又携带这些珍贵的珠宝首饰,进入了抚顺战犯管理所,秘而不露。

"三反"、"五反"期间,溥仪终于沉不住气了,声势浩大的运动和他复辟帝制美梦的破灭,使他不由得想起那只黑皮箱的夹

（二）末代皇帝是国宝大盗

层中所藏的珠宝首饰，那些原本是显示自己皇帝身份与地位的珍宝，似乎变成了万恶之源，甚至在睡梦中都会被惊吓而醒。于是，突然有一天，他战战兢兢地向战犯管理所的负责人交出了那只黑皮箱。那是一只怎样的黑皮箱啊，衣物不多，却有486件各种珠宝首饰。工作人员惊呆了，他们想像不出溥仪是怎样携带着这只看似普通的黑皮箱，辗转于伪满、西伯利亚，再来到抚顺战犯管理所的。

在486件珠宝首饰中，较为珍贵的有康熙皇帝用过的金镶猫眼宝石坠。以纯金为托镶嵌的猫眼石，呈半透明状，光带清楚，素洁可爱，正如一只猫眼，注视着每一个看着它的人。从康熙用过之后，雍正、乾隆等继位皇帝莫不对这件宝石坠倍加爱护，因为它既是一件祖传遗物，又是一件贵重珍宝，虽不太大，却是价值连城，因此，它成为溥仪铁窗生涯中最为珍爱之物。

乾隆皇帝用过的一些珠宝首饰，包括六朝时期的玉璧、周朝的青玉勒子、汉代的玉饰、清初的白玉龙纹佩等，以及乾隆用过的三联黄玛瑙闲章、金首饰表盒等。乾隆皇帝不仅是清代、也是中国封建社会历史上一个著名的君主，他一生爱好古玩，广罗天下珠宝，他所喜爱之物，绝非庸品。其中那件三联黄玛瑙闲章，是三条黄玛瑙链将三枚印章串联在一起，构思巧妙，雕工精美，向为乾隆珍爱。但在清代末期，朝廷腐败，宫内混乱，有人趁机将这件三联闲章盗出。后来，溥仪在东北建立了伪满洲国，在他举办生日大典时，有人将此三联章献给了他。那件金首饰表盒，原是外国使臣贡献给乾隆皇帝的，乾隆死后，一直无人再用。后来，慈禧太后看上了它，并据为己有，其后隆裕太后、荣惠太妃也相继使用过。溥仪离开紫禁城时，将它偷带出来。

溥仪携出的珠宝中，还有慈禧太后用过的珠宝首饰，包括白金镶钻石戒指、白金镶蓝宝石戒指、祖母绿宝石金嵌钻石戒指、碧玺十八子手串、珊瑚十八子手串、金镶翠袖扣、金镶祖母绿宝石领针等,共80余件。

1959年12月,溥仪被特赦释放,他所交出的珠宝首饰仍存在抚顺战犯管理所。1964年9月,周恩来总理指示:"电公安部、法院、财政部、文化部和政法办公室(为主)五个单位负责处理,并列出清单,作出估价,分交处理单位,办理交接手续。"根据这一指示,有关部门组成了清理小组,到1965年初,完成了清理工作,并分别划归北京故宫博物院和财政部。

但是,正如溥仪在《我的前半生》中所坦白的那样,他所交出的珠宝首饰并不是全部,因为他曾丢弃过一些,并曾献给苏联政府一部分,溥仪在天津时,经常将一些珠宝作为馈赠礼品送人,以此笼络人心,并且托人变卖了一些,以维持其奢侈糜烂的生活。在从天津出逃东北时,又遗弃了一部分。有些是1945年8月日本投降时被日本人抢走的。当溥仪逃至通化大栗子沟时,为了生计,曾拿出一些珠宝换取生活用品。所以,溥仪到底从宫中携带出多少珠宝首饰,恐怕连他自己也说不清楚。

除珠宝首饰外,溥仪在抗战胜利后出逃时,还携带有大批书画。其中国宝级书画名作包括:

初唐书法家欧阳询的《梦奠帖》和《行书千字文》,现藏辽宁省博物馆;唐开元天宝年间书法家张旭的《草书四帖诗》;唐贞元年间怀素和尚的《论书帖》;北宋徽宗皇帝的《方丘敕》和《蔡行敕》;唐代阎立本的《萧翼赚兰亭图》;唐代周昉的《簪花仕女图》;五代黄筌的《珍禽图》;南唐董源的《夏景山口待渡图》;宋仿北宋初开派大师李成的《小寒林图》、《寒鸦图》、《茂林远岫图》;北宋中期大画家李公麟的《九歌图》、《韩干狮子骢图》、《枕韦偃放牧图》、《唐明皇击球图》、《商山四皓、会昌九老图》、《白莲社图》、《明君臣良图》、《前代故实图》(有人认为,只有《枕韦偃放牧图》

为李公麟的真迹）；宋徽宗的《写生翎毛图》、《瑞鹤图》、《临古图》、《摹张萱虢国妇人游春图》；张择端的《清明上河图》；南宋马和之《诗经图》；宋高宗赵构书经文十六卷；南宋赵伯驹《江山秋色图》、《仙山楼阁图》、《荷亭消暑图》及其兄弟赵伯骕的《万松金阙图》等等。

溥仪携带出宫的大部分书画，都被我人民解放军缴获，现分别收藏在东北和北京的博物馆。也有一些书画被溥仪在逃往大栗子沟时，出售换钱。另有一些因难以在逃亡时携带，交由当地士绅保管，解放后陆续收回的就有韩干的《神骏图》、南宋赵伯驹的《莲舟新月图》、宋徽宗的《王济观马图》、元代赵孟頫《水村图》、明代刘铎的《罗汉图》。

需要一提的是，溥仪携带至东北的清宫文物，除已经交代的是否还有其他，恐怕只有溥仪自己知道。据1998年有关人士透露，在乌克兰发现了一批抗日战争时期从我国流失的清代文物，共77件。主要有乾隆及清晚期的金银器；乾隆御用宝剑，长104厘米，鞘和柄镶嵌绿松石和珊瑚石，并雕刻荷花和盘龙纹饰满文款；溥仪自用宝刀，鞘和柄镶嵌绿松石和珊瑚石并雕刻荷花，溥仪曾佩带此刀参加伪满洲国登基加冕仪式。此外还有喇嘛教银佛塔、银珐琅箭筒、银制象、镀金银酒杯及其他银和牙雕工艺品等。

这批被认为是溥仪携带至东北后流失的清宫文物，被乌克兰企业家谢尔盖·普拉东诺夫收藏。据说，1945年苏军逮捕了溥仪后，溥仪向苏军少将列昂维诺维奇交出了大批珍贵文物，列氏将其中的一部分据为己有，其死后为子女所瓜分，从此散逸。苏联解体后，很多人的日子并不好过，于是欲出售换钱。这77件可能是清宫的文物，索价800万美元。北京故宫博物院得知这个消息后，认为可能有诈，无意收藏。

（三）故宫文物的痛苦别离

1. 故宫博物院的成立与差点被拍卖

故宫博物院是一座收藏古代文物和艺术品的殿堂，其成立在中国的文物和博物馆史上具有重大的意义。至今，故宫博物院成立已有七十多年了，每天都在吸引着成千上万的来自世界各地的游客，在世界上享有盛誉。但很少有人们知道，故宫博物院的成立，实际上是极为仓促的。主要原因有二：

其一，清室善后委员会在查点清宫物品时，发现了溥仪等人以"赏"和"借"的名义盗往宫外的大量文物珠宝的账单，以及溥仪退位后居留宫中期间与外界密谋复辟的有关文件。

其二，1925年6月8日，在吴佩孚的主持下成立了杜锡圭内阁，清室加紧活动，谋求溥仪复宫，并恢复原来的清室优待条件。清室善后委员会认为，如果不马上成立故宫博物院，溥仪等人便随时打算复宫，所有宫内文物的安全难以得到保证。

这样，在1924年12月22日成立的以易培基为主任的国立图书馆、博物馆筹备会做了大量工作的基础上，决定成立以故宫后半部为院址的故宫博物院，并于1925年10月10日民国纪念日开幕。在此之前，善后会起草了"故宫博物院临时组织大纲"、"故宫博物院临时董事会章程"、"故宫博物院临时理事会章程"等有关文件。1925年9月29日，善后会开会讨论并通过了上述文件。10月10日下午，在乾清宫前，善后委员会正式宣告故宫博物院成立。这一天，被邀请到场的有北京市军、警、政、法、学、商、新闻界的3500多人，北京市民也踊跃进宫，争相亲自目睹这一皇家禁地。所开放的地方有御花园、后三宫、西六宫、养心殿、寿安宫、文渊阁、乐寿堂等处,并有古物书画陈列室(包括书画、青铜器、瓷器三个展室)、图书陈列室(分文渊阁、昭仁殿两室)、文献展览室(分养心殿、乐寿堂两室)。明清皇宫禁地第一次公开在普通民众面前,对故宫而言,确实具有划时代的意义。

但是,草创时期的故宫博物院举步维艰,它所面临的最大困难,一是经费不足,二是段祺瑞政府下台后,直鲁联军企图强占故宫的房舍供军用,三是清室的遗老及保皇派仍在为迎接溥仪回宫而暗中策划,大肆活动。并相继发生了故宫的负责人李煜瀛与易培基被通缉、陈垣被捕和张作霖染指故宫等一系列事件,令仓促之中成立的故宫博物院几乎到了流产的边缘。1928年6月9日,南京国民政府派阎锡山到北京,并于6月14日派易培基接管故宫博物院,故宫博物院的顺利发展似乎又有了保证。但是好景不长,一个星期后掀起的一股风浪,几乎葬送了故宫博物院的前程,使故宫所收藏的历代文物珍品险遭浩劫。

事情发生在1928年6月28日,这一天的报纸突然刊登消息说,国府委员经亨颐提出一项议案,认为故宫为"逆产",要求废除故宫博物院,拍卖或移置故宫的物品。经亨颐的观点主要有:

第一,"故宫二字,……很有怀念的意思。……与其称为故宫,不如称为废宫。其次,故宫而称为博物馆,更大不妥,简直不通。"

第二,"故宫博物院……研究宫内应如何设备,皇帝所用的事务,岂不是预备哪个将来要做皇帝,预先设立大曲筹备处吗?"

第三,"故宫……现在的组织,有什么图书文献,决不是一般博物馆所有的事。……简直可以说是一种莫名其妙的机关,所以我的意见,不如根本废除为是。"

第四,"皇宫不过是天字第一号逆产就是了。逆产应当拍卖,将拍卖大宗款项,可以在首都建一所中央博物馆。"

第五,"故宫博物院难免有黑幕,现在的几位理事先生,或不至如此,听说前已有人制成赝品,携去易换真物的把戏。……稍不注意,不到一二十年,所谓故宫的珍品,尽成赝品了。"

就是这样一个荒唐的议案,竟在6月29日由国民政府召开的一个会议上通过了。

眼看故宫博物院将不复存在,各界有识之士莫不为故宫的前途而奔走呼吁。7月9日,故宫博物院向前来参观的人们发放了一份传单,呼吁国民政府保全故宫博物院。

与此同时,正在南京的故宫博物院院长易培基与古物保管委员会主席委员张继等人紧急协商,并由张继给中央政治会议呈文,要求否决经亨颐的提案。

两个月之后,国民党中央政治会议召开第155次会议,对经亨颐的提案进行了复议,并对张继的提案进行了审议。会上,张继和经亨颐唇枪舌剑,针锋相对,辩论激烈。张继对经亨颐关于废除故宫博物院的五点依据进行了逐一驳斥。对经亨颐的第一观点,张继认为:"故宫博物院联络成文,不过表示故宫博物院所设之地点为故宫,与上海特别市政府七字联络成文,表示市政府所在地为上海相同。……欧洲各国以旧时皇室改作博物院者,不一而足,且多以某宫某宫冠于博物院之上,而为之名……"对经亨颐的第二观点,张继认为:"研究以前的历史,是完全学术之供应,而非为实行彼时之现象,现在世界学者,争研究近代野人之生活,及发掘荒古时代原人之器物,若以经委员所说例之,是则近代学者,弃基进化之生活,而履行古人之茹毛饮血穴居野处乎?……故宫博物院亦何不可作此观察?参观者见宫墙高且多,无异囹圄,见宫中生活之黑暗,一无乐趣,或可兴起其蔑视天子,重视平民之念乎。"对经亨颐的第三观点,张继认为:"博物院内包括图书文献,世所习见,从未闻世界学者有所批评。"对经亨颐的第四观点,张继认为:"故宫已收归国有,已成国产,更何逆产足言?故宫建筑之宏大,藏品之雄富,世界有树之博物馆也。保护故宫,系为世界文化史上尽力,无所谓为清室逆产尽力也。且故宫储藏物,皆有明清两代,取之于民,今收归国有,设院展览,公开于民众,亦至公也,与拍卖之后,仅供私人之玩弄者,孰公孰私,不待辩而即知矣",如果拍卖,"总理在天之灵,亦必愤然而不取也。"对经亨颐的第五观点,张继认为:一些清室遗老对溥仪被逐出宫怀恨在心,与奉系军阀一起,传说种种关于国民军的谣言,所谓黑幕,根本不存在。

最后,张继慷慨激昂地说道:

"现欧洲各国,为供历史之参者,对于以前皇政王政时代物品,莫不收罗保存,唯恐落后,即苏俄在共产主义之下,亦知保护旧物,供学者之研究,一代文化,每有一代之背景,背景之遗留,除文字之外,皆寄于残余文物之中,大者至于建筑,小者至于陈设,虽一物之微,莫不足供后人研究之价值。明清两代,海航初兴,西化传来,东风不变,结五千年之旧史,开未来之新局,故其文化,实有世界价值而其所托者,除文字外,实结晶于故宫及其所藏品。近来欧美人士,来游北平,莫不叹为大可列入世界博物院之数,即使我人不自惜文物,亦应为世界惜之。……且故宫之内,所藏与革命史料有关者颇多,汪精卫之供词,赵尔巽、徐世昌等身事民国仍向溥仪称臣之证据,段祺瑞因此屡次思加以摧残,赖多方之护持,始未得逞,今经委员一加提议拍卖物品,逆产随消,是何居心?诚不敢加以臆测也。"

张继呼吁:

"本会保留古物,职责攸关,心所谓危,不敢缄默,明达诸公,必能排除邪议,保障文化,敢请仍照原议,设立专院,使有责成,而垂久远。"

张继的一番陈词,驳得经亨颐体无完肤,在中央政治会议的成员中产生了热烈的反响,最后一致通过了维持保护故宫博物院的议案,否决了经亨颐拍卖故宫的提案,一场风波过去了,故宫博物院得以保全了。

但是,四年之后,即当日本帝国主义发动侵华战争,国难当头之际,又有人提议拍卖故宫文物。那是1932年8月31日,"北平政务委员会"讨论保存在故宫古物的办法,并通过了关于故宫的三项决议,其中第一项是:"各委员会签字,呈请中央拍卖故宫古物,购飞机五百架。"代表故宫博物院列席这次会议的院总务处长俞同奎见有此项决议,连忙中途离席,与院长易培基商讨对策。易培基一方面请正在北京的"北平绥靖主任兼北平政务委员会常务委员"张学良"设法劝阻",另一方面请院秘书长李宗侗出面请有关方面帮助维持故宫的秩序,并向国民党中央致电。同时,在北京的一些学术团体和民间组织或召开研讨会,或发出呼吁,要求保全故宫文物。直到10月14日,中央执行委员会政治会议议决了保护故宫的办法,第二次拍卖故宫文物的风波又得以平息。

故宫博物院的成立,是中国文物保护和博物馆事业发展的一件大事,使近百万件古代文物精华得以有效的保护、研究并向公众展示,但上述两起拍卖故宫和故宫文物的议案,却使故宫博物院在发展之初便一波三折,差点造成千古遗恨。

2. 炮火追击下的文物大迁移

人们都知道,1934年10月到1936年10月,中国工农红军

(三)故宫文物的痛苦别离

冲破蒋介石的重重封锁,四渡赤水,强渡乌江,爬雪山,过草地,历时两年,走过了充满艰难困苦的二万五千里长征路,完成了北上抗日的震惊世界的伟大壮举。但就在红军长征之前,在日本帝国主义侵占我东北三省并进逼华北,平津告急的紧要关头,故宫博物院的文物开始进行了一次历时十四年之久的文物大迁移,世所未闻。

1931年"九·一八"事变的爆发,中华民族已经开始处于危难之中。鉴于英法联军火烧圆明园给园内文物珍品造成了无法挽回的损失,鉴于庚子之变八国联军在北京等地大肆掠夺,更鉴于日军的侵略气焰在蒋介石"攘外必先安内"思想的指导下未遇阻拦,势头正盛,故宫的文物随时有在战火中被焚毁或遭劫的危险,故宫博物院提出了文物南迁的决定,在国民政府批准之后,故宫博物院即开始挑选文物,集中装箱,准备于1933年1月31日南迁上海贮藏。

故宫文物的南迁同拍卖故宫的议案一样,在社会上引起了一场轩然大波。支持者认为,只有将故宫的重要文物转移到南方较安全的地方,才能确保不落敌手或在战火中损毁。但以原古物陈列所所长并曾任湖南省代理省长周肇祥为代表的反对者认为,没有了故宫的文物,北京这座历时文化名城也就名存实亡了,而且可能引发北京的人心躁动。为了阻止故宫文物的南迁,反对者举行了群众集会,并且表示要不惜以武力阻止,甚至要在铁路沿线埋设炸药,炸毁列车。平津卫戍司令部在报上刊发了故宫文物南迁的消息后,常收到反对者为阻止文物南迁而寄出的手枪、炸弹、恐吓信等。因此,故宫博物院院长易培基给正在南京负责处理文物南迁事宜的李宗侗打电报,说明了文物难以定期运出的原因。电文说:

周肇祥联合工联会,煽动工人,阻止汽车、排子车等为院运物出门。周并到处集众演讲，散布传单，激动群众，皆有实据。各报一律衵佐，致包雇车工迄今尚无办法。

由此可见，当时的社会舆论大多反对故宫文物的南迁。

无奈，故宫博物院只好请当时的北平市政当局协助，在逮捕了周肇祥之后，由军警护卫，在严格保密的情况下，于1933年2月6日清晨将第一批南迁的文物运出了北平，到1933年5月15日，前后共运出了五批文物。南迁的文物中，除故宫博物院的13427箱零64包外，还有古物陈列所、太庙、颐和园、国子监等处收藏的文物6066箱。

南迁文物已到南京的下关火车站。但有关方面的争议使贮藏地点迟迟未定。宋子文主张将文物运往上海租界，而张继等人却认为中国文物存入租界中受到外国人的庇护是奇耻大辱，应将文物运往洛阳或西安，几经争议，最后决定文物仍旧运上海，但根据蒋介石的意见，文献档案留在了南京。

文物的南迁途中，各火车站一律优先放行。虽然车上有宪警荷枪实弹，严加保护，车下有马队接力伴随，但在徐州一带，仍险遭土匪拦截，幸有军队将土匪击溃。

文物运往上海后，先是存放在天主堂街济仁院旧址及四川路业广公司，同时利用南京朝天宫旧址，建设故宫博物院南京分院，以便以后把在上海的文物运到南京保存。1936年12月17日，存放在上海的文物分五批全部运到了刚建成的南京分院。故宫南迁文物在南京分院刚落脚跟，"七·七事变"发生了，这使南迁的故宫文物再次面临大转移。

故宫博物院南迁文物再次转移的命令，是国民政府行政院下发的，命令要求把所有库存的文物疏散到大后方去，因为"七·七事变"之后的南京，形势也很危急。事后在南京发生的震惊世界的南京大屠杀证明，当时这样决定是正确的。

（三）故宫文物的痛苦别离

　　文物的再次迁移是极为困难的,不仅有交通问题,更有日军对迁移地的轰炸,文物的安全难以保证。如果说故宫文物从北京南迁尚有一定的目的地,再次疏散则很盲目,像逃难一样,不知所措。尽管如此,却也是不得已。

　　这次疏散文物分三路进行,其中南路文物从1937年8月14日启运,先到汉口,又到长沙,在岳麓山下开凿石洞作为文物的栖身之地。正当人们准备迁入文物时,日军在攻占江苏后向西奔来,湖南、湖北受到威胁。行政院又命令将这批文物运往贵阳,存放在六库门内的一座花园中。但在日寇的铁蹄下,贵阳也不是安全处所,一年之后,这里便时常受到日军飞机的空袭。于是,这批文物又于1939年1月18日至23日迁到了安顺县南门外华严洞内。文物迁出后不久,贵阳便遭到日军的大规模轰炸,全市成为废墟。如果不是早将文物从贵阳迁出,其后果不堪设想。后来,由于桂林、柳州等地相继失守,这批文物又迁到了四川巴山县的飞仙岩。

　　中路文物的迁移是从1937年11月初淞沪前线战斗失利后开始的,共有故宫文物9331箱,另有古物陈列所的大批文物。这批文物先是运到汉口,但不久南京失陷,武汉也有唇亡齿寒之感,于是,又从汉口运往宜昌,继而运往重庆。重庆不仅雾大雨多,而且也屡遭空袭。经已任故宫博物院院长马衡等人几经勘查,最终决定先于1939年4月23日将文物运往宜宾,之后又分27批运往乐山县,同时有一批运往成都的文物,则转运到了峨眉县。

　　北路文物实际上也是西运,是在南京战争吃紧的时候抢运的,共有文物7287箱。这批文物分散在三列火车上,先沿津浦路北上到徐州,再向西沿陇海路往宝鸡,将文物分藏在宝鸡关帝庙和城隍庙内,时在1937年12月8日,不料两个月后,潼关的军事形势也紧张起来,危及宝鸡文物的安全,这批文物又被运到汉中。在汉中期间,因一名士兵所带手榴弹缀地爆炸,不仅使三名值班士兵当即身亡,而且部分文物也被炸坏,所幸不多。不久,汉中机场遭敌机轰炸,马衡院长担心在汉中的文物被毁,决定再次将文物转移到成都。正在这时,行政院下令将成都的文物运出成都,这样,在汉中的这批文物便一同运到了峨眉县。在峨眉县期间,迁移到这里的文物差点毁之一炬。原来,1943年峨眉县城发生了一次大火,幸亏守护人员及时拆掉了文物库房附近的一排茅屋,才使文物未遭殃及,但县城的大部分地段都化成了灰烬。

抗日战争胜利之后,迁移的故宫文物从1946年1月开始向重庆集中,1947年底全部运回了南京。文物从北京开始迁移,再于"九·一八"上海战役打响的第二天从南京西迁,到1947年底全部运回南京,历时达十四年之久。这样的文物大迁移,世所罕见,而这一切,又都是由于日本军国主义对中国的入侵所致。文物的迁移过程中,各种艰难和险阻时时威胁着文物的安全。其中既有从北京南迁时遇到的层层阻力和途中险遭土匪拦劫,也有在南京装箱过程中敌机的空中扫射,更有伴随着敌人的隆隆炮声东躲西藏和随时可遇的种种危险。值得庆幸的是,虽然在日本侵华期间中国文物遭受了巨大损失,但故宫南迁的文物却损失不大。这功劳有故宫博物院全体同人的,有当时的国民政府的,也有为方便装运文物而让开南京码头的那些中国普通老百姓、那些难民们的。

3. 日伪抢劫故宫文物

曾有人说,日本占领中国期间,曾抢劫了大批文物精品运回

(三)故宫文物的痛苦别离

日本。北京也曾一度被日本占领,但为什么北京故宫博物院没有遭到抢劫呢?理由是日本军国主义认为,日本必将占领中国,故宫博物院的文物不必搬移,当然是归大日本天皇所有了。这种推断是难以成立的,事实上,日本侵略者虽然没有烧毁故宫,但却从故宫抢走了大批文物。

日本文化与中国文化有密切的渊源关系,1937年"七·七"事变后,北京沦陷。日军进城之后,深深为这座中国古都所独具的历史、文化魅力所折服。故宫大批文物南迁之后,仍有一些故宫博物院职工留守北京,维持日常工作,加上日军开始也并没有对故宫轻举妄动,所以相对也较平安。

但在第二年夏天,情况就大不一样了。早在1935年5月,为使社会上更多的人看到和利用故宫的藏书,留守北京的故宫博物院职工便利用太庙公园(今北京市劳动人民文化宫)设立图书馆分馆,公开接待读者,不料在1938年6月15日、16日两天,日伪宪警以检查书籍和报刊为名,把黑手伸向了故宫收藏的善本图书上。在这两天,日伪宪警共劫走49种图书,计165册;156种杂志,计3347册;撕毁书籍26种,计26册;撕毁杂志64种,计4131册;烧毁图书133种,计164册;烧毁杂志205种,计3277册。第二年3月,日伪宪警再次来到太庙,劫走杂志3种,计37册。这三次到太庙图书馆的抢劫焚烧,使故宫博物院的古文献资料蒙受了巨大的损失。

为了达到占据故宫的目的,1942年6月30日,日本军队正式接收了故宫博物院,并由他们任命了代理院长,公布了新的关于整理院务的办法。这个时候,日本侵略者已经失去了在中国和太平洋战场上的主动权,为了供应前线武器,北京的日伪政权发动了所谓的"献铜运动",以便制造枪支,不仅老百姓家里的铜、铁被强行收缴,而且连博物馆收藏的铜、铁质文物也不放过。

他们先是把历史博物馆收藏的1406尊铁炮劫走,接着又看上了故宫博物院院内的过去宫中用来贮水救火的大铜缸和用来照明的铜灯亭。1944年6月19日和20日两天,日军先后从故宫博物院劫走了54个大铜缸、91个铜灯亭、1尊铜炮。抗日战争胜利之后,这批故宫博物院文物的一部分在天津发现了,其中91个铜灯亭和1尊铜炮尚在,但已残毁坏,重量大为减少,而那54个铜缸却不见了,它们或已被运回了日本,或早已熔化后制成了杀害中国人民的枪炮了。

在北京故宫文物被日军抢劫的同时,南京分院也遭到了日军的掠夺。他们不仅占据了南京分院的院址,掠走院内的设备,而且把存放在朝天宫库房内的2954箱文物也移出了南京分院,存放在北极阁中央研究院,企图掠往日本。好在日本不久便宣布无条件投降。尚未被劫走的文物又被追查回院。

4. 文物精华运往台湾

1948年9月下旬,由中国共产党领导的中国人民解放军取得了济南战役的伟大胜利,继而辽沈战役成功,蒋介石的军队已经是不堪一击了,全国战局发生了根本性的变化,蒋介石政府开始准备向孤岛台湾撤退。这时,故宫博物院理事长翁文灏、理事王士杰、朱家骅、傅斯年、李济、徐鸿宾等人在南京开会,决定把从北京故宫博物院南迁后存在南京的文物全部运往台湾。

从1948年12月至1949年2月,蒋介石政府动用军舰及招商局的轮船共运送三次文物赴台,计有文物2972箱,23086件,约占抗战时期南迁文物的六分之一。虽然由于人民解放军的强大军事攻势,使蒋介石政府最终并没有把所有故宫博物院南迁的文物运往台湾,但依"先好后差"的原则,运走的大都是南迁文物的精华。这些文物,主要是书画、铜器、瓷器、玉器、漆器、珐琅器、雕刻、文具、图书、文献及其他工艺品。设想,如果当初蒋介石得以成功地把南迁文物全部运往台湾,那么今天的北京故宫博物院,恐怕只能是一座"空城"了,也就难以称得上是世界著名的博物馆了。

与运台文物同时,一批故宫博物院的老专家、学者也随之去了台湾,如那志良、吴玉璋等,有的至今仍健在,不知他们对当初的这一决定,在历经五十多年之后,作何感想。

所有运台文物先存放在一家糖厂的仓库内,保管条件极为恶劣,直到1950年4月,位于台中的新库房落成,文物才有了栖身之所。1955年,国民党政府成立了"国立故宫、中央博物院联合管理处"。1965年11月12日,台北故宫博物院正式成立,运台文物终于有了一个较好的保存和展览环境。

虽然台湾是中国领土不可分割的一部分,但大陆民众却不能像参观北京故宫博物院一样,自由地参观在台湾的大陆文物。而且,由于启运仓促,不少文物是不完整的,有的图书上半部在北京,下半部在台湾;有的画册,几折在北京,另几折在台湾。本应完整地保存在一起的中华民族的优秀历史文化遗产,却由于人为的原因,割裂为二,这不能不说是我们民族的悲哀。

五 动荡年代

(一) 民国时期洛阳文物的劫难

从 1911 年清王朝的覆灭和民国政府的建立,到 1949 年解放前这三十多年的时间里,中华民族饱尝了战争之苦。其间有军阀混战、第一和第二次国内革命战争,有俄、日、德、美等列强对我国领土的强占,有八年的抗日战争和三年的解放战争。时间虽短,但战乱不断;战乱之中,不仅人民受苦,各种文物、古迹也遭到了前所未有的破坏。

1. 繁荣与劫难相伴的洛阳古城

洛阳之地,"被昆仑之洪流,据伊洛之双川,挟成皋之严阻,扶二崤之崇山"(东汉傅毅《东都赋》语),是中国版图上一块有着悠久历史和文化的宝地。这里,曾是十三王朝的建都之地,先后以洛阳为都的有夏、商、西周、东周、东汉、曹魏、西晋、北魏、隋、唐及五代时期的后梁、后唐、后晋,另外还有新莽及后赵、北周、后汉、后周,北宋、金等朝把洛阳作为陪都,在中国六大古都中,于洛阳建都的朝代最多。这里,是数代帝王的陵墓区,并有很多

(一) 民国时期洛阳文物的劫难

名人在此长眠。由于洛阳是古代政治、军事和经济、文化的重地,因而也是历代兵家必争之地。或许正是由于上述原因,在历史上,洛阳的文物破坏几乎没有中断过。

早在东汉末年,由于军阀混战,京都洛阳城便遭到了首次毁灭性的破坏。特别是挟汉献帝以令诸侯的军阀董卓,率兵进入洛阳城后,烧杀抢劫,掳掠奸淫,不久抢劫了富户大室的家中珍藏,而且打开汉灵帝的文陵,"悉取藏中珍物"。为了铸造新的钱币,"悉取洛阳及长安铜人、钟虡、飞廉、铜马之属,以充铸焉"(见《后汉书·董卓传》)。在与不服董卓的孙坚进行的大战中,董卓亲自出马与孙坚在偃师以南各帝王陵墓间进行决战,使这一带的陵墓受到严重毁坏。董卓挟汉献帝逃往长安前,再次对洛阳进行了疯狂的摧毁,不仅悉烧宫、庙、官府、居家,而且使吕布盗挖诸帝陵及公卿以下冢墓,收其珍宝。自西周以来数百年精心营建的洛阳城,在军阀的混战中毁于一旦,前代遗留的文物古迹几乎不存。

洛阳城的再一次遭难是源于西晋时期的八王之乱。在这场动乱中,长沙王司马乂曾"放火烧诸观阁及千秋神武门"(见《晋书·齐王冏传》);张方在洛阳"分争府藏"(见《晋书·惠帝传》),尽取魏晋以来宫中积贮;王弥、刘曜军"攻陷平昌门,焚东阳、宣阳诸门及诸府寺"(见《晋书·载记·刘聪传》),并进入南宫,"纵兵大掠,悉收宫人、珍宝"(同上),"焚烧宫庙"(见《晋书·怀帝纪》)……二十余年的八王之乱,使荟萃汉魏晋灿烂文化的洛阳成为一片废墟。

隋唐时期,洛阳成为中国著名的文化之都,仅王室在这里收藏有大量汉魏晋以来的著名文物书画和佛教典籍,从北魏开始开凿的龙门石窟在唐朝达到了顶峰。但进入宋代以后,这里成为宋、金、元、明长达数百年的战场,文物古迹遭到破坏。之后,这里又有民国时期军阀割据势力的盘踞,有日本侵略军的轰炸和占领,有解放战争时期人民解放军与国民党反动派的激战……尽管如此,古都洛阳还是为后人留下了大批著名的文物古迹。洛阳文物的最后一次遭到破坏,正是在国民党的腐败统治时期。据初步统计,民国时期洛阳被破坏或流失国外的文物多达数十万件。解放后,文物部门在对洛阳古墓进行考古发掘时,所看到的往往是"十墓九空"。

2. 民间和官方参与的盗墓活动

民国时期,政府腐败,战乱不断,社会动荡不安,因此发生了很多民间甚至官方参与的盗挖古墓活动,现介绍其中主要的几次。

第一,民间盗墓

1916年,邙山村民在洛阳古董商刘鼎方的主持下,盗挖了一座汉代壁画墓,高73.8厘米,长240.7厘米的精美壁画,被割裂拆下,卖给了一上海商人。此画后来被美国人买到手,又到了法国,1924年被美国波士顿美术馆收买。

1928年,金家沟村民盗掘了北魏元炜墓,盗出一方墓志和数十件陶器、陶俑,卖给了古玩商人马子忠。

1936年,安驾村村民盗掘了晋代裴祇墓,盗出的文物有一块石质墓志,数件金质头饰和一根铜镶玉腰带,除墓志外,其余文物均被卖掉。

解放前夕,蟠龙冢村村民盗挖了北魏元邵墓,出土文物达数百件,有完整的仪仗俑,有陶马、陶驴、陶骆驼、陶牛、陶猪、陶镇墓兽、陶碗、陶盘、陶灯、陶盒等。

第二,官方参与的盗挖倒卖文物活动

(一)民国时期洛阳文物的劫难

1928年,军阀韩复榘在洛阳设立古玩特税局,赋予了古玩商人经营文物的合法性,刺激了盗墓和文物买卖之风的增长。

1930年,冯玉祥部薛嘉宾命令洛阳县政府成立古玩特税局,规定只要交税,便可随便盗墓。

1930年秋天,二十路军张伯英进驻洛阳,他酷爱金石书画,与古玩商相勾结,在洛阳收购了大量文物,其获得的文物一部分归他所有,另一部分则给了于右任。

由于民间和官方盗挖古墓和倒卖文物的盛行,政府毫不理会,一些外国奸商也趁机来到洛阳,大肆搜罗这里的文物珍品,使大批文物流失海外。较有代表性的事件有:

盗窃龙门石窟文物。1923年,美国费城大学博物馆派人来到中国,唆使古玩商盗走了龙门古阳洞弥勒佛造像。1934年,纽约艺术馆派人来到中国,勾结古玩商盗走了龙门石窟的《帝后礼佛图》、卢舍那大佛的右手掌、飞天、龛楣等一批珍贵文物。

盗挖金村大墓。1928年秋,加拿大人怀履光和美国人华尔纳来到洛阳坐地高价收购出土文物,致使洛阳城北金村村民持续六年大肆盗挖古墓,其中有东周大墓八座,出土青铜器等文物几千件。这批文物只有三件存于国内,其他文物散存在国外十几个国家和城市,有许多是稀世之宝,如收藏在美国纳尔逊博物馆的两件侏儒俑,前所未有。

盗挖西周大墓。1929年加拿大人怀履光又来到洛阳马坡村,唆使村民盗掘了一批西周大墓。这批大墓中的文物以青铜器为主,且多有铭文,如臣辰父已鼎、夔足凤耳鼎,守宫卣、令方彝、荣子方彝等,价值连城。

另外,还有其他一些文物被外国人盗运出境,如收藏在日本的西晋左棻墓志、北魏冯邕妻元氏墓志、北魏卢扬妻王夫人墓志、齐郡王妃常季繁墓志等;收藏在日本东京国立博物馆的唐三彩；收藏在美国波士顿艺术博物馆的北魏玉石弥勒造像；收藏在美国纳尔逊博物馆的北魏孝子画像石棺……如此等等，不胜枚举。

(二) 兵匪肆虐清代陵寝

清王朝从清太祖努尔哈赤开基建立后金政权，到辛亥革命后宣统皇帝退位，历经12帝295年。

清代非常重视帝王陵寝的建设，共有三个陵区，即清初三陵、清东陵和清西陵。清初三陵是清室的祖陵，其中永陵埋葬有清太祖努尔哈赤的远祖，位于辽宁省新宾县启运山下；福陵埋葬有清太祖努尔哈赤及孝慈高皇后叶赫那拉氏，并有寿康太妃园寝，位于沈阳市东郊浑河北岸的天柱山上；昭陵在沈阳市以北五公里处，葬有清太宗皇太极和孝端文皇后博尔济吉特氏，并有懿清太妃园寝。清初三陵是清统治者入关之前建造的，故都在关外。入关定国之后的诸帝，死后则分葬在清东陵和清西陵。

清东陵位于河北省遵化县马兰峪，是中国现存规模最大，体系最完整的帝王陵区。在这里，共有帝、后、妃陵寝十座，葬人157人。其中有帝陵五座，即清入关第一帝顺治的孝陵、第二帝康熙的景陵、第四帝乾隆的裕陵、第七帝咸丰的定陵、第八帝同治的惠陵；有孝庄、孝惠、孝贞（慈安）、孝钦（慈禧）四座皇后陵；有景妃、景双妃、裕妃、定妃、惠妃五座妃嫔园寝；陵区外围，还有王爷、皇子、公主、保姆、勋臣等人十余座陵寝。

清西陵位于河北省易县的永宁山下，共葬有76人。其中有清朝入关后第三帝雍正的泰陵、第五帝嘉庆的昌陵、第六帝道光的慕陵、第九帝光绪的崇陵；有孝圣宪皇后的泰东陵、孝淑睿皇后的昌西陵、孝静成皇后等人的慕东陵；另有妃陵三座，王爷、公主陵四座,共计14座陵寝。

清朝极为重视帝王陵区的保护,把这里看作是上吉之壤,风水胜地。陵区周围广设红、白、蓝桩,组成道道防范界线,青桩外又设官山,若有擅自入内者,便严拿以治重罪。多年的经营,使陵区雄奇与珍秀相济,宏伟与秀丽并举。又因为清代帝王无不重视厚葬,企盼在死后也能享受生前的豪华生活,使陵区内荟萃了大量奇珍异宝,可谓"生则同屋,死则同穴"。

但是,在清王朝灭亡之后,直至新中国建立前夕,在动荡的社会里,军阀混战,土匪横行,日军也曾在陵区内驻扎,使清代帝王的葬身之地成为兵匪横行之所,建筑被毁,地宫被掘,珍宝散佚,发生了一系列轰动海内外的清代陵寝被盗毁的惨剧。

1. 孙殿英胆大妄为盗东陵

孙殿英,河南永城人,名魁元,号殿英,自小与流氓地痞混在一起,贩毒、赌博、抢劫、绑票、霸占良家妇女,几乎无恶不作。他1920年当兵,并很快升为国民革命军第十二军军长,驻兵河北蓟县,虎视皇陵,萌发了盗陵之念。

1928年端午节前夕,一伙密谋盗陵的土匪趁兵荒马乱进入东陵,妄图发一笔不义之财。孙殿英获知这一消息后,暗自大喜,马上带兵前往,击溃了土匪,然后光明正大地占据了陵区,以举行军事演习为名,对陵区实施戒严,开始了对清东陵的盗劫。

这是1928年7月的一天夜里,孙殿英命令工兵营长颞孙子瑜带领一连人来到了慈禧的定东陵。因为他知道,慈禧太后这位"老佛爷"的墓中,定有数不尽的珍宝。

1894年,在甲午战争的炮声中,慈禧太后在清宫中度过了60岁大寿。第二年,慈禧全然不顾割地赔款造成的国库空虚和全国大旱造成的民不聊生,下令将修建了22年的陵寝拆毁重建,后又再建了14年,直到慈禧死时才算完成。重修后的慈禧陵,规模宏伟,富丽堂皇,超过了清代祖陵。权欲极大的慈禧不仅生前奢侈无度,死后的安身之地也在她的公开指使下,糜费惊人。

早在慈禧生前,她就曾亲临遵化视察"万年吉地"的风水,并将她手腕上的一件"十八颗珍珠手串"摘下来,投进地宫金券的金井内,作为镇墓之宝。在安葬慈禧时,随棺椁葬入了大量稀世珍宝。李莲英曾是慈禧太后的心腹太监,并参加了慈禧的安葬仪式,亲睹了慈禧棺椁中随葬的宝藏,他和他的侄子合写的《爱月轩笔记》中对此进行了较为详尽的记载:慈禧太后的尸体入棺前,先在棺底铺有三层金丝串珠绣花褥,上镶珍珠13604颗,宝石87块,白玉203块。褥上铺有一层珍珠,达3720颗之多。慈禧头部放置一件翠荷叶,满绿碧透,更为难得的是,叶脉为天然长成,可谓鬼斧神工。慈禧的脚下安放有用粉红碧玺制成的一朵大莲花,惟妙惟肖。置于荷叶、莲花之间的慈禧尸体,头戴凤冠,冠上嵌有一枚外国进贡的特大珍珠,重达4两,大如鸡卵;身盖裘被,被上有用珍珠堆成的大朵牡丹;手戴金镯和六朵小梅花,是用钻石连贯镶成。在慈禧尸体左侧,放有一枝玉石制成的莲花和三节白玉石藕,藕上有天然形成的灰色污泥,节处生出绿色荷叶并开出粉红色的莲花;还有一枚用黑色玉石制成的芋哑。尸身右侧,放有一枝玉雕红珊瑚树,上绕青根绿叶红果盘桃一枝,树顶处栖息着一只翡翠小鸟。慈禧脚下左右两侧,各放有翡翠西瓜一个、碧玉甜瓜2个、翡翠白菜两棵、翡翠桃子10个,还有黄宝石李子100个、红宝石大枣40个、黄宝石杏60个,那翡翠西瓜为绿皮红瓤黑籽白丝;翡翠甜瓜一对为青皮白籽黄瓤,一对为白皮黄籽粉瓤;翡翠白菜均为绿叶白心,菜心上伏有一只翡翠蝈蝈,叶上落有两只黄马蜂。此外,慈禧的尸身两旁还放有金、红宝石、玉、翠雕佛爷各 27 尊,每尊重 175 克至 400 克。

上述宝物,均用天然料雕成,不仅构思匠心独运,雕琢巧夺天工,单是选料就极其难得。在放入了这些宝物后,又在慈禧身上盖了一件价值连城的织金陀罗尼经被。

陀罗尼经被为佛教密宗圣品,遍印梵文密咒,将这种经被盖在死者身上,表示生者对死者的敬重和安慰,兼有为死者超脱苦难,尽快进入"极乐世界"的含义。据中国第一历史档案馆的清代文献记载,慈禧的织金陀罗尼经被系清代江宁(南京)织造局所织,其用料之精、幅面之大、工艺之善、图文之美,都是极其罕见的。此被长 280 厘米,宽 274 厘米,明黄缎底,捻金织成。被上饰有万福万寿花纹、团佛与莲花、汉文佛经,经文组成的宝塔等装饰性图案和文字,并缀有 820 粒珍珠,价值 16 万两白银。

上述宝物殓葬完毕,盛殓的官员又捧出 4 升珍珠和红、蓝宝石 2200 块倒入棺中,填补棺内空隙,4 升珍珠中有八分大珠 500 粒,二分珠 1000 粒,三分珠 2200 粒,与宝石一起值银 223 万两。尔后,又放入 8 匹玉制骏马和 18 尊玉制罗汉。

这一棺奇珍异宝,价值白银 5000 多万两,而当时的清朝库存白银不足 7000 万两,因此,人们盛传慈禧把半个多国库都带进了棺材。慈禧的陵寝,当然对孙殿英有着巨大的吸引力了。

孙殿英一伙闯进陵内,先毁掉明楼和宝顶,然后用炸药炸开地宫进口,打开金刚墙,进入地宫。匪徒们用刀斧砍碎慈禧太后的棺椁,只见慈禧太后躺在棺中,似在安然入睡,不腐不朽,但很快便因见了风而面部变黑,令盗贼吃惊不已。他们把慈禧的尸体搬出来,扔在地宫的西北角,很快便抢劫了棺中各种珍宝,甚至撬开慈禧的嘴,挖走了嘴中硕大的夜明珠,这颗珠分开为两块,合则为一个圆珠,并透出一道绿色寒光,黑暗之中可在百步内照见头发,据说正是此珠的作用才使慈禧的尸体不腐烂。慈禧亲自扔在地宫金井内的那串珍珠手串,也没有幸免。孙殿英等人抢劫了棺内珍宝后扬长而去,当住在天津的末代皇帝溥仪听说东陵被盗,派遣清朝遗臣来重新安葬慈禧时,只见慈禧脸朝下伏在棺盖上,手反转搭在背上,长发散披,遍体长满白毛,口角处已被撕破。整个地宫内,除了残破的棺木和破烂衣衫外,空空如也。

在盗劫慈禧陵的同时,孙殿英还派遣辎重营长韩某直奔乾隆的裕陵,劈棺扬尸,盗走了地宫金棺内随葬的全部珍宝。那么,孙殿英从乾隆陵内共盗走了些什么珍宝呢?

乾隆是有名的"风流天子",生前广收名画名帖及珍异古玩,并多次亲临陵寝,使隆恩殿和地宫内布满了奇珍异宝。根据文献记载的隆恩殿陈设和地宫内的盛殓,被劫掠的珍宝文物有:

隆恩殿东暖阁佛楼上,设花梨木柏木心紫檀木雕花供柜一座,须弥座上嵌珊瑚12个,松石8块;柜上设紫檀木佛一座,外帘随穿假珠灯二对,铜灯二对,铜匾对一副;玻璃欢门十扇,内供铜胎佛一尊,手捧大东珠一颗,连托重一钱,随檀香嵌玻璃背光座。紫檀木供桌一张,上供象牙佛九尊,金七珍一份,八宝一份,贲巴壶一对,内插孔雀翎和吉祥草,八铃一件。紫檀木案八张,上供铜胎八大菩萨八尊,各随檀香嵌玻璃背光座;穿上各供八宝一份,金塔一对,金坛城一对,随紫檀木座。珐琅盘珊瑚树一对,随紫檀木座。珐琅五供一份,随紫檀木香几,香靠烛、香花瓶内插穿珠花二枝、每枝上饭粒大的珍珠三十二颗,蓝宝石一块,红宝石二块。穿珠欢门幡一堂。象牙灯二对,象牙匾对一幅。佛龛前设有红白毡垫一件,上铺载绒拜毯一件,随黄布挖单一件。

神龛内,靠北墙正面挂御笔雕漆挂屏一件,两旁挂御笔雕漆对一幅,两旁挂御笔雕漆挂屏一件。东、西墙挂御笔雕漆挂屏各

(二) 兵匪肆虐清代陵寝　　　207

一件,各随黄布套一件。靠北墙有宝床一张,系用楠木制成,上铺白毡、红毡各一条,上设黄缎绣金龙坐褥、靠背,迎手一份。褥上设金洋皮长匣一件,内盛圣容二轴。左设红漆雕匣一件,内盛白玉如意一柄,上栓汉玉豆三个。左设瓷痰盒一件。紫檀木罩盖匣一件,内盛洋瓷珐琅表二件。宝床一张,左设紫檀木罩盖匣一件,内盛孝贤皇后挽诗一套计十二册。填漆罩盖匣一件,内盛挂轴二轴,其中明代书画家文征明"春秋荣枯"一轴,元代书画家柯九思"临九成宫醴泉铭"一轴。雕漆匣一件,内盛唐狮砚滴一件,紫檀木座。紫檀木二层罩盖匣一件,内藏汉玉宝二方,汉玉印色圆盒一件。紫檀木长方罩盖匣一件,内盛成窑五彩盅一件。填漆二层盒一件,内盛手卷四卷,上层为元代大书画家赵孟頫《秋郊饮马图》一轴,宋末元初画家钱选《孤心图》一轴;下层元代邓文原章草真迹一轴,赵孟頫书"道德经"一轴。宝床上,右边设紫檀木嵌银片字罩盖匣一件,内盛瓷小盅一对,紫檀木座。紫檀木提梁匣一件,内盛白玉把盅一件,紫檀木商丝座。填漆方匣一件,内盛哥窑圆洗一件,紫檀木座。紫檀木描金匣一件,内盛汉玉三喜壁一件,紫檀木座。填漆长方匣一件,内盛册页二册,分别为明代书画家董其昌和南宋画家马远的真迹册页。左边设方几一张,上设御笔"十全老人之宝"说玉册十片,随黄缎套一件。右边设方几一张,上设玉宝一方。

　　楼檐下,正面挂御笔雕漆匾三面。东墙上,挂御笔雕漆匾二面。靠东墙设紫檀木大案一张,上设御制"石鼓文序"一册,端砚十方,紫檀木玉字三层匣盛。佛说无量寿佛经一册,红雕漆匣盛。御制"鸡雏图"桌屏一件。御制"缂丝心经"一册,紫檀木匣装。青玉方盒一件,内盛册页一册。紫檀木嵌螺钿匣一件,内盛玛瑙图书八方。玉板金刚经一匣计十二块,金漆玻璃罩匣盛。紫檀木嵌螺钿匣一件,内盛御制诗十册。御制"抑斋记"碧玉册页一份，计玉板八块，碧玉宝一方，紫檀木嵌金银片匣盛靠西墙，设大案一张，上设宋代青玉龙执壶一件，宋青玉龙杯盘一份计十二件，楠木插盖匣盛。金胎西洋珐琅杯盘一份计二件；金胎西洋珐琅小执壶一件，上嵌珊瑚顶一个；金胎珐琅西番花杯盘二份四件；以上各件均楠木插盖匣盛。银里葫芦碗一件。珊瑚顶小金多木二件，每件上嵌红宝石四十块，小珍珠三十六颗。御题诗青白玉碗二件，一件随盖。青白玉执壶一件。青白玉双鹿耳杯盘一份计二件。金胎珐琅西番莲朝冠耳杯一份计二件。御题诗青玉盅一件。蕉叶式青白玉渣斗一件。白玉渣斗一件。银里葫芦盅一对。青玉碗二件。青白玉碟四件。诗意菱花双耳白玉碗一件。御题诗双耳拱青玉碗一件。御题诗金里红雕漆盅一件。御题诗碧玉碗一件。御题诗"扎骨扎牙"木碗一件，随铁镀金錾花套。白锦地红龙瓷盅二件。嘉窑青花白地人物瓷盅二件。五彩填漆春寿长方茶盘二件。汉玉靶金叉子一把。御题诗汉玉靶嵌掐银丝紫檀木银叉子一把。青白玉小盖盒一件。御题诗白玉盅一件。青白玉碟一件。御题诗五彩人物鸡血瓷杯一对。黑漆里葫芦碟一件。玛瑙盅一件。银里葫芦碗一件。以上均楠木插盖匣盛。陵图一轴，楠木匣盛，两侧设金漆戳灯一对，各随黄铜蜡托盘一个，杭细单套。当中设楠木香几一件，上设锡香炉一个，两旁设楠木戳灯一对，随锡蜡盘一对。前设拜垫一件，随黄纺丝挖单、布单各一件。东边设珐琅火盆一件，紫檀木座。

有必要指出的是，上述所列乾隆裕陵隆恩殿的陈设，依据的是乾隆十七年十月十三日养心殿员外郎白士秀送到的物品清单，此时离乾隆皇帝的死期尚有四十七年。在这47年的时间里，曾进行大量添置。可惜的是，东陵大盗，使这一切都不知去向。

孙殿英等匪徒盗陵的重点目标，实际是地宫。裕陵的地宫

(二)兵匪肆虐清代陵寝

是一座石雕宝窟,地下佛堂。孙殿英动用工兵炸毁地宫石门,将乾隆帝劈棺扬尸,盗走了地宫中随葬的全部文物、珠宝。根据清宫档案记载,乾隆皇帝入棺时,头戴天鹅绒佛字台正珠珠顶冠;上饰珠顶一座,珠重三钱七分,金托重二钱九分。身穿绣黄宁绸锦龙袍,石青缎缀绣金龙补子绵长褂,鱼白纺丝小棉袄,鱼白素绸棉袄,灰色素绸棉中衣,鱼白素绸中衣带。佩雕珊瑚嘛呢字朝珠一串,上有青金石佛头塔、金镶砢子、背云上嵌砢子各一块,小正珠八颗,砢子大坠角,松石纪念、蓝宝石小坠角、加间三等正珠十颗,珊瑚蝠二个。铜镶砢子四块瓦大鞋(音厅)带一副,上栓飘带一副,随铜镶砢子飘带束。蓝缎拓金银线珊瑚云大荷包一对。绣黄缎三等正珠豆子荷包一个,计珠四颗。绣黄缎火镰一把,饰三等东珠压豆。红缎拓金银线松石豆小荷包一个。红缎拓金银线四等正珠豆小荷包一个,计珠四颗。青缎拓金银线珊瑚豆小荷包一个。牛角商丝鞘花羊角小刀一把。牛角商丝牙签盒一件。鱼白春绸棉套裤。白布棉袜。青缎凉里皂靴。

随梓宫一并装去的珍宝物品有:天鹅绒朝冠一顶,随朝冠顶一座,大正珠顶重二钱六分七厘,东珠十五颗,重六钱三分六厘,金重七钱九分。得勒苏草拆纻缨冠一顶,缀面珠重一钱八分五厘。黄缂丝面片金边绵朝袍一件,上有珊瑚背云二块,珊瑚坠角四个,正珠八颗。绣黄缎绵金龙袍二件。石青宁缂丝金龙棉褂一件。石青缎缀金龙铺子绵长褂一件。兰宁绸绵去襟袍一件。石青缎绵长褂一件。白纺丝衫一件。扁核桃朝珠一盘,为珊瑚佛头松石塔,上有砢子背云、二等饭块正珠大坠角,松石纪念,红、黄、兰宝石小坠角,加间四等饭块正珠五颗,红宝石豆一个,青金珠一个。伽楠香朝珠一盘,为珊瑚佛头塔纪念,上有金镶兰宝石背云,碧牙瑶大坠角,蓝宝石小坠角。金镶松石四块瓦圆朝带一副,为铜底板,共嵌头等东珠二十颗,乌拉正珠八十颗;上栓金镶松石手巾束一对,兰白春绸质,共嵌乌拉正珠六十颗。兰缎拓金银丝葫芦大荷包一对,计附坠角八个,东珠十六颗。绣黄缎火镰一把,上有四等东珠压豆。红缎拓金银线四等东珠豆小荷包一个,计有珠四颗。金镶红宝石松石青金牙签盒一件。金镶红宝石松石青金鞘花羊角靶小刀一把。白玉八块瓦大皮带一副,上栓飘带一副,随白玉飘带束。兰缎拓五彩线松石云大荷包一对。红缎拓金银线松石豆小荷包一个。青缎拓鹿绒小荷包一个。青缎拓金银丝火镰一把,上饰珊瑚压豆。洋铜珐琅鞘花羊角小刀一把。洋铜珐琅牙签盒一件。石青缎绣八吉祥西番九如莲三宝珠当头黄缎绣九龙虞书十二章大褥一床。绣黄缎万字如意边五彩九团龙红蝠流云大褥一床。织香色缎五彩龙棉被一床。紫妆缎褥单一副。石青缎绣八吉祥边黄缎绣蓝喇嘛字心龙凤呈祥顶枕头一个。酱色妆缎绣棉五龙袍一件。朝袍、金龙朝褂各一,缀有金钮子三十三个。红雕漆长方朝珠盒一个。黑漆金花长方带盒一个。

东陵盗案是孙殿英有计划有组织地进行的,这一念头是在孙殿英作为国民革命军六军团十二军军长带兵前往马兰峪围剿土匪时便产生了,马福田等人的叛乱,正好为孙殿英进驻陵区找到了借口。为了运输从陵中盗劫的文物珠宝,事先他曾致函遵化县,征派大车三十辆,理由竟然是不忍心从当地征收军粮,需用马车从外地拉运。一切准备妥当后,他又以军事演习施放地雷为名,驱走全部守陵人员,封锁各道关隘,实行戒严,从7月4日至11日,对东陵内乾隆皇帝所在的裕陵和慈禧太后所在的定东陵进行了重点洗劫。

孙殿英不愧是土匪出身,盗陵也带有明显的土匪特性。当他打开棺椁的时候,见慈禧面貌如生,首先想到的是和这位历史上有名的"老佛爷"睡一觉。慈禧太后最终还是被孙殿英剥去冥衣,俯身扔在地宫的一角。乾隆皇帝远不如慈禧太后幸运,他没有保全尸首,而是被孙殿英大卸八块,零乱抛洒在地宫中。

东陵被盗后,路透社曾在八月五日发布过消息,但并没有引起国人的注意。直到8月13日,南京《中央日报》才在头版报道了"匪军"掘东陵的惨状,但并没有涉及何人所盗。

孙殿英虽是一个超级无赖,却也深知盗劫帝王陵寝当犯死罪,为渡过难关,它投腐败的国民政府之所好,从盗陵所得的文物珍宝中挑选出许多精品,给国民党的军政要员来了一个慷慨大赠送。挂在乾隆项下的那串朝珠及宝石镶嵌九龙宝剑,孙殿英托戴笠奉送给了蒋介石;慈禧墓中的一只翡翠西瓜,送给了宋子文;慈禧口中所含的那颗夜明珠,送给了蒋夫人宋美龄;慈禧朝鞋上的两串宝石,送给了孔祥熙夫妇;何应钦、戴笠等人也都从孙殿英处得到了不少好处。

东陵被盗,举国哗然,不仅身居天津张园的末代皇帝溥仪无比悲愤,强烈抗议孙殿英的罪行,京津一带更是满城风雨,谴责之声连篇累牍见于报端。特别是在案发两个多月以后,从东陵中盗劫的宝物不断在北京、天津、青岛等地面市,社会各界不断呼吁严惩案犯。但国民党政府似乎对此不屑一顾,甚至在官方报纸和函电上连孙殿英部及其番号都不敢提。南京的国民党政府只是在社会压力越来越大的时候,才委派刘人瑞等人前去接收了东陵,并拘押了执行孙殿英盗陵任务的首要分子第五师师长谭温江。

普通法庭无法受理"错综复杂"的东陵盗宝案,国民政府只要同意组成军事法庭审判,并规定审判长必须具备上将身份,审判官必须具备中将身份,法官必须是少将。受审人主要是师长谭温江,另有一些嫌疑犯。

而此时的孙殿英不仅逍遥法外,而且坦然地以谭温江的首长的身份，为其辩护，称"该师所驻各镇名誉甚好，尽可查询"。法庭深知孙殿英的来头，很快便同意保释出狱。救出了谭温江的孙殿英，受国民政府之命，走上了讨伐张宗昌的战场。

虽然后来社会舆论更加严厉，平津卫戍总司令阎锡山也曾下令组成特别法庭再次审理东陵盗宝案，但孙殿英却在舆论的声讨之中荣登安徽省主席的要职。不久，谭温江再次被孙殿英保释出狱。

或许，正是由于孙殿英的通融和行贿，以及国民党政府的官官相护，才使轰动海内外的东陵盗案不了了之。

需要一提的是，在解放战争中，孙殿英曾作为国民党先遣军总司令，与我人民解放军为敌，最终在解放河南汤阴的战斗中，被我军生擒。这个东陵大盗的主犯，后来死在战犯收容所中。

2. 土匪对东陵的第二次洗劫

1928年，由马福田、王绍义统领的一股遵化当地土匪，曾密谋在端午节前夕盗挖东陵，不料消息泄漏，被国民革命军孙殿英部击溃，逃离了东陵一带。孙殿英借机盗挖了清东陵的慈禧墓和乾隆墓。

十多年后的1945年冬，日本军国主义已战败投降，但国内局势却更加动荡不安，东陵也沦入无人管理的境地，土匪们不断光临东陵，使这里的地上文物、建筑遭受到了毁灭性的破坏。

在出没于东陵一带乘机作乱的土匪中，有一股正是当年被孙殿英击溃的那一部分。他们再次来到东陵，与平谷、蓟县、兴隆、遵化等地的不法之徒相勾结，明火执仗地盗挖了康熙帝的景陵、咸丰帝的定陵、同治帝的惠陵及其他后妃的陵寝，从中盗劫了大批珠宝文物。

景陵是清朝第二代皇帝康熙帝的陵寝。康熙帝在位长达61年,是中国封建帝王在位时间最长的一位,无论文治还是武功,都有卓著成绩。在康熙帝的景陵内,葬有康熙帝和他的四位皇后、一位皇贵妃,在景陵妃园寝中,葬有康熙帝的48位嫔妃。此外,还有一处景陵双妃园寝。由于史料所限,盗匪从景陵中劫走多少文物,我们无从得知。

定陵葬有清朝第七代皇帝咸丰帝,是清东陵最西端的陵寝。咸丰帝是清代有名的"战乱皇帝"和"卖国天子",他在位期间,不仅镇压了太平天国革命,而且同俄、英、法、美等国签订了一系列不平等的卖国条约,并造成了英法联军对圆明园的洗劫。定陵的营建共耗用银两三百一十三万四千五百四十七两一钱二分二厘。至于盗匪从中劫掠的文物,亦因史料所限无从得知。

惠陵中埋葬有清朝诸帝中寿命最短的同治帝,他死时只有19岁。同治帝是名副其实的傀儡皇帝,朝中大权实际掌握在其生母慈禧太后手中。同治帝之死,传说颇多,其中流行最广的是死于性病,因为同治帝生前经常微服私访,光顾一些下等妓院,但宫廷公布的却是"出天花"而死,因此民间流传"不爱家鸡爱野鹜,可怜天子出天花"之语。

同治帝死得突然,匆忙下葬,同葬的还有其皇后阿鲁特氏。盗匪把惠陵的地宫挖开,进入金券,将皇帝、皇后的尸骨从棺中拉了出来。入葬已有70年了,同治帝只剩下了一把枯骨,但阿鲁特皇后却犹如睡着一般,双目微闭,面容完好,皮肤仍有弹性。盗匪们将地宫中随葬的各种物品横扫一空后,又将皇后拉到墓室的东南角,剥去衣服,残忍地剖开了她的腹部。原来,阿鲁特皇后在同治帝死时只有22岁,自己无子。由于她对慈禧太后的专横和阴毒充满怨恨,对自己的前途感到绝望,在同治帝死后一个多月时,亦吞金绝食而死。歹徒们将皇后的尸体大开膛,正是为了剖腹取金。

3. 隐秘军人盗崇陵

对西陵的盗掘,早在1934年至1936年间便发生过。如宋哲元所领辖的九县专员王作舟,曾盗挖了怡贤亲王的墓,将墓中随葬的金银珠翠钻等洗劫一空。日本侵略者占据西陵期间,对西陵的建筑进行了掠夺和破坏。在西陵发生的最严重的盗掘案,是盗挖光绪帝的崇陵和夜盗珍妃墓。

光绪帝是同治帝的表弟,其在位期间一直由慈禧太后"训政",并长期被软禁在中南海的瀛台涵光殿,于1908年11月14日先慈禧太后而死,葬于崇陵。

1938年秋天,一伙不明身份的军人秘密进入西陵,经勘查后选择了崇陵,他们不用炸药,完全靠人力,对崇陵进行了秘密盗挖。他们从方城的月牙城开始,凿开城砖,挖至地宫燧道进入金券。他们进入地宫后,首先用斧头把光绪帝的梓宫从正面打开,将光绪帝的尸体拖到棺外,盗走了棺内的全部随葬品。之后,他们又将隆裕太后的梓棺从上面打开,盗走了棺内随葬之物。最后,他们又打开了册宝箱,盗走了玉册和宝玺。

1980年,文物工作者对崇陵地宫进行清理时,发现了一些劫后余存之物,其中有:

光绪帝的左手内,握有两环相套的翠环一对;椭圆形的白玉石一块,上面阴刻鸳鸯荷花图案。

隆裕皇后的右胯下,有锦囊一个,内装朝珠一挂,陈香子十八颗;左手无名指上,戴有透明金刚石戒指一枚。

在金井内,有未被盗墓者发现的随葬品二百五十多件,保存完好,主要有:保定产子母铁球一对;怀表五块,其中银壳表三块;金壳表一块;金壳珐琅表一块,镶有米珠178粒。另有玉石别子、青石手球、白玉立人、翠雕"八宝"、雕花白玉石等。

清宫档案中,有详细的光绪帝入殓葬品及万年吉祥账所记随葬物品清单,通过这些记载,我们可以清楚地获知,这伙不明身份的军人仅从光绪帝的棺中,就盗走了数百件葬品,主要有:

绿玉佛首簪一支,上栓单挂旒苏一挂,珊瑚圈托二色碧瑶荷莲一件,绿玉葫芦一件,瓜式挑牌碧瑶蓝宝石坠角大东珠一颗,饭块珠八颗。

绿玉杵一支,上栓单挂旒苏一挂,红碧瑶长字一件,珊瑚宝盖结绿玉荷花叶挑牌红碧瑶蓝宝石坠角大饭块珠一颗,小饭块珠八颗。

镀金镶绿玉石活环圣手折蓝一支,上栓大茹珠坠角一颗,红碧瑶莲花宝盖绿玉叶飞珠一颗。

镀金镶绿玉活环圣手折蓝一支,上栓单挂旒苏一挂,红碧瑶花篮一件,绿玉吉庆挑牌一件,红碧瑶绿玉坠角小飞珠二颗,珍珠十五颗,挺上嵌红碧瑶蝠一件。

镀金点翠佛手九莲环簪一支,上镶茄珠一颗,葫芦飞珠一颗。

镀金点翠镶玉佛手金九莲环簪一支,上栓绿玉红碧瑶竹梅米珠穗花篮一件,珍珠二颗,真石坠角。

镀金镶绿玉佛手簪一支,上栓单挂旒苏一挂,珊瑚花篮绿玉长字红壁瑶喜字绿玉坠角草葫芦一件,小飞珠二颗。

镀金点翠佛手九莲环簪一支,上栓镀金点翠花篮红碧瑶坠角珍珠四颗。

镀金点翠佛手九莲环簪一支。

金镶珍珠佛手簪四支,各支上镶紫宝石二件,绿玉叶单挂旒苏一挂,红碧蝠绿玉花篮紫宝石坠角绿玉宝石珍珠三颗。红碧瑶万福暖手五件,内有三阳开泰一件。

各色暖香石子玩物。

熏貂缎台冠,蓝江绸洋灰鼠皮袍,石青江绸洋灰鼠皮褂,束黄绉绸褡包,青缎凉裹尖靴天鹅冠,黄绿缂丝棉金龙袍,石青缂丝棉金龙袍,月白春绸面白纺丝裹小面袄,月白春绸棉裤,月白春绸中衣带,月白春绸套裤,白纺丝棉袜,青江绸凉裹靴。

戴金铂朝珠绿玉佛头塔,珊瑚纪念银镀金镶珠,碧瑶背云大小坠角小珠四颗,东白玉镶红碧瑶绒鞋带,银镀金代挎钩一对。

黄缎大褥一床,黄缎枕头一个,珊瑚朝珠一盘,绿玉伏塔纪念银镀绿玉背云黄碧瑶大坠角,红宝石小坠角,加间小珠四颗,红碧瑶豆八颗,伽楠香朝珠一盘,碧瑶伏头塔大小坠角银镀红宝石中半珠背云上嵌小正珠二颗,松石纪念碎小珠四颗。

木子朝珠一盘,松石佛头塔镀金镶碧瑶背云大坠角,珊瑚纪念碧瑶绿玉松石红宝石小坠角。

黄缂丝棉金龙袍三件,石青缂丝金龙袍二件,蓝将绸棉袍四件,灰色将绸面袍六件,绛色江绸棉袍三件,石青江绸棉褂二件,石青江绸棉袄三件,绛色江绸棉袄三件,月白绉绸棉袄四件,茶色江绸棉袄四件,米色江绸棉袄一件,茶色江绸棉马褂二件,灰色江绸棉马褂一件,绛色江绸棉马褂一件,石青色江绸棉马褂一件,蓝色江绸棉马褂三件,绛色江绸棉紧身二件,茶色江绸紧身一件。

上述物品,仅仅是光绪帝的入殓穿戴和随葬物品的一部分,帝后梓宫,在盛殓尸体之后仍有较大的空间,因此,又填充了大量金银珠玉等名贵物品。但这些珍贵遗物,均被盗墓者劫掠而去。据传,盗墓所得的文物,有相当一部分被这伙军人卖给了京西八国教会。

4. 鄂士臣夜盗珍妃墓

光绪帝有贵妃两人,即珍妃和瑾妃,其中珍妃最受光绪帝宠爱。

珍妃姓他他拉氏,是礼部左侍郎长叙的女儿,瑾妃的异母妹妹。有这样一种说法:珍妃生得容貌俊美,神态端庄,又性格豪爽,活泼开朗,而且才思敏捷,琴棋书画无所不能,成为生活在慈禧的阴影之下忧郁寡欢的光绪皇帝精神上的寄托,因此被皇后嫉妒,慈禧太后也将珍妃视为眼中钉。戊戌变法失败后,光绪帝被慈禧太后囚禁于中南海的瀛台,珍妃则被囚在宫内东北角景祺阁后的小院内,衣食恶劣,且终日被监视的太监侮辱,凄惨之极。

1900年,八国联军入侵北京,慈禧太后在挟光绪帝逃离北京皇宫之前,率光绪、瑾妃及太监李莲英、崔玉贵、王德环等人来到永寿宫,以一并西逃为名,将珍妃从囚所提出。珍妃得知慈禧准备西逃的企图后表示,国难当头,她本人不走,皇上不该离开京师。慈禧听后气得满脸紫红,许久才大声命令太监把珍妃推到井里去。光绪帝听后惊吓得跪下求情,慈禧说,这不是求情的时候,况且现在兵荒马乱,洋人进来,万一出了什么事,丢了皇家的体面,就对不起祖宗了。然后,便命令珍妃自尽。珍妃不从,慈禧便指挥随身太监李莲英等人,欲将珍妃推入院内一口八角琉璃井内(即现故宫内的珍妃井),珍妃不许太监近身,自己走到井边,跃身跳下。珍妃落井之后,太监崔玉贵向井内投了两块大石头。珍妃就这样被残害了,年仅25岁。

第二年十一月,慈禧一行回到北京,不仅给珍妃恢复了名誉,而且从妃册升为贵妃。慈禧为何前后如此不一致呢?原来,慈禧太后在出逃期间,经常梦见珍妃湿淋淋地出现在她面前,因此,想以恩惠来抚慰珍妃的亡灵,对外则说珍妃为免遭洋人的侮辱才投井自尽的。珍妃被打捞上来以后,先埋在西直门外田村,1915 年 11 月,才以贵妃葬仪,埋在光绪崇陵旁的崇妃园寝。

1938 年,河北易县被日军占领,西陵地区成为敌我双方的游击区,一些不法之徒开始图谋盗陵了。这一年的 11 月,西陵地区华北村的鄂士臣找到关友仁,说:现在的西陵地区,蒋介石的军队溜走了,日本人暂时还顾不上,八路军还没有开进来,我们不如趁乱搞点"家伙"(指武器),拉起队伍称霸一方,当官发财。关友仁同意他的想法;但不知怎样才能搞到家伙。鄂士臣说:挖陵盗宝,然后再换钱买枪。

第二天,鄂士臣和关友仁便找来气味相投的那保余、李纪光、苏振生等人,协商如何盗挖陵寝。李纪光曾参与过泰妃陵和王爷陵的盗掘,有盗陵经验,根据他的建议,先盗挖崇妃园寝的珍妃墓。因为珍妃墓远离村庄,比较安全;作为光绪帝最宠爱的妃子,死后有较高的丧葬规格,定有不少珍宝。

当天夜里,鄂士臣等人来到崇妃园寝,有的用枪逼住守陵老人,有的在周围警戒,开始了对珍妃墓的盗挖,将墓中的随葬文物珠宝掠夺一空。

(三) 在日寇的铁蹄下

1. 与军事入侵相伴随的文物盗劫

日本政府有计划地掠夺中国珍贵文物,是从 1894 年甲午战争以后开始的。赢得了海上战争胜利的日本人,不断扩大战争规模,占领了沿海多处地区。在枪炮的掩护下,一些日本文化强盗也相继踏上了中国领土,趁当时清政府的软弱无能,对中国的重要古代文物进行了掠夺。抗日战争胜利以后,成立于上海的战时文物损失清理委员会京沪区办事处主任徐鸿宝先生,与主持私立合众图书馆的顾廷龙先生等人联合,编辑了一本《甲午以后流入日本之文物目录》。徐、顾二位先生为编此目录,在条件不利的情况下,利用广泛搜罗所得的122种日本公开出版的图书,收录流入日本博物馆和私人手中的文物共计15245件,件件均为国宝。虽然甲午以后流入日本的中国文物并未尽录书中,但这本目录却足以帮助我们对日本从1894年以来通过各种方式掠夺的中国文物有了一定的了解,无疑是一项极为有益的工作。

据1948年12月出版的《第二次中国教育年鉴》记载,《甲午以后流入日本之文物目录》编成以后,战时文物损失清理委员会"曾请外交部向远东顾问委员会及盟军驻日总部,提出追偿我国文物意见书一种。其中主要要求:为自甲午以来,凡为日本掠夺或未经我国政府许可擅自发掘之一切文物,均须由日本交还。该会深感在甲午以后,我国文物为日本巧取掠夺者,为数至多,此次办理追偿,自亦应不以民国二十六年后之战时损失为限。而在此期间,凡为日本破坏,或因日本军事行动损失之文物,则必须责令以同类或同等价值之实物赔偿。故除编制战时文物损失目录外,复编甲午以来流入日本文物目录,以为交涉之依据。此项目录,有委员徐鸿宝主编,历时九月,引用日本历年出版之参考书122种……此项工作,除外交价值外,在学术上,更有其重要贡献"。

甲午以后,流入日本的中国文物的具体情况,不胜枚举,无须在此一一列出。自"七·七"事变以后,日本发动了全面的侵华战争,八年抗战,使中国的古代文化遗存蒙受了巨大的损毁,除在以后将举例介绍的日本人在中国的一些劫掠文物的行为外,在此，笔者将向读者介绍一些日本文化盗匪在中国进行非法盗掘古代文化遗址的实例。遗憾的是由于资料所限，我们不能尽知其所有的文物及现在收藏情况。但是，对中国国土上的文化遗址进行考古发掘，是日本人对中国主权的严重侵犯，是在日本侵略者用枪炮作后盾的前提下实现的，是对中国文物的巨大破坏，因此需要重点提及。这些考古盗掘行为主要有：

——1937年，华北综合调查研究所等机关，专门在河南进行考古发掘，尤以东京帝国大学所派遣的调查员人数最多，规模最大。

——从1928年到1937年，国民党政府历史语言研究所前后对河南安阳殷墟进行了十五次考古发掘。但在震惊中外的"七·七"事变发生之后，华北沦陷，殷墟的考古发掘也被迫停止，从此殷墟便开始遭受到日本文化盗贼肆无忌惮的掠夺，其中包括：1938年日本应义应熟大学文学部组成"北支学术调查团"，专门在安阳考古发掘；1938年日本东方文化研究所在水野清一、岩间德等人带领下，在殷墟进行了发掘；1940年至1941年，日本东京帝国大学考古学教研室在原田淑人的带领下，在殷墟进行了发掘；1942年至1943年，进驻安阳的日本军队对殷墟进行了大规模的盗掘。通过上述盗掘，大批珍贵的商代出土文物被劫往日本。

——1938年，日本的"日满文化协会"在池内宏的主持下，对吉林省集安市古代高句丽（公元37年～668年）的文化遗存进行了疯狂的盗掘。在这里，有高句丽前期的都城丸都山故城，此城依山靠水，工程浩大，在我国古代城市建筑中颇具特色；有分布在集安市洞沟河畔的近万座高句丽古墓，其中规模较大的有太王陵、将军坟、千秋墓等。

——1938年，日本东京东方文化学院由江上波夫、饭田须

(三) 在日寇的铁蹄下

贺斯等人组织人马,对百灵庙遗址进行了发掘。

——1938年,日本京都东方文化研究所由水野清一率队,对和林卓尔一带的文化遗址进行了发掘。

——1938年至1939年,日本兴亚院蒙疆联络部由和岛诚一率队,在珲善达克沙漠进行考察和发掘。

——1938年至1939年,日本京都东方文化研究所在水野清一的带领下,对山西大同的云冈石窟进行了全方位的调查。云冈石窟开凿于北魏中后期,是中国北方著名的佛经石窟寺,石窟依山开凿,东西绵延约一公里,现在主要洞窟53个,小龛1100多个,造像5.1万余躯。在新中国成立以前,云冈石窟被盗劫和破坏的佛像多达1400余座,其中多为抗日战争期间被盗毁的。作为文化侵略的一部分,在日本占领期间,日本人对云冈石窟进行了较长时间的调查和测绘。

日本人对云冈石窟的重视是从19世纪20年代开始的,特别是日本人关野贞和常盘大定于1925年出版了《支那佛教史迹》、1926年出版了《支那文化史迹》之后,使一些日本文化盗贼开始对云冈石窟垂涎三尺。1936年,水野清一和广敏雄为了给云冈石窟的调查和测绘打下基础,对北方的代表石窟如龙门、响堂山石窟,各用大约一周的时间进行了调查。1937年,水野清一和长广敏雄着手组织了一个包括照相、拓片、录文、测绘、发掘等方面人员参加的大班子。1938年,对云冈石窟的调查工作全面展开,直到日本投降才告结束。水野清一等人之所以如此重视对云冈石窟的调查,就是要利用日本侵略军占领大同的有利机会,通过现场调查,考古发掘、测绘、照相、拓片等工作,把云冈资料全部搞到手,编辑出版《云冈石窟》,使全世界的研究都离不开该书。后来发行的《云冈石窟》一书,共有16卷32大本。如果没有日本侵略者的失败,水野清一等人不知还要在云冈占据多少年，不知将有多少云冈文物遭到破坏。

——1939年，日本东京帝国大学考古学研究室由原田淑人带队，对邯郸赵王城遗址进行了盗掘。赵王城遗址是战国中晚期赵国的都城，位于河北省邯郸市区及其周围。赵敬侯元年（公元前386年）赵国自中牟（今河南汤阴）迁都于此，前后历8世，公元前222年赵被秦灭后衰落。城周围，有五组赵王陵，另有一些一般墓区。日本人在抗战期间，最早盗掘了赵王陵。

——1939年，日本东京帝国大学考古学研究室派关野雄等人，盗掘了山东临淄的西周至战国时期的齐国都城遗址。齐都城位于淄河西岸，包括城址、墓地等遗迹，曾是当时中国最繁华的城市。日本早在1926年就曾派人前来此地进行调查，为日后的盗掘做准备。

——1939年，日本外务省文化事业部派遣日比野夫等人，先后来到中国的定襄、太原附近、佛教胜地五台山、朔县等地，进行大规模的考古调查。

——1940年，日本兴亚院北支佛教史迹调查派三上次男等人到山西进行佛教史迹的考察，攫取大量资料。

——1940年日本外务省文化事业部派日比野夫，到中国山西浑源进行了考古发掘。

——1940年日本京都东方文化研究所组织的"云冈调查班"，由水野清一和广敏雄带队，在对云冈石窟进行了调查之后，又调查了山西北部阳高的名胜古迹。

——1940年，日本东京帝国大学考古学研究室，派遣关野雄等人，对河南商丘的古代遗迹进行了考察和盗掘。

——1940年至1941年，日本东京帝国大学考古学研究室派遣关野雄和原田淑人，分别对山东滕县的战国时期遗址和河南安阳的商代遗址进行了盗掘。

——1940年至1941年,日本驻太原特务机关文化室的酒井真典和菊池宣正,分别带人多次闯进五台山的一些佛教寺庙,对庙中的佛教文物进行了掠夺。

——1941年,日本东京东方文化学院派江上波夫先后到麻池及林卓儿,进行古代遗址的调查和盗掘。

——1941年至1942年,日本东京帝国大学理学部由长谷言人带队,盗掘了北京周口店的北京猿人遗址。

——1942年,日本东亚文化协议会派原田淑人等人,对曲阜一带的古迹进行了盗掠。

——1942年至1943年,驻扎在河南的日本侵略军听说商代文化具有极高的经济价值后,特派军队对殷墟进行了大规模的盗掘,并把出土的文物全部运回了日本。这是对安阳殷墟的最大一次破坏。

——1943年,日本东京帝国大学考古学研究室与伪满自治政府一并,组成"盛乐发掘团",盗挖了和林卓尔的古代遗迹。

2. 世纪悬案:日本人与北京猿人化石的失踪

在日本侵华期间,无以数计的古建被毁,文物被掠,但其中有一桩至今仍未定论的悬案却一直萦绕在学者们的心头,这就是北京猿人头盖骨化石的失踪。

北京猿人头盖骨化石的发现,是19世纪考古学上的一个震惊世界的新闻。早在1918年,瑞典地质学家安特生来到北京周口店附近,开始采集各种化石。在当地老乡的指点下,1921年,安特生在周口店龙骨山发现了一个东西长达140米的洞穴,洞内堆积物中的脉石英碎片,使安特生强烈地意识到:我们祖先的遗骸就躺在这里。于是,他组织了更多的人进行挖掘。

1926年，在周口店发现了古人类的两颗牙齿化石，经北京协和医院解剖系主任步达生研究，确定它代表了一个古代人类的新种属，定名为"中国猿人北京种"。而且他还预言，周口店的山洞，是中国猿人的故乡，一定蕴藏着丰富的化石。

1928年，刚从北京大学毕业的裴文中也来到周口店参加挖掘工作。上帝似乎格外垂青于这位年仅24岁的青年，幸运之神似乎也注定了周口店最伟大的发现必然是中国学者的功劳。1929年12月2日下午4时，太阳的最后一抹余晖消失之前，在昏暗的山洞中，在昏黄的灯光下，正在仔细清理土层的裴文中发现了一件猿人头骨。他兴奋极了，连夜小心挖出，第二天清晨，便用棉被小心翼翼地送到了北京地质所。

中国人发现北京猿人的消息不胫而走，迅速传遍了世界。正在研究人类的起源和发展的学者们，从这件距今至少已有五十万年历史的头盖骨化石上，得到了这样一个真实无误的信息：在人类历史的黎明时代，从体质形态，文化性质和社会组织等方面，的确有过"直立人"阶段，他既是"南猿"的后代，又是包括现代人在内的"智人"的祖先，是从猿到人进化过程中的重要环节。

在以后的发掘工作中，仍有大量古人类化石被发现。目前为止，共出土北京人化石完整或比较完整的头盖骨化石6个、头骨碎片12件、下颌骨15件、牙齿157颗。另外还有一些古人类的遗物，如在周口店第一发掘点，就出土石器2万多件。

周口店北京猿人遗址的发现，有着巨大的意义。关于这一点，正如周口店国际人类研究中心主任徐钦琦所说的那样：在世界上，北京猿人不是最早发现的直立人化石，但是它的发现却奠定了直立人在猿向人过渡中人类发展史上的地位，成为认识人类起源和发展的一个突破性进展。人类认识自己祖先的过程将是一个极其漫长的研究过程。周口店以它丰富的出土，成为世界上惟一保存完整的古人类遗址。它的宝贵还在于拥有一座几十米厚的堆积层,可以上溯到几十万年前的所有信息被浓缩在那里。这座巨大的信息库是留给后人的。"也正是周口店北京猿人遗址的突出作用,1991年,联合国教科文组织正式颁发证书,把周口店北京猿人遗址列为世界文化遗产。

但是,就是这样一个伟大的发现,每当后人提起它的时候,骄傲中掺杂着遗憾,欢快中掺杂着酸楚,因为最初发现的北京猿人的头盖骨化石和一些重要化石,均在日本侵华战争中失踪了,至今不知下落,成为20世纪重大悬案之一。

北京猿人化石发现以后,一直保存在北京协和医院B楼解剖室的保险箱内,由著名的瑞典人类学家魏敦瑞进行研究。1941年,珍珠港事件发生前夕,日美关系趋向紧张,美国驻华大使馆劝告美侨离华。这时,关于猿人化石的安全,也成为人们焦虑的问题,在战火纷飞的年代里,化石随时有被毁的可能。关于化石的去向,当时主要有三种意见:

第一,把化石运到抗战时国民党政府的陪都重庆。但因北平与重庆之间路途遥远且运输不便,没有被采纳。

第二,继续将化石留在北平,找个安全的地方秘密收藏起来。但是,当时北平已经被日本人占领,哪里能找到安全之所,况且日本人也在到处掠夺中国的古代文化遗产。

第三,送到美国去暂时保管。当时正在研究北京猿人化石的魏敦瑞为了取得美国国籍和到美国纽约自然历史博物馆继续他的研究工作,积极提议把主权属于中国的北京猿人化石运到美国去保护,协和医院的其他人,也大都同意这一提议,但由于种种原因,一直没有着手准备。

在"珍珠港事件"(1941年12月7日)发生前三个星期的一天,协和医院总务长博文突然通知将化石秘密装箱,其中一只大箱中装有七盒标本,有北京猿人头骨、上颌骨、锁骨、鼻骨、牙齿、脊椎骨等共数十件;另一件小箱中装有北京猿人头骨、山顶洞人女性头骨、山顶洞人脊椎骨、盆骨、肩胛骨等数十件。每一件化石都是用擦显微镜的细绵纸包好,裹上药棉,再包上粉连纸,外边捆上细纱布、棉花、再装入箱中的。

箱子装好之后,被送到博文的办公室暂存,博文对在场的人说:这些化石将在12月底送到美国大使馆,再由美国海军陆战队带到纽约的美国自然历史博物馆中。

12月5日早晨5时,装有化石箱的美国海军陆战队专列离开北平,沿当时的京山铁路向秦皇岛开去。列车上的北京猿人化石箱都贴着"高级机密"的标签,车上有士兵警戒。它们被送到秦皇岛后,将搭乘"哈立逊总统号"邮船运往美国。

然而,化石刚一离开北平,便出现了麻烦。首先是在12月8日,日军迅速占领了美国驻北平、天津、秦皇岛等地的所有机构,海军陆战队的列车也在秦皇岛被日军所截。另外,"哈立逊总统号"邮船也没有按最初约定于12月8日到达秦皇岛,这艘邮船从菲律宾首都马尼拉启航后,中途被一艘日本军舰追逐,最终搁浅在长江入海口附近。北京猿人化石没能最终到达美国,但是,这批价值巨大的化石,却从此下落不明。

北京猿人化石丢失后,引起了全世界的强烈反响。当时,有人认为是日军截获并抢劫了美军的这列军用火车,将化石据为己有,但日军并不承认。抗日战争胜利后,应当时中国政府的要求,美国远东司令部"处理侵略财务小组"曾向日本方面查询北京猿人化石的下落,但没有结果。也有人认为化石根本就没有装上火车,在1956年,有人找过当年在华海军上校亚休斯特,他承认当时的北平协和医院院长侯顿确实曾把北京猿人化石交给他带往美国,但对如何失踪却不知所以。

关于北京猿人化石究竟是怎样失踪的,目前主要有三种说法:

第一,日本人把所有从美军火车上截获的箱子都卸下来装上另一艘驳船,准备再转装到另一艘货船上运往天津,但不幸驳船翻沉,北京猿人化石也沉到了海底。

第二,抢劫火车的日本人并不懂得这些化石的价值,或是把它们当破烂扔掉了,或是把它们当作可入药的"龙骨",卖给了中国商人。

第三,装有化石的箱子是先被运到美国海军陆战队在天津的兵营,然后又运往日本,化石很有可能就在日本民间。

北京猿人化石失踪之后,中国人、日本人和美国人都在竭力寻找。第二次世界大战之后,日本曾向中国归还过一批周口店出土的动物化石、山顶洞人的手工艺品及一些相关文件,但其中没有北京猿人化石。因此,从北京猿人化石失踪之后,对它的寻找从没有停止过,直到今天。

19世纪50年代,有人说在美国自然历史博物馆见到过北京猿人化石,并因此引起了中美两国学者之间的一场纠纷,后来事实得以澄清。

1972年,美国"希腊古物基金会"主席贾纳斯在访问中国回国后,立即登报悬赏:"找到北京猿人化石者赏金五千",后来赏金又曾经到五十万美元。悬赏之后,有不少电话和信件向贾纳斯报告线索。其中最让人惊喜的是,有一女人说:"北京猿人"就在她家里,是他丈夫在中国服役时带回来的。贾纳斯当即与这位女人见面,并从这女人手中看到了一些酷似北京猿人化石的照片。但在约见过程中,他们被人照相,那个女人也匆忙离去了。后来,那个女人便再也没有出现,线索从此中断。

近年来,中国古人类学研究者周国兴声称,他根据多年的调查,发现了一条很有价值的线索。在"珍珠港事件"爆发前夕,一个守卫在美国海军陆战队总部和美国使馆相通的便门口的卫兵,发现有两个人抬了一箱东西,埋在了大使馆的后院内。周国兴因此推断,这一箱东西很有可能就是北京猿人化石。他找到了那个有可能埋化石的地方,但上面已盖有住房。如果真的如此,那么北京猿人化石应当还有重见天日的那一天。

但是,无论如何,我们至今没有再见到那批得而复失的无价之宝,它们的下落不明,是中华民族的耻辱和悲哀,贫弱的旧中国,竟连在自己的土地上发现的稀世之宝也无力保护。同时,正是由于日本对中国的侵略,造成了北京猿人化石的失踪之谜。

现在,在中国历史博物馆里,没有北京猿人头盖骨;在台湾的"历史博物馆"里,有的只是一件由纽约的自然历史博物馆赠送的复制品。真的北京猿人化石哪里去了呢?这是世界人类学历史上的一大悲剧!

3. 代号"真迹008"

所谓"真迹008",是指明代著名画家唐寅的传世精品《金山胜迹图》。唐寅,即唐伯虎,向有美谈留世。据杨仁恺先生主编的《中国书画》一书记述:唐寅(公元1470年～1523年),字子畏,一字伯虎,号六如居士,吴县(今苏州市)人,出身于商人家庭,他少年有才名,明弘治十一年(1498年),29岁时,中应天府(今南京)解元,后入京会试,由于考场舞弊案被牵连下狱,罢为吏。因仕途不得志,遂绝意进取,筑室于桃花坞,以诗文书画终其一生。他性格狂放不羁,与张灵、祝允明、文征明、徐桢卿友善,诗文书画,才气横溢。

目前,唐寅的传世绘画作品,并不很多。其绘画题材涉及山水、人物、花鸟、楼阁等。他广采众家之长,以"院体"工细为主,而兼"文人画"的笔墨,兼容并包,自成一派。由于唐寅在绘画方面的特殊成就,其作品历来被包括宫廷在内的收藏者所垂青,能拥有唐寅的画,被收藏者视为骄傲。

日本人也非常崇拜唐寅的画作。1926年日本就成立了"东方史馆",着手从事搜罗中国、朝鲜、菲律宾及东南亚一带最珍贵的图书文物资料,其中唐寅的一幅《金山胜迹图》,被编为代号"真迹008",成为他们亟需猎取的重要文物。从此之后,披着考古专家外衣的日本情报部二处特务头子山本四太郎,从日本潜入天津,化名姜尚礼,在北京、天津、南京、上海等几个大城市密查暗访,探求出《金山胜迹图》从清宫流落出来后,藏在汪精卫手中。

《金山胜迹图》是怎样进宫、出宫又转入汪精卫之手的呢?

早在乾隆皇帝下江南巡视之时,在苏州见到了唐寅的这幅《金山胜迹图》。乾隆皇帝一见便爱不释手,买下了这幅在民间几经流传的旷世珍品。回宫后,乾隆皇帝亲自把此画挂在书房内,早晚相伴,倍加珍惜。自乾隆之后,《金山胜迹图》一直在清宫中珍藏。

1911年辛亥革命爆发后,袁世凯篡夺胜利果实,当上了总理大臣,兼领北洋全军。为了达到个人目的,袁世凯向清宫扬言,要清帝尽快退位,否则便以武力对付。清宫在隆裕太后的主持下,召集御前会议。肃亲王向一筹莫展的隆裕太后密奏说:若想改变不利局势,只有拉拢革命党人,"汪(精卫)不日将出狱,望太后拨冗密召之,以笼罗其心……"。在肃亲王的安排下,隆裕太后在清宫御花园接见了汪精卫,并向他赠送了一幅古轴,"聊作纪念"。趁周围人不注意。汪精卫展开此画一看,见是唐寅的《金山胜迹图》,不禁失声叫到:"千古真迹,我会成为百万富翁矣!"汪精卫当然知道此画的价值,也知道那些英国、德国、日本的古董大亨的早已对此画垂涎三尺,知道一些江湖大盗们也在不择手段地嗅着这幅画的踪迹,也知道隆裕太后赠送此画之良苦用心,知道此画有可能给他招来横祸,因此,汪精卫决定密藏此画,绝不公开炫耀。

到1926年,汪精卫凭其苦心经营,担任了国民政府主席的要职。但随着他对《金山胜迹图》的收藏愈久,心绪愈是不安,他担心这幅画会引起中外盗宝集团的觊觎而导致杀身之祸。

汪精卫的老婆陈璧君深知汪精卫在日夜为价值连城的《金山胜迹图》担心,也怕藏在家中不安全,便策划将画秘密转移到天津蓟县独乐寺的愚山和尚的秘室里。陈璧君刚将画转移,日本特务川岛速浪便从肃亲王口中套出了古画早被隆裕太后赠给汪精卫的情况,在山本四太郎的亲自指挥下,对《金山胜迹图》的第一次行动——"008劫案"便开始了。这次劫案的方案是:从汪精卫的密室里调开汪精卫、陈璧君和他们的心腹密友张一帆,然后再查找名画。但狡猾的日本人扑了空,却更加引起了汪精卫和陈璧君的警觉。

1940年,陈璧君把自己打扮成一个进香的贵夫人来到了独乐寺,与愚山和尚秘密见面。一直在盯着她的日本人也跟到了独乐寺,并看到了陈璧君携带从和尚私房里抬出来的一个经箱,送上了从天津开往青岛的"海鸥号"游艇。山本四太郎认定,箱内一定藏有《金山胜迹图》,于是又策划了另一次更加险恶的针对"真迹008"的计划。

1940年1月26日夜2时许,两艘伪装成渔船的小型快艇突然出现在渤海海面,包围了"海鸥号"游艇,几十名日本人在山本四太郎的指挥下,将艇上的五名中国雇员和十九名客商全都从睡铺上抓起来投入海中。但当他们打开那只经箱时,却不禁目瞪口呆,因为经箱中除了几册《金刚经原文释本》、《华严经入国缘由说》外,根本没有《金山胜迹图》的踪影,陈璧君也不在船上。原来,日本特务川岛芳子为了报答汪精卫的救命之恩,把山本的这一计划捅了出来。陈璧君便临时改乘"富士号"从塘沽回到南京,《金山胜迹图》当然也被临时从经箱中抽了出来,夹在陈璧君的那只随身大皮箱里,安全运到了南京。

躲过一劫的陈璧君回到南京,得知发生在"海鸥号"游艇上的惨案后,丧魂落魄。待陈璧君的心神稍有安定,汪精卫便请来周佛海,请他秘密找人对《金山胜迹图》进行鉴定,明确真伪,以免为一张赝品丢了性命。周佛海推荐了一位姓俞的鉴定家,在汪精卫家里三天三夜足不出户,最终认为"确系真迹"。为了更好地保存这件古画珍品,陈璧君提出由周佛海代为收藏《金山胜迹图》,因为周佛海的家里有一间钢骨水门钉结构的地下室,并且室中有洞,防潮防火,非常安全。此时,周佛海正在急于当上汪伪政府的第二号人物,极力巴结汪精卫,对陈璧君的要求连声答应。

周佛海认为,一般人都以为如此珍贵的古画,不会在大白天招摇过市。于是,周佛海从陈璧君手中接过《金山胜迹图》后,便于大白天离开了汪公馆。

但是,周佛海和汪精卫夫妇都算错了,因为日本人在前几次劫画失败之后,更是不会放过任何一点机会。周佛海从汪公馆一出来,便被日本便衣特务盯上了。由于此时汪公馆的所有车辆和人员都已被日本特务监视了,所以山本四太郎断定,"真迹008"已经被汪精卫转移到了周佛海的家里。山本决定孤注一掷了。

在1941年1月11日的大雨之夜,山本四太郎利用从天津调来的十多名特工人员,趁汪精卫、陈璧君、陈公博、周佛海四大巨头都已离家接见日本文部省、大藏省官员之机,指挥全副武装的匪徒潜入周佛海私寓的地下室和三楼储藏室,用特制切割器割开地下室的铁门,盗走了"真迹008",然后又烧毁了周公馆的整座主楼和地下室。

1月11日的这场大火,发生在汪伪政权的"首都"南京城,发生在第三号汉奸头目周佛海的家中,所以格外引人注目。陈璧君在得知周公馆着火的消息后,立即赶到了现场,她关心着《金山胜迹图》的命运。但让她失望的是,她眼前的周公馆,已经成为一片废墟,周佛海哭丧着脸对陈璧君说:"夫人,完了,我辜负了你的重托。"

一周以后,"真迹008"被混在一只装有宣纸的包装箱内,由邮轮运到了东京。"东方史馆"的文化特务头目得知《金山胜迹图》得手的消息后,欣喜若狂。但在一次小型观赏会上,馆长加藤佐木对画的墨色和纸质提出了疑问。经一些名画鉴赏家集体鉴定,断定是一幅由高手伪托的赝品。这一消息使"东方史馆"丢了面子,山本四太郎被指责为"日本鉴古史上最愚蠢的莽动者"。为了维护自己的尊严,情报部门撤销了山本四太郎在二处的职务。而山本四太郎也恼羞成怒,在砸碎了他从东南亚各国搜罗来的一些金石古玩后,离家出走,悄悄地在东京湾沙麓角蹈海自杀了。

日本谍报机构花费十五年时间,用数十条人命换来的"真迹008"竟是一幅赝品,使《金山胜迹图》增添了一些神秘色彩,也使这幅古画的下落成为一桩悬案。

《金山胜迹图》究竟在何处呢?据推测,有以下几种可能:

第一,鉴定此画的俞先生得知,这件国宝落在汉奸之手,早晚也会被洋人抢去,便冒险临摹,交给汪精卫的是假画和鉴赏证明。

(三) 在日寇的铁蹄下

第二,日本人为混淆视听,故意说劫往日本的是假画,而把真迹秘藏起来。

第三,汪精卫和周佛海将真画藏于另一处,锁进地下室的只是一幅假画,目的是吸引日本人的注意。

第四,《金山胜迹图》藏在天津独乐寺之时,已经被愚山和尚调包。

4."铜铁献纳运动"与宗镜阁被劫

目前,我国现存规模最大的皇家古典园林,是承德避暑山庄。它是清代帝王的离宫别苑,是清代皇帝在京城之外处理军政要务和民族问题的重要活动场所,是当时北京之外的中国第二大政治中心。这里"自然天成地就势,不待人力假虚设"(康熙诗句),有"宇内山林无此奇胜,宇内园庭无此宏旷"的盛誉,山水相依,野趣横生,园中有园,胜景荟萃,令人叹为观止。

但是,自清代末年以后,避暑山庄便被军阀所占据,他们不仅破坏了山庄内的景致,而且盗窃了山庄内大量的古代文物,以至在军阀汤玉麟占据山庄期间,仅剩建筑,各种文物所剩无几,无物可掠。

1933年以后,这座昔日皇家园林,又成为日本侵略者的兵营。在日军占领期间,很多建筑惨遭焚毁拆卸,使我们今天无法看到避暑山庄盛时的全貌。例如,在日军进驻避暑山庄的当年,就烧毁了"卷阿胜境"等建筑。

卷阿胜境为乾隆奉母进膳之所,在避暑山庄福寿园后部,即勤政殿的后殿,殿内有匾额题"五福五代堂"。据史料所记,乾隆在74岁(1784年)得了玄孙,三年之后,"古稀有七,曾元绕膝,是宜题堂以飨其事。"(见乾隆《御制文集》),因此题"五福五代堂"。

实际上,卷阿胜境是一处拟古意境的建筑,其名称源于西周时期的一段史实。西周成王年幼即登极,由周公辅政。有一次,群臣陪周成王去景色秀丽的卷阿游览,为纪念此次游览,臣属们写了《卷阿赋》。身处卷阿胜境,或许可以使人联想起周成王的文治武功。遗憾的是,这一处名胜被日军所毁,荡然无存。与卷阿胜境相邻的其他建筑,也在1933年至1945年期间被毁。

除烧毁古建筑外,日军对山庄内的文物也进行了肆无忌惮的抢劫,其中在"铜铁献纳运动"中对宗镜阁的抢劫,最具代表性。

宗镜阁是避暑山庄珠源寺内的一座铜殿,与北京颐和园内的铜殿宝云阁相比,规模和形制都极为相似,如同"卵生"一对,是我国少有的青铜建筑。宗镜阁平面呈正方形,为重檐歇山顶。每边长5米,高7.5米,脊两端有吻兽,中间有梵塔装饰。筒瓦覆盖檐下斗拱重叠,四面槛墙、门窗、隔扇都和木构建筑完全一样。整座建筑为蟹青色,古朴典雅,玲珑隽美。

据清代《奏销档》记载,宗镜阁铸成于清乾隆二十六年(1761年),共用铜40.4万斤,耗费白银6.5万两。但就是这样一座少有的我国古代铜质建筑,却在日本侵略者发起的"铜铁献纳运动"中,被拆毁盗走了。

原来,1942年日本军国主义发动太平洋战争之后,战线过长,在兵源枯竭、物资匮乏的同时,生产军火所用的黄铜更是奇缺。为了筹备更多的生产军火所用的原材料,驻华日军在占领区发动了"铜铁献纳运动",即令民间把生活用具中的铜、铁制品一律上交日军,否则以"反满抗日"论处。

1944年的一天,负责掌管外八庙的日本和尚长谷川带领几个喇嘛,头戴僧冠,身披袈裟,手持法器,来到宗镜阁前念经。但是,这并不是一次平常的宗教活动,而是日本人为拆毁宗镜阁表演的一幕丑剧。念经结束之后,长谷川用锤子把宗镜阁的隔扇砸了一块下来,双手捧着献给了在场的日本驻山庄881部队司令官,表示对宗镜阁的拆毁已经得到了神的允许。之后,日本司令官命令工兵部队动手拆毁,而难以拆下的部分,就动用爆破手段。一座著名的铜铸房屋,就这样被日本人野蛮地拆毁了,变成为日本侵略者用以制造军火的原材料。

目前,国内所见的宗镜阁遗物,只有寥寥数件,即几个铜脊兽、两扇残破的铜隔扇、一件铜匾和一对抱柱。铜匾题文曰:"海藏持轮",抱柱联曰:"梵天阁涌金光聚;香水澜回珠颗圆",均为乾隆皇帝的御笔。铜脊兽和铜隔扇是被日本人遗漏在避暑山庄内的,而铜匾和抱柱则是军阀汤玉麟于1933年从山庄掠夺到沈阳去的,直到1975年才从沈阳运回避暑山庄。上述宗镜阁遗物都陈列在避暑山庄博物馆内,以其无声的语言,告诉我们宗镜阁那段令人悲愤的历史。

5. 中国在战时损失的文物数量统计

抗战胜利后,国民党政府曾对中国在战时损失的文物数量进行过分省(市)统计。从统计数字来看,虽然难说十分准确,或者只是有确切证明的损失统计,却也可以提供一些借鉴。为看得清楚,现将战时文物损失总数列表于下:

战时文物损失统计表

项目	公	私
书　籍	2253252册另5360种411箱	488856册另18315种168箱1215部

项目	公	私
字　画	155 件	13612 件另 16 箱
碑　帖	455 件	8922 件
古　迹	705 处	36 处
古　物	17818 件	8567 件另 2 箱
仪　器	5012 件另 63 箱	110 件另 3 箱
标　本	14582 件另 1204 箱	17904 件
地　图	125 件	56003 件
艺术品		2506 件
杂　项	648368 件	3 箱
合　计	3607074 件另 741 处 1870 箱	

6. 抗战胜利的果实

在日本入侵中国期间，大量的文物、古迹遭到了破坏，有的流散到一些中国或外国的私人文物收藏家手中。1944 年，国民党政府教育部在重庆成立了一个"清理战时文物损失委员会"（简称"清损会"），由教育部次长杭立武任主任委员，马衡、梁思成、李济等任副主任委员。成立之初，由梁思成先生开列沦陷区内重要文物名单，主要是古建筑和石窟寺等，并印成手册，在地图上标明方位，准备在以后反攻日寇时注意保护，避免炮击或轰炸。清损会还计划进军时配备文物工作人员，随行保护。

1945 年 8 月，日本宣布无条件投降，清损会马上展开了全面工作。9 月，清损会在重庆教育部召开会议，商定派员前往京（南京）沪、平津、武汉、广州等区开展工作，主要任务有：(1) 成立该地区的办公处;(2)调查文物、图书的损失情况并开列清单上报;(3)各地办公处在报上刊登通告,不论机关或个人,文物损失均应列目上报,登记备案,以便于清损会追查索偿;(4)调查日寇及德国纳粹分子匿藏文物的情况,查获后予以没收。

关于全国各区清损会的工作成果,由于资料所限,笔者很难详尽述及,现根据我国当代的著名文物鉴赏家、当年清损会平津区助理代表王世襄先生的有关回忆文章(见《文史资料选辑》、《文物天地》),简要述说在平津地区的几项主要接收文物情况。

第一,没收德国人杨宁史的240件青铜器

清损会平津区在工作之初进展缓慢,经过研究,他们把着眼点放在古玩商身上,认为从古玩商那里必能获得重要线索。1946年2月25日,清损会在中山公园设宴招待北京比较知名的四五十名古玩商,请他们提供线索、并在事后进行私访,消除顾虑,奖励提供线索有功者。

根据古玩商陈耀先、陈鉴堂、张彬青等人提供的线索:在日本侵华期间,河南等地出土的重要青铜器,多数都被德国人杨宁史(Werner Jannings)买去。杨宁史是禅臣洋行的经理,早在1945年11月,平津区助理代表王世襄先生便去位于北京东城区乾面胡同的禅臣洋行查看,见杨的女秘书正在打印一份青铜器目录。在王的追问下,女秘书说出这份目录是德国人罗越(Max Loehr)要求打印的。再找罗越,罗越承认目录是他编的,但青铜器是杨宁史的。王世襄于11月14日偕罗越前往天津,会同敌伪产业处理局天津办公处的工作人员找到杨宁史。杨宁史承认确有这批青铜器,并满不在乎地说:全部青铜器都封存在天津的住宅内,而住宅已被九十四军占用,军长是牟廷芳。你们如果要接收这批文物,请与九十四军联系办理,本人无能为力。因有德国人罗越同行,王世襄不便在天津久留,于20日回到了北京。

11月26日,王世襄拿着教育部特派员办公处的公函第二次去天津,希望能进入杨宅清点封存他收购的中国青铜器,但九十四军并不买账,使王世襄此行未果。

12月,王世襄第三次去天津,因为此时教育部长朱家骅正在天津,王希望由朱出面可以打破僵局,使问题得到圆满解决。但是,尽管是由朱家骅的秘书备文,部长出名,但九十四军仍不买账,并说"公函放在这里,回家等着吧。什么教育部不教育部,管不着我们九十四军这一段"。

后来,在朱启钤先生的帮助下,王世襄向当时的政府要员宋子文汇报了接收杨宁史青铜器一事。宋子文很关心此事,去天津找到杨宁史,讲好名义上算是他"呈献",不叫没收,并同意杨提出的为他的这批青铜器辟陈列室和准许两个德国人罗越和康斯顿(Evone、Constent)编辑图录的要求。1946年1月18日,教育部派员兼清损会平津区代表沈兼士和故宫博物院都接到行政院临时驻平津办公处及敌伪产业处理局北平办公处的通知,准备接收杨宁史的铜器。1月22日,王世襄等人前往台基厂外商运输公司百利洋行去装运杨宁史的青铜器。原来,杨宁史早已将他收藏的青铜器送到了托运公司,企图伺机外运,而所谓的青铜器封存在天津九十四军占用的住宅内,则纯属一派谎言,其目的是为了制造假象,增加接收工作的困难,并且最终得以偷运出中国。

杨宁史的这批青铜器,是运往故宫御花园的绛雪轩进行清点交接的,共计240多件。清点造册后,即运到了故宫延禧宫库房中保存,这批青铜器多为重要礼器,其中有战国时期的宴乐渔猎攻战壶、有商代饕餮纹大钺,以及一些鼎、卣、爵杯、玉柄戈等,不乏艺术价值极高者。

第二,追还美军少尉非法接受日本人的瓷器

抗日战争胜利后,在中国的日本人基本上都要被遣送回国。但当时有规定,日本人在回国时,只能携带自己的随身必用品,而拥有的中国文物要一律上交,不准携带出境。

1946年3月15日,成古斋古玩铺的孙成章向清损会平津区助理代表王世襄汇报说:天津古玩界的李文治,知道日本人原田、税田等人都有相当精美的宋元时期的瓷器,我方应该调查后全部追回。

六天以后,王世襄等人到了天津,与李文治取得联系后,到了敌伪产业处理局驻津办事处和天津市警察局,说明来意,希望两处予以配合。两处工作人员态度都很积极,没有九十四军的搪塞和怠慢之举。原田和税田都很快被找来了,他们承认曾有过一批宋元瓷器,但因为知道遣返时难以带走,已经将瓷器转移给了美军德士嘉定(Lt. paul J. R. Desjardings)少尉。工作人员带着两名日本人去和德士嘉定对质,德见状也无法抵赖,承认了接受瓷器的事实,但说这批瓷器已经用军邮寄回美国了。真是一波未平,又生一波。我方人员并未就此罢休,他们先是令日本人写明文物的品名及件数,少尉写下邮件的地点、日期、收执号、美国收件人姓名等,然后即到天津美国军邮处核实,经查确有其事。25日,王世襄等人返回北平。

回到北平后,王世襄即向行政院驻平津办事处、敌伪产业处理局汇报了此次天津之行的经过,并向南京清损会作了书面报告。后经外交努力,这批宋元瓷器由美国驻华大使馆送到了南京外交部,存放在今南京博物院。

第三,抢救存素堂丝绣

朱启钤先生,号桂章,在民国初年曾任交通总长及内务总长。朱先生平素对祖国文化十分重视,收藏有大量珍贵的文物。

他不仅对我国最早的艺术博物馆——古物陈列所的成立有着卓越的贡献,而且曾自己出资创办解放前我国研究古代建筑的惟一机构——中国营造学社,著名的古建筑专家梁思成、刘敦桢等人,都是朱老的门徒。

朱启钤先生对丝绣也有研究和著述,在民国前期,他曾搜集了自宋代到清代的缂丝、刺绣文物约二百件,并予一一著录,撰成《存素堂丝绣录》。后来,为了创办中国营造学社,影刻宋版《营造法式》,编印明岐阳王世家文物图册,急需钱用,便将这批存素堂丝绣品卖给了张学良,价值20万元,存在东北边业银行内。日本侵占东北时期,这批丝绣品被定为伪满洲国的国宝,并且在日本印成了巨册图录,取名为《纂组英华》,一时间成了世界著名的文物,或许正是因为太有名了,日本人并没敢擅自将这批文物盗运回本国,在日本投降时,这批珍贵文物仍留在长春。

抗战胜利之后,国民党政府又发动了内战。在全国各个战场上,国民党军队节节败退的同时,到1946年5月,长春也已处在我军的包围之中,成为一座孤岛。一天,一直关心着这批心爱宝物命运的朱启钤先生找到清损会平津区助理代表王世襄说:"现在长春围困,危在旦夕,如遭轰炸或发生巷战,丝绣极可能被毁,所以最好是抢运出来,放到一个安全的地方才好。现在宋美龄已到北京,将去东北,你赶快用清损会平津区办公处及你个人的名义,写一个呈文,建议将它空运到安全地点。写好呈文交给我,一切就不用你管了。"王世襄一一照办。

约一个月以后,王世襄接到了清损会秘书郭志嵩从南京寄来的一封信,信中说:"杭主任委员特告:丝绣上文一事,殊欠斟酌,今后切记,不得越级陈事,望加注意!"对此申斥,王世襄只是付之一笑。虽然南京方面有不满情绪,但事实证明这样做是完全正确的。不久,这批珍贵的丝绣便从长春空运到了中央银行保险库,后又拨交给故宫博物院。1951年,辽宁省博物馆以溥仪从故宫携带出宫的善本书为交换,将这批丝绣品收藏到了辽宁省博物馆。

第四,接收溥仪存在天津的一批文物

溥仪离开清宫后,曾在天津住了一段时间,其寓所在天津张园。1946年7月,教育部沈兼士找到清损会平津区助理代表王世襄,说:"溥仪在天津张园的寓所现已归美军使用,进驻的美军在寓所内发现有一具保险柜,不知装有何物,需要我方派人会同美军将保险柜打开。现此事派你去办,你立即去告知敌伪产业处理局办公处,再到东交民巷去看葛莱(驻北京的美军上校),商议去津日期等事宜。"

经过一番准备工作,7月16日,王世襄同美军联络员克利夫斯一同前往天津。在美军驻天津办事处的帮助下,他们来到张园,试用各种方法都无法将保险柜打开,最后只好使用了加氧气的喷火器。

在大保险柜中,还有21件小型手提保险匣。7月18日,在美军的押运下,保险柜运回了北京,在故宫御花园绛雪轩进行了清点。据王世襄先生回忆,这批物品大都属于细软性质,件头小,数量多,价值高,共有一千多件。其中有商代鹰攫人头玉佩等历代玉器精品,有宋马和之《赤壁赋图》卷,元邓文原章草卷、元赵孟頫设色《秋郊饮马图》卷及老子《道德经》书卷等宋元人手卷,有古月轩珐琅鼻烟壶、痕都斯坦嵌宝石玉碗、嵌珠宝珐琅怀表等,更有一批如黄杨翠绿翡翠扳指等珠宝首饰和金银器皿,可谓价值连城。有些文物,后来在故宫珍宝馆展出。

抗战之后,清理战时文物损失委员会所从事的工作当然远远不止上述所举的数例。清损会的工作是很艰难的,但却取得了巨大的成就,避免了中华文物珍品蒙受更大的损失。不胜枚举的事例,在此不再面面俱到,但由清损会负责的中国代表赴日本交涉赔偿文物一事,却是万万不应被忽略的。

1946年春,清损会开始在北京编写在日本的重要文物目录,为赴日交涉赔偿文物做准备。目录中注明了文物的名称、尺寸、收藏地点、收藏者、材料来源等有关情况。11月初,教育部在南京开办了"胜利后第一届文物展览",展期一周,展品中有赫赫有名的毛公鼎等重器。展览闭幕后,教育部次长杭立武主持召开了一次清损会的会议,内容除京沪、武汉、广州、平津各区的代表或工作人员汇报一年来清理文物的情况及收获外,重点讨论了去日本开展清理文物工作的步骤与方法,所涉及的方面有:

第一,在抗战时期,南京中央图书馆曾将一批善本书运到香港,但在1941年底,日本侵占了香港,并将这批善本书全部劫往了日本,共计117箱。日本投降后,难以否认劫夺这批善本书的罪责,经中国驻日本代表团清点接收,原箱封好,分存在中国代表团库房和东京上野公园内,中方可随时提取。

第二,根据各地公私上报的战时文物损失的材料,向日本政府要求追查赔偿。

第三,如果原文物已经毁坏,或者长期查不到下落,日本政府无法用原件偿还中国,中方将指定日方用同类或等价的文物予以赔偿。

12月中旬,清损会派驻日本的专员王世襄到达日本,开始了在日本为期两个月的清理文物工作。最终的结果,只是在几经周折之后,把那批善本书运回到了上海,其他方面却几乎是一无所获,不能不让人觉得王世襄的此次日本之行是多么艰难,多么悲壮。

在第二次世界大战中,中国是遭受日本侵略最惨重的国家之一,属于二战的战胜国。战争期间,多少同胞惨死在日寇的屠刀之下,多少中华民族的优秀文化遗产被劫往日本。战争胜利之后,从失败者手中索回被劫走的中国文物,本是情理之中的事情。但那时的中国在国际事务中,却往往享受不了应有的权利,处在被人支配,甚至被人玩弄的地位。偌大一个国度,有的只是一味地忍耐,一味地软弱,一味地退让。这种状况,曾在中国历史上持续了许久,许久。

根据联合国关于要求赔偿文物的条款规定:

要求偿还的文物必须确实经证明是抗战时期被日寇劫夺或盗窃的;

损失了的文物要求能列举其名称、年代、形状、尺寸、重量等,并且最好附有照片;

对劫夺的情况,要求能开列原有人,原在何处、何时被劫夺的;

如果文物是被日寇劫夺的,要求能说出其番号等有关情况;

……

只有上述条件全部具备,联合国才能督促日本政府进行文物下落的追查。至于能否追查到,并不能得到任何一方的保证。

显然,这是一些特别苛刻的规定,但这些苛刻规定的受害者却只有中国,而对日本,几乎已经到了偏袒和庇护的地步。当时中国代表团所掌握的材料,几乎没有一份能符合联合国所规定的种种条件。在战争期间,在城乡被轰炸和洗劫,在国破家亡之际,谁能有机会为那些损失的文物编一套完整的资料呢?战争期间,日军的番号都是绝对保密的,又有多少人能够知道日军的番号呢?再明显不过了,联合国的有关规定,为追查偿还中国损失的文物设下了一道坚实的障碍。障碍的一边是无可奈何的中国政府;障碍的另一边,是强盗的暗自得意,是某些国家、某些人的险恶用心。日本政府利用了这一点,借口材料的不完整,无从查找，使偿还工作毫无结果。在战争的失败者面前，胜利者却显得无从适从。

在要求日本政府赔偿已不会有什么结果的情况下，根据清损会曾经讨论的方案，中国代表决定向日本提出"以类赔偿"。但是，这个提议，首先在中国人内部便产生了严重的分歧。王世襄要求这样做，认为中方有充分的理由提出这样的要求；张凤举却坚决反对，认为这违反了联合国有关赔偿的原则。赴日本中国代表团的团长也站在张凤举的一边，认为这个问题应先由教育部呈请中国政府，在联合国会议上讨论解决。王世襄只得将进行以类赔偿的经过报告清损会，设法在联合国会议上争取到以类赔偿的办法，但后来的结局，却是被张凤举不幸言中了，他说："你即使打报告，中国政府也不会在联合国会议上提此提案，即使提出，也不能通过。现在政府有求于联合国的事正多，怎么可能在追还文物这个问题上斤斤计较呢?!"

正当的赔偿要求做不到，以类赔偿也行不通，但中国代表并没有灰心丧气。虽然是在异国他乡，但为了寻找到中国文物的下落，他们甘愿受苦受累，甚至忍气吞声。他们首先想到了美国，希望能通过美国设在日本的管理调查文物的机构，了解到一些中国文物的线索，然后再向日本政府提出偿还要求。但是，美国并不想帮助中国，他们甚至拒绝接待中国的代表，防止中国方面打听到有关文物的线索。后来，美国在日本的一名代表成了大古玩商，他们的用心才大白于天下。他们想成为在日本的中国文物的拥有者，他们怎么能容忍在日本的那些珍贵中国文物再回到中国人手里呢？

清损会在日本的追偿文物工作，到处碰壁，举步维艰。最终运回国的，只有那批善本书。而那批善本书，也在全国解放前夕被国民党政府运往台湾去了。

六 古玩业的风风雨雨

(一) 中华珍宝从这里流失

从清代末期开始,中国各地出现了大量的经营文物的店铺,无一例外,这些店铺都是低价买进,高价卖出,讲究的是利润,而很少考虑文物被什么人买走。在大中城市,特别是经济、文化比较发达的地区,如北京、天津、上海、武汉等,古玩铺比较集中,其中北京的琉璃厂,在长达半个世纪的时间里,都是旧中国古玩业的龙头,是中国文物的最大集散地。不知有多少中华珍宝,从全国各地流向这里,又被古玩商高价卖出,流向中国和世界各地。因此,了解琉璃厂往日的繁荣,可以使我们从另一个角度了解祖国的历史文化遗产在旧中国所蒙受的劫难。

琉璃厂,原叫海王村,元代在此设窑烧制琉璃,故有琉璃厂之名。明代末年,琉璃厂成为中国北方最大的书画碑帖集散地,为日后成为中国最大的文物集散地打下了坚实的基础。清代雍正时期,较具规模的文物买卖开始在琉璃厂兴起。

但是,琉璃厂作为中国古代文物的集散地,在其兴起之初,买者卖者大都是中国的达官要人和士大夫们。只是到了鸦片战争以后,帝国主义用枪炮打开了清政府闭关锁国的大门,一些西方的文化奸商借机打入中国的文物市场,通过经济手段,有计划地掠夺中国的古代文物。清光绪年间,一些外国人正式在我国的北京、上海、天津等地开设古玩玉器商行。为了牟取暴利,中国的古玩商们也竞相与外国人做买卖,一些有实力的中国古玩商甚至开设了专门面向外国人的文物出口公司。在巨额利润的驱使下,有的古玩商不再满足于坐店经营,而是和社会上的不法之徒相勾结,盗窃、破坏祖国珍贵的历史文化遗产,使古玩店内集中了大量来自全国各地的珍贵文物,因此也吸引了大批外国富豪和有关外国政府组织的代表,导致了中国文物前所未有的、大规模的外流。也正因为如此,在旧中国,古玩业和中国文物的劫难是紧密地联系在一起的。

那么,琉璃厂的古玩买卖曾经有过怎样的繁荣呢?且看史料记载。

据清人李文藻《琉璃厂书肆记》描述,在乾隆时期,琉璃厂已是店铺林立,古玩堆积如山,书画、碑帖、文房四宝等,应有尽有。

距李文藻写《琉璃厂书肆记》142年以后,缪荃孙又写了《琉璃厂书肆后记》,所记琉璃厂的繁荣景象,较李文藻所记载的有过之而无不及。

又过了22年,孙殿起作《琉璃厂书肆三记》,当时琉璃厂仅书肆便有三百余家。

民国时期的文人诗文中,也经常反映琉璃厂的繁荣。如1935年的《群强报》曾有这样的描述:"……园(指海王村公园,即琉璃厂厂甸)之北,则玉器古玩摊,碧翠之簪环,鼎尊炉瓶碗等古董,陈列的灿烂夺目,……园之西门外,道之两畔,书摊栉比,古今书籍陈列,触目皆是。其字画悬满壁间,琳琅满目,古色古香,美不胜观;由师大校迤南,而抵十字路口,字画悬遍,并有临摹苇棚,中间挂满古今名人字画书帖,文人墨客,考古专家,往返盘桓,若不胜其看;……崇文纸庄南,则文玩古董之摊,金银铜铁锡瓷瓦等质之古玩,年代久暂,固咸有之,而参与其间之抄家货,与古玩媲美,昂其值,是亦投机之老虎摊耳。"诸维凯《燕京杂咏》曰:"琉璃厂畔逐闲人,古玩般般列肆陈。汉玉唐碑宋元画,居然历劫见风尘。"

还有人在文章中记载文物价值的,如:震钧《天咫偶闻一则》曰:"近来厂之习,凡物之时愈近者,直(值)愈昂。如四王、吴、恽之画,每幅直皆三五百金,卷册有至千金者。古人惟元四家尚有此直,若明之文、沈、仇、唐,每帧数十金,卷册百余金。宋之马、夏视此,董、巨稍昂,亦仅视四王而已。书则最贵成邸及张天瓶,一联三四十金,一帧愈百金,卷册条屏倍之。王梦楼少次,翁苏斋、铁梅庵又少次,陈玉方、李春潮、何子贞又次,陈香泉、汪退谷、何义门、姜西溟贵于南而溅于北。宋之四家最昂,然亦不及成、张;行书则不及刘、王、若衡山、希哲、履吉、觉斯等诸自郐。此皆时下赏鉴,而贾之随之。至于瓷器,康熙十倍宣成,雍乾又倍康熙,而道光之慎德堂一瓶,至数百金。又有古月轩一种,以料石为胎,画折枝花卉,绝无巨者,瓶高三寸,索直五百金,真瓷妖矣!因忆野获编云:玩好之物,以古为贵,惟本朝则不然,永乐之剔红、宣德之铜、成化之窑,其价遂与古敌;盖北宋以雕漆名,今已不可多得,而三代尊彝法物,又日少一日,五代迄宋,所谓柴汝官哥定诸窑,尤脆易损,故以近出者当之。又云:沈、唐之画,上等荆、关;文祝之书,上参苏、米。则明人已有此风;然不过方驾古人耳,未如今之超乘而上也。"

至于从琉璃厂购买文物的记载,在前人诗文中也有很多,字里行间,透露出一件称心文物到手后的喜悦,也反映了往日琉璃厂的昌盛。

在琉璃厂的繁盛时期,古玩店铺鳞次栉比,其规模和热闹程度远远超过今天的琉璃厂古文化街。在这些古玩店铺中,从1860年前后至1949年存在过的,且比较有名的古玩商号就有近百家。这些古玩商号命名多取斋、阁、房,名称典雅,寓意深远,文气十足。

除著名的古玩商号以外,琉璃厂及北京隆福寺、大栅栏一带,还有很多古玩店铺,这些店铺基本都是在1860年英法联军火烧圆明园之后开设的。自开设之日起直到新中国成立之初,大批的古代文物通过这些店铺,流向了世界各地,为中华民族带来了无可挽回的损失。当然,也有一大批文物被中国的私人收藏家和收藏机构所收藏,这些文物有的保存至今,成为博物馆的珍藏;有的则在抗日战争、解放战争及后来的文化大革命中损毁;有的则下落不明。

(二) 古玩业风云人物

在旧中国古玩业从1860年到1949年近百年的风风雨雨之中,出现了许多颇有影响的风云人物。古玩业作为商业的一种,盈利是它生存和发展的主要目的,因此,当我们追寻那些古玩店铺主人的经营足迹的时候,不难发现,他们中的许多人都曾将祖国的珍贵文物通过种种手段进行倒卖,致使文物流失海外。例如:

叶叔重 1928年开始做古董生意,专门向卢吴公司供货。1941年后自己在北京上海做古董生意,主要向外国古玩商提供三代及秦汉铜器、石雕造像、宋元名窑瓷器等。直到解放后的1952年,他仍不顾国家法律,向国外走私文物,被判刑并押往西北劳教,最终死在新疆。

金从怡 其父亲金才宝于光绪末年在上海为古董商拉纤,

民国初年在上海开设金才记古玩店。1921年,金从怡接手经营,专与外国古玩家、收藏鉴赏家做生意,买卖了大批新出土的青铜器、石器、陶器、唐三彩、浮雕及宋元名窑瓷器。金从怡的金才记古玩店和北京的彬记古玩店是国外古玩商人人皆知的中国古玩商号。解放以后,金从怡深知自己曾向国外走私大量珍贵文物,罪责难逃,于1950年移居香港。

刘宜轩 其父刘少溪于清光绪年间便在上海南京路开设宝华祥古玩铺。1921年,刘宜轩来到北京,以其精通英、法两国语言的特长,帮助英国人阿伯特和美国人布恰德收购中国的金石文物。后来,刘宜轩在北京南河沿开设大仁济古玩店,终因贪买奇珍而失败。1951年,刘宜轩曾利用建国之初管理不严之机,携带一件明代彩罐去香港销售,去向不明。

苏觐墀 1924年,由北京兴隆街一大财主出资,在东四牌楼开设古玩铺。30年代初,去法国巴黎做古董生意。

崔耀庭 年轻时曾在一洋酒店侍侯外国水兵,1911年进德兴斋古玩铺学徒,后经营德兴斋,做"法国庄"生意,经营项目有青铜器及宋、元、明、清瓷器。

张彬卿 清末在同益恒古玩铺学徒,民国时在北京经营同益恒。张彬卿与萧延卿合作,由萧延卿在彰德府"包坑"(收购同一墓葬中出土的所有文物),张彬卿在北京再请人整修"包坑",所得的商青铜器,再经由卢吴公司卖往国外。

王廷栋 曾在北京经营辅聚斋,以经营宋元瓷器而出名。1929年,他收购到一件宋代钧窑花盆,此盆胎质坚硬,施釉厚重,色彩夺目,且底部刻有"九"字,显然是一件贡品,国内外古董商竞相出高价,王廷栋将此盆最终卖给了日本山中商会的高田,高田又转手卖给了美国博物馆。

俞淮清 1911年在北京开明古斋古玩铺,并向日本山中商会供货,其中有一件北魏鎏金佛造像,极为精美。1918年以后,专门向法国人销售明代法华器、孔雀蓝、抹红、茄皮紫等釉色瓷器及清代康熙三彩器,并因此而发财。1926年,他凭借其雄厚的实力,收购了延清堂的全部底货。

贾腾云 原在北京西华门的一家古玩铺学徒,在鉴定明清官窑瓷器方面具有较高的眼力。1905年,贾腾云在北京东四一带开设荣兴祥古玩铺,专门经营明清官窑瓷器,并通过封货拍卖的手段,买到了清代皇室和王公贵族抵押在盐业银行的一批珍贵的官窑瓷器,与琉璃厂的延清堂一道,成为中国著名的以经营明清官窑瓷器为主的古玩铺,吸引了大批外国古玩商和私人收藏家。

赵鹤舫 光绪年间在琉璃厂的寄观阁古玩铺学徒,在鉴定金石、古陶和明器方面功底较深。宣统年间,他又转往上海开古玩铺,大发其财。1913年,赵鹤舫回到北京,开设延古斋古玩铺,大批买进卖出洛阳出土的文物。1914年,赵鹤舫利用他与袁世凯次子袁克文的关系,根据外国古玩商的需要,从陕西将昭陵六骏中珍贵的拳毛䯄和飒露紫两块石刻浮雕盗运至北京,转手卖给了美国人(现藏美国费城大学博物馆),对中国的民族文化造成了严重损失。

丁济谦 1901年,他在清内务府总管文索的支持下,在琉璃厂开设清堂古玩铺,经营珍贵的明清官窑瓷器,致使宫中御用瓷器不断外流和被盗。

古玩业的风云人物尚有很多,除上述所列的以外,我们再介绍几位突出人物。

1.岳彬倒卖珍贵文物病死狱中

在解放前的北京琉璃厂古玩街上,岳彬是一位赫赫有名的人物。人们至今提起老北京的古玩业时还会提起他,这不仅是因为他所开设的彬记古玩铺曾是北京最大的古玩铺,还因为他专门把中国文物卖给外国人,并因盗卖珍贵文物而被捕入狱,最终病死狱中,得到了应有的报应。

岳彬,又名岳文轩,于清光绪22年(1896年)生于今北京通县西集镇张各庄一个贫穷的农民之家。当时,西集镇有几个人在北京做文物买卖,赚了不少钱,他们衣锦还乡,置地建房、耀武扬威的样子,对年幼的岳彬及其父母都产生了很大的吸引力。1910年,刚满10岁的岳彬便被其父母送到了北京锡拉胡同的一所破庙里,在西集人常惠川开的一个古玩铺里当学徒。七年以后,岳彬凭借着他的聪明伶俐和吃苦耐劳,比较熟练地掌握了一些文物鉴定的知识和文物买卖的秘诀,特别是对法华器和金石器有了较高的鉴赏和辨别能力。从1917年开始,岳彬便离开了原来的师傅,自己做起了夹包买卖。他不甘心于永远听人驱使,他要为自己赚钱,要在古玩业里施展抱负和才华。从此,他不仅往来于北京的各古玩铺,这边买进,那边卖出,使自己的鉴赏力大有用武之地,而且还常去天津、山西等地,搜购民间散存的文物珍品。

本世纪初,随着清政府的倒台,前来中国的外国人很多。岳彬看到了这一点,专门和一些喜欢中国文物的外国人打交道,从中渔利。他由最初的专门卖给法国人,到后来兼卖给日本人和美国人。不知有多少珍贵的中国文物经岳彬之手流往海外,成为西方人收藏中的珍品。1928年,岳彬在北京炭儿胡同开设了一家叫做彬记号的当时北京最大的古玩铺,大量地收购、成批的卖出,开始了岳彬经营文物的鼎盛时期,也是他一生中盗卖中国珍贵文物罪恶深重的时期。从岳彬手里流失到海外的中华珍宝已无法详细统计,从零星的记载中,我们在此介绍以下几件:

——宋代法华罐

法华器,在景德镇称法华。法华是指在陶器的表面饰以素面凸起的或堆贴的纹饰,再施以蓝、绿、紫彩,始于宋而兴盛于元、明两代,并且衍进到瓷器上,在清乾隆以后便很少烧制。较好的法华釉,晶莹透亮,黄如松香,绿如子母,紫如玫瑰。岳彬是从法华买卖起家的,对法华器具有特别高的鉴赏能力。

有一次,岳彬去天津跑地摊,花了四千块大洋买回了一件宋代法华罐。四千大洋并不是一个小数目,岳彬之所以如此出手大方,完全是因为艺高人胆大。这件法华罐造像秀美,施釉得当,黑花之上,施有一层明如玻璃的孔雀绿釉,鲜艳宜人。

岳彬回到北京后,并没有想把这件宋代法华罐再卖给中国人,他想赚大钱。当时,有一个叫魏武达的法国人,在巴黎开了一家古玩店,专门经营中国文物,与中国的不少古玩商都很熟悉,与岳彬的交往更多。岳彬约来魏武达,出示那件法华罐给他看,自己则在一边品着茶,观察着他的反应。岳彬看出魏武达对这件宋代法华罐爱不释手,便开出了高价。后几经讨价还价,魏武达以一万五千块银元的高价,买走了这件宋代法华罐。这样的珍品,目前在国内也是罕见的。

——商代凤耳彝

彝是古董青铜器的统称,其中方彝是古代的盛酒器,早在商代前期,便发现有陶质方彝,但青铜方彝的出现则是在商代晚期的事了。1930年,正值"九·一八"事变发生期间,岳彬从河南省收买到一件新出土的商代青铜凤耳彝。内行人一看便知,这是件价值连城的珍品,不仅锈色翠润,纹饰清晰,而且造像特殊,因为凤耳彝在商周青铜器中是非常罕见的。岳彬花四千银元把这件青铜彝收购到手之后,便放出风去,待价而沽。后来,常同岳彬打交道的法国古玩商魏武达知道了岳彬手中有一件精美的商代凤耳彝后,便要出20万元购买,岳彬见其出手大方,便又将价抬到30万元。不知道这件珍贵的商代礼器最终以什么价格成交,但它肯定是到了魏武达的手中,流失海外了。

——云冈石佛头像

山西大同的云冈石窟,是我国著名的石窟寺之一。云冈石窟现存主要洞窟大部分是北魏文成帝和平年间(460—465年)到孝文帝太和十八年(494年)之前开凿的,据《水经注》记载,当时"凿石开山,因岩结构,真容巨状,世法所希。山堂水殿,烟寺相望,林渊锦镜,缀目新眺。"石窟东西延绵一公里,造像气魄雄伟,内容丰富多彩,雕刻精美绝伦,有大小造像五万余尊,其中最大佛像高达17米,最小佛像高仅几厘米,是世界著名的艺术宝库。

在本世纪初,便有一些日本人开始研究中国的石质造像,认为石造像具有更高的艺术欣赏价值。北魏时期佛教盛行,北魏的佛造像也是造像中年代较早的,并且以造型秀美著称,因此,不少北魏时期的石质造像都被捷足先登的日本人买走了。后来,法国人和美国人也不甘示弱,竞相购买。岳彬特别具有商人的眼光,知道石造像能卖大钱,先是从山西买来七个石佛头,从中赚了一大笔钱,后来便开始不择手段了。"七·七"事变前夕,正当日本帝国主义准备大举入侵华北的时候,趁着局势混乱,岳彬派人到云冈石窟,对一些精美的石佛头进行了拓印,然后选用上好的石料,照样复制。岳彬以前就曾在古玩买卖中出售过不少文物复制品,其复制手段高超,足可以假乱真。岳彬把复制好的一件北魏石佛头以三万美金卖给了美国的石油大王。但在抗日战争胜利之后,这位美国石油大王不知从何处听说云冈石窟的北魏佛像安然无恙,便找岳彬要求退货。利欲熏心的岳彬怎肯让到手的美元再失去？他琢磨再三,花费了三千美元买通了孙殿英的部下,把云冈石窟中的那尊北魏佛造像毁坏了,一尊珍贵的北魏造像的头部从此不存。

——使岳彬入狱的"帝后礼佛图"

唐代著名诗人白居易曾说:"洛都四郊,山水之胜,龙门首焉。"龙门,即指位于河南洛阳城南13公里伊河东西两岸的龙门石窟。龙门石窟始开凿于北魏孝文帝迁都洛阳(公元494年)前后,历经东魏、西魏、北齐、北周、隋、唐、北宋诸朝。在南北长达一公里的范围内,共存窟龛2100多个,佛塔40余座,碑刻题记3600块,造像10万余躯。尤以北魏时的古阳洞、宾阳洞、莲花洞及唐代的奉先寺、万佛洞为佳。龙门石窟和敦煌莫高窟、大同云冈石窟一并,被合称为我国三大石窟艺术宝库。

龙门石窟宾阳洞的中洞,系北魏宣武帝为孝文帝和文昭皇后做功德所营建的洞窟之一,开凿于景明元年(公元500年),洞中的"维摩变"、"佛本生故事"、"帝后礼佛图"、"十神王像"四层大型浮雕,北魏风格突出,尽显古代艺术大师的卓越技艺,在龙门石窟中颇具代表性。但是,如果你现在步入宾阳洞中,是不可能再看到浮雕的完整性了。早在1943年,洞中的"帝后礼佛图"浮雕便被岳彬盗往美国了。

原来,岳彬向国外盗卖石质造像赚了大钱,也使他的胃口越来越大,他把目光又投向了龙门石窟,投向了宾阳洞中著名的"帝后礼佛图",他相信这块石雕的价值不知要比大同云冈石窟的北魏石佛头高多少倍。岳彬买通了当地驻辖的伪军,将"帝后礼佛图"破坏后取下,先用麻袋运到了保定,然后又运到了北京,在不知制造了多少件罪恶之事的彬记古玩铺的西院,岳彬复制了一套"帝后礼佛图"后,将真品卖给了美国人。

虽然当时有不少古玩商都在同外国人做买卖,造成了大量中国文物的外流,但像岳彬这样采取恶劣手段,明目张胆地盗卖文物中的宝中之宝的古玩商却不多。岳彬的行为引起了古玩行业中不少人的愤慨,一时岳彬成了众矢之的,甚至有人骂他"断子绝孙"(实际上,岳彬先后娶了四个老婆,确实一个都没有生育)。

在1952年的"三反"、"五反"运动中,岳彬与美国人普爱伦签定的盗窃、贩卖、走私石刻合同被发现。合同内容如下:

立合同人普爱伦、彬记(即设在北京炭儿胡同的彬记古玩铺)。今普君买到彬记石头平纹人围屏像拾玖件,议定价洋一万四千元。该约定立之日为第一期,普君当即由彬记取走平像人头六件,作价洋四千元,该款彬记刻已收到。至第二期,彬记应再交普君十三件之头。至与(于)全部平像身子,如彬记能一次交齐,而普君再付彬记价款四千。如是,该身仍分二次交齐,而此四千价款,亦分二期,每期二千。以上之货,统计价洋一万四千元。至与(于)日后下存应交之货何年运下及长短时间,不能轨(规)定。尚该山日后发生意外,即特种情形不能起运,则该合同即行作废,不再有效。此乃双方同意,各无追悔,空口无凭,立此合同为证。该合同以五年为限,由廿三年十月廿一日起至廿八年十月廿一日至。在此五年内,如不能将货运齐,该约到期作废。

立合同人　普爱伦(签字)

彬　记(盖章)

民国廿三年国历十月廿一日立

合　各持一纸　同

岳彬盗卖"帝后礼佛图",不仅破坏了龙门石窟的完整性,而且给中华民族的历史文化遗产造成了不可弥补的损失。解放后,人民政府对此事极为重视,再加上岳彬的其他丑行,岳彬被捕入狱。1955年,岳彬病死在狱中。岳彬在古玩业的不光彩历史,使他的一些徒弟都羞于提起他。古玩行的老人常说,在岳彬的心目中,没有亲情,也没有仁义,有的只是"钱"和"古玩",这也许正是岳彬的恶劣行径的根源之所在。

2. 岳乾斋与清代宫廷珍藏的抵押

严格地说来,岳乾斋并不是古玩界的人物,但是,特殊的历史时期,特殊的职业,特殊的社会关系,使他与古玩业具有了千丝万缕的联系,成了清末民初一个影响古玩业的举足轻重的人物。

前文已经叙述过,清宫珍藏的散佚,主要有皇室变卖、内部盗窃、溥仪携带、典当抵押等几种情况。辛亥革命以后,清室退位,但根据清室优待条款,有相当长的一段时间,溥仪及皇室人员仍住在宫中,虽有民国政府的财政补贴,却仍然满足不了逊清皇室的巨额开销,因此,便出现了清室人员靠典当宫中珍宝和文物度日的时期。在本世纪20年代北京的《京报》上,我们时常可以发现这样的消息。而岳乾斋就是承办皇室典当抵押珍贵文物的中介人。

岳乾斋,祖籍江苏淮安,生于北京。光绪年间,岳乾斋在前门一家金店学徒,后又自开金店,与袁世凯的表兄张振芳关系密切。民国初年,张振芳投资百万,开办了中国北方的第一家私人商业银行——中国盐业银行,岳乾斋被聘为经理。在岳乾斋的管理下,中国盐业银行很快便发展成与金城、中南、大陆银行并列的民国四大银行。也正是这时,岳乾斋成了名震一时的承办皇室典当抵押珍贵文物的中介人,在古玩业鼎鼎有名。

岳乾斋到底承办过多少次皇室抵押,没有人能说清,比较突出的有这样两次:

1924年5月31日,岳乾斋与逊清内务府绍英、耆龄、荣源共同签署了一份抵押合同,合同规定:清廷将金编钟、金册、金宝和其他金器,抵押给北京盐业银行,抵押款80万元,期限一年,月息一分。其中16个金编钟(共重111439两)抵押40万元,8个皇太后和5个皇后的10个金宝、13个金册,以及金宝箱、金印池、金宝塔、金盘、金壶等(共重10969.796两),外加不足十成的36件金器(共重883.8两),珍珠1952颗,宝石184块,玛瑙碗等,抵押40万元。

在此之前的1923年,清室还向北京盐业银行抵押过一批清康熙官窑瓷器,为几十套十二花卉杯。十二花卉杯一套十二件,依据十二个月分别描绘有不同的代表性花卉,如正月为迎春花……七月为荷花……十二月为梅花。这几十套十二花卉杯,均为康熙官窑五彩,杯体轻巧,釉色细腻,描绘精美,底有"大清康熙年制"楷书款。由于超过了抵押期,清廷无力赎回,1924年春天,岳乾斋请北京的各古玩店封货拍卖。大部分古玩商见这些十二花卉杯虽然精美绝伦,但拿在手上又有毛刺扎手,恐怕是新出窑的,不敢买进。只有荣兴祥的贾腾云,因与岳乾斋是至交,得知这批花卉杯自康熙年间从景德镇运到北京以后,一直存放在内务府瓷器库,三百年未曾启封,才给人以崭新之感,放心地买进一批,大发其财,另有虹光阁的张云岩,艺高人胆大,力排众议,也买进一批。

清廷向岳乾斋抵押宫廷珍藏,每年都有几宗,使大批宫廷历年所藏的珍贵文物流水一般散失出来。有必要指出的是,清廷除向北京盐业银行抵押以外,也向其他银行,包括外国银行进行抵押,并且基本是有去无回。

清末民初,清廷还曾将一套珍贵的宋代钧窑瓷器抵押给了英国人在北京开办的汇丰银行。这套宋代钧瓷,有20余件,是专门为宋代宫廷烧制的,刻有编号。后来,这套钧窑精品被明代宫廷收藏,之后,又成为清代宫廷的"传世珍宝"。在清代皇室财政拮据的时候,被任皇族内阁协理大臣的徐世昌与任袁世凯内阁弼德院顾问大臣的那桐一道,抵押给了汇丰银行。而替汇丰银行买进这批国宝的,是中国人邓君翔,清廷为此得到了几十万两银子。抵押期一过,邓君翔见溥仪无力赎回,便将这批钧瓷转手卖给了美国博物馆。因此,20世纪20年代,美国的各大博物馆、古玩商、收藏家掀起了中国宋代钧瓷收藏热。

3. 丁济谦与御窑瓷器的外流

在过去的古玩业流传着一句这样的口语:"买好绸缎到瑞蚨祥,买好药到同仁堂,买好硬片到延清堂。"硬片,指的是瓷器,是相对于称字画为软片而言的,又有称瓷器和字画分别为硬彩和软彩的。

延清堂是北京古玩界经营瓷器最著名的商号。据陈孝威《钵庵忆语·延清堂》记载:"近来厂肆,硬片以延清堂为最著。硬片云者,瓷器之谓也。其目字画为软片,亦犹之硬彩软彩之别。余在延清堂见碗一枚,表里各画葡萄果一枝,果凡五、六朵,朵紫而叶碧,光景常新,枝藤虬结处,婼婼欲动;款为成化年制,实系雍正朝所仿。最难得者,内外彩色花纹,不走一丝,映日光照之,不知其为两面彩画也。余所见,仅此一枚而已。"

在很长时期内,根据清朝的规定,古玩界经营明清官窑瓷器是违法的。官窑瓷器是相对于民窑瓷器而言的,是专门为宫廷制作的宫中用瓷,因而精美之极。一般民间百姓,是很难有机会见到官窑瓷器的。但是,在清代末年,随着清廷统治的摇摇欲坠,一些原本为宫廷所用或被帝后妃嫔玩赏的珍贵瓷器,却不断流出清宫,被民间收藏者购藏。

清宫御用瓷器的外流,始于清咸丰十年(1860年)。这一年,英法联军火烧圆明园,使收藏在圆明园的官瓷流散出来,一部分在北京、天津等古玩市场上出现,也有的出现在香港和欧洲的古玩市场。在光绪二十六年(1900年),八国联军占据北京,收藏在紫禁城、颐和园、圆明园的御用瓷器,再次外流,使民间清末官瓷进一步增多。

光绪二十七年(1901年),清内务府总管文索出资九千两银子,开设了一家名为延清堂的古玩铺,专门经营官窑瓷器。延清堂在古玩界存在了25年,其中有23年由丁济谦担任经理,因此,丁济谦与明清官窑瓷器的散佚,关系巨大。我们之所以这样断定,还基于如下推测:自延清堂开办以后,清廷关于民间不许经营、使用官窑瓷器的规定,基本成了一纸空文;内务府总管出的"九千两"银子,或许是一个巧合,因为"九"有多的意思,为"阳之变也"(见《说文解字》),与其说文索是丁济谦的后台老板,倒不如说清廷是,否则丁济谦哪里有胆量以经营官窑瓷器作为延清堂的专项?而"延清"两字,似乎也有其寓意,即延续清廷统治之意。

文索之所以选中丁济谦为延清堂的经理,一方面是因为他具有文人气度,胆大心细,交际很广,鉴定瓷器也有一定的眼力;另一方面,早在光绪二十年前后,便专门做提溜包的古玩买卖,经常进出官府衙门,并且私下买卖过官窑瓷器,对官窑比较熟悉。

由于有文索在背后支撑，丁济谦做生意特别大胆，琉璃厂的其他古玩商只能望其项背。随着延清堂实力的不断雄厚和清王朝的日益腐败，延清堂逐渐成为文索聚财的基地。光绪二十六年（1900年）八国联军进攻北京之后，慈禧太后携光绪皇帝仓惶出逃西安。第二年，当慈禧太后从西安返回北京，见宫内丢失了大量包括御用瓷器在内的文物，曾下令在北京城内查抄。但这样的命令只不过是为了维护朝廷的尊严而已，所以当庆小山启奏："变查抄为收买，以安民心"之后，慈禧太后便马上同意了。文索最早得知这一消息，利用延清堂收买了大量从清宫流失的珍贵瓷器。

民国初年，热河行宫被盗，大量存放在行宫的御用器物流失民间，其中有不少都到了延清堂丁济谦的手中，如康熙官窑豇豆红尊、柳叶尊、郎窑瓶、古月轩珐琅瓷器等，在普通的古玩铺是根本看不到的。当时，担任热河都统的是熊希龄，他与丁济谦很有交情，有人认为是丁济谦与其密谋盗窃牟利，然后又制造了被盗的假象。

后来，袁世凯的民国政府曾捕获了一位所谓的行窃者，并派人到丁济谦的延清堂索取赃物，但丁济谦却表现得毫无畏惧，在法庭上大声说道："我是公买公卖，将本图利，有卖的我就买，我不是偷盗来的东西。失盗的责任是熊希龄，他是热河都统，你们有胆量找他去。"丁济谦之所以敢这样大闹法庭，一是因为他与民国政府的上层人物过往从密，二是因为这时的熊希龄已是民国政府的国务总理兼财务总长，谁敢去找他算帐。于是，热河行宫被盗案，就这样不了了之了。

在丁济谦的管理下，延清堂生意越做越大，几乎所有的清宫御用珍品，延清堂都有。延清堂成为中国古玩界的首户，吸引了大批国内外收藏家光顾、购买，使延清堂成为清宫散佚御用瓷器的聚集、再散佚的中转站。目前,很多国外博物馆和私人收藏家珍藏的明清官窑瓷器,都购自延清堂。

1924年,丁济谦在担任了延清堂23年的经理以后,又受聘担任了比利时华比银行北京分行的经理,从此离开了古玩界。而丁济谦走后,延清堂也日趋不景气,两年以后,关张了事。

(三) 专向国外出口文物的卢吴公司

1911年的中国,天翻地覆,风云变幻。这一年,孙中山领导的资产阶级民主革命推翻了二千多年的封建统治,但由于革命的不彻底性及各地军阀势力的不合,矛盾丛生,又为今后更为残酷的斗争埋下了伏笔。对于古玩业来说,清王朝的覆灭,在宣告了一个时代的结束和另一个时代的开始的同时,却又提供了行业繁荣的最好契机,因为它为大部分古代遗物进入流通提供了最有利的前提和条件,革命的发生又使清代大批宫廷和官宦的丰富收藏走进了民间交流的行列。正是在这一契机之下,诞生了我国私人开办的,最大最早的、专门向国外出口文物的公司——卢吴公司。

实际上,卢吴公司是由江苏人卢钦斋和上海的吴启周共同开办的。这个时候,卢钦斋早已是经营中国文物的大家,因为早在1890年,卢钦斋就把商号从中国开到了法国的巴黎,并且娶了个法国夫人,所生的一女也嫁给了法国人。卢钦斋对如何同外国人、特别是欧洲人做古玩生意,很有经验。吴启周则是上海滩古玩业公认的精明人物,他与卢钦斋的合作,可谓是珠联璧合,一对最好的搭档。正是由于他们联合办公司,先向法国、后又向美国、日本出口中国文物,使古玩界出现了法国庄、美国庄和日本庄。

当然,古玩业多是从一点一滴做起的,因为它需要本钱,又需要眼力,同时需要货源和买家,这四方面缺一不可。卢吴公司的起家和发展,一方面依靠了自己的雄厚实力,另一方面,又特别注重抓住良机。

发生在1860年的英法联军火烧圆明园,使大批中国文物被侵略者带回国内,欧洲人加深了对中国古代遗物的认识。1900年八国联军进攻北京时,北京的古玩铺几乎没有一家能免遭抢劫的,说明欧美人对中国文物的需求量进一步提高。也正是在这个时候,一些欧洲国家的古玩商把目光投放到了中国,开始了与中国古玩商更广泛的交往。

1911年,清政府被推翻,中国国内的局势极为动荡,有着雄厚实力的卢钦斋和吴启周走到了一起,建立了专门向国外出口中国文物的卢吴公司。

在开业的前十五年里,以卢钦斋、吴启周为主,祝继斋、缪锡华配合,卢吴公司以做洋庄生意为主。起初他们充分利用国府要员张静江在法国的关系,由卢钦斋常驻巴黎,吴启周在上海守住南方货源,祝续斋和缪锡华在北京抓住北方货源,以法国为国外基地,使进货、包装、托运、销售一条龙,有条不紊地做着法国庄生意。法国人特别喜爱中国的明代法华器,康熙三彩器,抹红、茄皮紫、孔雀绿等色釉瓷器,以及青铜器、石雕、陶器等,卢吴公司根据法国人的兴趣,大量出口上述文物,使卢吴公司的买卖很快被法国人买了起来,逐渐形成了较大的规模,一些欧洲人来中国买文物,也都愿意从卢吴公司进货。

在第一次世界大战之前,国外收藏中国文物最多的是欧洲的英、法等国及亚洲的日本国。第一次世界大战以后,美国成为世界上的强国,对中国文物的需求量剧增。卢吴公司看准了这一点,很快把在国外的办事机构从国力已有所下降的法国迁到

(三) 专向国外出口文物的卢吴公司

了新兴大国美国的纽约,由以法国为主转为以美国为主,为美国的文物收藏机构和古玩商有目的地搜罗中国文物。美国人对中国文物抱有浓厚的兴趣,特别喜欢中国的古代铜器、石器、陶瓷器,只要是真的,是不惜金钱的,往往是卢吴公司要多少钱,他们就给卢吴公司多少,一次世界大战后的暴富,在美国人的古玩买卖中充分体现了出来。正因为如此,卢吴公司在中国国内的进货,也往往财大气粗,其中有一件宋代钧窑笔洗,他们敢出上万银元收归。

到1926年,卢吴公司的牌子已经在国内外叫得很响了。这时,卢钦斋在美国,吴启周在上海,而在北京进货的又增加了王栋廷和吴启周的外甥叶叔重,使买卖越来越大。特别是在北京,卢吴公司成了各种文物的最大买进者和最大出口商。

后来,由于在文物买卖中发生了分歧,祝续斋和缪锡华先后离开了卢吴公司,自己单干,其中祝锡华曾斥巨资10万元从俞淮清手中买断了延清堂的全部库存文物,由此也可见当时卢吴公司实力之不一般。祝续斋离开卢吴公司后,与有古玩出口经验的李凌云合作,也给美国人做一些搜罗中国文物的事情。这一切,使卢吴公司极为不满,认为祝续斋这样做,是利用他原来在卢吴公司的关系,挤卢吴公司在美国的生意,是在抢卢吴公司的财路。商人都是以赚钱为目的的,卢吴公司岂能容忍祝续斋和自己竞争?

有一次,祝续斋在国内收购到一套完好的商代青铜兵器。当时,国内的商代文物出土还不是很多,成套的青铜兵器更是稀有,如果卖到美国,定能赚大钱。吴启周听到这一消息后,立即电告正在美国的卢钦斋。卢钦斋心领神会,马上在美国纽约设宴,款待美国的一些著名考古学家、中国青铜器专家和中国文物收藏家参加。在宴会进程当中,卢钦斋像是很随意地向美国人宣布了一条"消息"：目前在中国的北京，有很多从河南出土的商代兵器。这些兵器有真有假，并且有很多在出土时已经损坏，经过修复，卢钦斋若无其事地向参加宴会的美国人说完了这条"消息"，然后观察美国人的反应。美国人在和卢吴公司的交往中，对卢钦斋是比较信任的，因此谁也没有发现这次宴会背后的阴谋。卢钦斋得意地笑了，在和出席宴会的美国人的频频举杯中，卢钦斋看到了美国人所产生的错觉，即在中国商代青铜器中，兵器很多，并不稀奇；而现在北京的商代青铜兵器，不仅多，而且有很多是修复品和仿制品，如果购买，难免上当。

不久，李凌云来到了美国，虽然他带来的是商代青铜兵器中的精品，但美国人却没有表现出丝毫的热情，使难以找到买主的李凌云不得不将这些国宝很便宜地卖给了一位美国收藏家。真是"同行是冤家"，祝续斋的美国生意，就这样被卢钦斋把路给堵死了。中国文物在美国的市场，又成了卢吴公司的一统天下。与其形成鲜明对照的是，祝续斋每况愈下，往日的百万富翁、古董巨商，最终落得个贫困不堪，衣不遮体，乞讨为生。

到1941年，太平洋战争爆发，但这并没有对卢吴公司的古玩买卖造成太多的影响，对外国出口中国文物的生意照常进行。直到1949年新中国成立，卢吴公司的买卖才告终止。到1952年，为卢吴公司进货立下汗马功劳的叶叔重，被人民政府以走私文物罪判刑，押赴新疆劳改，并最终死在那里。在长达三十多年的时间里，卢吴公司出口国外的中国文物，不计其数。

(四) 活跃在中国的外国古玩商

在解放前的中国，活跃着很多外国古玩商，其中尤以日本和欧美为多。他们一般都比较有钱，有的是专门进行中国文物买

(四) 活跃在中国的外国古玩商

卖的,有的则受外国收藏家或收藏机构派遣,来中国有目的、有计划地收买中国文物,也有的本身就是中国文物收藏家。中国的古玩商们为了赚取更多的利润,也往往愿意将手中的文物高价卖给外国人,甚至有的古玩商见利忘义,在外国人的指使下,从事文物盗窃和走私活动。大批外国人云集中国,搜罗中国文物,是使中国文物外流的主要原因之一,在此,我们根据零星记载,介绍搜罗中国文物最著名的几名外国人。

1. 美国人"中国通"福开森

福开森(John Calivn Fergurson),美国人,来中国以后,取名福茂生。

福开森是一位"中国通",不仅能说一口流利的中国话,而且对中国社会的各个层面都有一定的了解,尤其熟悉中国官场的习惯和规矩,因此很快便将自己融入中国文化之中,与中国的古玩商们打交道,游刃有余。

清光绪十二年(1886年),福开森以传教为名来到中国,从此一呆便是60年。福开森是较早的一批在鸦片战争以后,披着宗教的外衣,但却从事对中国文化掠夺的外国人之一,他不仅根据教会的指令,在中国办学、办报,而且对中国的历史文化倍加关注。关注的结果使福开森由一位传教士进而成为了有着深厚的考古功底的中国文物收藏家,成为中国文物的鉴赏者,先后著有《历代著录吉金录》、《历代著录画目》、《项子京收藏图录》、《艺术综览》等书。这一点,使一般的中国文物收藏者和研究者也望尘莫及。

从光绪二十六年(八国联军入侵北京之时)以后,福开森便像一位清朝官员一般,经常光顾中国的古玩店了。北京的琉璃厂，更是常见福开森的身影。无论是靴帽袍套，还是言谈举止，除了难以改变的长相以外，福开森已经完全中国化了；他甚至已经忘记他来华的目的是为了传教，而是把主要精力投入到对中国文物的搜集上了。有的时候，他穿着长袍马褂、千层底布鞋、布袜，打扮得像一位中国绅士，凡此种种，无非是要给人这样一种印象：即他与中国的传统文化已经完全融合了。这样，也就更便于他搜集中国的珍贵文物。

在北京的琉璃厂，福开森是很有人缘的，他深知中国古玩商的心理，知道如何让古玩商与他容易成交。见面打招呼时，他喜欢古玩商们称他为福大人，好像他也是一个土生土长的中国有钱人。

古玩商也都很欢迎他的光临，因为他是古玩铺的好买主，只要是真东西，往往是你要多少钱，他给你多少钱，并且是现钱，从不还价，也从不赊账。这在与中国人的古玩买卖中，是很少有的。因此，不少古玩商都把福开森奉为财神，有好的文物都给他留着。

有一次，福开森来到开业不久的博韫斋，经理杨伯衡赶忙迎上去，问："福大人好！"福开森向杨伯衡询问博韫斋有什么珍品，杨立即拿出一件郎窑瓶给他看，并保证是真东西。福开森二话没说，掏出二千元将这件郎窑瓶买走了。但是，福开森拿出那件郎窑瓶后，越看越觉得是一件赝品，便派人把杨伯衡找来，训斥了一通，并且不准杨再进他家的大门。后来，杨伯衡又买来了一件十分精美的宋代钧窑鸡心杯，很多外国人都想得到手，福开森也慕名前来，希望一饱眼福。看了一番以后，福开森问杨伯衡："你要多少钱？"杨伯衡对上次的事耿耿于怀，便说："我要留一个时期，仔细鉴定鉴定，不想再卖出赝品。"一席话使福开森知趣地走了。最终，杨伯衡以四千银元的高价，把这件鸡心杯卖给了袁励准,现收藏在天津一博物馆,避免了外流。

在中国的六十年间,福开森共搜集了五十年中国文物,青铜器、瓷器、玉器、字画等,无所不包。每过一段时间,福开森便集中往美国运送一次,五十年间共运走了多少中国的珍贵文物,连一些健在的老古玩商也难说清楚。福开森回到美国后,著书立说,以其在中国搜集的大量文物而沾沾自喜,并且成为美国首屈一指的中国文物收藏、鉴赏家。

2. 日本人诡计多端

由于中国和日本的文化十分密切,日本人对中国的文物也有着浓厚的兴趣,特别是在日本侵华期间,掠夺中国的文物甚至成了日本军队的主要任务之一。

日本掠夺中国的文物,是有计划、有组织、有目标地进行的,从甲午中日海战以后至1949年,持续了半个多世纪。除利用武力公开掠夺外,日本人还充分发挥古玩商的作用,利用经济手段搜集民间散存的珍贵文物。这一方面,尤以山中商会最为著名。山中商会总部设在日本东京,是日本古玩业的行业组织。20世纪初山中商会在北京开设了中国分部,经理是高田三义郎。山中商会收买中国文物,有的直接运回国内,有的是收买后再转卖给第三国赚大钱。山中商会的经理高田既懂日本国内古玩的行情,又了解国外的行情,加之经营有道,使山中商会在所有立足中国搜集中国文物的外国组织和个人中,独领风骚,没有敌手。

有一次,辅聚斋王栋廷高价收购到一批显然是从宫中流传出来的瓷器,其中有一件专为宋朝宫廷烧制的钧窑花盘,高16厘米,长22厘米,宽13厘米,工艺特殊,色泽艳丽,底端刻有一个"九"字。高田得知后,立即找到王栋廷,以15000元买下。这时,恰值美国人对中国宋代的钧窑瓷器也有极高的热情,不遗余力地广泛搜集。这样,高田便以更高的价格,将这件钧窑盘转卖给了美国的一家大博物馆。

高田主持的山中商会,在华期间收购有大量的中国文物,其中较大的一笔买卖是在1931年与沈吉甫做成的。

沈吉甫是浙江人,原来在沙俄开设于北京的道胜银行工作,后又自开银行,成为当时较有名气的金融家。在开办银行之余,沈吉甫对中国古代文物也兴趣盎然,对青铜器、陶瓷器、玉器都很有研究,是北京比较知名的文物收藏家。走进沈吉甫的深宅大院,房间里陈设有各式紫檀家具,吸引了很多欧美人士不断地前来观赏。另外,从清光绪二十六年(1900年)到1931年的30年间,沈吉甫从北京的名家古玩商店收买了一千余件各类精美文物,其中有不少是独一无二的。这批精美文物,自然也引起了在北京的外国古玩商的垂涎。

1931年,时局的发展使沈吉甫深感不妥,再加上他已是年逾古稀,身边没有一人陪伴,孤独、寂寞、忧患一齐袭向心间。在"九·一八"事变后,他便准备关闭自己的银行,变卖包括各种文物和家具在内的各项财产,到天津英国租界去安度晚年。

沈吉甫收藏的文物丰富精美,中国的古玩商人和一般的文物收藏家根本买不起。这个千载难逢的好机会,被日本山中商会的经理高田抓住了。在高田的策划下,日本的古玩商联合投资,花费24万大洋,买走了沈吉甫历三十余年之功,费尽心血搜集的一千多件各种文物,以及所有的紫檀、硬木家具。这么丰富精美的文物,一时流失东洋,造成了莫大的损失。而此时的沈吉甫,则在天津的英租界买下了一幢小洋楼,暂时安心地住了下来。抗战初期,沈又迁居到了上海。

山中商会在华几十年,以各种手段搜集到的中国文物不计其数,它们所搜集的中国文物,大部分又转卖其他西方博物馆以牟取暴利,较为精美的为山中商会的成员私自收藏,还有数千件被山中商会的东京总部收藏。

在山中商会东京总部的收藏室,中国文物琳琅满目。在这里,铜镜有徐氏作铭夔凤镜、唐代四神镜、唐代海兽葡萄镜。带钩有琵琶形、琴形、兔形等各种造型。青铜器中,包括有商周时期的各种有代表性的青铜器,且多有铭文,如商代的牺首虺龙饕餮纹方垒等,周代的夔龙三羊瓿、双羊牺尊、夔龙卣等。秦朝的青铜器国内较少,但山中商会却收藏很多,如龙钮钟、鬼面耳壶等。汉代、六朝、隋、唐、宋等时期的青铜器收藏,也极为丰富。山中商会的中国陶瓷器收藏,应有尽有,特别是唐宋以来的名窑瓷器,如宋龙泉窑菊花碗、钧窑荷花式盘、官窑方印池、哥窑轮花碗、明建窑达摩造像、元粉定刻花凤凰皿等。其他珍贵文物还有北魏以来的各式佛造像、其中多数是从龙门石窟、云冈石窟和天龙山石窟盗窃的、以山西李峪村出土文物为主的唐宋以来的各种金银器,从原始社会至明清时期的各种玉石器。

茧山也是一位很有名气的日本古玩商,他尤其喜爱宋代的龙泉窑瓷器。1921年,博韫斋的杨伯衡收购到一件宋代龙泉窑香炉,此炉高30厘米,两耳,三足,胎质细腻,釉色明快,造型端庄,工艺精致,一时吸引了不少日本人前来协商购买。后来杨伯衡把这件难得的文物以4000元卖给了茧山。茧山对中国龙泉瓷的喜爱几乎到了如痴如醉的地步,1923年,东京发生大地震,茧山舍弃了所有的财物,只身抱着这件龙泉瓷香炉跑出了震区,并将原来设在东京的会仙堂,改称为龙泉堂。

太平洋战争以后,北京几乎成了日本人的天下,购买中国文物的外国人也主要是日本人,梅原龙三郎就是这个时期活跃于北京古玩店的日本人之一。梅原龙三郎是一位日本著名的画家，但对中国的文物也很感兴趣。他最得意的一件文物是明万历五彩兽头尊，高 30 厘米，扁方体，尊口的下端四面有四个兽头，很是新颖别致。这件在今天来说堪称国宝的文物，梅原只花了 1500 元便弄到手了。

来中国专门进行中国文物搜集的日本人，有很多人各有专攻，有的专门收集印章，有的专门收集佛像，有的专门收集甲骨，有的专门收集铜镜，有的专门收集官窑瓷器，等等。以山本悌二郎为例，他是专门收集中国书画的，多年的经营，使他的中国古代书画收藏精品荟萃。在山本的收藏中，书法作品有宋米芾乐兄帖卷、宋高宗赐梁汝嘉手勒卷、元赵孟頫尺牍卷、元倪瓒手札、明方孝孺书亿钧舟诗册、明祝允明书待漏院记卷、明文征明书南楼伤春诗立轴、明董其昌阿房宫赋册、清傅山书治家格言屏、清八大山人书唐诗册等。书法中的清代帝王御笔有康熙书七言绝句立轴、雍正帝书秋雨诗立轴、乾隆帝书悦心殿诗立轴、嘉庆帝书五言古诗立轴、道光帝书七绝二首立轴等。绘画有宋马远《观瀑布图》立轴、宋夏珪《松阳图》立轴，元钱选《赤壁舟游图》立轴、赵孟頫《文宣王像》立轴、倪瓒《秋色夕阳图》立轴、王蒙《夏日山居图》立轴，明沈周《江山图》卷、文征明《菊圃图》卷、仇英《理琴图》、文征明《琴赋合卷》，清王鉴《山水》立轴、王翚《楚山清晓图》立轴、华喦《重阳秋光图》立轴、黄慎《携琴仕女图》立轴等。山本共收藏有数千件中国古代书画，很多精品在国内也难以见到。这样丰富的书画收藏，使山本感到骄傲，却使今天的中国人感到痛心。

3. 欧洲人卡必尔和魏武达

鸦片战争的失败，使清政府闭关锁国的大门被打开了，中国这个神秘的国度所拥有的古老文明,深深地吸引了欧洲人。于是,各种探险队、考察团相继来到中国。在八国联军入侵北京以后,欧洲人又发现了中国文物的底蕴和价值,不少古玩商踊跃来华,买卖或干脆盗窃中国文物。

在瑞典,有一座博物馆专门开设了一间陈列室,展出中国的西蕃片。所谓西蕃,就是吐鲁番,是公元7至9世纪在青藏高原上建立的奴隶制政权,历史学家称之为吐蕃王朝。西蕃片是吐蕃王朝时期制作的铠甲片,有护面用的鬼脸、护胸用的护心镜等。这些铠甲刻有多种民族风格浓郁的装饰图案,有极高的历史和艺术价值。但是,在很长一段时间里,吐蕃片并没有受到古玩商及历史研究者的重视,他们往往以"小铜器"称之,似乎仅仅是一种不入流的古代文化遗物。后来,瑞典人卡必尔发现了这些西蕃片的价值,在进行了一番研究之后,他趁中国人及其他外国人尚不明白和价格便宜之机,对中国的西蕃片进行了专门搜集。在当时的古玩商中,袁也香拥有的西蕃片最多,因而也成了卡必尔的最大卖主。卡必尔死后,他收藏的西蕃片都捐献给了瑞典博物馆,表达了他的"爱国之情"。

如果说卡必尔代表的是欧洲收藏家中对中国文物的某一专项进行收藏的话,法国人魏武达代表的则是广收博罗那一部分。魏武达不仅是一个收藏家,更是一个商人,他可能是从中国古玩店中购买文物最多的欧洲人。与魏武达生意往来最多的有两家古玩店,一是岳彬开设的彬记古玩铺,一是江苏人卢钦斋。魏武达曾任法国政府驻清政府的第三公使,这为他购买、运输中国文物回国提供了很多的便利条件。利用外交优势盗运中国文物,也是当时欧洲驻华外交人员常用的手段。

另外,英国人阿伯特、法国人杜伯斯等,都是中国古玩界的常客,曾长期在中国收买文物。

当代篇

当外篇

一　从解放初到十年动乱

(一) 文物市场管理的薄弱与以出口为主的文物经营方针

　　我国古代的文化遗物,不仅为国内官府及私人所热衷,也早已为外国不法分子所垂涎。自鸦片战争和八国联军入侵之后,大批古物珍玩一变而成为西方博物馆的珍藏。他们劫掠敦煌藏经,搜买新疆汉简,盗运华北石造像,成车地搜购殷墟甲骨。一些传教士还以在我国建立博物馆征集藏品为幌子,借机搜购文物资料。但当时的统治者并没有重视文物的外流和国内文物市场混乱所带来的恶果。关于这一点,本书的"近代篇"已有所介绍。直到民国十九年(1930年)六月六日国民党政府才公布了《古物保存法》,这部于三年之后施行的法规,是我国历史上以政府的名义公布的第一个涉及文物市场管理的文件。

　　解放前,中国共产党领导下的边区人民政府也颁布过一些文物保护法规,其中有的涉及到对社会流散文物和文物市场的管理。1947年9月13日,中国共产党全国工作会议通过的《中国土地法大纲》中规定,在土改过程中应妥善保护、接收具有历史价值和艺术价值的图书、古物、美术品。1948年4月,东北行政委员会根据《中国土地法大纲》成立了东北文物管理委员会,省、市成立分会,负责收集土改中所接收的文物,并同时颁布了《文物奖励规则》。1948年,华北人民政府发出《关于文物古迹保管问题的规定》,1949年5月17日,又颁布《为古玩经审查鉴别后方可出口令》,这对保证我国重要文物不外流起到了重要作用。

解放初期,如北京琉璃厂等在解放前就业已存在的文物市场依然继续其文物经营,政府尚无专门的文物市场管理方面的法令,只是在某些文物法规中有所涉及。1950年5月24日,即解放后不过半年多的时间里,由中央人民政府颁布的《禁止珍贵文物图书出口暂行办法》,却充分体现了由共产党领导下的新中国,对扭转中国文物因文物市场管理的混乱而导致文物大量外流的决心和勇气。中央人民政府政务院令中说:"查我国具有历史文化价值之文物图书,在过去反动统治时代,往往官商勾结,盗运出口,致使我国文化遗产蒙受莫大损失。今反动政权业已推翻,海陆运输均已畅通,为防止此项文物图书继续散佚起见,特制定《禁止珍贵文物图书出口暂行办法》随令颁发,希即转令所属遵照办理为要。"

这个暂行办法原则规定了禁止出口文物图书的范围,而且涵盖了文物图书的各个方面,并规定只有天津、上海和广州海关为文物出境口岸。这实际上也就限制了外国人或境外居民在国内文物市场上购买文物,限制了国内尚未进行社会主义改造的私有文物经营部门向外国人或境外居民销售文物的品种,限制了文物出境的渠道,便于对文物市场的混乱局面进行强制性的改变。但由于政务院财政经济委员会的意见,此办法直到1951年6月6日才由文化部公布实施。

(一) 文物市场管理的薄弱与以出口为主的文物经营方针　277

　　1951年5月7日,中央人民政府文化部和内务部又颁布了《地方文物管理委员会暂行组织原则》,要求各地设立文管会,负责征集流散在各地的珍贵文物、图书、革命遗物,使新中国对文物市场的管理有了组织保证。

　　尽管如此,在百废待兴的解放初期,总的来说对文物市场的管理是相当薄弱的,如岳彬等反动奸商仍然把文物买卖当作盈利的主要手段,不惜将国家尚来不及管理的重要文物出售给外国人,造成文物的流失。我国在解放初期还在对具有个体性质的工商业进行社会主义改造的过程中,使经营文物的古玩店铺也基本划归国有,国家首次将文物市场纳入到了统一的管理体系之中。但是,有关法律尚不健全,文物交易的自由度较大,国家比较重视避免珍贵文物的外流,而对国内文物买卖及管理尚未足够重视;文物经营部门虽然不再像解放前一样个体经营,但仍然是作为企业单位存在的,追求利润是其主要目的。另一方面,刚刚翻身当了国家主人的农民对文物的保护观念还相当淡漠,在迎接新生活的同时,很多文物也被破坏了。

　　1960年4月,文化部邀请了北京、天津、上海、广州等四个文物出口口岸的文化部门与海关方面具体管理文物出口鉴定工作的人员,召开了一次文物出口鉴定工作座谈会。会议之后的1960年7月12日,文化部与外贸部共同印发了《关于文物出口鉴定标准的几点意见》(附文物出口鉴定参考标准)。这是我国第一次比较详细地制定文物出口鉴定标准,提出1795年(清乾隆六十年)和1911年两条时间界线,作为某些文物的出境限制标准,以控制外贸、商业、文化部门所设立的文物经营机构对外经营文物商品的种类。这个标准,实际上也是对1951年公布实施的、标准较为含糊的《禁止珍贵文物图书出口暂行办法》的补充和完善,更易操作和掌握。

1960年8月8日,文化部、商业部、对外贸易部向国务院提出了《关于改变文物商业性质和管理体制方案》的报告。9月24日,国务院批复了这一方案。10月17日,三家联合发出通知,要求各地执行,这标志着我国文物商业及其管理发生了重大变化。方案规定:

——改变各地文物商业的纯商业性质为实行企业经营管理的文化事业单位,作为国家收集社会上流散文物的收购站和临时保管所,统一划归文化部门负责领导;

——文物商业部门收集的社会传世文物,除有计划地供应各地博物馆、研究机关和学校作为陈列或研究参考之用外,还要有计划地选择供应国内需要和适当地组织出口。

这两条原则至今尚至少在部分地实行,说明在1960年,我国国营文物商业的性质和作用已经基本确定并延续至今,奠定了我国文物市场的主基调。但在实际执行过程中,组织出口成为最重要的选择。

进入60年代中期,我国的文物市场开始出现了与法规相违背的混乱现象。当时一些地区划地为牢,不允许外地人员在本地收购建国前出土的文物和社会流散文物;一些文物经营部门为了自身利益,互相抢购,哄抬物价,刺激了盗掘文物违法活动的蔓延;有的地区对本地文物完全冻结,不准流通;也有的地方动员私人无偿捐献文物。由此造成的文物破坏是可想而知的。

在建国以后二十多年的时间里,我国的文物市场主要是围绕着组织出口来运作的,这与当时的国情密切相关。文物市场多头经营(有文化、外贸、商业、废旧物资回收部门等)、价格不一、成批销售、市场混乱的情况比较突出。甚至有的违背规定,收购出土文物,助长"挖坟取宝"之风。

1974年11月25日,国务院批转了外贸部、商业部、文物局

(一)文物市场管理的薄弱与以出口为主的文物经营方针 279

《关于加强文物商业管理和贯彻执行文物保护政策的意见》,要求文物出口不宜采取"成批销售"的办法。因此,从 1974 年开始,我国的文物出口政策采取了"少出高汇,细水长流"的方针,对文物市场采取归口经营,统一收购,统一价格,加强管理,明确了文物商业的经营和分工,即:

1. 文物商店一律由文化部门领导,原外贸部门领导的文物商店全部移交文化部门;

2. 外贸部门出口的文物商品货源,一律由文物商店负责供应;

3. 文物商店门市部,友谊商店和外轮供应公司只经营可以出口的一般文物,只能零售,不得批发;

4. 银行、友谊商店、外轮供应公司、信托商店等都不得收购文物;

5. 友谊商店,外轮供应公司向外宾销售的文物商品,统一由外贸部门提供。

同时规定,文物出口界限和鉴定标准仍按原有规定执行;文物部门应防止只注意收藏、不注意出口的片面思想,要积极鉴选可供出口的文物,供应外贸部门出口;商业、外贸等部门遇有交售文物者,应立即通知当地文物部门处理,收购商品中夹杂收来的文物,要及时移交文物部门;炼铜、造纸和废品收购部门,应当配合文物部门进行文物拣选;坚决打击文物走私和投机倒把活动,防止外国人钻空子,防止有收藏价值的重要文物外流。

作为上述规定的补充,1975 年 12 月 17 日,国务院转发了外贸部、外交部、公安部、国家出版局《关于个人携带、邮寄我国印刷品出境的暂行管理办法》。1976 年 2 月 20 日,国家出版局和文物局发出了《关于古旧书籍出口鉴定问题的函》。1977 年 10 月 19 日,国家文物局发出关于《对外国人、华侨、港澳同胞携带、邮寄文物出口鉴定、管理办法》和更换文物出口鉴定火漆印章的通知。

1978年11月28日,国务院和中宣部批准成立了中国文物商店总店,其目的是为了加强文物商业的管理,做好流散文物的收集保护工作,以适应旅游事业的发展和社会主义文化建设的需要。文物商店总店的重要任务是根据国家规定的文物工作的有关法令、方针、政策,负责对各地文物商店和博物馆、文物机构附设的外宾供应部的业务指导。具体来说,就是统筹安排内外市场文物商品的供应调拨;研究提出文物商品收购与销售的价格;组织文物复制、仿制品的生产,扩大货源,交流经验,改善文物商店的经营管理,提高服务质量。

上述一系列法规文件都在鼓励文物出口,不仅各部门要为外贸部门出口积极提供货源,而且规定国内市场价要高于外贸出口价,以利于外贸部门的成批出口,这使"少出高汇,细水长流"几乎成为一纸空文,致使文物收购者遍地设点,文物黑市买卖也在经过建国之初的整顿之后,渐渐增多。

纵观世界各国,无论是文明古国埃及、希腊、印度,还是其他国家,几乎没有像中国这样把文物向境外销售赚钱如此当作一项重要的事情来做的。而在我国,出售文物的文物管理政策却延续至今。有关当代的文物市场情况,我们将在本篇的后部分谈到。

(二) 夹杂在废品中的珍贵文物

解放初,由于认识上的偏差和国家确实需要原材料为国民经济的发展服务,很多有价值的文物被当作废旧物资重新利用了。特别是一些旧版书籍被当作了造纸的原料,一些属于文物

(二) 夹杂在废品中的珍贵文物

的金银器被银行收购后熔化。为此,1951年6月2日,根据文化部门的意见,轻工业部要求所属单位一律禁止用旧版书作纸浆原料,以保护文化遗产。1954年11月30日,中国人民银行总行在《关于保护具有历史艺术价值的古金银器物的通知》中,要求各银行在收购古金银器物时,注意对文物的保护。1956年9月3日,文化部与中华全国供销合作总社发出了加强文物保护工作的联合通知,要求各供销合作社只收废旧物资,不收购文物,对废旧物资中的文物要注意鉴选,发现文物要注意保管。

"文革"前期,许多个人根本不敢把自己收藏的文物拿到文物商店去出售。这一时期,国家所有的文物商店几尽瘫痪,国内的文物收藏和买卖处于基本停滞状态,倒是有不少文物流入废旧物资回收部门。其中有大量是农民在农田基本建设中发现的,因无知而出售给了废旧物资回收部门。

1967年5月14日,中共中央提出《关于在无产阶级文化大革命中保护文物图书的几点意见》,指出在文化大革命中应当加强文物图书的保护和管理工作,各炼铜厂、造纸厂、供销社废品收购站对于收到的文物图书一律不要销毁,应当经过当地文化部门派人鉴定后,再行处理;各地博物馆、图书馆、文管会、文物工作队(组)、文化馆、文物商店、古籍书店所藏文物图书都是国家财产,一律不要处理或销毁,应当妥善保管,并进行经常的保养工作。1967年12月12日,物资部金属回收管理局、全国供销合作总社副业生产指导局发出联合通知,要求加强对废旧物资中发现文物的管理。1973年11月16日,对外贸易部、商业部、国家文物事业管理局联合发出《关于加强从杂铜中拣选文物的通知》。从此以后,这项工作基本就不被重视了。

1984年8月27日,路透社发布了这样一条消息:中国文化部官员说,尽管抢救者从中国许多铸造厂的废料堆里夺回了数以百计的古董,但每年仍有无数的具有考古价值的珍品被当作废铜烂铁投进了工业熔炉。此时,北京正在举办全国拣选文物展览,展出的是一千三百多件从熔炉之口夺回来的各种文物。

在上海的一个工厂里,人们从云南省运来的一批混杂金属堆里发现了一些很有价值的文物,但在云南省,却没有一个人发现并认识它们。如果不是卖给上海而是卖给了当地一家什么工厂的话,这些文物很可能就永远找不回来了。

上述消息,确非虚言。在六七十年代,北京有废品收购部门和冶炼厂七十多个。文革初期,周恩来总理指导成立了古书文物清理小组,北京组织专门人员从事从废品中拣选文物的工作,有很多国家珍宝就是通过拣选发现的。笔者从已故著名青铜器鉴赏家程长新先生处得知了这样几个惊人的发现:

有一次,北京铜厂从山东运来几十包废铜器正准备化铜,程先生急忙赶去和工人一起开包,发现有许多旧铜残片,可以清楚地看出其类别和造型,特别是大部分铸有铭文"举𢦔",说明出于同一作器者,为一组器物。经过抢救修复后,这批青铜器共有鼎、甗、簋、豆、爵、觚、尊、斝、盒、盘、刀等十几种,程先生断定其为商代宴享用的礼器。这批青铜器传为山东费县出土,"举"字形族徽曾见于北京琉璃河商周遗址 52 号墓出土的器物上"复羊"铭文之后,说明这一氏族在商周时期不仅地位显赫,而且活动范围广阔。

还有一次,参加拣选工作的一位青年拿着几块锈迹斑斑的青铜器残片给程先生看。程先生边观察,边拼凑,再三端详琢磨之后,认定是件国宝,即著名的西周班簋。班簋原是西周重器,刻有 198 个字的铭文,是研究周代历史的重要文物,《西清古鉴》一书中曾收录过它,是清代乾隆时期内府的重要收藏品。不知何故,它从清宫中流失出去,多少年来不见踪影。郭沫若的《两周金文大系》中,也只是根据刊刻收录了它的铭文和图像,现在它终于再次被发现,尽管四足已经全部折断,器身也损失过半,但口、腹、耳、花纹还有部分保留,特别是腹部有190多个铭文,几乎全部保留了下来。国家文物局把这个重要发现报告了郭沫若同志,郭老欣喜写了《班簋的再发现》一文,给予了极高的评价。

1978年,程先生从物资回收部门拣选了一件残缺五分之一的铜簋,内腹有五行28字铭文,与宋代《宣和博古图》一书中记载的"周刺公敦"器物一致。几经查找,残缺部分也终于找到,使一件隐藏八百多年的重要文物完璧归赵。

在1984年国家文物局在北京举办拣选文物展览之前,北京市的文物部门也曾在1981年举办了一次拣选青铜器的专门展览,展出青铜器八百多件。文物拣选工作如同大海捞针,与已经拣选出的文物相比,不知有多少珍贵文物已经进入了熔炉,永远不能为世人所见。

(三)"文化大革命"中的文物破坏

在"文化大革命"中,有大批文物被当作"四旧"损毁,甚至有些博物馆的馆藏精品也被文物经营部门购去作为外销商品,有的博物馆干脆主动将其大部分藏品出售他人,文物走私和投机倒把活动也开始猖獗。关于"文化大革命"对文物的损毁,很多人都亲身经历过,现在只是讲几个有代表性的例子,由此可见一斑。

1. 康生等人的文物掠夺

在"文革"之前,康生担任中央文教小组副组长,他经常利用职务之便,近水楼台先得月,从各图书馆搜集他认为有价值的善本图书。有一次,他来到北京图书馆参观库房,从书架上发现一套珍贵善本书,如获至宝,仔细翻阅良久,对工作人员说:"这套书我借了,我看完了再还给你们。"按规定,这样的书籍是不能出库的,但康生的话在当时谁敢不听?于是,这套珍贵图书就归到了康生的藏书中,成为他的私有财产。

1956年,在故宫太和殿展出了一件唐代陶龟砚台,康生听说后,立即前去参观。康生对古代砚台非常喜欢,他知道,这件陶龟砚台是罕见的珍宝,能据为己有是最好不过的了。他对故宫博物院的人说:"这个陶龟砚,我想借回去考证一下。它究竟是真是假,我总有些怀疑,这要查查资料,研究一下,才能作出结论。"二十多年以后,在清查康生的财产时,人们发现,康生已经把这件唐代陶龟砚台编号为"康砚"第53号。唐代陶龟砚台在国内外只有五件,其中有一件出土于河南上蔡县的一座唐墓中,另一件在日本,其余三件均被康生占有。

在康生的日程安排中,去博物馆库房是经常的事情,而且每次必有"收获"。1968年初夏,康生与陈伯达、叶群、邱会作、李作鹏等人驱车来到北京文管处的文物库房。当时的文管处工作人员还对如此多的中央要员光临感到极其荣幸。康生得意地向这拨人介绍文物的价值,显得知识渊博,风度高雅,其他人则一边听介绍,一边将自己喜欢的文物装进自己的腰包,个个满载而归。

2. 范宽《雪景寒林图》的遭遇

范宽是宋代的著名画家,其传世代表作有《雪山行旅图》、《雪景寒林图》、《雪山萧寺图》,但只有《雪景寒林图》尚在国内。此图系由三幅绢制成的大中堂,纵193.5厘米,横160.3厘米,画面上群峰突兀,气魄雄伟,苍劲挺拔,描绘了北方山川雪后的壮丽景象。1860年以前,此画一直在宫廷收藏,后流落民间,被天津的收藏家张翼在北京购得,视为珍宝,秘不示人。

1966年,张家被抄,包括字画等古代文物被送到体育馆集中。张家后人张叔诚先生对抄家的红卫兵再三叮嘱:"这些文物都是国家的宝物,千万要保护好,不要烧掉,应该送到文物管理部门。"文物部门得知消息后,赶去与红卫兵交涉,希望由文物部门保管,但没有得到允许。几个月后,天津文物处的刘光启先生到中心公园接收站联系工作,发现大批书画文物都胡乱堆积在地上,风吹日晒,其中包括范宽的《雪景寒林图》,刘先生对此十分气愤,再次要求把这些文物收归博物馆保存,仍然没有得到允许。

直到1967年,在天津市财政局的大库内,刘先生又一次发现了包括《雪景寒林图》在内的大批文物。1968年4月,天津市文物图书清理小组成立,被查抄的文物也相继归还,《雪景寒林图》正式收存到天津市艺术博物馆,终于找到了最好的归宿。

3. 文成公主头上的黄宝石

唐代文成公主入藏后,在西藏生活了近四十年,于公元680年去世。藏族同胞在拉萨觉拉寺内修建了唐蕃殿,殿内有松赞干布和文成公主的两身塑像,当年文成公主从长安带到西藏的无价之宝——一颗硕大的金光灿灿的黄宝石,就镶嵌在文成公主塑像的烫金束发头箍的中央。为了这颗头饰宝石的安全,觉拉寺的历任堪布(即寺中主持)总是委任最虔诚、最尽职的喇嘛来守护它。

1966年的一个晚上,一群红卫兵冲到觉拉寺门前,叫喊着要破四旧砸菩萨。唐蕃殿的守护喇嘛米玛次仁坚决不开门。这时,造反小将、米玛次仁的儿子罗布爬墙跳入院中,打开大门,红卫兵们冲入觉拉寺,捣毁了松赞干布和文成公主的塑像。此时的米玛次仁虽然已经双目失明,仍然勇敢地冲上前去,推开众人,敏捷地爬上莲花宝座,在混乱中从文成公主塑像头上取下宝石,放入口中。他想:如果有人追问宝石的事,他就吞入肚中。红卫兵们闹腾了一阵之后,就呼啸而去了,宝石被暂时保存了下来。

时隔不久,一位"中央联络员"从北京来到西藏,他要求红卫兵们一定要找到文成公主头上的那颗黄宝石,他要带回北京上缴"中央首长",并在全国展览会上展出,表彰西藏红卫兵破四旧的辉煌战绩。为了向"中央联络员"表示忠心,罗布又潜入觉拉寺寻找宝石。米玛次仁不知儿子的阴谋,留其在寺内过夜。这一天,米玛次仁因感冒发烧,昏迷入睡,罗布在天近亮时,在父亲护身符的小神盒里找到了那颗黄宝石,交给了"中央联络员"。

1970年,英国路透社发表了一则电讯:著名古董商人亚克东巴·帕里先生近日从哥伦堡廉价购进了一件无价之宝——唐代文成公主的头饰宝石……

4. 洛阳白马寺事件及故宫大佛堂文物的分离

在"文革"时期,不知有多少宗教寺庙被当作"牛鬼蛇神"的立身之处破坏掉了,其中的文物和塑像、壁画等也未能幸免。洛阳白马寺就作为"文革"的第一个牺牲品,几乎遭到灭顶之灾。

白马寺位于洛阳东郊 10 公里处,素有"释源"和"祖庭"之称,在佛教界具有很高的地位。但在 1966 年 7 月 20 日,一伙村民在支部书记的带领下,手持锄头、铁锹、钉耙、棍棒等,气势汹汹地冲进了白马寺,对正在念经的和尚说:"我们遵照上级的指示破四旧,白马寺是封建迷信的老窝,要彻底砸烂。"不容和尚们劝阻,四大金刚已经被掀翻在地,几乎所有的塑像也都在一个小时内被毁坏。之后,这伙人又在院里放起了火,焚毁经书、寺藏名人字画等,火光冲天。其中珍藏一千多年的贝叶经、从缅甸运来的白玉佛像等,均遭毁坏。这时,又有人提出将白马寺也烧毁,说是"寺庙不烧,阴魂不散"。得知消息的洛阳市委见事态严重,立即向驻军求援,两个连的兵力火速赶到,在村民们就要烧毁寺庙时,进入寺庙,宣布接管,这才保住了这一千年古刹。

寺庙建筑保住了,但其中的佛像、文物、经书却全都毁坏了。"文革"后期,来中国访问的外国国家元首不断提出参观白马寺的要求,均因白马寺没有复原而未成。1973 年 2 月 23 日,当时的河南省革命委员会向国务院提出报告,称:"白马寺是佛教传入我国的第一座寺院,对佛教国家影响很大。多年来,来我省参观的外宾不断提出到白马寺参观的要求。该寺在文革初期,破坏比较严重,佛像多数被砸坏。1972 年,韩念龙副部长来洛阳时指示:为了满足接待外宾的需要,白马寺今后还要开放。图博口王冶秋同志意见:对白马寺佛像问题,重修困难较大,根据对外需要,拟从故宫大佛堂中予以调拨……"

经国务院批准,在 1973 年西哈努克到洛阳参观时故宫博物院将大佛堂的 2900 件文物运到了洛阳。故宫将大佛堂即外西路慈宁宫后寝殿,明代嘉靖十五年(1536 年)与慈宁宫同期建成,清顺治十年(1653 年)、乾隆三十四年(1769 年)两次重修,为清宫后妃礼佛之所。其内保存的佛教文物极为丰富,达 3000 多件,且质量很高,尤以大量佛教艺术珍品著称。如国内目前仅有的一堂元末明初干漆夹苎十八罗汉像、三世佛像、天王像、韦陀像,共计 23 尊,全部为一级文物。大佛堂一直保持着清代中期的陈设原貌,对于展示、研究清宫宗教文化和元明清佛教雕塑艺术,具有无可代替的价值。

实际上,将故宫大佛堂的文物转到白马寺陈设,实在是张冠李戴。其一,宫廷礼佛与民间拜佛有着比较大的差别;其二,大佛堂文物主要是元明清时期的,与白马寺原有的陈设根本不同。而且,在文物运抵洛阳后,白马寺只使用了其中一部分,其余由洛阳其他单位分割借用。

经查,在洛阳白马寺的故宫大佛堂文物共 127 件,有许多是国内仅存的。其中一级文物 23 件,包括干漆夹苎十八罗汉 18 件、干漆夹苎萨番罗希天王 1 件、干漆夹苎韦陀 1 件、干漆夹苎三大世尊——释迦牟尼佛 1 件、干漆夹苎三大世尊——阿弥陀佛 1 件、干漆夹苎三大世尊——药师佛 1 件,另有九级木塔、嵌珐琅五供、铜八宝、铜八珍、铜鎏金菩萨、画无量寿佛、金漆宝座、金漆佛龛等 104 件。由于白马寺是允许香火存在的寺庙,多少年来,这批从故宫运来的文物被挤在狭窄的殿堂里,通风不良,干湿没有保障,极容易干裂、破损、霉烂,再加上香火不断,随时都有火灾之患,现状很是危险。

故宫大佛堂文物在洛阳白马寺已经陈设了 26 年。在调用

（三）"文化大革命"中的文物破坏

这批文物的时候,周恩来总理就指示:此次为应急之用,在完成接待任务之后,应原样返还故宫。80年代前期,李先念任国家主席期间,曾指示:"这批文物应完璧归赵,交回故宫。"1997年,李鹏任国务院总理时,又指示:必须恢复故宫宫廷原状,文物要尽快归还故宫。但时至今日,仍无结果。

二 肆虐华夏的盗挖古墓和盗窃古遗址狂潮

(一) 中国的古墓也在开放吗

谁都不能否认,自从党的十一届三中全会之后,改革开放的政策给中国带来了空前的发展机遇,而中国政府和人民也充分利用了改革开放所带来的机遇,使中华大地呈现出一派生机勃勃的景象。然而,大河滔滔,泥沙俱下,一些为社会所不齿的罪恶行径也随之出现。在中华大地兴起的盗挖古墓和盗窃古遗址的黑潮,正是社会机体良性发展过程中所出现的毒瘤。而这股肆虐华夏的盗墓狂潮,其规模之大,持续时间之长,不仅超过了历史上的任何时期,也是世界上其他国家和地区所不曾有过的。

20世纪80年代和90年代的头几年是不法分子盗挖古墓最为猖獗的时期。仅据对河南、江西、山西、青海、甘肃、陕西、河北、安徽、浙江、内蒙古、湖南等11省区的不完全统计,从1988年到1990年,被盗挖的古墓就达四千三百余座。

陕西是我国著名的文物大省,素有"秦中自古帝王州"之誉,历史上共有十三个封建王朝在这里先后建都,延续达一千余年,使这里不仅拥有近百座历代帝王陵墓,还有无以数记的地方豪绅和普通百姓墓葬。据说有一个山西人和一个陕西人聊天,山

（一）中国的古墓也在开放吗

西人洋洋自得地说："我们山西没啥好，只是挖地三尺就有煤。"陕西人不屑一顾地说："我们陕西也没啥好，只是挖地三尺就有文物，比起挖煤来又轻省又来钱。"解放以后，陕西境内包括秦始皇兵马俑在内的考古发现曾经让世界震惊，陕西人在农田里动土挖出珍贵文物的事例也屡见不鲜。但是，发生在陕西的对历代墓葬的疯狂盗掘，也同样使世界震惊。

在80年代末到90年代初，陕西破获的盗掘古墓案件走私文物案件就有1749起，缴获文物2305件，很显然，这个数字与实际发生的盗掘古墓案及被盗的文物数量相比，有较大的差距。陕西榆林地区位于陕北毛乌苏沙漠的南沿，万里长城从该地区的许多地方穿过。历史上，这里曾是边关重镇，也是中原与北方游牧民族长期争夺的地方，古代遗迹比比皆是。但就在这里，有几千座古墓在1987年到1990年近三年的时间里被盗挖一空，举目望去，山野之中，盗坑累累，白骨森森，遍地是棺板朽木，惨不忍睹。榆林地区的有些乡镇，有时多达80%的劳动力参与盗墓，有人戏称其规模超过了六七十年代的农田水利基本建设。长安县有个叫袁猛虎的盗墓贼，由开始的小打小闹发展到花钱雇人挖墓，有一次雇佣三个外地农民将留村乡的一座唐墓挖开，盗掘了50件描金木雕陪葬俑，盗卖给广州的走私犯后，获赃款70万元。长安县的杜陵乡有高15米、周长100米的方形封土冢，冢前立有翁仲和石马等大型石刻。1989年11月18日，该县的5名盗墓分子在一周的时间里，挖了一个长宽各一米，纵深18米的盗洞，钻进墓室，将大棺前排列整齐的20件高约30厘米的粉彩陶俑抢掠一空。据专家考证，此墓是明代朱元璋后代朱诚泳之墓。虽然文物已被追回并在陕西历史博物馆内展出，但墓葬却被盗墓者破坏了。在西安、渭南和宝鸡地区，盗墓者清一色地拥有现代化装备，如手机、小轿车、照明设备、自制枪支等,作案快且隐蔽性强,作案手段也很残忍。礼泉县昭陵燕妃墓就是在1990年4月15日被犯罪分子爆破炸毁的。

陕西的盗墓者往往内外勾结,将盗掘的文物运出省、运出国境。据宝鸡市公安部门掌握的材料表明,到1992年底,本地有300多人与外地不法分子相互勾结,其中境外人员就有24人。1992年5月,一位泰国商人在宝鸡市的一家饭店同卖主成交一批价值43万元的文物时,被警方抓获。这名泰国人实际上是以经商为掩护,在宝鸡购置了一套公寓、一辆小汽车和一辆卡车,雇佣了数十名文物贩子为他收购文物。除内外勾结外,盗墓和贩卖者还大多是集团作案,内部分工明确,单线联系,盗掘、贩卖、走私一条龙。

再以江西省为例:

古称建昌府的南城县,1981年至1987年全县共发生盗挖古墓案42起,文物走私案31起,被毁坏和盗卖的文物无法统计。一些古墓被盗挖后,留下了极为凄惨的景象。在洪门镇和岳口乡,有一片占地1159亩的明代皇族古墓群,其地面上的石人石马均被摧毁,被盗挖的墓穴和凌乱堆积的土石比比皆是,尸骨、棺木碎片和破碎陶瓷器等残余物散落在墓穴和土石堆之间,狼藉不堪。其中有1981年3月被盗挖的明益昭王墓和益宣王墓,破案后缴获的文物有金凤凰、金人孩、金鸡、金鸽、大小银象、夜明珠、玉簪、红玉珠、铜镜、瓷盘等392件珍贵文物,至于已被倒卖的珍贵文物,连盗墓者都说不清楚。1985年秋天被一个12人组成的盗墓团伙盗挖的明益宣王第五子淳河怀喜王和他的妻妾三人墓,所显示的更多的是盗墓者的残忍。此墓中的三人在盗墓者打开棺材时,均属干尸,极为珍贵,但盗墓者为获取死者身上的饰物,竟砍断了死者的颈部和胳膊,使三具干尸遭到了肢解。破案后,缴获的文物有金冠、玉带、金簪、金花金框金头盖、琥珀、银盘、青瓷瓶、陶罐等各种文物330余件,其中有一些文物在疯狂的盗挖过程中被毁成碎片。

位于鄱阳湖南岸的江西余干县,自秦代建县制,已有两千余年的历史,地上地下的文物都很丰富,但从1981年至1987年,全县共有817座古墓被盗,其中宋代以前的有734座。如此多的古墓葬被盗,破案缴获的文物却只有343件,更多的文物被倒卖或毁坏。这个县的杨埠乡彭坊村,竟有80%的村民参与盗墓和走私文物。

江西的抚州、临川、丰城、景德镇等地的盗挖古墓现象也十分严重,虽经严厉打击,却仍然禁而不止,1987年上半年,江西又有近百座古墓被盗。

在四川,据全国人大的调查,仅截止到1988年初,全省就有23952座墓葬被盗挖,其中古墓10053座,现代墓13899座。盗墓严重的宜宾、泸州、高县等地,90%的古墓被盗。

在浙江,盗掘古墓的狂潮也涌遍了全省,仅在80年代后几年的时间里,全省被盗古墓就有近20000座,参与盗墓的达四五千人;而余杭、绍兴、龙泉三县,94.8%的古代墓葬被盗,上虞、绍兴、慈溪等地甚至出现了一些盗墓"专业村"。

在东南沿海的福建、广东,在中原大地的河南、陕西和山西,在北部边疆的内蒙古、黑龙江,在西北地区的新疆、青海、甘肃,盗墓的狂潮几乎席卷了中华大地的每一个地方。人们不知道,在中国,还有多少古墓葬没有被盗挖,有多少亡者的灵魂在呻吟,有多少活着的人们在为这民族的伤痛而流血。

面对如此多的古墓被盗,文物和公安部门经受的压力是极其沉重的,世界各国也都对中国前所未有的盗墓现象极其关注。1987年3月20日,德国《时代》周刊发表了一篇题为《中国的坟墓也在开放》的文章。文章极为形象地写道:

为了方便死去的人在天堂旅行,一只栗褐色的汉代小马被放入中国的一个墓穴里,当时谁也不可能预料到,一千年以后,它会挂着28万元港币的标价小牌出现在香港荷里活道的洛桑古玩商芒弗雷德·舍尼的橱窗里。这匹陶制的马同中国殉葬品中的其他文物摆在那里。这里有在另一个世界运输死人行李的唐代骆驼、商代献祭仪式上用的青铜器、公元前的汉朝时期的兵俑,但是,也有从中国无数地点挖出来的各种各样的新石器时代的陶器,它们有着4000年或者更长的历史。

在中国,盗墓的现象一直有。但是,现在到达西方国家的中国文物比以往任何时候都多。甚至就连新石器时代的东西也大量涌入,这引起了全世界收藏家的不安。对中国艺术品的评价标准是稀罕程度,最近从中央之国涌入的大量古董暂时压低了价格。像手掌那样大小的西汉时期的泥塑花1000马克就可以买到。

中国第一流的古玩的大量涌入,促使美国和欧洲的买主采取了行动。美国博物馆在购买时并不要求说明艺术品的'来历',常常是属于国家或城市的欧洲博物馆则不得不谨慎些。使他们良心受折磨的是,许多古物可能是盗劫品和走私品,商品一旦到了香港这个城市,香港的古玩商就感到塌实了——至于商品是怎样到了那里,谁都不想知道……

1993年10月14日,香港《文汇报》发表了《大陆盗墓贼趋猖獗》的特稿,小标题分别是:"大陆盗墓造成了巨大损失"、"盗墓团伙专业化"、"出现盗墓专业户"、"大利当头铤而走险"。同一天的香港《明报》"社会档案"专栏发表了《想发财,开棺材,盗墓贼再活跃》的文章。

1994年6月19日,香港《南华早报》发表题为《内地古墓被盗现象严重》的文章说:

在中国大陆的某些地区,中国人崇尚祖先的传统被抛在脑后:越来越多的犯罪团伙为了获取无价的古董而大肆挖掘古墓。这些古墓主要分布在广阔的内陆地区。而被盗的墓葬品大部分被走私出境,其中香港和澳门是走私犯最愿意选择的出境点。……某些犯罪团伙装备有汽车、摩托车、无线通讯、电钻和雷管,并被编成特别小组,分别负责偷盗、挖掘、运输和走私。这些团伙装备精良,远不是被派来保卫这些珍品、骑着自行车、没有武器的保安人员所能匹敌的。盗墓的问题变得越来越严重,为此,公安部最近发出通知,要求进一步加强法制。……到目前为止造成了多大的损失还不清楚,但香港大学法学讲师戴卫·墨菲现在已汇编了迄今为止最全面的研究报告之一。据墨菲从国家文物局获取的数字表明,仅1989年至1990年,就有4万座古墓被盗。他还发现,1990年2月份至11月份,仅一个团伙就挖掘了46座汉朝墓葬。

1993年10月14日的香港《文汇报》说:

据不完全统计,近七八年来,在大陆各地的盗墓案达十万余起,被毁古墓达二十余万座。流失到海外的珍贵文物,足可以再开一座北京故宫博物院。造成这种现象的原因,自然在"重利之下,必有勇夫",全在一个"钱"字。一些地方民间甚至流传着"要想富,挖古墓,一夜变成万元户;想发财,开棺材,金银财宝滚滚来"。

与80年代以前偶尔发生的盗墓不同的是,进入80年代以后,盗墓已经从以前的那种静悄悄的个别行为,发展成肆无忌惮的团伙犯罪,犯罪分子不仅使用汽车等现代化交通工具,而且还使用炸药、雷管、电锯等进行作案。河南巩县的一些盗墓团伙,甚至乘上桑塔那汽车或摩托车,晚上聚在一起,到了白天便分散开来,到处作案,有的还胆大到鸣枪示威武力保护作案。1990

年1月至3月,巩县便发生持械作案十多起。

这些盗墓贼的身份也各种各样,如湖南某县的农民戴森林,在做生意连续失手之后,财迷心窍,便伙同几个人,带上铁锤、钢钎,连夜跑到衡东去盗挖古墓。第一次作案,就获利5千元,尝到甜头之后,便广拉贼党,组成一个40人的盗墓团伙,今天到衡阳,明天到衡山,炸开棺材,拖尸剥衣。短短一年的时间里,就作案六十多次,盗墓七十多座。还有一个18岁的中学生,为了捞钱,纠集几个人盗挖了一个清代县官的坟墓,在得到大量金钱的同时,也得到了学校的开除令。但是,他并不在乎,反而变本加厉地盗墓,成为远近闻名的盗墓"专业户"。

不可否认,在中国,盗墓是一种很古老的"行业"。自从有了墓葬之后,便几乎同时有了盗墓贼。虽然历史上有不少时期都将盗墓定为死罪,但墓中所埋葬的财宝还是诱惑着有些人去铤而走险。解放之后的50年代,盗墓的现象基本在大陆消失,但进入80年代,又沉渣泛起,活跃起来。说中国的坟墓也在开放,是有点偏激了,但是,随着改革开放的进一步深入而出现的盗挖古墓的狂潮,确实是令人触目惊心的。

更为严重的是,盗挖古墓的狂潮似乎从来就没有停止过,而且扩大到盗窃几乎所有的古文化遗址。

1994年2月28日凌晨1时,位于河北省赵县西南边缘大里寺村舍利塔,被人用吊车将宝塔一截一截地吊下运走。此塔高7米,呈八角形,分四级十二段,由七块巨石雕琢砌造而成。其第二层到第四层塔身为唐代石塔构件,塔檐平座具有宋代风格,塔座束腰部分浮雕具有元代风格,是唐、宋、元三个时期结合的产物,有较高的历史艺术价值,1993年被河北省政府列为重点文物保护单位。3月3日,经过公安干警的连续作战,将例永辉等9名盗窃犯抓获,缴获了舍利塔的11段石雕和其他12件文物。据查,例永辉等人组成一个专门盗窃走私文物团伙,流窜各地,曾盗窃唐代石佛像、清代乾隆年间的字画和铜鼎、古陶器等文物十几件。他们盗窃舍利塔石雕是为了走私出境,若不是公安干警出击迅速,恐怕将遭受难以挽回的损失。

1998年夏天,河北张家口市宣化县、宣化区交界一带发生规模较大、破坏严重的盗掘古墓葬案件,在几个月的时间里,有几百座清代及清代以前的古墓葬被犯罪分子挖开。盗掘后的现场,墓坑遍地,毁坏的棺木,遗弃的尸骨、衣物散落周围,一片狼藉。一些外地和本地的文物贩子相互勾结,组成规模不等的团伙,动用农用车、摩托车等到处乱挖,明目张胆地大白天作案。文物贩子则在现场等候,及时收购,再倒卖到外地。9月8日,有一个五人的盗墓团伙被当场抓住,但就在其收审期间,其他的盗墓团伙仍在继续作案。

内蒙古的东南部地区集中有大量辽代墓葬,据中国社会科学院考古研究所于1988年夏天的调查,也是被盗严重,文物流失,学术价值降低。韩匡嗣家族墓地有上百座墓葬,被盗达十之八九,不仅文物被盗一空,而且墓葬中的壁画也遭破坏;耶律习涅家族墓地有墓葬四十多座,被盗的有十余座;耶律万辛家族墓地有墓葬三十多座,被盗的有十座以上;宝山耶律勤德家族墓地的十余座墓葬,大部分被盗过。

在青海发生的大规模盗墓违法活动,是当代盗墓猖獗的典型写照。

青海省都兰县吐蕃墓群是1997年公布的全国重点文物保护单位。近几年来,随着都兰墓群在考古发掘和研究方面的不断深入,在国内外的知名度也日益提高。一些利欲熏心的不法分子将目光和魔爪伸向这里,盗墓案件接连不断。

1996年8月23日,一伙盗墓者在都兰县热水乡用炸药爆破炸墓,被县公安局当场抓获8人。盗墓者先是开几辆小汽车踩点,盗墓时则开着大卡车,并声称是省考古队的。公安部门以此为突破口,开展打击盗墓违法活动的专项斗争,其中涉及的罪犯和嫌疑人有都兰县审计局、公安局、民贸公司、地税局、工商局的干部。到10月7日,抓获犯罪嫌疑人6名,收缴国家二级文物10件,三级文物46件,一般文物234件。

1997年5月,都兰县香加乡一座封土堆高4米、直径6米的古墓被盗,盗洞深3米、长1.5米、宽0.6米,盗洞触及墓门。7月21日晚,此墓再次被盗。

1997年7月19～27日,在都兰县英德尔种羊场内的三座中小型古墓被盗,现场只残余一些破碎的木器、骨器等。

1998年11月14日,都兰县公安局在西海旅馆抓获四名盗墓嫌疑人,收缴作案工具吉普车一辆。这四人对热水1号墓地附近的近10座古墓进行了盗掘,其中四座中型墓葬被盗掘之墓室,盗洞口散见有人骨、木器、皮具、丝绸等文物残片。

1996～1998年在青海都兰县发生的盗墓案件,具有以下特点:手段恶劣,气焰嚣张,省考古所在考古发掘中,发现盗墓者在不远的地方进行盗掘,当他们上前了解情况并准备制止时,盗墓者竟鸣枪恐吓;作案工具先进,几乎都有汽车或摩托车,作案后立即逃离现场,机动性强,有的还携带枪支、炸药;作案人员复杂,牵涉面大,有流窜分子,也有国家干部、寺院僧人,给查处造成困难;有组织、有计划,并且与国际走私集团密切联系。

在普通墓葬被盗的同时,一些帝王陵寝及其陪葬墓也未能幸免。

1999年1月20日,陕西省文物局向国家文物局报告:1月14日,陕西咸阳市礼泉县烟霞乡东平村村长兼文管员李建义在巡查时发现,在该村境内的唐昭陵墓(唐太宗陪葬墓)被人盗掘。

经礼泉县公安局和博物馆有关人员现场查看,发现墓内墙壁被剥割了17片,共有19幅壁画被犯罪分子盗揭。这是继1994年唐昭陵韦贵妃墓壁画被盗后的又一次特大文物被盗案。陕西省文物局得到消息后,立即派人到咸阳查看现场,并责成咸阳市和有关部门采取措施,全力破案,同时通报全省文物部门,要求各地加强防范措施。

国家文物局得知消息后,立即向国务院报告,并向公安部通报情况,请公安部批示陕西省公安厅抓紧侦破这一严重案件;同时请陕西省委责成陕西省公安厅和咸阳市政法机关组织力量,大力侦破。

燕德妃是唐太宗李世民宠爱的第三妃子,其墓中壁画人物形象完整、清晰且色泽鲜艳,是唐代文物中的精品。从陵墓中盗走这些壁画是非常不容易的,据分析,这些壁画可能是先后经过多次团伙作案被盗走的,有的作案时间距离被发现已有很长时间,或许比1994年唐昭陵韦贵妃墓壁画被盗案更早,只是一直没有被发现。

这其中是否有什么蹊跷?

(二) 国家对盗墓违法犯罪活动的有力打击

如果说国家和地方的文物及公安部门对肆虐华夏的盗墓狂潮听之任之,显然是不对的。

我国在1980年实施的《刑法》、1982年实施的《文物保护法》及其他一些法律法规,都对盗掘古文化遗址和古墓葬的犯罪行为作出了相关的法律规定。1984年8月13日,国务院侨务办公室、公安部、最高人民检察院、最高人民法院、民政部发出了《关于制止和惩处盗掘华侨祖墓的违法犯罪活动的联合通知》。

特别是1991年6月29日,第七届全国人大常委会第20次会议,通过了对刑法的补充规定,即《关于惩治盗掘古文化遗址古墓葬犯罪的补充规定》。规定了"盗掘具有历史、艺术、科学价值的古文化遗址、古墓葬的,处三年以上十年以下有期徒刑,可以并处罚金;情节较轻的,处三年以下有期徒刑或者拘役,可以并处罚金;有下列情节之一的,处十年以上有期徒刑、无期徒刑或者死刑,并处罚金或者没收财产:(一)盗掘确定为全国重点文物保护单位和省级文物保护单位的古文化遗址、古墓葬的;(二)盗掘古文化遗址、古墓葬集团的首要分子;(三)多次盗掘古文化遗址、古墓葬的;(四)盗掘古文化遗址、古墓葬,并盗窃珍贵文物或者造成珍贵文物严重破坏的。盗掘古文化遗址、古墓葬所盗窃的文物,一律予以追缴。"1991年10月28日,中央办公厅、国务院办公厅批转了《公安部、国家文物局关于严厉打击盗掘古墓葬犯罪活动的意见》。《意见》提出:充分认识盗掘古墓葬犯罪活动的危害性,切实把保护国家文物作为当前的一项急迫任务;采取果断措施,依法从重从快打击盗掘古墓葬等违法犯罪活动;加强基层文物保护管理工作,发挥群众保护文物的作用;广泛深入地宣传文物保护的法律、政策,增强广大群众的文物保护意识;对保护祖国文物作出贡献的单位和个人给予表彰和奖励。1997年,国务院发出了《关于加强和改善文物工作的通知》。

与颁布法令法规相配合的是,多年以来,各级党和政府及有关部门采取了有力措施,严厉打击盗挖古墓的违法犯罪活动,并取得了很大的成效。如:

春秋时期虢国陵墓区坐落在河南三门峡市区北面约1公里的会兴乡上村岭。这块"风水宝地"早已令盗墓者垂涎三尺,他们在发现的古墓上建起新宅,派专人持枪警卫,昼伏夜出,掏空古墓中的文物,盗卖给走私贩子出境。1990年1月,三门峡市

(二) 国家对盗墓违法犯罪活动的有力打击　　　301

公安局湖滨分局对此实施坚决打击,挖出9个犯罪黑帮共88人,追回铜鼎、玉器等珍贵文物1123件,其中一级文物16件,二级文物122件,三级文物112件,现金31万余元。

1994年3月,陕西西安市公安系统在市委市政府的统一部署下,开展了打击盗掘古墓犯罪的专项斗争,在一个月的时间里,共侦破盗掘古墓、盗卖文物案件189件,抓获犯罪人员162人,缴获珍贵文物376件、古币2000余枚、汉银元宝10枚。在专项斗争期间,千余名公安干警深入郊县农村,利用有线广播、群众大会、宣传材料等多种形式广泛宣传文物保护法规。他们根据广泛收集的犯罪线索,对盗掘古墓积案和参与人员调查、深挖,深入古墓区蹲点侦察,终于取得了专项斗争的胜利。缴获的珍贵文物中,有战国及汉代的青铜剑、鎏金青龙壁虎,西周时期的青铜器,以及汉唐时期的陶俑、三彩等,为国家挽回了损失。

1994年上半年,湖北江陵县对盗掘古墓的犯罪团伙进行了历时半年的专门打击。江陵是我国历史文化名城,地上地下文物都很丰富。从1993年以来,一些犯罪分子蛊惑当地农民,肆无忌惮地盗掘古墓,并形成盗、运、卖一体的地下网络。为遏制盗墓歪风,江陵县委县政府动员群众,群打群防,使本地罪犯无处藏身,外地案犯无从下手。在此次专项斗争中,江陵县公安局摧毁32个盗掘古墓、走私文物的犯罪团伙,共抓获犯罪分子130余人,其中35人是被巡逻值勤的干警抓获的。

1994年上半年,山东嘉祥县破获了一起盗掘汉代墓葬的大案,挖出盗墓团伙16个,涉案人员八十多人,缴获各类文物五百多件。位于嘉祥县城南的郗庄村,是历史名人郗鉴后裔的居住地,保存有丰富的汉代墓葬。由于受专门盗卖文物的不法分子的蛊惑,从1994年春节开始即有人大规模地盗墓,到3月中旬,共有两处西汉中晚期的墓葬群被盗,盗洞达三百多个。县公安局在3月18日接到报案后,经过42天的艰苦努力,终将此案破获。

(三) 盗墓活动为何屡禁不止

尽管有国家的法令法规,尽管有执法部门的严厉打击,但是,盗墓活动却屡禁不止,甚至愈演愈烈。

在分析古墓被盗案的时候,我们可以以陕西咸阳盗掘古墓、盗卖文物违法犯罪活动为例,进行透视。

咸阳是我国的历史文化名城,全国重点文物保护单位比较集中,如秦咸阳宫遗址、汉高祖刘邦和皇后吕雉的合葬墓长陵,以及六十余座唐代陪葬墓,都很著名,另外还有近20处省、市、县级文物保护单位和大量民间古墓。

1994年春天,本应是麦苗返青,田野绿油油的景象。但在咸阳渭城区窑店乡,麦田里却是探孔密布,古墓上布满盗洞。据有关部门统计,仅在1993年,就新增探孔十多万个,一千多座古墓被盗,甚至全国重点文物保护单位汉高祖长陵和汉景帝阳陵也未能幸免。被盗的文物包括西周、战国、秦汉、隋唐以及清代等我国古代绝大部分时期的文物。虽然大部分被盗文物已被我公安机关追回,但也有相当一部分被走私出境。参与盗墓的人85%是当地的青年农民,来自西安、河南、广州的文物贩子也活跃其间。

咸阳地区盗掘古墓、贩卖文物的犯罪活动具有以下几个特点:

1. 干部带头,群体作案。窑店乡不足400人的烟王村,参与盗墓的竟达300人。对此状况,村委会主任不仅视而不见,而且纵容自己的两个儿子多次盗墓。在公安人员前来侦破盗墓案时,这位村委会主任还通风报信。底张乡西郭村党支部书记在发现村外人员来本村盗墓后,不仅不予以制止,还组织40余人前去抢挖,盗走84件包括唐代彩绘俑、贴金骑马俑、镇墓兽等珍贵文物,公开向村民许诺分配赃款。

2. 分工明确,装备精良。犯罪分子在盗挖古墓、盗卖文物时,从站岗放哨、盗掘、交易、走私等,往往都有一整套人马,分工明确。他们一般都是白天钻探,晚上盗掘。从盗洞的位置看,对墓葬边界的把握都极其准确,有的盗洞正对墓室或正通墓门,可见其工具之先进,技术之熟练。在盗得文物后,文物贩子们一般都是单线联系,利用高级轿车、摩托车、对讲机、手机、军事望远镜等先进装备,行踪不定,来去诡秘。

3. 聚众起哄,暴力反抗。在查处盗挖古墓、贩卖文物的不法犯罪活动中,公安干警时常受阻,仅窑店乡派出所就有数次多人因遭到不法分子的暴力反抗而负伤。1993年4月21日晚,窑店乡派出所干警到西毛村缉拿在逃犯陈××时,陈犯手持菜刀猛砍公安干警,其父亲也持木棍助子行凶,致使3名干警受伤,其中一人终身残废。

上述特点,在全国其他地方发生的盗挖古墓违法活动中,均不同程度地有所体现。通过分析,我们不难发现盗墓活动屡禁不止的原因主要有如下方面:

1. 金钱诱惑。虽然很多参与盗墓和贩卖文物的人也知道他们的行为是违法的行为,但盗墓能使人暴富的诱惑,使一些人宁肯以身试法。

不容置疑,盗挖古墓的狂潮得以肆虐于华夏大地,是民风堕落的表现,也是腐败思想驱使之下的一种恶劣行径。善良的人们为此而痛心疾首,大声疾呼,希望能通过切实有力的措施和手段遏制盗墓之风的泛滥,还祖国大好河山之锦绣,净华夏子孙之灵魂,保历史文化遗产之无恙。

但是,让我们看看那些盗墓者所喊出的响亮的口号吧。这些口号从20世纪80年代初至今,一直旋荡于华夏大地的上空。

——要想富,去挖墓,一夜一个万元户。

——男人大干,女人送饭;大到九十九,小到刚会走。

——若抓着,被罚款;抓不着,照样干。

——让死人为活人服务。

——要想富得快,去发掘墓财。

……

从这些荒诞的口号不难看出,之所以有那么多的人置国家法律法规于不顾,在中国的大江南北掀起了盗墓狂潮,最根本的原因是金钱的驱使。

金钱,扭曲了一些人的灵魂,使中华民族的优秀文化遗产遭到了损害,使法律的神圣性受到了亵渎。于是——

在四川秀山土家苗族自治县,为人师表的学校校长不再甘做正人君子,成了盗挖古墓的带头人。一位叫杨绿州的小学校长带头盗挖了五座清朝诰封的古墓,盗掘金银玉器及服饰等数百件。

在湖南的一个山村,战场上的英雄也步入了盗墓者的行列。一位叫张建设的人,从对越自卫反击战前线载誉返乡后,在当上村主任的第二天就主持了一场热闹的盗墓活动。

在湖南湘乡,因盗墓者之间经常为分赃不均而大打出手,并为此找村干部解决纠纷,使村干部不胜其烦,只好与盗墓者签定"生死合同",规定凡因盗墓而引起的纠纷一律不管,发生死亡事件责任自负。

在四川宜宾,有人因制止盗墓活动,一夜醒来,家门口竟横卧一具不久前死去的女尸。盗墓者以此威胁有正义感的人。

在河南某地,有人在空地上建立据点,持枪站岗,占有大片可能有古墓的山野,疯狂盗挖。在山东菏泽,数百名农民被组织在一起,盗挖附近的文化遗址,组织者按出力大小和出土文物的数量及品质给予盗挖者每人每天十几元至几百元的奖励。

在湖北、江苏、四川等地,一些近现代名人的墓葬也未能幸免。两江总督曾国藩、抗日英雄赵一曼的母亲、宜宾地下党创始人之一邓佑芝、戊戌变法六君子之一的刘光第……等等,很多仁人志士的亡灵,就这样在盗墓者对金钱的追求中被亵渎了。

在侨乡福建,一些华侨的祖坟也被盗挖,使抱有叶落归根思想的华侨祭祖无处,遗恨海外。

在很多地方,盗墓者不仅盗挖古人的墓葬,今人的墓葬也不放过,以至于有的地方出现了持猎枪或农具为祖上和死去的亲人守坟的现象。

……

在华夏大地上,清山秀水之间,到处都有墓葬被盗挖后的狼藉,到处都有墓主灵魂的悲凉,到处都有盗墓者留下的罪恶。

而这一切之所以发生,仅仅是因为铜臭的诱惑。

2. 文物市场失控。近些年来,全国各地的一些旧货和古玩市场相继开放,但管理并没有跟上,市场经销文物的范围和经营活动的方式都超出了国家的有关规定,使不法分子有了一条很好的销赃渠道,同时又在一定程度上诱发了盗掘古墓和贩卖文物的违法犯罪活动。陕西咸阳的公安部门曾多次抓获外地前来收购出土文物的人员。在西安市书院门旧货古玩市场上,有不少店铺都在经营出土文物,店主们说,文物大都来自咸阳。

3. 执法不严,惩处不力,打击力度不够,使一些盗墓分子不惜以身试法,把盗挖古墓当作致富的门路。

如上述盗墓严重的江西南城县,曾在 7 年的时间里抓获盗掘古墓、走私文物犯罪分子627人,但被判刑的只有25人,其他人或不做处理,或拘留罚款了事。江西余干县曾在5年的时间里抓获盗掘古墓的631人,只有2人受到法律的制裁,其余均在拘留几天后罚款释放了。

罚不当罪,既不能惩前,又不能毖后。盗挖古墓所得的好处,怎能是被处罚的几个小钱所比的?

由于公安部门警力不足办案经费有限,而文物犯罪活动又多具有点多、线长、面广等特点,使很多案件无法侦破。如陕西礼泉县长乐公主墓被盗一案,不法分子涉及3个省、25个县的232人,因公安部门缺少办案经费,只好在查清本县情况后终止。交通与通讯设备的落后与匮乏,也使公安部门有时对不法分子束手无策,眼睁睁地看其逃脱。在处理有些案件中,以罚代刑的情况较为普遍。

4. 地方领导姑息纵容,养痈遗患。

青海省民和县是古文化遗址、古墓葬比较集中的地区。早在1985年9月至11月,民和境内发生了大规模的群众盗掘古墓案,成为当时轰动全国的大案。1990年10月到1991年初,此县的4个乡又发生了群众性的盗掘古墓案件。1991年9月,县境内的省级文物保护单位"松树庄遗址"遭到5名不法分子的盗掘,共盗出新石期时期的彩陶14件,其中一级文物4件、二级文物3件、三级文物2件,现场有大盗坑12个,破坏的古墓葬有10座左右。之后不久,位于此县的全国重点文物保护单位"马厂塬遗址"以进行农田基本建设为名,被推土机破坏,遗址附近的数百名群众对遗址内的古墓进行了盗掘,共有盗坑399个,破坏古墓葬四百多个。

盗墓案件为什么在民和县境内屡屡发生呢?

1985年的盗墓事件发生后,民和县政府和司法部门迟迟不予查处。后在国家文物局、青海省人大常委会、省文化厅和检察院的督促检查下,才于1987年将两名首要分子判处有期徒刑一年。而民和县检察院在此前已将抓获的13名文物贩子全部释放。1990年10月,民和县发生有4个乡的群众参与的盗墓案件后,县政府的主管县长竟不许县文化局将此情况上报省文化厅,致使盗掘活动愈演愈烈,直到1991年1月青海省文化厅文物处的负责同志下乡调查得知情况后,县政府才不得不调查此事,但在联合调查组中挂名的民和县主管县长却在调查中从未亲临过现场。县里的态度影响了县法院对盗墓案件的处理,使高检、高法的有关规定被抛之脑后,对犯罪分子的量刑极轻:先后六次盗掘古墓、盗窃一级文物1件、二级文物2件、三级文物3件和盗掘二级文物4件、三级文物2件的案犯只被判处有期徒刑2年。县政府的态度,无疑是对盗掘古墓行为的纵容,怎能使国家的有关法令得到有效的执行呢?

针对肆虐于全国的盗掘古墓和贩卖文物的违法犯罪活动的黑潮,目前亟待解决的问题是:

一是要建立健全群众性的文物保护网。因为古墓大多分布在农民的责任田里,要依靠广大群众,聘请热心的群众担当文物保护员,制定乡规民约,表彰和奖励保护文物有功的群众,做到平时有人管,发案有人报,侦破有人帮。

二是要加强对旧货古玩市场的监督管理与引导,堵住盗卖文物的地下渠道。

三是常抓不懈地打击盗掘古墓和盗卖文物的违法犯罪活动,保证公安部门在侦破案件时的人力、物力和财力,纠正以罚代刑的现象。

（四）触目惊心的盗掘、盗窃古墓和古遗址案

为了便于读者了解古墓的被盗情况,我们有必要介绍几个重要案例,从中不仅可以看出盗墓违法犯罪活动是何等的猖獗,被损毁的珍贵文物是何等的多,也可以看出我公安部门是如何英勇出击,追回流失的珍贵文物的。

1. 吴王陵文物的追寻

1992年11月9日,江苏苏州城外浒关镇小真山采石场像往常一样开山采石,巨响过后,尘土飞扬,却没有一块完整的山石,这引起了以采石为生的民工的惊奇。

为了能继续采石,必须清除堆积的黄土,于是,他们找来一位正需要黄土的村民徐金虎。徐金虎在取土时,突然发现一件铜鼎。虽然他并不知道铜鼎的具体名称和时代,却知道这是一件文物,可以卖钱,便悄悄地带走了。此事被在一旁的安徽民工张勇父子看到,两人立即来到徐金虎刚才取土的地方挖了起来,不久便发现了三件铜鼎,喜出望外的父子俩怀抱铜鼎马上扬长而去。四件铜鼎的相继发现,在民工中引起了一阵骚动,他们像挖金山一样开始了疯狂的刨挖,随着尘土的飞扬,一件件珍贵的文物流失了。当然,盗挖者并不知道,他们所挖的是吴王陵。自此以后的两周内,消息灵通的盗墓者们蜂涌而至,也有人骑着摩托车远道而来,从盗墓者手中收购出土的文物。

两个星期后的11月25日,苏州市郊区公安局接到了市博物馆的紧急报案,称:"浒关真山发现一座古墓,文物遭附近群众哄抢。"而此时,正值文物部门在举行文物保护法宣传周期间。

(四) 触目惊心的盗掘、盗窃古墓和古遗址案

警察立即驱车前往案发现场,经过一番细致的调查,警方决定将徐金虎作为此案的突破口。但当警察出现在徐金虎家里的时候,徐的妻子却一口咬定不知其丈夫到哪里去了,也不知道挖文物的事情。并不气馁的公安局副局长顾国康又亲自来到徐家,向徐的妻子晓之以理,宣传文物保护法和国家的有关法规,迫使徐妻从一堆乱草丛中取出了那件铜鼎。几天之后,参与破案的警察又取得了一些重大突破,被盗挖的其他文物如青铜鼎、青铜灯、青铜印、青铜剑以及玉管和玉璧等陆续被追回。

这些文物在盗挖者和贩卖者眼中,意味着金钱,但在文物工作者眼中,则是一段历史的真实记录。通过分析,文物专家们认定,这些文物是距今2600年前我国春秋时期的珍贵文物,其中的青铜猴纽提梁壶是罕见珍品,它的拥有者应该具有较高的身份。被盗挖者毁坏的有三座古墓,经过仔细勘察,文物专家们得出了初步结论:这是一片春秋时期的墓群,其中主墓是典型的春秋王室之墓,而陪墓是王妃和武将之墓。再进一步勘察,发现了可分为六个等级的57座大土墩,一等的有10个。由此,文物专家断定,这里是春秋时期的吴王陵区。

吴王陵的发现,在中国考古史上具有特别重大的意义,参与破案的干警们也感到了压力,决心克服一切困难破获此案。种种迹象表明,至少还有10件文物流失在民间,如不追回,损失巨大。警察们连夜出击,抓获了张勇父子。但是,他们却说盗挖的文物已经被以2000元卖给了外来人。干警们并没有就此罢休,最终迫使张勇父子交出了三件青铜鼎。在审问张勇父子的同时,另有一批干警在陵区周围仔细盘查,不仅获得了一些极有价值的线索,而且追回了大部分散失的文物。

在浒关镇有一个叫曹荣根的运输个体户,他从吴王陵中盗挖了五件玉器,并以2万元的价钱卖给了一个外号"阿七"的外

来人。12 月 2 日夜,经过 6 个小时的审问,曹交代了盗挖玉器和销赃的整个过程。

"阿七"是一个常年混迹于文物黑市的人,虽然早已加入了南太平洋的汤加国籍,但却时常在国内干盗卖中国文物的勾当。"阿七"已于 11 月 25 日飞往汤加,但他的妻子庞氏尚在国内。当公安人员找到她时,她一口咬定什么都不知道。此时,警方已经获悉,五件玉器中的任何一件在国外都已报价 30 万美元以上,庞氏不会对其丈夫买卖文物一事毫无所知。12 月 9 日,警方依法传唤庞氏,她在法律的威慑下,表示愿意给其在汤加的丈夫去电话,如果文物仍在国内,将主动交给公安机关。警方对庞氏采取了严密的监视。果然,两天后的中午,庞氏骑自行车离家。但是,她没有去公安局,而是企图转移赃物。埋伏在周围的警察见状冲上去,从自行车上的尼龙包内,搜出了五件玉器。

至此,从真山吴王陵墓中盗挖的 23 件珍贵文物全部追回,并被移交给苏州市博物馆。

2. "中国第一古尸"被盗

1972 年湖南长沙马王堆汉墓中曾出土了一具西汉女尸,成为湖南省博物馆的镇馆之宝。10 年以后,在湖北省也出土了一具古代女尸,而且年代更为久远,却因为是盗墓者盗挖出土,没有经过科学的考古发掘而损毁,造成了无法挽回的损失。

在湖北省荆门市全国重点文物保护单位楚纪南城北侧的纪山古墓群,因为分布有包括楚庄王在内的数以千计的楚国时期的达官贵人的陵墓,成为我国最著名的古墓群之一,具有不可估量的文物价值。从 1993 年以来,一些当地的盗墓团伙和境外的走私分子相互勾结,在此大肆盗掘古墓近百座,大批古代漆器、

(四)触目惊心的盗掘、盗窃古墓和古遗址案 311

青铜器、木俑、丝绸等文物被盗窃后走私贩卖。其中荆门市四方乡郭家岗一号战国楚墓于1994年2月底至3月初被盗,致使墓中战国时期的一具完整古尸损毁,被称为"中国第一古尸"被盗案。

此案发生在2月23日,一个大雪纷飞的夜晚。以郭孝平为首的一个14人盗墓团伙经过密谋策划,来到郭家岗一号战国楚墓地。他们熟练地从地表向下挖开了一个直径1.5米、深3米的盗洞,直抵墓室。然后,椁板和棺盖被打开,他们将棺内认为值钱的东西全部装入准备好的蛇皮袋中。棺内有一具保存完好的女性古尸,郭孝平等人先是残忍地撕下古尸的头发,再用麻绳栓住古尸的颈部,拖出棺椁,扔进与墓坑相距10多米的另一个4米深的盗洞中。经过4个夜晚的盗挖,一座保存完好的重要的战国楚墓,就这样被郭孝平等人盗掘了。

群众发现古墓被盗后,立即向公安部门报案。公安部门与文物部门马上进行了现场勘察,确认了这是一起重大古墓被盗案,郭孝平也被作为重点怀疑对象。但此时,郭孝平已经将盗得的丝绸、皮鼓等文物以3000余元卖给了长沙的文物贩子文昌海,文昌海则很快与广东的一名文物贩子取得了联系,准备以20万元的价钱转卖。

郭孝平原是当地一名木匠,但不务正业,游手好闲,在一次游荡中认识了文物贩子文昌海后,遂起盗墓发财之心。1993年8月,他曾因参与盗墓被劳动教养,释放后仍不甘心,召集一批不法之徒继续盗墓。1994年3月9日晚,公安干警冒着绵绵细雨,将正在分赃的郭孝平等三人抓获。收审后的郭孝平开始拒不交代,直到4月8日,另一名在逃犯投案自首后,郭孝平才交代了盗掘郭家岗一号楚墓并移尸掩埋的经过。之后,古尸被起出运到荆门市博物馆,同时缴获的还有包括虎座鸟架鼓在内的

30多件文物。

经过文物部门的鉴定,郭家岗一号楚墓中出土的战国女尸,距今2000余年,其价值不亚于长沙马王堆汉墓出土的女尸。但因从暴露到运回文物部门的时间长达48天,并且因被残暴地拖拉,颈部有严重的勒痕,全身多处破损,髋关节和颈部骨骼已被拉脱;特别是古尸的保护环境遭到了严重的破坏,使这具古尸的研究价值大减。尽管如此,这具古尸仍然是极其重要的,享有"中国第一古尸"之称。据郭孝平交代,墓中出土的丝绸在刚出墓时基本完好,图案清晰,鲜亮如初,出土后因保护不当,很快成为碎片。但从已经缴获的文物来看,许多都可定为国家的一、二级文物。对如此重要的古墓被盗案,公安部门决心要查个水落石出。

6月27日,荆门市的公安人员来到长沙,并很快查明了原是个体出租车司机的文昌海的身份和住址。6月30日,文昌海在自家门前被擒。7月1日,藏匿的丝绸文物被起获,次日运回荆门市博物馆收藏。

经对被盗后的郭家岗一号楚墓的清理得知:此墓为土坑木椁,呈上大下小的覆斗形,葬具为一椁一棺,椁室内分成头箱、边箱和棺室,悬底孤棺,内有雕花木柃床,具有典型的楚墓特点。墓中出土的女尸,是我国目前发现的第一具外形、骨骼保存基本完好的战国古尸,虽然与长沙马王堆西汉女尸和江陵凤凰山西汉男尸同属一种类型,但年代要早100~300年,对考古和医学研究等都具有十分重要的价值。墓中出土的丝绸文物数量丰富,品种齐全,机械强度和保存状况优于被誉为"丝绸宝库"的江陵马山一号墓和其他楚墓出土的丝绸文物,特别是朱红凤鸟纹织锦和对龙对凤对鹿纹提花织锦,以前从未发现过,属国家一级文物。缴获的虎座鸟架鼓的双虎、双鸟和一对鼓槌,加上已被盗卖尚未追回的皮鼓,可以组成一套完整的楚国乐器。目前,未追回的文物除皮鼓外,还有木俑、漆瑟、镇墓兽、漆耳杯、女尸头发等,也都极其珍贵。

3. "中华唐陵之冠"被盗文物的追还

河南省洛阳市是九朝古都,历史悠久,文物古迹丰富。偃师县的猴氏镇有一座唐武则天时期的陵墓,俗称"太子冢",即唐恭陵,素有"中华唐陵之冠"的美誉。此陵系唐高宗李治五子、武则天长子李弘的陵墓,因是按照天子的规格埋葬的,所以气势恢弘,1963年被列入河南省文物保护单位。恭陵的旁边是"娘娘冢",埋葬的是李弘之妃哀皇后。一千三百多年来,恭陵,没有遭到任何破坏。但是,盗墓者对这样一座保存完好,并可能埋藏有重要文物的唐墓早就垂涎欲滴,1994年曾有人企图盗掘此陵,1997年6、7月间,发现有犯罪分子在此活动。为了保护恭陵,当地文物部门每晚出动2至3辆机动车在陵墓周围巡逻。1998年2月14日,洛阳和偃师的有关部门领导还前去检查。但在次日,即1998年2月15日,一伙盗墓者用炸药将恭陵哀皇后墓炸开了一条直径1.09米、深11米、直通墓室的盗洞,墓中珍宝被洗劫一空。

盗洞是由当地农民首先发现的。如此重要的陵墓被盗,无疑如石破天惊,中共中央政治局委员、国务委员李铁映,河南省委书记马忠臣及省公安厅的领导专门批示,要求公安机关从速破案,追回文物,挽回损失。国家文物局的领导也率调查组赶赴发案地,与当地文物部门研究唐恭陵的保护措施。各新闻媒体也将此案作为关注的焦点。

洛阳市公安局为侦破此案,成立了专案组,确定了"全面布网,整体推进,加强调查,重点突破"的总体思路,不仅在恭陵附近的乡镇广泛查找线索,而且派专人赴北京、广州、深圳等地查堵销赃渠道。

经过缜密侦察,公安人员于四天后将盗墓嫌疑人刘江海抓获。刘经受不住政策的强大压力,供出了以张少狭为首的8人盗墓团伙盗挖"娘娘冢"的犯罪事实。公安干警迅速出击,又将主犯张少狭等5名盗墓者抓获。

原来,在1998年1月21日,张少狭等人就开始密谋盗挖恭陵,并于当晚11点左右携带作案工具来到哀皇后陵。由于没有挖通墓道,22日、23日,他们又连续盗挖了两夜,仍未得逞。这伙气急败坏的盗墓者为了达到目的,决定雇佣懂得爆破技术的人,用炸药爆破。1月30日,他们持炸药、雷管、电线等第四次来到恭陵,先用探铲挖出一盗洞,并将炸药放在洞内引爆。之后,他们于1月31日清理碎土,2月1日再次进行爆破,2月2日、3日连续两天从墓室中盗走文物64件。

张少狭一伙先是将盗掠的文物藏匿在刘江海家,2月5日又运到洛阳,伺机找人脱手。不久,他们将31件文物卖给了持澳门护照的陈正贤,获赃款15万元,其余的文物卖给了文物贩子王某,获赃款8500元。

盗挖唐恭陵的大案至此已经很清楚了,盗墓者也大多落入法网。但是,被盗掠的文物已被盗卖,将它们悉数追回才是最重要的。陈正贤和王某成为最重要的人物。

根据张少狭的交代,洛阳市公安局刑侦支队政委李小选亲率干警连夜赶往郑州,将陈正贤及文物走私惯犯张某抓获。此时,文物已被陈到北京转卖给余某。2月26日,河南省公安厅的官员亲自率领11人北上,先是在天津将余某抓获。余交代,他于2月9日在北京首都大酒店付28万元得到了31件恭陵文物,后其中的大部分由香港人翟某带回香港,余下的留在北京古玩城陈铁处。在国际刑警组织和香港警方的协助下,很快找到翟某,并迫使翟某将已经出手的 7 件文物高价收回,连同其余 24 件文物全部缴回。

就在流失到北京和香港的文物缴回的同时,在洛阳开展工作的公安干警也成绩不俗,从与王某交往密切的文物贩子张建斌手中,缴获了 33 件文物。这样,从恭陵被盗的 64 件文物完璧归赵,无一流失。

1998 年 6 月 15 日,洛阳市中级人民法院以盗窃古墓葬罪判处参与盗挖、贩卖恭陵文物的张少狭、宋延军死刑,剥夺政治权利终身,并罚没其财产;判处许尔兴、刘江海死刑,缓期两年执行,剥夺政治权利终身,处以两万元罚金;其他案犯也分别受到不同程度的惩罚。

法网恢恢,疏而不漏,犯罪分子以身试法,得到了应有的下场;公安干警为捍卫国法尊严,吃苦耐劳,无私无畏,光照华夏。

4. 古生物化石难逃厄运

对于豫西边陲的西峡县来说,1993 年绝对是不平凡的一年。这一年,举世无双的恐龙蛋化石群在这里发现,使这个边陲小县立即被海内外所关注。不仅各种新闻媒体纷纷报道,使几乎世界上的每一个角落都知道了中国的西峡和西峡所在的南阳,而且有许多的记者、科学家、旅游者也竞相来到这里。一时间,恐龙蛋化石被人们炒得好不热闹。

根据《中华人民共和国文物保护法》的有关规定,包括恐龙蛋化石在内的古生物化石,同古人类生活的遗存一样受国家的保护。但是,豫西南阳地区发现的恐龙蛋化石却从其被发现之日起,就难逃厄运。

在豫西南阳地区西峡盆地发现的恐龙蛋化石群,被专家们称为"震惊世界的重大科学发现",认为"必将在国际学术界产生重大影响"。或许正是因为恐龙蛋化石所具有的无穷魅力,自其被发现之后便被广泛地炒来炒去,无以数计的人都在围绕着恐龙蛋化石大做文章。盗掘大战、走私大战、保护大战、抢救大战等也因此而展开。

准确地说,首先来做文章的是一位叫郭伟的农民通讯员。1993年3月底,郭伟得知有人在挖石胆(即恐龙蛋化石)卖钱的消息后,马上写了一篇题为《西峡县发现恐龙蛋化石》的报道。虽然报道不足三百字,但其中的"西峡日出土200枚恐龙蛋化石"的消息,确实令专家们震惊。而一些不法分子也借机鼓动当地的农民把盗挖恐龙蛋化石当作发家致富的门路。很快,郭伟得知有人将数百枚恐龙蛋化石运往外省,有人冒充上级有关部门来强行搜集,附近有人因恐龙蛋化石而富裕了起来……郭伟与当地广播站的一位叫吕少恩的编辑来到发现恐龙蛋化石的阳城乡,看到的是俯拾皆是的恐龙蛋化石碎片,听到的是有人在私自盗卖这稀有国宝。于是,在7月31日,他们合写的一篇通讯《沉睡地下千万载,一朝出土厄运生——恐龙蛋化石群抢购风波引起的思考》在《法制日报》赫然登出。

郭伟与吕少恩或许只是凭着职业感觉来写通讯报道的,但他们所做的文章,却引起了相当一些人的不满,认为由于他们二人的呼吁,使有关部门重视了对恐龙蛋化石的保护,断了某些人的致富财路。

实际上在此之前,河南省文物局已经向国家文物局作了紧急报告,称该省南阳地区西峡、淅川、内乡三县发现大面积的恐龙蛋化石,其分布地域辽阔,遗存丰富,埋藏的恐龙蛋类型很多,

（四）触目惊心的盗掘、盗窃古墓和古遗址案

最大的长50厘米,在国内外尚数少见;最小的只有4厘米,通常一窝数十个蛋。专家们认为,这是我国乃至世界地质生物学上的一个重大发现,具有极高的科研价值。由于缺乏必要的保护措施,一些当地农民以盗掘、倒卖恐龙蛋作为发财致富的手段,致使这一世界罕见的恐龙蛋埋藏地遭到严重破坏。

盗掘、倒卖恐龙蛋最严重的是西峡县,在距县城东南20多公里的丹水镇三里庙村上田组西面山坡约2000平方米的盗掘现场,共有盗洞、土坑三十余个,恐龙蛋化石片俯拾皆是。盗掘者用炸药崩裂土石,有的还利用废洞做临时窝棚在山上过夜,不分昼夜,轮番施工。盗掘方法是先掘垂直的竖井,挖到埋藏恐龙蛋化石的岩层后再向四周掏挖。盗坑小者3米左右,大者5米见方;浅者约1米,最深的达10米以上。据当地农民说,每坑掘出的恐龙蛋化石,少的几枚、几十枚,多的上百枚至数百枚。据调查,当地不少干部、农民家中都存有非法盗掘的恐龙蛋化石。他们有的将恐龙蛋化石拉到南阳市出售,有的直接卖给来自湖南、南京的贩子,由贩子们运往北京、广州、武汉、长沙、桂林、南京等地,有的还非法运往香港、台湾、日本、新加坡和美国。恐龙蛋化石的售价约50元一枚,直接卖给外国人的为100美元一枚,极罕见的具"胚胎"的恐龙蛋化石售价可达一两万元。据1999年上半年的不完全统计,当地已经售出至少一千多枚恐龙蛋化石。有人为了扩大销路,竟打印招贴广告,多方联系买主。

西峡、淅川、内乡三县发生大规模盗掘、倒卖恐龙蛋化石事件后,当地文物部门立即采取紧急措施予以保护,西峡县人民政府也及时发出通知,要求加强保护措施。

国家文物局在接到河南省文物局关于此事件的报告后,认为这是一起盗掘、倒卖古生物化石的严重事件,并决定采取以下措施:

1. 向中央国务院汇报,立即向公安部、海关总署等有关部门通报情况。

2. 要求河南省文物局抓紧提出处理意见,上报省政府,建议河南省政府以省办公厅的名义发文给西峡、淅川、内乡三县,由政府出面,做好这一事件的处理工作,奖励有功人员,严厉打击违法犯罪分子,决不允许再次出现盗掘、倒卖恐龙蛋化石的事件。

3. 要求当地文物部门切实采取有力措施,保护好恐龙蛋化石埋藏地。

与恐龙蛋化石已经遭受的劫难相比,这一切似乎已经很晚了。且不说众多的新闻记者纷纷涌进西峡盆地,把恐龙蛋化石出土、非法盗挖和倒卖的消息传到了世界的每一个角落,也不说在1993年7月15日西峡县政府在一份报告中指出,要扩大对外宣传。县委宣传部长说:"要抓住恐龙蛋化石群大做文章,做大文章。"

据专家对西峡盆地发现的恐龙蛋化石群研究后认为,这是目前我国发现年代最早的恐龙蛋化石群,时间大约相当于中生代白垩纪早期,距今1亿年左右。其分布面积之广,数量之大,种类之多,原始状态保护之完好,都是举世无双的。对于这样具有诱惑力的事情,想大做文章的,决不仅仅是想通过恐龙蛋化石卖得几个钱的当地农民,不仅仅是对这个重大发现有研究兴趣的古生物专家,不仅仅是希望利用发现恐龙蛋化石的轰动效应来扩大本地知名度、甚至能招商引资的政府官员们,还有常年靠盗卖、倒卖我国珍贵文物为业的不法分子,有对其感兴趣的外国奸商……

不仅豫西的恐龙蛋化石遭到了空前的劫难,孔子鸟化石也在辽西遭劫。

(四) 触目惊心的盗掘、盗窃古墓和古遗址案

幅员辽阔的中国大地,时常会有惊人的发现。就在豫西的一个小盆地发现了恐龙蛋化石,从而引起了一场关于古生物化石的爆炒之后,不过一年的时间,在辽西又发现了孔子鸟化石。和恐龙蛋化石群的发现一样,孔子鸟化石也在其被发现之日起,便遭受到了一场劫难。

1994年4月,辽宁西部的北票市上园镇炒米甸子村,一位农民正在山坡上垦荒,突然挖到一块巴掌大的石头,上面依稀印着鸟的形象。他曾听说过附近出土过鸟化石一事,断定他所挖到的就是鸟化石,也一定会值钱,不禁一阵欣喜。再次出土鸟化石的消息不胫而走,很多农民抱着致富的心理,扛着锄头、丁字镐、铁锹等工具,纷纷进山挖鸟。使鸟化石和其他古生物化石遭到了野蛮的盗挖。当然,那位垦荒的农民不会知道,他所挖到的是后来震惊世界的孔子鸟化石。其他后来的盗挖者一心想着赚钱,也不会知道被他们在盗挖中破坏的包括孔子鸟化石在内的大批古生物化石,在科学研究上有多么重要的价值。

在距今1.5亿年的白垩纪和侏罗纪晚期,辽宁西部是一个大湖泊,湖边生活着孔子鸟和其他爬行动物,湖的四周耸立着活火山。由于火山爆发,各种生物迅速被毁灭,并被火山灰覆盖,最后又被火山岩浆包裹,形成一种天然的保护层。这使得辽西地区地层下拥有了一个完整的古生物化石体系,其中尤以孔子鸟化石最为珍贵。

在孔子鸟化石发现以前,学术界公认德国的始祖鸟是鸟类的祖先。孔子鸟化石的发现,打破了德国始祖鸟一统天下的局面,证明中国才是鸟类的发源地,具有无法估量的科学价值和经济价值。正是因为孔子鸟化石的价值如此之高,才被我科学家以中国古代圣贤孔子的名字来命名。除孔子鸟化石外,辽西地区还有完整的三塔中国鸟化石、燕都华夏鸟化石、北山朝阳鸟化

石群、迄今为止世界惟一完整的最原始动物对齿兽化石等被发现,它们为研究鸟类和哺乳类动物的起源与早期演化过程提供了科学、系统的资料。

辽西鸟类化石与恐龙的灭绝是国际热点,或许正因为如此,备受国际科学界的重视,一些国内外的不法分子也虎视耽耽,寻机盗挖。在农民们盗挖孔子鸟化石的消息传出之后,这里所拥有的旷世珍宝遭受了一次又一次的浩劫。有的非文物部门擅自成立公司非法经营,有的文物部门和科研单位也未经许可非法前往收购,一些文物贩子也蜂涌而至,这在无形中助长了当地农民的盗挖,大量包括孔子鸟化石在内的古生物化石从这里流失。1992年,中国的恐龙蛋化石大量非法外流。1996年,首次发现的孔子鸟化石流往美国。据公开的数字,在孔子鸟化石被盗挖一年半的时间里,流失到日本的有50枚,美国20枚,加拿大6枚,德国2枚。在日本东京的世界博览拍卖大会上,也有辽西鸟化石赫然出现……

据1998年7月5日日本《朝日新闻》头版头条报道:日本至少有5家公立博物馆通过中间商购入、收藏了中国明令禁止出境的孔子鸟化石共8枚。其购入价格在45～150万日元一枚。尽管各个博物馆已经意识到中国方面的有关法规,但还是全面接受了中间商"法律上无问题"的说法。东京的化石贩卖商则表示:从中国携带出境孔子鸟化石也许是违法的,但这毕竟是中国方面的问题;进入流通领域以后,第三者之间的买卖是没有任何问题的。大阪市立自然史博物馆称:"知道中国的珍贵化石是禁止出境的,但又以为是通过正规途径出境的。"爱知县丰桥市自然史博物馆表示:"购入时不知道此物是禁止出境的。"日本文部省称:根据日本的国内法律,如果博物馆是作为标本购入的,发生问题时没有"归还"的硬性规定,而只能依靠博物馆方面的"道义感"去寻求解决的办法,因为这毕竟违反了国际博物馆协会有关博物馆伦理道德的规定。

关于日本的部分公立博物馆收藏我禁止出境的孔子鸟化石一事,引起了中国驻日使馆的关注,专门就此事电告国家文物局。由于孔子鸟化石是受我国保护的一级文物,严禁出境,我国一向严禁任何商业性质的买卖孔子鸟化石及其他古生物化石,也从未批准特许出境过,所有流入国际市场的化石均是通过非法渠道,严重危害了我国古生物化石的保护,使我国的文物保护工作面临着严重的形势。根据《中华人民共和国文物保护法》和有关国际保护世界文化遗产的公约规定,我国有权利收回非法流往日本的孔子鸟化石。1998年9月,国家文物局通过驻日使馆向日方申明:流失国外的化石属中国所有;中国政府将依照国际公约,追索非法出境的古生物化石;日本有关博物馆应遵守国际博物馆协会关于职业道德的规定,立即停止收购从中国非法出境的文物、化石的行为;已经收购的孔子鸟化石,无论从道义上还是从法理上,都应归还我国。

流失到境外的孔子鸟化石能否归还中国,人们拭目以待。

三 魔爪伸向博物馆

作为收藏、保护、研究、展示物质及精神文化珍品和自然历史标本的机构,博物馆内集中保存了大量的珍贵文物,并随时向社会陈列展出,进行宣传教育,陶冶人们的情操。我国目前有各种类型的博物馆2000多个,其中文物系统达1800多个,收藏的各类文物1000多万件,很多都是价值连城的国宝,不仅让国人感到骄傲和自豪,出国展出时也让外国人羡慕,往往能刮起一阵"中国风",为国争光。当善良的人们为人类巧夺天工的杰作赞叹不已时,不法分子也把罪恶的目光投向了这里,那些闪烁着夺目光彩的文物,成为犯罪分子攫取的目标。于是,一向被视为文物保藏的"安全岛"的博物馆,也并不安全了。

(一) 博物馆藏品失盗统计及失盗原因

统计资料表明,从1979年到1992年上半年,我国共发生661起馆藏文物被盗案,失窃文物9254件,其中不少是三级以上的珍贵文物。虽然这只是一个保守的数字,但其破案率尚不足三分之一,大量文物珍品流失。

统计数字虽然是枯燥的,但又是最能说明问题的。并且,限于资料,下面的统计也是不全面的。

（一）博物馆藏品失盗统计及失盗原因

1988年

1988年，全国文物系统的博物馆发生被盗丢失文物案件76起，丢失文物786件，古钱币1722枚。

1992年一季度、1993年上半年和1994年

据《中国文物报》消息，1992年一季度，全国文博单位发生十多起馆藏文物被盗案件，失盗文物89件，其中珍贵文物9件；发生盗窃文物未遂案2起。比较严重的是1月13日，山东泗水县文管所10件文物被盗；2月29日，广西博物馆一件陈列中的二级文物东汉玉璧被盗。

1993年上半年，全国的博物馆和考古工地发生文物被盗案件13起，丢失文物98件。其中文物展厅被盗5起；石窟被盗案件3起，14件石刻被盗；考古工地被盗和抢劫文物案件2起。

1994年截止到10月，全国发生馆藏文物被盗15起，丢失文物154件，其中珍贵文物45件。

1995年上半年

1995年1～6月，全国馆藏文物发生被盗案件15起，丢失文物141件，各类钱币115枚，文物复制品4件，其中二级文物1件，三级文物65件。

1997年

据国家文物局1998年初公布，1997年文物安全形势极其严峻，文物被盗案件急剧上升。据不完全统计，全年发生文物被盗案件86起（其中未遂案件9起，破案27起），失盗文物814件。特别是石刻造像被盗割严重，全年发案68起，遭盗割的石刻造像400余尊。

1998年第三季度

到了1998年，文物被盗的趋势依然没有得到有效控制。这一年的第三季度，全国共发生文物被盗案件14起，丢失文物59

件,其中博物馆被盗案4起,丢失文物32件;寺庙被盗案7起;田野石刻被盗案3起。虽然与去年同期相比有所下降,但抢劫案件较为突出。

以上案件,一是抢劫案件突出,二是夜间作案居多,三是普遍防范条件较差,四是管理制度不严,文物丢失后不能马上发现。

针对博物馆以及文物保管机构频频发生文物被盗案件,1998年底,国家文物局要求:各级领导要把文物安全工作当成大事来抓,常抓不懈,使全体文物工作者树立文物安全意识和责任意识。要加强制度建设,严格执行各项文物安全制度,使文物安全工作做到思想到位、组织到位、工作到位、责任到位。加强安全技术防范设施的投入,落实《文物系统博物馆风险等级和安全防护级别的规定》,逐步健全报警设施,不给犯罪分子以可乘之机。加强夜间值班力量和巡逻检查制度,遇有异常情况,认真检查,及时处置,切实改变个别单位夜间值班睡觉,发现情况不认真检查的现象。文物博物馆单位值班室应有防止入侵设施和自卫工具,并设置与当地公安机关联络的报警通讯工具,以应付犯罪分子对值班人员实施暴力,便于及时向公安机关报案。加强田野、寺庙文物的管理,按照规定健全文物保护组织,并强化夜间值班巡逻制度,防止田野、寺庙文物被盗案件发生。

从馆藏文物被盗来看,主要有以下几种原因:

第一,防护措施不严,责任心不强。如1992年1月13日,山东泗水县文物管理所库房被盗10件文物,其中商代青铜爵3件、铜瓿1件、铜觯1件。在事后调查中发现,文物库房没有配齐规定的三铁一器,即铁门、铁窗、铁柜、报警器;存放珍贵文物的铁皮柜又不关不锁;库房一直没有人值夜班;对上级提出的多次警告置之不理。

第二,监守自盗。个别文物部门的领导或工作人员趁工作之便将文物据为己有。如厦门市文化局一位分管文物工作的副局长在对4个下属单位的12次检查工作中,顺手"牵走"的文物达82件。

第三,内外勾结。四川荥经县博物馆副馆长例小欧在1989年前后,与县粮食局职工狼狈为奸,盗卖县博物馆文物,其中一级文物1件,二级文物8件。

第四,领导不重视。以黑龙江博物馆为例:1981年12月,该馆一库房保管员之子在库房内盗窃银圆8枚,销赃时被发现;1982年3月,该馆一级文物鎏金佛像被盗;1983年,二级文物唐三彩狗、唐彩绘骑马俑等被盗,既未向公安机关报案,也未追究直接责任者的责任;1986年11月17日和1987年4月21日,该馆又连续发生被盗案,丢失一级文物银瓶、银盒、邓散木篆刻和印谱14件、金代长柄孩儿戏水镜、银簪、海兽葡萄镜等。

(二) 博物馆被盗案例举要

1. 发生在故宫的几次盗窃珍宝案

北京的故宫博物院成立于1925年,是在明清皇宫建筑群以及明清旧藏的基础上建立起来的,收藏有中国历代的文物珍品达百万件,而且几乎件件都是国宝。它是我国最大的国家级博物馆,也是世界上著名的博物馆,以建筑的宏伟壮丽,藏品的丰厚精美,吸引着海内外的游客。

1990年,我国首座在设计和设备上均达到世界一流水平的现代化地下文物库房,在故宫博物院内完成了第一期工程。几年后,二期工程也告竣工。在这座标志着故宫博物院的文物保管开始向世界先进行列迈进的地下文物库房中,报警设施非常先进,特别是自动摄像系统,能够来回不停地巡视每一个角落,隐藏在暗处的警铃密布,加上巨型铁门,使那些图谋不轨的违法分子难以逾越。

的确,为了故宫这座明清皇宫的安全,更为了收藏在这里的每一件珍宝的安全,故宫博物院需要现代化的、安全的保卫系统。因为长期以来,不知有多少不法之徒对故宫收藏和展示的珍宝垂涎欲滴,伺机盗取。

早在1959年8月,全国上下都在为年轻的人民共和国成立10周年而忙碌着。距天安门最近的故宫博物院,将东南一块地方腾出来,作为参与建造人民大会堂的部分工作人员吃饭和休息的临时场所。8月15日下午2时,在人们忙碌和喜庆的气氛中,只有18岁的武庆辉从山东寿光来到北京故宫,趁人不注意躲进了保泰门内。他随身携带的,只有一个书包,包内装有一把钳子,忙忙碌碌的人们,谁也没有注意到他。武庆辉忍受饥饿,到晚上8点多才趁着夜色出来,爬进珍宝馆院内,砸毁养性殿明间后檐东下群板的一块门窗玻璃,进入展室。这个时候,此地没有值班人员,也没有报警设施,任由武庆辉砸门窗、砸展柜而无人发觉。他偷盗了清代乾隆年间的皇后金册8页、清帝使用的佩刀5把、金质钱币1枚后,于当天晚上又逃出故宫,神不知鬼不觉。武庆辉盗窃得逞后,先在北京他姐姐家中住了一夜,之后逃回原籍。他感觉到这些文物价值巨大,难以轻松出手,于是计划到新疆去,卖掉文物,过富足的日子。但是,1959年11月12日,心怀鬼胎的武庆辉走到天津时,被我公安人员抓获,最后被判处无期徒刑。

武庆辉盗窃的文物中,以皇后金册最为珍贵。我国从唐代开始,凡是立后、建嫡、封竖等,均用册书。册立皇后是清代的重要嘉礼,皇后册书一般为金质,8页,用满汉两种文字写成。

武庆辉在故宫行窃成功,引起了中央有关部门和故宫博物院的高度重视,认为出入人员混乱,把关不严,无人值班,没有技术防范措施,是最大的失误。为此,故宫博物院建立了严格的值班制度,并于1960年安装了报警设备。这也是我国博物馆安装的第一台报警设备,而且在两年之后就初显神通。

1962年4月16日晚上近8点,河南舞阳人孙黑潜入故宫。巧的是,他也躲藏在武庆辉曾躲藏过的地方,并且自恃怀有武功,盗窃必成功无疑。孙黑趁着夜色,砸断养性殿前檐西二间东端上扇窗棂,捅破纱窗跳进殿内,又砸破玻璃展柜,盗取了9件金质文物,其中有金"皇后之宝"印玺、金"广运之宝"印玺、金喜字盛等,黄金总重量达24250克。"皇后之宝"印玺是清代皇后身份的象征,是在清代皇帝册立皇后时颁发的,金质,交龙纽,左满文,右汉文,是现存清代皇后印玺中最著名也是惟一的一方,价值巨大。"广运之宝"是清代历朝袭传的25宝之一,始定于乾隆十一年(公元1746年),与其他24宝一道,在政治、军事、文化、外交等方面各有专用,体现了皇权至高无上的内涵。如果这些文物被盗走,那将是多么大的损失。但让孙黑没有想到的是,在他刚要动手盗窃时,报警设备就发现了这一切,在携带文物翻越围墙时,被公安和保卫人员抓获。针对珍宝馆相继被犯罪分子"光顾"的事件,当时的文化部于6月20日专门向故宫博物院作出指示:"在珍宝馆的陈列中,凡属重要的金银器物,尽可能不陈列,或减少小件及易于丢失的器物。闭馆时间可提早一小时。"

在以后十几年的时间里,故宫博物院的文物珍宝比较安全,到底是因为安全防范措施得力,还是人们更关心"文化大革命",或者在"破四旧"的岁月里,人们自觉地与文物珍宝划清了界限,难以断定。但到1980年,犯罪分子再次对故宫的珍宝感兴趣了。2月1日晚,湖北人陈银华成为建国以来盗窃故宫珍宝馆文物的第三人。

陈银华是一个盗窃惯犯,2月1日到北京后,即到故宫珍宝馆参观,顷刻便被那些陈列展出的金质帝王御用文物吸引住了。他在参观的掩护下,窥测好了藏身地点、作案目标、路线后,立即出了故宫,到商店购买了必要的作案工具,于下午再次潜入故宫,仍然藏在前两名盗窃珍宝馆的案犯躲藏的地方(真的是巧合?)。闭馆之后,陈银华撬窗入室,打开展柜,盗出了重量达6800克的珍妃之印。

珍妃是光绪二十年(公元1894年)被封为光绪皇帝之妃的,珍妃之印正是册封的见证。印为金质,龟纽,下边长11.7厘米,其余各边长11.6厘米,印文左为满文篆书,右为汉文篆书。清代妃印,按制度为金质,但咸丰四年(公元1854年)因国力衰退,规定皇贵妃、贵妃、妃的宝印改为银镀金,珍妃印仍按旧例以金铸成。珍妃之所以有此殊荣,是因为她是光绪皇帝最心爱的妃子。而且珍妃之死与"珍妃井"的故事广为人知(本书"近代篇"也有提及),去故宫参观的游客,大都会慕名找到"珍妃井",发一番感慨,"珍妃之印"也因珍妃的特殊经历而更加著名。

陈银华自以为无人觉察,但他哪里知道,当他在下午5点半左右开始作案时,便被报警装置的控制人员发现了。由院内保卫人员、驻院解放军和北京市公安局的干警们组成的一张大网,很快就张开了,等待着陈银华来投。于是,在陈银华携带偷来的珍妃之印刚逃出陈列室准备越墙逃跑时,他才发现自己已是瓮中之鳖,插翅难飞。1980年8月12日,北京市中级人民法院对陈银华作出了无期徒刑的判决。

1987年6月22日,吉林人名字叫韩吉林的22岁的年轻人,携带组合旋具、水果刀、背包等作案工具来到北京伺机作案。

6月24日,他来到故宫博物院,陈列在珍宝馆里的件件珍宝吸引住了他贪婪的目光。他趁值班人员不注意,潜入珍宝馆阅是楼后边的一间小屋中躲藏了起来,直到闭馆清场时也未被发现。黄昏的故宫,各个宫殿和展区一片静谧。6点20分,韩吉林窜出来,用顶门石砸碎养性殿的门窗玻璃,钻进展室,准备盗窃展柜中的清代印玺中的"奉天之宝"、"皇后之宝"、"珍妃之宝"和金印匣、金印池、镀金淑妃册等11件珍贵文物。在韩吉林刚钻进展室时,值班室内的控制台便报警声不断,值班人员一边与公安人员联系,一边赶赴现场。韩吉林见被发现,仓忙逃跑,并且爬上了10米高的城墙。尽管如此,韩吉林还是在从发案开始的25分钟内,被生擒活捉,并于同年的8月17日被判处死刑。

韩吉林的被枪决,并没有阻止犯罪分子伺机盗窃故宫这座文物宝库收藏的珍宝。1987年7月6日下午4时许,来自四川奉节的向德强又携带绳索、改锥等作案工具来到故宫,隐藏在珍宝馆内。夜里11点左右,向德强来到养性殿乐寿堂,准备行窃,牢固的大门使他难以得手,在逃离现场时被抓获。

上述几次发生在珍宝馆的盗窃案,或由于侦破及时,或由于防范措施得力,终究没有造成珍宝流失。然而,1991年9月10日发生在故宫博物院铭刻馆的盗窃案,给国家造成了巨大的损失,至今没有破案。这起盗窃案是怎样发生的,尚无人知晓,失窃的文物是陈列在铭刻馆的5枚古印,其中包括"晋归义羌王"、"晋率善氐佰长"、"晋率善羌邑长"、"晋庐水率善佰长"四方著名的晋代官印。

2. 新中国第一文物大案

位于中原的河南省开封市,在中国的历史发展进程中具有十分重要的地位。这里,古称大梁,早在公元前391年,韩、赵、魏三家联合,在此击败楚军,大梁为魏所占,并成为魏的国都,是战国时期著名的城市。北周时期,改称汴州,因居于隋炀帝开通的运河中心而逐渐兴盛。唐代,安史之乱严重破坏了长安和洛阳,使汴州的地位更加突出。后梁时,正式称开封。五代的梁、晋、汉、周都在开封建都。北宋时期,称之为东京,是全国最壮丽的城市。丰厚的文化和历史底蕴,为今天的开封留下了众多的文物古迹,如宋金皇城遗址、相国寺、包公祠、铁塔、龙亭、禹王台等。开封的许多文物珍宝保存在开封博物馆内,除二体石经、女真进士题名碑、犹太教碑、北魏宗室墓志、欧阳通书泉男生墓志等1000多方碑刻外,还有大量的其他各类文物保存其中。开封博物馆建馆,早在1928年,当时的河南省政府在原清代河道总督衙署旧址的基础上,建立了河南省民族博物馆,1930年改为河南省博物馆,1961年,在河南省博物馆迁郑州后,在此建立了开封博物馆,有各类馆藏文物一万多件,且珍品颇多。

这样的一座博物馆,本应考虑到会被犯罪分子"光顾",需有严密的防盗措施。实际上,犯罪分子也确实曾"光顾"了开封博物馆达10次之多,有2幅宋代珍贵绣品、4尊隋代雕像、明代瓷碗和1919年出版的《营造法式》等文物被盗。公安部门曾先后23次要求博物馆加强安全防卫措施,却没有引起足够的重视。正是由于该馆疏于管理,终于酿成了震惊全国的新中国第一文物大案。

1992年9月18日上午8点半左右,开封博物馆的讲解员发现,明清宫廷用品展厅里一片狼藉,展出的珍贵文物被盗。

10分钟后,开封市公安局的技术人员赶到现场,经过初步勘察,发现犯罪分子总共盗走各种文物69件,其中一级品7件、二级品52件、三级品3件,另有7件没有定级,均为国家珍贵文物。虽然新中国建立以来,特别是进入 80 年代以来,博物馆被盗的现象时有发生,但一次损失的文物数量如此之多,级别如此之高,还是前所未有的。

被盗的文物精品有:

明宣德青花缠枝纹瓷盘,口径 41.1 厘米,底径 27 厘米,高 7.3 厘米。宣德瓷器被称为"开一代未有之奇",独具特点,这在此盘上得到了充分的体现。该盘大而细致,重而脱俗,纹饰繁而不缛,瓷釉晶莹肥厚,胎质坚细洁白。所用原料是从波斯进口的苏泥勃青,色泽深沉明丽并有晕散现象。

明弘治款黄釉瓷盘,口径 21.7 厘米,底径 13.6 厘米,高 4.3 厘米。圈足,青花双圈内有"大明弘治年制"六字双行楷书款。通体黄釉,造型规整,胎体轻薄。弘治黄釉器为明代黄釉之最,釉色淡雅、娇艳、明快,达到了历史的最高水平。此盘为明代黄釉瓷器的标准器。

清雍正青花釉里红折枝扁瓶,高 33.3 厘米,腹围 25.2 厘米,口径 5.5 厘米。瓶为金口金箍,瓶腹似圆月,俗称"宝月瓶"。圈足内有"大清雍正年制"六字三行青花篆书款。此件瓷瓶同施青花和釉里红,青红辉映,十分美观。

清代青玉夔柄活环匜,为仿商周礼器而制,高 12.5 厘米。口部保留了商周青铜匜的形状,身则为商周青铜觚的造型,流处有一兽首活环,为透雕夔龙纹,口和圈足处刻有阴线、回纹、蕉叶纹,腹部为浅浮雕兽面纹。此器质地纯净,纹饰优美,古朴庄重,集透雕、浅浮雕等多种技法于一身,是清宫陈设佳器。

清碧玉海宴河清蜡台,高 25.5 厘米,系用东北所产的岫岩玉制成。蜡台底座是一圆盘,盘内运用高浮雕技法,雕一龟伏于碧波荡漾的波涛之上。龟背上立一展翅欲飞的海燕,海燕的头顶部竖蜡扦。此蜡台造型结构设计巧妙,为清代皇帝书房用品。

清代清玉山子,高21.2厘米,用新疆和田玉制成。山子立雕而成,以高浮雕、浅浮雕和阴线刻纹等多种技法琢成四面通景的山水人物图。图中重山峻岭、楼台亭榭、流水飞瀑、古木苍松清晰可辨,正面悬崖峭壁的洞穴处有一结跏而坐的僧人。这件青玉山子充满诗情画意,雕琢技法高超,是清代琢玉工艺的代表之作。

清代碧玉天鸡尊,高15厘米,重695克。瓶身刻画有蝙蝠纹和祥云纹。鸡昂首挺立,以长尾作云头纹衬底,造型为一天鸡衔环驮瓶状,寓意"吉祥和平"。此瓶集浮雕、刻划、镂雕工艺于一体,造型生动,天然成趣。

这些文物如果落到犯罪分子的手中或走私出境,将是多么大的损失。现场勘察发现:

——犯罪分子留下的物证、痕迹有12种19件;

——8个报警器全部被用红绒布罩住了;

——人和物都是从窗户上的一个约30厘米见方的洞口进出的;

——犯罪分子系越过围墙入院,然后撬窗入室盗窃。

初步推断为:

——这是一起精心策划,有预谋有组织的高智能犯罪;

——至少有两人参与作案,其中一人身高1.7米左右,年龄25岁左右,体态中等,穿运动鞋,另一人身高1.72米左右,年龄30岁左右,体态偏瘦,穿双弧型鞋;

——整个作案过程至少需要4个小时。

案情震惊了开封古城,震惊了国家文物局、河南省公安厅,也震惊了中央领导。上级有关领导批示:不惜代价,全力侦破,追回国宝,缉拿罪犯,挽回损失。河南省政法委书记吼道:破不了案,公安局长就地免职。

为了侦破这一重大文物盗窃案,有关部门迅速成立了破案指挥部,集中了各路办案能手,制定了"立足开封,面向全省,辐射全国,伸向海外"的侦察方针。并且按照"现场排查、物证排查、走访调查、赃物控制、社会发动"的原则,发动200名公安干警分兵五路,以物找人,全面出击。

通过调查,一些线索逐渐在办案人员面前展开:

——一位自称来开封"参加黄河中下游研讨会",是"武大教授陈纳德"的男人,曾于9月1日、3日、17日三次到开封博物馆查看明清宫廷展品。但9月份,开封没有召开此研讨会,武汉大学也没有陈纳德其人;

——9月2日至7日,自称是武汉铁路分局的李军、唐国强、陈纳德等人在离开封市博物馆200米处的东京大饭店住了6天。经查,武汉铁路分局均无此三人,三人所用身份证也是假的;

——案发当晚,在离博物馆200米处有一辆白色桑塔纳,车牌号为K43—1008,原是广州空军后勤部1990年2月一辆卡车的牌号。同年8月5日,开封机电公司驻郑州办事处的一辆白色桑塔纳轿车被盗;

——在迎客饭店曾有一位自称"武大教授"的陈纳德,曾和唐国强、李军一同住宿,带一辆白色桑塔纳,昼伏夜出;

——在开封、郑州两地均出现的李军、林沙、唐国强、陈纳德四个人笔迹相同,都吸"红塔山"香烟。李军、唐国强的名姓出生年月相同,作案现场的罪犯与陈纳德、唐国强的身高基本一致;

——23个奔赴全国各地的物证排查小组查明,主要物证的产地、厂家、销售范围集中在武汉一带。

上述线索,绝不是偶然的。经过分析论证,指挥部决定以车找人、以人找车。

10月底,公安部发出了协查通报,加强对沿边、沿海口岸和海关的控制,防止罪犯和文物出境。同时,要求国际刑警组织密切配合,加强新闻攻势,动员群众提供线索和信息,给犯罪分子造成心理压力。

此时,专案指挥部已经把重点放在了武汉。12月1日,车牌是K43—1008的白色桑塔纳终于被发现。武汉市公安局的3000多名干警紧急出击,扼守在武汉三镇的主要街道。12月2日下午3时许,"K43—1008"被扣在武昌区小东门口,司机弃车而逃。正在线索再次中断的时候,12月4日,武汉大桥工程处职工杨长明到派出所询问汽车为什么被扣留。

公安人员立即拘传杨长明,迫使其交待了内弟刘农军(化名陈纳德)伙同刘进(化名林沙)、文西山(化名唐国强)、李军4人盗窃开封博物馆的事实。使案件顿见曙光。

在捉拿了涉案的人员彭坚、彭国礼后,公安干警又在杨长明的父亲家中搜出5件文物,经专家查对确系"9·18"被盗品。

经过审讯得知,有9箱文物已运至广州佛山机场。12月23日零点55分,广州市公安局成功地追回了55件文物。

1993年1月9日,"9·18"首犯刘农军在青岛束手就擒,其他主犯也相继在吉林、广州落网。

从1991年6月起,刘农军、刘进、文西山、李军四人就纠合在一起,开始了盗窃文物的勾当。他们曾在江南巡察了8个博物馆,均因防范严密未能上手。最后,经4次潜入开封博物馆进行蹲点、预谋后,把其列为盗窃目标。为了作案,他们曾买来一台与开封博物馆型号相同的报警器,进行反复试验;盗得开封市机电公司的白色桑塔纳轿车,并通过彭某将驻汉某部"K46—1008"军车牌照改为"K43—1008",挂在盗来的车上,以避人耳目;准备大哥大、对讲机、BP机等先进通讯设备;伪造身份证,手段十分狡诈；了解卫星云图等。经过周密策划，他们选择在9月18日夜间进行盗窃活动。

1993年2月4日，被走私到澳门的部分涉案文物经过多方联系，由澳门警方移交中方。至此，被盗的69件文物"完璧归赵"。

3. 敦煌莫高窟第465窟壁画被盗案

位于甘肃的敦煌莫高窟是中国古代石窟艺术的杰作，全国重点文物保护单位，世界文化遗产，现有492窟，4500平方米的壁画，2415身彩塑，5座唐宋木构窟檐。它有着悠久的历史，饱经沧桑，本世纪初，曾遭受西方的所谓探险家的劫掠，各种文物损失惨重。解放后，党和政府非常重视对莫高窟这一艺术瑰宝的保护，但犯罪分子却伺机盗窃。

1989年1月14日，敦煌研究院的工作人员发现莫高窟465洞窟壁画被盗，立即报告了当地公安部门，请求侦破。当日晚上10时左右，国家文物局值班室接到了甘肃省文化厅的紧急报案电话：今天下午8点多，敦煌研究院段文杰报告：今天发现莫高窟元代壁画被盗，敦煌市公安局正在组织力量侦察……

1月16日，新闻媒介发表了敦煌壁画被盗的消息，引起了国内外的普遍关注。莫高窟壁画的失盗，同样也引起各级领导部门的高度重视。

1月15日，公安人员奔赴案发地点，进行现场勘查，提取罪犯留下的各种印迹、线索。

16日上午，甘肃省委、省政府召开宣传、文化、公安部门负责人参加的紧急联席会议，分析案情，研究对策。同时，公安部向全国各省、自治区、直辖市公安厅、局,铁道、交通、民航公安局发出关于协查莫高窟被盗壁画的通报,并要求海关、边防部门,严密查控,防止壁画外流。

18日,由公安部五局、二局和国家文物局组成的联合调查组奔赴敦煌,调查壁画失盗原因,参与组织破案工作。

经过现场勘查,获得了如下线索:

——两种足迹,一种为"环球"牌旅游鞋,足迹长27厘米,一种为"双钱"牌运动鞋,足迹长26.5厘米;

——3条黄色胶纸带印迹;

——沙滩上的两处尿迹;

——被盗石窟外室门上的锯、钻、撬的痕迹和一处痰迹;

——同时被盗的美术库房和3个个体商店,也发现上述两种足迹;

——追迹向东越过河床到达文化路13公里处的一个沙坑内,发现两辆自行车车轮的痕迹和一个宽48厘米的物体拖痕;

——在文化路3.5公里处的水泵房内发现与上述相同的足迹,并有180×37厘米棉毯一截,簿铁片一块及少量葡萄干、糖纸等证据。

经过查访,公安人员还获知,16日上午,有一高一矮两个男子在敦煌东大桥加油站抛弃两辆自行车,然后携带一个编织袋和大提包,登上从敦煌开往酒泉的汽车,后来在玉门镇下车后去向不明。侦破人员迅速找到被弃的自行车,为13日晚8时左右在市区某处被盗的。

经过比较、分析、判断,公安人员认定:

——这是一起有预谋、有目标、有准备的犯罪活动;

——罪犯盗窃自行车作为交通工具,作案工具为手摇钻、螺丝刀、钳子、锐器、胶纸带、铁片等;

——罪犯晚上作案，白天逃脱。盗窃美术库房和商店是顺手牵羊；

——罪犯为两人，一人身高1.73米左右，年龄约24岁，比较瘦，脚穿旅游鞋，习惯使用左手活动；另一人身高1.66米左右，年龄约35岁，体态中等，脚穿运动鞋；罪犯体力好、耐力强、行为粗放，有盗窃经验，懂得工匠活；

——罪犯可能是玉门人，比较熟悉敦煌的情况。

为此，总指挥部决定以敦煌、玉门为重点开展缉查工作，迅速查明罪犯下车后的去向和落脚点，继续发出协查通报，严密控制文物贩子和文物交易场所，注意罪犯的新动向。

敦煌市公安局查明，1月12日晚，操酒泉口音和敦煌口音的一高一矮两个男子曾住进蒲风旅社，其中高个子使用名为李建国的身份证登记住宿，次日下午离开。公安机关迅速在酒泉地区查验了三十多万个身份证的底片，找出94名李建国的底片；同时召开群众大会，检举揭发罪犯，提供新的线索，形成强大的舆论攻势。

经过4个多月的艰苦工作，曾在敦煌研究院工作过的玉门市轻工机械厂钳工李清玉，有盗窃和贪污前科的该市无业游民何存德，作为重大嫌疑人被抓获。

开始，两名罪犯采取绝食、装病、自杀等手段，对抗审讯，拒不交代犯罪事实，其中何存德伺机逃脱，被公安人员再次抓获。经过审讯人员有理有据的艰苦细致的工作，李清玉在绝食6天、闭口不语13天后，如实交代了作案的全部过程、具体情节以及赃物埋藏地点。

1月6日上午7时，两罪犯携带作案工具从玉门市去敦煌，当晚从市区盗得两辆自行车，前往莫高窟行窃。他们挖开第465窟东墙，盗走3幅壁画，骑车返敦煌市区，7日早乘汽车回玉门。

1月12日上午,他们再次来到敦煌,并以李建国的名义住进蒲风旅社,13日下午,来到莫高窟开始第二次盗窃活动,盗得5块壁画,其中一块因断裂而被遗弃在西墙地下。一块因面积较大不便于携带而埋在窟外沙滩之中,其余3块带走。

之后,两名罪犯又盗窃了敦煌美术库和商店,骑车返回敦煌,在东大桥加油站弃车。14日,乘车返回玉门市,将赃物埋藏起来。

后来,李犯又背着何犯,将赃物转移他处,伺机倒卖,谋取暴利。

6月5日,敦煌莫高窟第465窟失盗壁画全部追回。与此同时,甘肃省公安机关还侦破了130余件倒卖、走私文物的积案。

12月19日,甘肃省酒泉地区中级人民法院依法判决李清玉、何存德盗窃罪、破坏文物罪,依法判处他们死刑,剥夺政治权利终身,并经甘肃省高级人民法院核准,将其验明正身,执行枪决。

4. 青州博物馆"状元卷"失窃案

青州博物馆是我国比较著名的县级博物馆,依仗齐鲁文化丰厚的底蕴,收藏十分丰富。其中所藏几十件国家一级文物,使一些省级博物馆也自叹不如。

状元卷是青州博物馆重要馆藏品之一,也是我国迄今发现的惟一的状元卷,堪称国宝。在科举考试极其重要的中国古代,曾有过数不清的考试卷,但大都不存,这份明代状元卷能完好地保存至今,意义重大。它不仅填补了宫廷档案的空白,对研究明朝的政治、思想、文学艺术,也有着重大价值,确定为国家一级文物当之无愧。

状元卷本是一本册页,19折,天大地小。开头有试卷的开启痕迹,加盖有竖长方形"弥封关防"印记。其后是用仿宋体撰写的赵秉忠家世简历,再下是试卷正文,共2460个字,小楷书写,用朱笔断读。正文后,有"少保兼太子太保"等9位阅批试卷者的职务、姓名。在正文之前,紧挨正文的两行顶天,有朱笔御批6个大字:第一甲第一名。

在明朝万历二十六年(1598年),青州人赵秉忠考中状元,时年仅25岁,官至礼部尚书。据统计,中国历史上共出了800名状元,赵是其中之一。他为官清正,仗义执言,因此经常受到党人的迫害,无奈之中告退回乡,不久愤懑而死。后来,朝廷为他平了反,并加以厚葬。

作为状元卷,本应是在宫廷保存的,但不知为何,却一代又一代地在赵氏家族之中流传。赵氏后人第14代赵焕斌,更是把状元卷看得比生命还重要,在当年闯关东时,曾把它藏在破棉袄的夹层中,文革期间又把它缝到了枕头里,历尽沧桑,使之完整地保存了下来。青州市博物馆得知状元卷在民间保存的消息后,找赵焕斌谈话二三十次,希望赵把状元卷捐给国家保存展示,并最终感动了赵焕斌。1983年春,赵焕斌把状元卷献给国家,藏于青州博物馆。状元卷是赵家的传家宝,历时近400年,流传到现在实属不易。作为捐献者,赵焕斌提出的惟一要求,是希望国家妥善保存,不能丢失,不能损坏。1983年6月5日,国内各大新闻媒介播发一条具有轰动性的消息——中国山东青州市发现明朝状元赵秉忠的殿试卷真迹。

但是,八年之后,状元卷被盗了。

1991年8月5日,青州市博物馆保卫干部向公安局报案:

文物库房被盗,至于何时被盗,丢失多少,尚不清楚。

公安人员匆匆地赶到现场。经勘察发现:包括状元卷、汉代的"宜子孙"谷纹玉璧等20件文物被盗,其中有一些文物尚未经过鉴定定级。

案情以最快的速度上报到了省及国家的有关部门。山东省有关领导批示:全力以赴,尽快侦破;严惩罪犯,追究责任;以此为鉴,进行全省文物大检查。青州市成立了以市委副书记陈孔光挂帅,由60名干警组成的侦破组,迅即开展侦破活动。

现场勘查发现,罪犯是从房顶掀开天花板进入房内行窃的;之后,罪犯又踏着文物柜子返回楼顶,盖好天花板,原路下楼而去;文物柜有被撬开的痕迹,但脚印、指纹模糊。

据此,刑侦人员初步认定:

——由于馆内的一般文物保护箱属绝密,只有极少数人知道,盗贼能准确地入室作案,有可能是内盗或内外勾结盗窃;

——罪犯是一个训练有素、攀登技术娴熟的人,且具备反侦查技术;

——丢失文物很多,难以一次全部拿走,需要有充足的时间,并且携带时不被人发现,馆内人员作案或内外勾结作案可能性最大;

——罪犯急于出手赃物,必然要和社会上的文物贩子进行来往。

当天下午,侦破组召开全馆人员大会,公开上述分析,号召大家检举揭发。与此同时,对全馆人员进行详细的摸底排查。

最后,焦点集中在馆保卫干事林春涛身上。此人25岁,了解文物库房的情况;曾在部队当过通讯兵,有架线攀登技术;经常和社会上的闲杂人员来往,甚至私自开馆"参观"。无疑,林春涛有重大嫌疑。

刑侦人员为了不打草惊蛇,让他继续工作,但暗中严密控制,以便进一步掌握证据。谁知在8月5日晚,林春涛借上厕所之机,逃跑了。这一逃跑,恰恰证实了林春涛就是盗窃状元卷的嫌疑犯。

侦破组兵分三路,一路奔赴他曾服役的黑龙江,一路去他辽宁的老家,一路是奔赴各交通要道,同时向有关方面发电,堵住国宝外流之路。就这样,追击林春涛的天罗地网张开了。

刑侦人员调查发现,有一个叫朱华光的人与林春涛来往密切。据群众反映,公安人员于8日凌晨在青岛崂山区李村将朱拘传。

经过审讯,朱供认林春涛在8月4日曾约他一起去胶州,林随身带着一个挎包,似乎很重,一路上从不松手。

此时,另一路干警从林的女友的弟弟那里获知,当年6月份,林曾来过胶州3次,均租车去胶东方向,大概是30里左右,好象谈什么生意。公安人员很快找到了这个地方——圈子村。

圈子村有个文物贩子叫徐清亮,但在侦破人员来到圈子村时,老奸巨猾的徐清亮已携妻带子溜了!

侦破组一方面向徐清亮逃跑的方向继续追击,在各要道堵截,另一方面在徐家架网守候。终于,徐清亮在晚上回来探听消息时,被逮个正着。在他的家中,刑侦人员搜出"宜子孙"谷纹玉璧等文物。据徐交待,他从林手中收买过十几件文物,并倒卖出去过几件,但这"宜子孙"玉璧是从小麻湾镇的姜锡斋手中收买的,不是从林的手中购买的,对状元卷也一无所知。

破案人员连夜抓获了姜锡斋,从姜的口中得知了状元卷的眉目:林曾向他开价80万元将此物卖给他,他想出价55万元,但钱不够;正当他筹款的时候,林春涛又不知去向。但姜的老婆交代了一个关键性的情况:她的娘家在平度市兰底镇,林的女友的父亲孙某就在那个镇上经商,最近林春涛去过那里。

刑侦人员立即奔向兰底镇,"守株待兔"。8月13日的晚上,林春涛在住处被捉,从他的住处的写字台中,起获了国宝文物状元卷。

后来,公安人员顺藤摸瓜,又连续抓获了从河北、河南等地赶来取货的文物贩子5名。至此,仅用9天,这起特大文物盗窃案就被破获,状元卷、"宜子孙"玉璧等珍贵文物又回到了人民的怀抱,而参与偷盗的犯罪分子得到了应有的惩罚。

5. 辽宁省博物馆文物被盗案

辽宁省博物馆是全国著名的大型博物馆之一,素以藏品丰富、文物精品荟萃享誉国内外。馆藏文物以历代书法、绘画、东北地区出土的文物精品以及辽代瓷器、清宫文物、货币见长,其中五千多年前红山文化时期的文物,更是在全国少有,展示着辽宁和东北地区悠久的历史和丰富的文化。

按道理,这样的省级大馆,有着良好的文物保护措施,很难被不法分子盗窃得手。但在1994年6月26日晨,公安部门却得到了一条震惊全国的消息:馆藏40多件珍贵文物被盗。

在博物馆二楼第八展厅内,公安人员获悉:被盗珍贵文物达42件,包括24件玉器、13件青铜器、5件文物仿制品,其中的白玉猪龙、彩陶筒形器、马蹄状玉箍铜盖鼎等13件文物,属于国家一级文物,也是红山文化的代表性器物,对研究北方中华文明的起源有着非常重要的价值。这个案件所造成的文物损失,不亚于开封博物馆的文物被盗大案。

经过初步勘察,侦破人员认定:此案为一人作案,案犯身高1.7米左右,年龄在25至35岁之间,体态偏瘦,攀缘能力强,作案手段娴熟,对文物知识也有一定的了解,而且很可能有犯罪前科。

博物馆的警防设施不能说不先进,如果犯罪分子入馆作案,是不可能不被发现的。但调查的结果令人心痛。案发的6月25日夜,两名值班人员一人将监视电视的荧光屏关闭,然后洗衣服、看电视、睡大觉;另一名接班人员与他人一起在看电视转播的足球比赛。更令人吃惊的是,值班人员曾发现在博物馆西大墙上悬挂了一条绳索,而且能发挥作用的报警器也报过警,却未引起注意。馆里的保安人员督促值班人员一起到展厅内查看时,也发现了展柜的门敞开着,没有文物在内,值班人员仍然认为是白天整理文物没有做完,没有重视。后来,在院内检查的保安人员发现二楼有一扇窗户被撬,到展厅内仔细搜寻发现有凌乱的脚印和散落的文物,博物馆天棚上有一个大洞,才知道大事不好。

此案很快就被列为沈阳市第一号大案,公安部门成立了一个38人的专案组,全力侦破。案件也震惊了国务院,中央政治局委员、国务委员李铁映同志专门批示要全力侦破。省委领导也及时听取汇报,提供各方面的支持。

专案组采取了各种有效措施。一是堵源截流,严密控制机场、车站、路口、边境口岸、文物市场,派人到广州、上海、北京等地搜集被盗文物的线索,并由公安部通报全国,通力协作。其次是排查可疑人员,对1500多名重点嫌疑人、307名可疑对象进行了排查,对89条失盗文物线索进行了分析,确定了重点。第三是请求国际刑警组织的支持,注意失盗文物的线索和国际文物走私集团的动向。

然而,从酷暑到深秋,此案的侦破工作毫无进展,再加上新闻媒体的宣传,各方面的关注,给专案组造成了很大的压力。

隆冬的东北,万木肃杀。在沈阳东陵区的一个回民小吃部里,一个男青年用假钞结账,被服务员报警。巡警从男青年的身上,搜出了刑满释放证和2000元假钞。但谁能想到这就是一条"大鱼"呢?

这个男青年名叫仵德成,沈阳人,32岁,曾因盗窃和损坏公私财物被两次判刑。审讯时,巡警们随意问了一句"你刑满释放后都干了些什么?"就使他异常紧张。他为什么如此心虚?

仵德成被依法收审后,其住所被搜查。搜查的结果出乎意料,除有5500元假钞和一台验钞器外,还有《古玉器研究》、《青铜器鉴赏》等文物书刊。特别是在两本日记里,详细记载了一些文物盗窃案,有去广州、香港、东南亚的路线图,有全国著名的文物名称和价格等,以及从沈阳到广州的火车票根。审讯人员立即将这些内容与辽宁省博物馆文物被盗大案联系在了一起。

从仵德成住所和身体上获得的痕迹送到沈阳市刑警支队技术科进行研究,结果有15点与在被盗现场获得的痕迹相同。专案组进一步确认:仵德成就是盗窃博物馆文物的罪犯。

破案要人赃俱获。专案组再次搜查了仵德成的住所,一处显然是新建的水池引起了注意。拆开水泥夹层,42件国宝文物正藏其中。历时165天,辽宁省博物馆被盗文物案就这样侦破了,有意思的是竟是从审讯非法使用假钞打开了缺口。

6. 秦始皇陵将军俑头被盗案

关于秦始皇陵之绝世,我们在本书的"古代篇"已有所介绍。近年在陵墓四周出土的兵马俑、铜车马、遍体雕镂的青铜门楣、石雕的室内排水设置和直径半米的巨型瓦当等,无不说明了秦陵当年的豪华。1974年春,当地农民在打井时,发现了兵马俑坑,以后又相继发现了二号坑和三号坑,所出土的兵马俑形象地重现了秦始皇威震宇内,统一六国的雄伟军容,被称为"世界第八奇迹",多年来吸引了众多的国内外参观者。有人估价,一件秦始皇兵马俑,就价值一亿元人民币。

无疑,在中国古代文物中,兵马俑是很值钱的。因此,一些不法分子对兵马俑也虎视眈眈。

1987年2月17日夜,秦陵地区一片沉寂,昏暗的夜空映衬着秦陵的神秘。这时,一个乘坐三轮车的人在临潼县旅游局门口下车后,忍受风吹雨打,鬼鬼祟祟地靠近了兵马俑博物馆。他翻墙进院,熟悉地走到考古队所在的房子前,停步在后数第二排平房的第一间房子的门前。环顾四周,只有风声雨声,一只罪恶的手,开始撬起门锁来。

门锁很容易就被撬开了。进了屋,他同样是熟悉地摸到屋中间的大方桌子前,将一件刚发掘出不久的兵马俑头抱起就走。然后,他来到临潼火车站附近的一片树林里,将兵马俑头藏好,消失在了夜色之中。此时,天又下起了雪,似乎在掩盖罪犯留下的足迹。

第二天早上刚上班,考古队的工作人员惊讶地发现:库房被撬,一件兵马俑的将军俑头被盗。

这件兵马俑的将军俑头,属于国家一级甲等文物,也是秦俑艺术的代表作。它的遗失,不仅是秦始皇兵马俑博物馆和考古队的耻辱,更是国家文物的重大损失。追回此物,惩治案犯,迫在眉睫。

公安人员很容易就判断出此案系用改锥撬门入室,一人作案。但追查起来,又十分缓慢。

作案人其实叫王更起,陕西临潼人。他在临潼火车站派出所当临时工时,听到了许多盗墓发家、贩卖文物致富的神话,心里时常痒痒。不久,在一个小饭馆里,长期从事贩卖文物的权学力对王更起说:搞两个俑头,我负责找买主,这样你就可以有一笔意外巨财。

王更起动心了,行动了,也从此毁灭了。

2月18日晚上,王更起向权学力说了盗窃将军俑头成功的消息。想起就要发财了,两人一阵兴奋。他们分工:由权学力联系买主,王更起将俑头取回,藏在张传秀的宿舍,而正在河南老家的张传秀本人在3月份以前,对此还一无所知。不过当他知道后,立即加入了找买主的行动。

经张传秀联系,王更起与他一起把将军俑头送到了西安城里的文物贩子唐轲家里。唐轲一见,喜出望外,要求将俑头暂存在他家。他吹嘘了一番自己买卖文物的经历后,请王更起放心地等待一段时间,一有好消息,立即告诉他。

6月15日,我公安人员从一个无业人员处获悉:北新旅社经理孙振平处有一件将军俑头,是他的一位姓唐的朋友委托他准备以25万元出手的,买主将在17日上午带现金来北新旅社验货。这无疑是一个重大线索,给连日查找将军俑头下落的办案人员带来了希望。

经过仔细研究,公安人员确定了如下方案:6月16日晚,两名侦察员以出差的名义住进了北新旅社,观察情况;另有一名侦察员装扮成澳门买主的表弟,携带现金验货,见到俑头后立即发出信号,抓获罪犯;有几名侦察员在旅社中隐蔽待命,加强力量;由一名与案犯熟悉的侦察员充当中间人,配合行动。

17日上午11点左右,唐轲携带将军俑头如约来到北新旅社,就这样钻进了公安人员布下的天罗地网中了。之后,其他案犯也相继落网。

经查,这件失盗的将军俑头是秦陵一号兵马俑坑第20方第

10过洞出土的,属于8号战车上的将军俑头,同类型的俑头目前只出土了6件,属稀世国宝。

四 疯狂的文物走私

(一) 来自海关的消息

有这样一种说法,即出售军火、贩卖毒品、走私,是当前世界上最赚钱的三种生意。而在走私中,尤以文物和艺术品的走私最为严重。

中国是历史悠久的文明古国,文物资源非常丰富,尽管中国政府采取了种种措施严防文物走私,不断加大打击力度,但仍是禁而不绝。

我国大陆有18000公里的海岸线,各地海关每年都截获有不法分子企图走私出境的文物。而那些没有被截获的文物又始终在源源不断地向境外流失,这不禁令国人哀叹:显示悠久文明、表现祖先智慧、代表中华国粹的国之瑰宝,如今竟无法安居在故里而流落异国。

据中国海关统计,1985年,海关破获了10000多起企图把文物带出国境的案件,比1984年的两倍还多。1986年,海关查获的走私文物有6231件,1988年是4900件,1989年是7000件,1990年是7865件。而来自公安部门的统计表明,1984年至1986年的3年间,仅广东、福建、上海等七个省市警方缴获的走私文物就达55000件,其中有国家馆藏的珍贵文物8500余件。1991年~1995年间,全国海关共查获走私文物11万件;1997年1~12月,全国海关查获走私文物案件600多起,缴获文物共计11200多件(不含货运走私文物数);1998年1~6月,全国海关检查旅客出境缉获私人携带文物非法出境300多件。此外,由香港警方查获后移交给中国大陆的走私文物,1990年有2267件,1992年有1000多件。

中国大陆文物走私活动的猖獗,引起了全世界的关注,香港《文汇报》1994年4月19日以《中华文物大量流失》为题,报道了中国文物走私流失的情况。文章说:这几年,中国政府及文物部门通过重金赎买等方式,从海外运回的国家绝品级珍稀文物有西周的柄形内器、青铜器、战国的四龙玉璧、犀牛形玉佩、北齐黄釉乐舞扁壶、汉代的绿釉谷仓、五代的长河窑壶、战国晚期的"共半弥"和"无终"三孔布币、良渚文化刻纹玉璧等大量孤品、绝品。文章还说,中国最早的青花瓷产于唐代,到目前为止,全国只有12块唐青花的出土碎片,这12块碎片分别被南京、扬州博物馆和原国家文物局扬州培训中心如神灵般地供奉着。然而,价值连城的完整的唐代青花除一件条纹形三足匜收藏于香港冯平山博物馆,另外仅有的两件却均在国外,即美国波士顿博物馆内的花卉纹碗、丹麦哥本哈根博物馆内的鱼藻纹罐。国家文物鉴定委员会委员、著名陶瓷专家冯先铭先生曾在英国伦敦见到一件秦铜羽人烛台,羽人形象与秦始皇陵的将军俑极为相似,在国内尚无所见。这样一件绝品流失海外,曾使冯先铭先生禁不住潸然泪下。

在我国,几乎每一个对外开放城市和口岸,都发生过文物走私的案件。

——北京

1995年,首都机场查获向某一国家走私文物案件18起,1996年32起。

1996年11月,首都机场连续两次查获混藏在申报出口古旧工艺品中的文物208件,其中国家三级文物57件,禁止出境文物151件。

——深圳

1986年9月9日,海关在一辆准备出境的香港某公司货车上,查获15箱走私文物718件。

1991年1月23日夜,边境警察发现有人妄图利用无人驾驶的小木船和密封包装的纸箱,借深圳河的潮汐水流,将其推向港方一岸,再由同伙"接货"的方式进行文物走私。警察首先发现的是浮出水面的两只漂浮纸箱,内装有文物30件。经过仔细搜寻,又发现了在我方水域隐蔽处的一只小木船,船上有10个包装完好的纸箱,箱内装有文物193件。经鉴定,这些文物中,有甘肃、青海地区出土的彩陶14件;有中原地区汉代墓葬中出土的铜钫、铜鼎、铜灯、铜熏炉等铜器;有陕西或河南的唐代墓葬中出土的三彩文官俑、三蔡镇墓兽、菱形宝相花铜镜、绞釉瓷盂、白釉瓷罐、载物陶骆驼、骑马俑等;有四川出土的东汉持物陶俑;有江西宋元时期墓葬中出土影青釉人物龙纹瓷瓶25件;有石窟寺或摩崖石刻中的菩萨头像7件。此外,还有商周时期的陶鬲、春秋时期的铜匜、汉代茧形陶壶和釉陶樽、清代大型铁火铳以及宋、辽、明、清时期的瓷器。这批文物汇集了全国出土和流散的部分文物,其中有不少是当时新出土的。

1994年3月12日,藏匿在一辆货车上企图闯关的193件文物在深圳落马洲海关管制站被截获,这批文物包括137件陶制武士像、55匹陶制马、1只陶制骆驼,有的还粘满泥土,是刚出土不久的汉代文物。这辆装载走私文物的货车在经过海关时,货单上只写明是165箱五金饰物半成品,但由于司机表现紧张,引起海关人员的怀疑,在进行彻底搜查时,发现了原是走私文物。

1997年初,深圳海关查获通过邮件走私文物188件。

1999年夏,深圳皇岗海关查获利用集装箱走私出境战国、汉、唐、宋及明清文物350件。

——武汉

1992年6月1日至11日,短短的11天内,武汉铁路公安处接连破获4起文物走私案,缴获珍贵文物375件。

1993年4月7日至5月7日的一个月内,武汉铁路公安处乘警大队在由西安开往广州的43次列车上,截获走私、盗运文物九批681件(套),其中一级文物3件,三级文物114件,一般文物564件。

1992年以来,武汉铁路局乘警大队、巡警共截获并移交给湖北省博物馆走私、盗运文物1129件(套)。

——广州

1986年6月13日,在虎门海面上,海上缉私队查获走私文物200多件。

1992年6月,广州火车站分别截获两批走私文物,计有国家禁止出境的文物320件,其中有周代的珠饰玉器、汉代的铜铃和陶俑、宋代的浮雕石像、明代的铜镜等。

1997年10月,广州海关查获利用邮件走私文物110件。

——天津

1992年5月6日,天津海关截获一批走私文物,其中有国家二级文物23件,三级文物225件。

1997年4月,天津海关在申报出口到澳大利亚的一批"木制品"、"瓷制品"中查获禁止出境文物42件。

1997年5月,天津海关查获三起用货运集装箱走私文物5675件,内有国家禁止出境文物4478件。其中连续查获中国振华进出口公司用集装箱走私文物,有513件是国家禁止出境的,包括石狮、石马、石龟、佛像等几吨重的大型文物33件,国家珍贵文物16件。

1997年6月,天津海关查获北京市渔洋进出口公司非法走私文物2200多件。

——福建厦门、泉州

1992年6月,国家文物局组织一个调查组赴福建调查文物走私情况。据不完全统计,1989年至1992年上半年,厦门市共破获走私文物案100余起,缴获文物5875件。泉州市从1986年到1992年上半年共破获文物走私案17起,收审37人,缴获文物4249件。

——西安

1986年11月10日,在原陕西省博物馆(现西安碑林博物馆)陈列展出的"秦乐府钟"被盗,丢失后一直下落不明。"秦乐府钟"是1976年在陕西临潼秦始皇陵园内发现的一件珍贵文物。器物通高13.14厘米,内外铸纹,通体错金错银纹饰,制作精美,特别是钟纽部位刻有"乐府"二字,对研究考证秦代中央乐府机构具有特别重要的意义。1997年,西安市公安局侦破此案,抓获犯罪分子多人,证实为内外勾结作案。首犯江影原系西安碑林博物馆工作人员,现已被依法判处死刑,缓期执行,其余罪犯分别被判处无期徒刑或有期徒刑,而"秦乐府钟"却流失境外。1998年6月,国家安全部门提供了关于"秦乐府钟"已被香港私人收藏的信息,这一情况受到陕西省委和省政府领导的高度重视,陕西省安全厅立即派人与陕西省文物局两名专家赴港,在经鉴定确系被盗的"秦乐府钟"之后,省安全厅通过有关安全渠道,与香港有关人士联系,经过艰苦细致的工作,最后由香港友人以45万元港币将文物从持有者手中买回,再以捐赠形式将该文物归还陕西省。"秦乐府钟"的失而复得虽是幸事但在辗转倒手过程中,原钟纽所刻"乐府"二字被人为磨掉,使这一珍贵文物的价值受到损害。现有关部门已将其交由秦始皇兵马俑博物馆收藏。

1987年到1990年,西安市共查获准备走私文物案350起,其中有国家一级文物16件,二级文物469件,三级文物432件。经对犯罪分子的情况统计,有境外走私分子41人,沿海走私分子107人;查获的115个犯罪团伙中,有境内外相勾结的36个,内地与沿海地区犯罪分子相勾结的39人。

1991年,西安侦破文物走私案40起,缴获大型唐三彩骆驼、唐侍俑头石刻等。

1992年上半年,破获了走私清代佛教字画等大案。

——辽宁

1997年2月,大连海关查获大连金樱国际代理货运公司走私文物546件。

1997年12月,辽宁鲅鱼圈海关查获走私文物713件,国家珍贵文物38件。

1999年10月11日,沈阳海关向辽宁文物局移交了自1993年以来查获的6117件(套)走私文物。

——长沙

1997年初,长沙海关查获利用邮件走私文物308件。

1997年12月,长沙海关查获欲走私到美国的我国珍贵古生物化石3400块。

——山东

1997年3月,山东省的公安机关侦破了一个内外勾结贩卖走私文物的特大犯罪集团,涉及14个省的280多人,以及台湾、法国及韩国人,缴获文物1500件。他们在各地非法收购文物后,用汽车运到北京储存,经过伪装,以仿古家具的名义欺骗海关,通过首都机场直接运往英国、法国、韩国等地。

另外,1996年,山东青州发现了当地历史上(北朝到隋唐时期)盛极一时的佛教寺庙龙兴寺遗址,出土了二百多件佛教造像,引起学术界的极大兴趣,被评为当年的全国十大考古发现之一。但更令人震惊的是,在这批发现资料公布不久,台北故宫博物院就在1997年初举办了一个名为"雕塑别藏——宗教篇"的特别展览,并在当年7月出版了展览图录,披露了台湾的石愚山房、静雅堂、震旦文教基金会等收藏的佛教造像,而且说明它们中的一批最优秀作品,均来自大陆的山东地区。台湾展览的佛像,确实与青州佛像存在风格上的一致。青州的另一处从北魏、东魏至隋唐时期香火很盛的寺院——兴国寺遗址,在80年代初曾遭盗掘。因此有人推断,进入台湾的这批造像,可能是出自兴国寺遗址。

——上海

1997年12月28日,上海海关在邮运渠道查获一名日本旅客通过上海某速递公司向海关申报为"碗"寄往日本的文物走私案,其中有包括西周原始青瓷碟、战国印纹陶罐、汉青釉香蕉、晋青釉小碟、南朝青釉刻莲瓣杯、唐青釉长颈瓶、北宋褐釉执壶、宋青釉罐、明龙泉窑盒等文物64件。

——河南

1995年,河南公安机关在香港警方的大力协助下,侦破一起走私文物案件,从香港追回了一批已走私出境的珍贵文物,其中有一件石棺和两件石刻重达7吨,均是犯罪分子从河南洛阳盗窃后,贩运到广东走私出境的。

（一）来自海关的消息

……

从20世纪80年代初以来,中国文物走私的动向,不断呈现出大批量文物走私增多、走私文物中稀世珍宝增多、内外勾结团伙走私文物增多的特点。绝大部分走私文物都先是流入香港,使香港成为中国文物走私的中转站。

1986年前后,在香港的商店里,销售着大量珍贵的五千年前的彩陶,它们都是非法从大陆运去的,对香港的文物市场形成了很大的冲击。为此,香港《南华早报》的记者曾进行了一次调查,发现走私到香港的中国文物有从新石器时代到以后各朝代的各种文物,其价格从1000美元到5万美元不等。而这样的价格只是这种文物在西方将会索取价格的三分之一到十分之一。一位当地博物馆的人员说:目前运往这里的文物太多了,以至于不得不将其中的一部分再运往台湾,这样本地市场的最低价格才不至于落下来。一位古董商说,他从来没有在本地的市场上突然看到这么大量的文物。一些在香港收购文物的外国古董商也说:突然涌进香港大量文物,是很不正常的,特别是甘肃出土的新石器时期的陶器。这些文物突然在这里出现,而且数量很大,很难想像中国当局会为合法出口这些文物提供许可证。很显然,这是大量走私文物的证据。

1986年5月,路透社的一则发自香港的消息说:

香港贸易助长了中国古董走私。今天,数以万计的中国出土文物摆在了香港荷里活路的文物店里。香港海关贸易管制处的一位官员对记者说:"在过去两三年里,由于同中国的陆上边界贸易十分繁忙,古董在申报成货物的掩护下,由卡车或货车走私到香港。"该处官员最近发现147件古董藏在从大陆运来的一批T恤衫内,其中包括3个大型佛头、两个明朝的大青铜瓮、几十个陪葬小雕像和瓮。这位官员还说,由于每天有24000辆汽车通过3个过境点,因此不太可能抓住所有载有未申报中国古董的私人汽车。根据香港法律,走私未申报物品的最大惩罚是监禁两年及最多罚款50万港币。一位香港海关官员说:需求量是很大的,一些古董是因海外博物馆订购而被走私过来的。

据联合国教科文组织统计,全世界被盗文物的非法交易额每年在10亿美元以上,仅次于全世界的毒品走私。文物走私不仅使一个国家失去它极为珍贵的文化遗产,从而切断对历史的记忆,而且那种由非专业人员对重要的历史遗址进行肆无忌惮的抢掠还破坏了文物本身的科学价值极其周围环境。例如:萨尔瓦多的文物盗窃者们把公元前1500年的墓葬遗址及其结构破坏殆尽;马里的非法挖掘活动使考古学家对一千多年前的尼日尔三角洲处于鼎盛时期的一种文化的研究受到无法挽回的损失。

文物走私也给中国的文物保护带来巨大损失。成千上万座古墓葬被盗,博物馆成为盗窃的目标,文物市场混乱,无不与文物走私有着极大的关系。文物走私之猖獗表现为规模越来越大,手段越来越高明,文物越来越珍贵。特别是"墓葬组合"走私,即将整个古墓葬中的一切随葬文物全部盗走完整地走私出境,对文化的掠夺与破坏尤其严重。

走私文物大部分来自陕西、甘肃、青海、湖南、湖北、河南、内蒙、江西等文物大省。经过广东走私香港的文物有七成是从古墓中盗取的。青海省发生的一起惊人的集体盗墓事件,就是走私者煽动1700名村民,盗窃了2000座古墓,破坏耕地两千多亩,盗走从公元前770年到公元220年间的文物一万多件。1986年广东省破获的文物走私重案,都是由港澳走私分子在外遥控,内地则有点、有线、有网,行动诡秘而神速。不少文物专家痛心地说:"在国内博物馆都难以见到的珍贵文物,却能从香港文物市场或外国的博物馆中看到。"

1998年,中央专门召开了一次全国打击走私工作会议。会议要求在全国开展一次大规模的打击走私犯罪的斗争,这一重大部署对维护社会主义市场经济秩序,保证国民经济和现代化建设的顺利发展,保证国家的长治久安,无疑都具有重要的意义。

对文物战线贯彻全国打击文物走私会议精神,国家文物局张文彬局长特代表国家文物局提出如下要求:

第一,要与公安、海关、工商等部门密切配合,协同作战,形成合力,集中力量,抓住重点,依法从重从快查处一批非法交易、非法走私文物的大案,坚决堵住文物走私的渠道,使文物走私的活动得到有效的控制。

第二,广大文物工作者都要自觉地成为打击文物犯罪的战士,根据《中国文物博物馆工作人员职业道德准则》的要求,自重自律,严禁参与文物经营活动和个人收藏、收购文物。

第三,开展打击文物走私的斗争,要同整顿文物流通秩序,加强文物管理相结合,实行标本兼治综合治理。针对文物走私的情况和特点,积极配合工商、内贸等部门,对文物市场包括旧货市场进行清理整顿,严格督查非法的文物交易和走私活动,取缔非法的文物交易市场。应该指出的是,一些行政管理部门,从部门利益出发,参与、纵容、庇护文物非法交易,这是文物走私犯罪活动的诱因和温床,也是当前文物走私猖獗,屡禁不止、屡打不掉的原因之一。国家文物局再次重申,从事合法文物收购销售业务的经营单位都必须按照国家有关规定严格履行审批手续,并在核准范围内进行,未经批准的单位和个人不得经营文物,对违反规定的要依法严肃查处。

第四,做好宣传工作,加强监察力度,积极配合新闻单位,广泛宣传打击盗窃走私文物斗争的动态,这也是保护历史文化遗产的重要手段之一。要努力在社会上广泛造成保护文物光荣,盗窃、走私文物可耻的舆论气氛。对于举报盗窃和走私文物的有功人员,要给予奖励,要广泛宣传他们的事迹和精神。要依靠人民群众,坚决把走私文物的猖獗势头打下去。

第五,采取有效措施,切实加强文物保护的技术性基础工作。要对全国重点文物保护单位,重点古遗址、古墓葬及皇陵区进行重点检查,消除隐患。各地博物馆要抓紧进行馆藏文物的清理登记工作,发生被盗事件后及时准确地向公安部门提供资料,为依法追索文物提供条件。

1998年6月,国家文物局同公安部、海关总署合作,邀请了联合国教科文组织等在北京举办了打击文物非法交易和走私研讨班。之后,又同公安部、海关总署在中国历史博物馆举办了"打击文物走私成果展览",其中以追索回国的英国人文物走私案的文物为主,也有部分其他地区打击文物走私的成果。主办者希望通过这样的展览来宣传《中华人民共和国文物保护法》以及有关的法律法规和国际公约,揭示文物犯罪活动危害的严重性,并展示我国政府遏制文物走私犯罪活动的决心,提高全社会对保护民族历史文化遗产的责任心。

(二) 文物走私要案

1. 三千件国宝的艰难回归

1998年8月5日,在北京中国历史博物馆举办的"打击文物走私成果展览"开幕了。这个展览所展出的文物,都是近些年来公安、海关、文物等部门在打击文物走私活动中缴获的。展品中有一个特殊的组合,引起了社会各界人士的关注和惊叹:3000多件从新石器时代到明清时期的陶瓷器、石器、青铜器、彩绘器物,是两个多月前刚刚从英国追索回来的国宝。而且,这是我国第一次运用法律手段,辅以外交交涉,迫使国际文物走私团伙就范,成功地将如此大量的走私出境的中国文物追索回来。

但是,谁又知道,在追索这些文物的背后,有着怎样的艰辛和努力。从1995年开始,经过三年多的艰苦工作,这些走私到英国的文物才于1998年3月13日装上了中国远洋公司的"聪河"号货轮,踏上回国的路程。

1994年底到1995年初,我国驻英国使馆和英国警方相继接到匿名信,称一个有组织的国际性的文物走私集团,将大批走私的中国文物运到了英国。信中详细描述了走私文物的嫌疑犯、走私路线、进货批量、市场交易等情况,嫌疑犯中有香港人、英国人,甚至有英国警方人员。这个国际走私集团从中国内地定期通过走私方式,将大量文物经香港运至英国、美国、瑞士等地,牟取暴利。

1995年3月10日,英国警方发动了代号为"水烛行动"的突然袭击,分别在两个港口截获了两批走私文物,计7卡车约6000件。

根据英国的法律,如果警方不能拿出文物是从中国境内非法走私出境的证据,就必须将他们如数归还走私者。一场较量开始了。

经过我驻英使馆的努力,由国家文物局派出的专家与大英博物馆的专家对扣押的文物进行了4天的鉴定,发现扣押的文物绝大部分确实是中国的,但也有一些仿制品、旧工艺品和外国文物,其中有一些可以明确地断定是近年从中国内地古墓中盗掘后流失出去的,部分明清文物盗自中国的寺庙,有些文物具有重要的历史、科学和艺术价值。同时,专家们还发现了一些属于中国文物的证据:墓志中的下葬地名;包装文物的包装纸与中国北方文物走私犯使用的包装纸是一样的;包装箱是中国河南、广东等省生产的;在包装纸中发现了旧的《羊城晚报》;部分出土陶器带有墓葬中的老土;漆木器仍然保持墓葬中的饱和状态,没有脱水,等等。

据此,我国家文物局立即致电英国内务部,表明了这批文物是中国所有的主张,并要求依法归还。

之后不久,英国警方又找到了有利于我的证据:主嫌疑犯在中国盗墓现场的照片、1991年到1995年往返于英国、香港和我国内地的旅行记录、从香港进口文物的记录,以及支付买卖文物的现金转账记录等。

我国曾在1970年和1995年分别加入了联合国教科文组织的《文化遗产公约》和《关于禁止和防止非法进出口文化财产和非法转让其所有权的方法的公约》。根据这两个国际公约,缔约国之间应该归还非法出境的文物。但是,英国并没有加入这两个公约,而且英国的法律规定,文物的所有权问题由民事法庭裁决,这无疑使文物的追还面临困难。

尽管如此,但中国方面态度坚决,要求无论如何,都要将这些文物归还中国,并且作好了进行一场持久的交涉的准备。英国警方也首次遇到如此大规模的文物走私的问题,并且鉴于文物走私的方法已经运用到了其他领域,警方也希望通过此案,掌握犯罪手段和技术,切断在英国领土上进行文物走私的渠道。这样,双方有了共同的目标。国家文物局从英国聘请了律师,协助工作。

1996年4月19日,英国警方致函我使馆,称皇家检察院已正式通知警方不在英国对主嫌疑犯进行刑事起诉。5月17日,英国警方再次致函我使馆,称主嫌疑犯已经通过其律师正式要求归还被警方扣押的中国文物。6月25日,国家文物局致函我驻英使馆,就是否民事诉讼和进一步追索文物,表明三点意见:

其一,此案本质上是追索被盗的中国文化遗产问题,中方始终坚持归还要求,并认为是英方应尽的国际义务和道义。不管英内部法律程序如何,英不能纵容证据确凿的犯罪活动。

其二,尽力促成英警方在香港提起公诉。

其三,以中国政府为一方,走私犯为另一方参与民事诉讼不妥。为此,倾向于不参加英民事诉讼。

英国警方基本同意我们的意见,很快将有关材料转给了香港警方,并要求中国采取强硬立场,支持英警方。

1996年7月19日,国家文物局召开专门会议讨论此案,确定了如下基本原则:

一是从政治高度处理此案,将其视为一场外交斗争,要增强信心,务求取胜;二是此案的关键是促成英警方在香港提起刑事诉讼并使香港警方接管此案;三是成立国家文物局、外交部、公安部和法律专家组成的工作班子;四是选派工作小组赴英对刑事和民事诉讼作出准确评估。

9月13日,到英国访问的国家文物局张文彬局长会见了英警方负责人,又表明了四点意见:第一,英国虽未参加有关归还文物的国际公约,但作为国际刑警组织的成员,有责任和义务协助破获非法走私犯罪行为并应将所扣押的走私文物归还中国政府;第二,英警方的合作立场有助于维护英政府和警方的形象,否则,其形象将受到损害;第三,此案是一次疯狂的、有组织的犯罪活动,采取民事诉讼的方式不妥;第四,请英警方尽快将此案转交香港警方。

就在我方有理、有据、有力争取的同时,犯罪嫌疑人也在加紧活动。9月16日,致函我使馆,说被警方扣押的文物是在英国购买或合法进口的,如果我已对这些文物提出所有权要求,他们将立即起诉英警方和中华人民共和国;并说中国从未禁止其文物在香港市场上交易,从未在世界任何地方追索过任何中国文物;要求中方确认无索要文物的要求,或者与其投入民事诉讼。信函虽然显示了嫌疑人的公开挑衅和嚣张气焰,但也暴露了其试图摸底的意图和胆怯心理。

9月26日,国家文物局向国务院领导紧急报告案情的进展,并提出建议:一、请公安部立案侦查并以此要求国际刑警组织和英警方予以配合;二、请外交部照会英方,明确表明中国政府对此案的重视和立场;三、请我驻港机构做港方的工作,争取在港受理此案;四、建议国务院召开有关部门参加的专门会议,确定原则和任务后立即采取行动。

10月份,主嫌疑犯开始起诉英警方扣押文物。10月29日,在伦敦治安法庭第二次审理时,有15件文物判给了嫌疑犯之妻。这无疑是一个危险的信号。

10月31日,国务院召开各有关部门参加的会议,决定:公安部立即刑事立案,请国际刑警、英国警方和香港警方协助;外交部照会英国外交部,申明中国政府的立场并表示对此案的关注;最高人民检察院致函英国皇家检察院;国务院港澳办做港英当局的工作;司法部和国家文物局成立律师顾问组;驻英使馆继续深入了解情况,及时报回并协助做好各项准备工作。

1996年12月,由国家文物局副局长马自树率领的专家组到达伦敦,与英国相应人士广泛交换了意见,并探讨了关于寻求刑事诉讼、民事诉讼以及国家豁免权可能性等有关问题,对扣押的文物进行了鉴定,确定有属于必须索回的文物3494件。在国内,我公安部也在加紧查实犯罪证据,国家文物局在从各种角度论证对这批文物所有权主张的根据,力争刑事诉讼,同时为民事诉讼做好准备。

但在这时,应犯罪嫌疑人的要求,英地方法院要求中国必须在1997年1月17日以前正式进入民事诉讼程序,否则将把文物判给对方,这无疑是我方难以做到的。为此,国家文物局以英蔑视国家豁免权为由,要求将案件移交上诉法院审理,迫使英地方法院冻结了全部文物,直到中方正式参与民事诉讼。2月27日,国家文物局再次向律师转达了我方的讲求原则又机动灵活的立场:坚持我们的文物所有权要求,索还属于中国的文物,特别是具有中国文化代表性和文化价值的文物;在继续抓紧搜集整理证据、证言,不停地向嫌疑犯施加压力的同时,可以考虑在有利时机、有利条件下采取庭外谈判解决的形式。

巨额的打官司费用是嫌疑犯难以承担的,各界对他们造成的精神压力也很大。3月12日,嫌疑人终于向我方表示愿意归还其不应该拿的东西。

我方知道,根据英国的法律,如果通过法庭解决,我们不可能成功地索回每件文物,而通过谈判,索回大部分文物的可能性要大得多;法庭解决要求大量的证据,对每一件文物都要提供第一手详细的资料,我们是难以做到的。应该以将大多数文物归还中国为前提,与对手谈判。

但嫌疑人又不断出尔反尔,等待最佳的方式和时机,争取最大的利益。由于我方态度坚决,对方也觉得久拖不决对自己更加不利。1998年1月22日上午10时,在扣押文物的克里斯蒂拍卖行,双方的庭外谈判终于开始了。

我方向嫌疑人申明了索回文物的强硬立场和将官司打赢的决心,对方狡辩说,希望中方能挑选一些重要文物带回中国,算是其对中国的捐献,大部分文物应该留给他们。我方坚决反驳:

这些走私文物不存在重要和不重要之分,更不存在所谓捐献的问题;除经鉴定属于早年流失海外的46件文物以及部分破损严重的文物和新仿工艺品外,均应归还中国。

经过紧张的谈判和反复的较量,1月24日,协议终于达成:对方承认所有文物的中国所有权,只对其中混杂的部分外国文物、新仿工艺品及他们在市场上购买但在英警方在案发时一并查抄的文物提出要求,共400件,其余文物共三千多件(套)归还中国。

1998年2月10日,归还文物的协议书及英警方和法院认同的法律文件正式签署,一场历时三年的国际重大走私中国文物案,以我方的获胜而结束。这次与英国走私集团的较量,是我国首次成功地运用法律手段,将已走私到境外的大批文物追还于我,向国际社会表明了中国政府对保护祖国历史文化遗产、打击文物犯罪、维护国家尊严的坚定立场和坚强决心,打击了国际上倒卖、走私中国文物的嚣张气焰,为今后处理类似案件提供了宝贵的经验。

1998年4月17日,所有被追回的文物搭乘"聪河"号货轮,起程回国。经过一个多月的航行,安全抵达天津港,回到了祖国的怀抱。

2. 追踪"郎卡宁布"

"郎卡宁布"是一尊金佛的名称,铸造于元代,长期供奉于西藏拉萨北郊乌孜色拉山麓的色拉寺。但在七百多年以后的1994年末,金佛却被不法分子盗窃,差一点走私出境。

公元12世纪下半叶,世祖忽必烈为显示大元皇帝对吐蕃民族宗教信仰的尊重,特意命令京师工匠铸造了一尊鎏金铜佛,即

"郎卡宁布"金佛,敕赠西藏红教领袖八思巴。至元二十五年(1359年)仲秋,受命护送金佛的使臣经过万里行程,到达拉萨,将金佛供奉在布达拉宫,明朝永乐年间,在色拉寺建成后,又将金佛移奉于此。

这件金佛不仅为西藏僧俗所重视,也因其年代久远,造型壮观,为不法分子所窥视,伺机盗取。

在20世纪90年代初的一个岁末,一队海外旅游者来到了金沙江畔的德格印经院,其中一位风姿绰约的女人似乎对观光并不感兴趣,好像是在等人。正在她沿着褐红色的院墙闲踱时,一位牵马的男人跟了上去。女人转身对那男人说:"巴登,等会儿我就要离开德格了,我喜欢的东西一定要抓紧办。"男人心领神会地回答道:"请夫人放心,只要价钱合适。"女人严厉地说:"废话,我哪一次亏过你?快开车了,我先走了。"她所说的"东西",正是一件珍贵文物。

这个女人叫央金,原是藏族人。18岁那年,她离开瓦腊纳西,一人独闯印度新德里,先是开了一家珠宝店,后来凭借其过人的社交本领,认识了一位北美大亨,摇身一变成了在珠宝行业光彩照人的亚当斯夫人,定居在美国纽约。她曾多次以海外藏胞的身份,堂而皇之地回国,逐渐在德格与成都之间建立了一条"地下走廊",干盗卖走私我国珍贵文物的勾当。

回到成都之后,央金立即与她在成都的代理人联系,说:"我刚从德格回来,一切都还顺利。我对你说的那件事有眉目吗?"对方回答:"暂时还没有可靠的。这事不能太着急。"所谓的"那件事",即要盗取一件珍贵文物。

正在这时,传来一阵敲门声,进来两个陌生人对央金说:"我们想跟夫人做笔生意。"并说:"我们前几天去了43号。"

一听说来人去过43号,央金吃了一惊。这43号是一处街道的门牌号码,也是央金多年来苦心经营的秘密联络点,知道的人很少。

她装作若无其事地说:"是43号介绍你们来的?那你们有何贵干?"

陌生人从怀里掏出一张彩色照片递到央金手中,说:"夫人,您仔细看看,这可是一件无价之宝。"

央金接过照片一看,眼睛顿时放出了光彩。这不就是自己一直想得到手的那件"郎卡宁布"金佛像吗?她镇定地说:"谢谢二位对我的信任。明天再见。"

陌生人走后,不放心的央金立即呼叫"43号":"你知道你干了什么蠢事吗?怎么能让陌生人知道我的行踪?他们到底是哪路人?"那边连忙解释:"请夫人放心,他们都是我道上的朋友,跟我有多年的交情,绝对安全。如果不是他们催得急,我又怕失去机会,是不会介绍他们直接去找你的。"

心里有了底的央金说:"那好吧,我明天就去看货。"

第二天,绝世珍宝"郎卡宁布"金佛就到了央金的手中。

色拉寺的喇嘛是在晨祷时发现"郎卡宁布"金佛失盗的。那天早晨同往日一样,颂经堂里灯火通明,众僧披戴袈裟,齐整而列,主持晨祷的扎西经师正手执转经筒,念诵着六字真言。忽然,一名喇嘛失声叫出,手指佛龛半天无语。大家顺着看去,只见那尊供奉多年的"郎卡宁布"金佛不翼而飞了。

"郎卡宁布"金佛在西藏僧侣的心目中占有极其重要的地位,它的失窃,非同小可。消息传到北京,公安部指示:要从政治斗争的高度,从藏区稳定的角度出发,尽快查办此案。

不久,就在各方面侦破"郎卡宁布"金佛被盗的过程中,有人再次进入色拉寺行窃,并被僧侣们在大殿内当场抓住。整个拉萨宗教界震动了,虽然盗窃没有成功,但人们还是希望通过从被抓获的名叫罗扎的案犯身上,打开追寻"郎卡宁布"金佛的缺口。不过受审的罗扎一口咬定自己与"郎卡宁布"金佛的被盗没有任何关系。

这时,成都的公安部门获得了一个重要线索:郎卡宁布金佛正在成都,等待出境。

几天后,海外的情报机构也传来一系列让人感到紧迫的消息:法国一古董商近期穿梭于世界各大拍卖行,并从世界银行提取了一笔巨款;日本的一家博物馆馆长向业内人士透露,英国克里斯蒂拍卖行在近期出版的拍卖目录中,将列出一件底价百万英镑的东方珍宝;新加坡和台湾的一些文物收藏者在四处打探哪里将拍卖从中国西藏流出的文物;纽约珠宝商央金到达香港,并且已经订好了飞往成都的机票。

再说央金在得到"郎卡宁布"金佛之前,就已经与世界各大拍卖行取得了联系,知道了其拍卖底价。她利用那两个陌生人急于将盗取的文物出手的心理,以150万元人民币买下了"郎卡宁布"金佛,以后的关键就是怎样走私出境了。她将金佛交给了走私高手祝桥山和武利二人,然后就离开中国,频繁地与各古董商联系,以期卖个好价钱。原商定40天内将金佛偷运出境,但随着交货日期的逼近,成都方面仍无动静。央金有点坐不住了,只好再赴成都,亲自坐镇指挥。

1995年3月30日,央金来到了成都,住进蜀宫宾馆后,她立即与"43号"联系,要他通知登巴,如果手里还有一些"土特产",立即送到蜀宫。之后,又与武利联系,询问"郎卡宁布"金佛的情况。武利告诉她:祝桥山已经到广州送货去了,将把货直接发往香港。

听到这个消息,央金立即把电话打到广州,得知祝桥山正在广州加紧活动。这使央金悬挂着的心放了下来,马上预定了去香港的机票。

央金正靠在床上,做着发一笔大财的美梦的时侯,门被敲响。进来的是登巴和旺金两人,他们接到"43号"的通知后,送来了一批弥勒佛、欢喜佛、铜器、头盖骨、唐卡、藏经等文物。央金从密码箱内拿出8万美金,说:"我只能先付十分之一的定金,等货到广州再全部结清。"

央金等人哪里想到,这一切都在我公安部门的严密监视之下,他们终于落网了。在铁的事实面前,不得不承认盗卖、走私中国文物的行为。随后,祝桥山也在广州一宾馆中就擒。

祝桥山供认,那尊"郎卡宁布"金佛其实仍在成都武利手中。公安人员在抓获武利未成的情况下,果断决定搜查他的家。在武利家的床下藏匿的一只大箱子里,搜出了"郎卡宁布"金佛,以及其他一些文物。

根据审讯获得的线索,我公安人员很快又将1994年10月18日盗窃、倒卖色拉寺"郎卡宁布"金佛要犯洛嘎、卓茨仁等人抓获。

1995年5月5日,被盗窃、走私的西藏文物历尽艰辛,在我公安部门的护送下,又回到了西藏。那一天,拉萨机场如同过节一般,人们云集在草坪上,手捧洁白的哈达,恭候返回的金佛。

3. 从纽约索斯比拍卖行追回战国铜敦

1988年11月中旬,一位美籍华人文物专家向国家文物局透露:在纽约索斯比拍卖行将于本月29日拍卖的文物目录里,有一件文物极像1974年在中国湖北出土的战国铜敦。

国家文物局立即开展调查,发现像这种镶嵌蟠龙纹的战国铜敦在中国只有两件,一件尚在湖北随州市,另一件原在湖北秭归的屈原纪念馆。半年以前的6月4日,屈原纪念馆的铜敦被盗,警方曾通电全国查找,但至今没有下落。从文物的现状来看,索斯比拍卖行即将拍卖的战国铜敦,很可能就是屈原纪念馆失窃的那件。至于它何时被走私出境,不得而知。

要成功地索回我遗失的文物,就必须提供详尽的第一手证据。11月23日,湖北将铜敦的全部资料送到了北京。经专家对资料和索斯比拍卖目录中的第43号文物进行鉴定,断定就是我国失窃的那件。11月26日,国际刑警组织中国国家中心局致电美国,要求协助中国警方追回战国铜敦。但是拍卖在即,美方的消息迟迟不来,眼见这件珍宝就要落入他人之手。

为向美方及索斯比拍卖行施加压力,11月28日,新华社各驻外分社和国内各大新闻机构播发了如下通电稿:

美国索斯比公司计划明天拍卖的一件我国铜敦,是今年6月在湖北省秭归县屈原纪念馆失窃的中国文物,希望索斯比公司暂停这一珍品的拍卖……

按照有关国际公约,收藏、拍卖属于他国的失窃、走私文物,是不道德的行为,美国和索斯比显然都不愿意冒被世界指责的危险。就在拍卖会开始的当天,中国警方接到美国驻华使馆的通知:索斯比决定取消中国铜敦的拍卖计划。

但是,这并不意味着这件战国铜敦就可以交还中国了。几天以后,索斯比拍卖行对我驻美机构表示,在中国方面能够提供证明该铜敦的所有权属于中国的详细材料后,索斯比拍卖行才能与其委托人一起,以捐献的形式把铜敦归还中国。国外的一些媒体也对此大加渲染,甚至有的报纸使用了"中国大陆战国铜敦被盗,中国警方一筹莫展"的标题,国内各界也十分关注此事,一时成为街谈巷议的热门话题。这一切,都给中国警方和有关部门增加了无形的压力,抓获罪犯无疑是最主要的事情之一。

战国铜敦失窃案发生在1988年6月4日,我国古代伟大的爱国诗人屈原的故里秭归。位于秭归的屈原祠原在长江岸边,始建于唐代元和十五年(公元820年)。因兴建葛洲坝水利枢纽工程,1975年,屈原祠易地到秭归城东三华里的向家坪保护,并以此作为屈原纪念馆。馆内收藏的不仅有关于屈原的典籍资料,还有秭归县出土的重要文物,包括战国铜敦、春秋玉璜、铜剑、越王剑等,每年都吸引大批游客前来观光。其中的珍贵文物,也被盗窃者所注目。

6月4日,战国铜敦被盗。同时被盗的还有另一件铜敦,以及1件铜鼎、3件铜壶、3件编钟,均是春秋战国时期的青铜器,尤以1974年10月30日在屈家坪战国一号墓中出土的铜敦最为珍贵。这件铜敦属于贵族使用的饮食器具,通体装饰有细刻精镂的蟠螭纹,盖和器身呈半圆球形,上下结合成球形,下有三足,古代有"西瓜敦"之称。

专案组由22名干警组成。到6月16日,他们获悉:十多天前,有两个外地人曾租用船只到宜昌进货,但船主等了两天未见装货,也未见那两人的踪影。从船主描述的那两人的情况,结合对案发现场留下的痕迹进行分析,这两名操荆州口音的人有重大嫌疑。但目前获取的证据除了现场留下的痕迹和两名嫌疑人在船上留下的四川万县产的"万光"牌电池外,别无他物。

专案组决定从电池入手。经查,同年3月,四川云阳县张飞庙曾发生过文物被盗案,案发当晚在县人民旅社住宿的宁学昌、宁学武等三个青年有作案可能。从这两起文物被盗案分析,相似之处至少有三点:一是盗窃目标都是春秋战国时期的青铜器,二是都是包船逃离现场,三是都使用监利县工人的工作证,操荆州口音。

就在专案组抓紧侦查的时候,11月26日,湖北省公安厅接到了公安部的紧急传真:"本部获悉:秭归屈原纪念馆被盗之古铜敦将于本月29日在美国纽约索斯比拍卖行公开拍卖。本部已电请美国警方干预铜敦拍卖,望你厅加强领导,组织专班力量,迅速破案。"

湖北省公安厅立即紧急研究,决定把侦查的视线转到距秭归500公里的监利。

接到任务的监利县公安局经过分析发现,文物被盗案所使用的鸭嘴钳是不多见的,而且与本县工商银行被盗案采取了同一方法;10月1日,本县爱民路发生了一件捡破烂的老头与一小孩争夺铁管,铁管中掉出金融债券的奇怪事情,债券正是工商银行失窃的。他们由此推断:案犯确实在监利,而且就在爱民路一带。

经过缜密排查,一个有犯罪前科、近期暴富的名叫李建新的人被请到了派出所。他承认了与栗金飞一起盗窃屈原纪念馆铜敦的犯罪事实。而此时,栗金飞正因其他案件被收审在押。12月8日夜12时左右,栗金飞也在强大的法律攻势面前,对一切供认不讳。他们还供认,盗窃的文物有的卖给了广州人陈金明,另两件无花铜敦和铜壶埋在栗金飞岳父家的灰池里。但对其他问题,拒不交代。

栗金飞是盗窃案的主犯,只有从他身上才能获得战国铜敦被盗走私的详细情况。经过审查,见逃脱不过的栗金飞又相继交代了如下犯罪事实:

1988年3月24日,他同两名当地青年盗窃了张飞庙中收藏的铜编钟1个、铜镜2个、金手箍1个,以12000元的价钱卖给了武汉的刘学丰。

1988年6月4日,在盗得屈原纪念馆的战国铜敦等九件文物后,在广州越秀宾馆将铜敦以3.8万元人民币卖给了香港商人袁某。

1988年9月,他同李建新等人从郑州市博物馆盗窃一件西周时期的蟠龙纹铜方壶,后以51万元港币加2万元人民币的价钱,通过一广州人卖给了两个港商。

另外,还有他与李建新等人多次往来于开封、洛阳、西安、郑州、菏泽、广州等地的经过与事实。

案件告破了,其他涉案犯罪分子在各地相继落网。1988年12月13日,《人民日报》发表消息:暂存美国索斯比拍卖行的中国失窃文物中国古铜敦,有望"完璧归赵",并介绍了铜敦失窃后的一些情况。

在我方向美方出示了一系列确凿的证据后,纽约索斯比拍卖行和按保密委托人身份原则未曾公开露面的卖主联席协定,以捐献的形式将铜敦归还给我国。1989年5月25日,双方代表在中国驻纽约总领事馆签署了备忘录,由中国派出的代表将铜敦接运回国。

4. 司马光家庙佛头被盗走私案

司马光是北宋时期著名的政治家、史学家、文学家,其闻名当世的是曾为北宋一代名相,名垂青史的则是一部皇皇巨著《资治通鉴》。司马光死后,被皇帝追封为温国公,在山西夏县建造了规格甚高、规模巨大的墓葬和温公祠。1988年,司马光墓和温公祠被列为全国重点文物保护单位。

1994年5月2日晨,温公祠的工作人员在打扫司马光家庙余庆殿时,发现殿内两侧的释迦牟尼16弟子彩色泥塑中,有11尊佛头不翼而飞,变成了"无头佛"。

警方接到报案后,立即前去勘察,得出了有至少三名罪犯、

（二）文物走私要案

乘机动车辆、翻墙进院、破窗入室、盗窃佛头的初步结论。中央及省领导对司马光祠佛头的被盗极为重视，由山西省公安厅牵头成立了破案指挥部，破案工作在紧张有序地进行着。

6月1日，运城地区新绛县公安局抓获了几名襄汾县的长期流窜贩卖文物的案犯。据他们交代：本村有几个人经常开一辆吉普车，专门盗窃寺庙中的佛头，曾在1993年7月15日盗窃了新绛县一处寺庙的10个罗汉佛头，其作案手段和目标与司马光家庙佛头被盗案基本一致。但当公安人员前去抓捕时，主犯李全才、王金虎等人却闻风外逃了。此时，襄汾县公安局抓获了倒卖文物的谷洪文。谷交代，他曾和李全才等人共同盗窃过灵石县资寿寺的16个佛头，卖给了广州文物走私犯"彭二"、"彭五"。

据公安部门掌握的情况，山西寺庙中被盗的佛头，多是经过广州走私出境的，司马光家庙中被盗的佛头会不会也将通过广州走私出去呢？情况紧急，破案指挥部立即决定赶赴广州，从查找"彭二"、"彭五"入手，追索文物。

在广州的一间招待所，刑侦人员抓获了"彭二"的小舅子苏月明，他长期协助"彭二"、"彭五"贩卖、走私文物。虽然没有抓到"彭二"、"彭五"，但从苏月明口中得知，5月12日，李全才携带11个佛头来到广州，以4.5万元的价格卖给了一个叫"小林"的女文物贩子。

6月14日，刑侦人员押着苏月明到他被抓获的招待所诱捕"小林"，因"小林"不在广州，只好搁置计划，返回山西。

6月22日，襄汾县公安局抓获了参与盗窃灵石县资寿寺和新绛县白坊寺佛头的案犯孙顺才。据孙顺才交代，5月2日，他在广州苏月明的住处，曾听到李全才打给苏月明的电话，说他搞到11个佛头，要到广州去卖，并说出了是用本县马村关泽平、关全平的汽车运往广州的。

关泽平、关全平迅即被抓获,他们交代了5月9日到12日与李全才、王金虎等人去广州的经过。

"小林"仍是破案的关键。10月8日,侦破人员再次南下广州,先是找到了"小林"在带河路28号的店铺,但此店铺已是数月关门,"小林"不知去向。正在这时,10月11日,襄汾县公安局抓获了曾帮助李全才卸车的文物贩子刘忠亮,从刘的住处搜出了"小林"的电话号码,并且知道了她叫林瑞蓉,36岁,住在广州海珠区前进路。

10月19日晚,经过5天5夜蹲守的刑侦人员抓获了这个曾被我公安机关劳教过的女人。她交代了从李全才那里收购了11个佛头,后又通过走私分子阿佩走私到香港她丈夫处的犯罪事实。

经过对林瑞蓉发动强大的思想攻势,她的丈夫派人将两尊佛头送回了广州。与此同时,运诚地区赴广州办案的人员也通过工作关系,从香港追回了4尊佛头,并查清了另外4尊佛头的去向。

此时,本案的主犯之一李全才仍然在逃。巧的是,1995年2月9日晚,在河北秦皇岛火车站,派出所抓获了一名可疑人,经审问,他正是李全才。

盗窃司马光家庙佛头的主要案犯都落网了,但还有5尊佛头没有追回。

不过,近期报纸上也透露了一个与此案有关的好消息:山西省灵石县资寿寺的18尊明代罗汉头像,5年前被歹徒盗走,流落海外,经台湾震旦集团董事长陈永泰先生多年派人四处寻找,终于斥巨资收购齐全,并无偿归还祖国。1999年3月27日,罗汉头像从台湾运抵上海。

五 无序的文物市场

在发生的盗挖古墓葬和文化遗址、盗窃馆藏文物、走私文物的违法犯罪活动中,文物市场的混乱和无序无疑起到了"催化剂"的作用。

文物市场,是指进行文物交易和流通的场所。进入流通领域的文物,具有商品的特性,这是由其自身存在的历史、艺术和科学价值所决定的。正是文物商品所具有的这种特殊价值,使其为人们所欣赏和收藏,满足了人们文化生活的需要。由于文物本身的特殊性,即文物的不可再生产性,以及文物的流通与政治、经济、文化、社会问题等诸多因素的关系,文物市场成为一个十分敏感的问题,这就使得文物市场的管理比较复杂和艰难。

从整体上来说,我国的文物市场既有合法的市场,也有非法的市场,并且呈现出国营、集体和个体共存的局面。很多的文物违法犯罪活动,都与文物市场的混乱和无序有着千丝万缕的联系。

(一) 国家垄断下的文物外流

在清代乾隆年间以前,文物一般被称为古董或骨董,到乾隆时期,才有了古玩之称,意即古代的文玩。买卖古代文物的行业,也因此被称为古玩业,解放后才成为文物业,后来又有文物商业和文物市场的统一说法。

在本书"近代篇"中,我们已经谈过:清代中期,以北京琉璃厂为代表的我国文物买卖业已经形成。从清代光绪年间开始,一些外国人就在北京、天津、上海等古玩业较为发达的城市开办贸易商会,买卖中国文物,并出现了专门向外国出口中国文物的公司。如果不是为了获得利润,有谁会去经营古玩呢?在旧中国的古玩业中,就有不少古玩商见利忘义,专干盗卖中国古代珍贵文物的勾当,甚至不惜采取偷盗的手段。岳彬仅仅是旧中国古玩业的经营者盗卖古代珍贵文物的一个代表。在旧中国,由于缺少有效的保护措施,通过古玩业而流失境外的珍贵文物不胜枚举。

在解放后的几年的时间里,政府就完成了对古玩业的改造,并将其纳入管理,使其成为通过文物买卖为国家收购并保护重要文物,同时通过出售一般文物为国家创造外汇的新行业,从根本上改变了在解放前和解放后一段时期的古玩业各自为战、导致文物大量外流的局面。

从20世纪60年代到90年代初,中国的文物市场基本有三十多年的国家垄断时期。除了国家指定的文物买卖外,其他任何组织和个人进行文物买卖均被视为非法。具体来讲,国家对文物市场的垄断是通过两种形式来实现的,其一是由文物或文化系统领导的国有文物商店;其二是由商业或外贸系统领导的经营工艺品的公司。前者的主要目的是为国家保护文物,后者的主要目的是为国家换取外汇。但在这三十多年的不同时期,国家对文物市场的垄断也曾发生过是以保护文物为主还是以换取外汇为主的政策重点的或此或彼。同时,由于文物和外贸及商业部门对文物市场如何发展认识的不同,使国家垄断下的文物市场也是表面平静,暗流湍急,矛盾丛生。同时,虽然文物市场从整体上来说是国家的垄断,但是,非法的文物市场也是存在的。

我们可以从以下几个方面看一下从60年代到90年代初期,在国家垄断下,由文物部门领导、以国营文物商店为主体的文物市场的基本状况。

1. 文物货源

在我国文物市场上,文物商品的主要来源有以下五个方面:

第一,传世文物。有些文物收藏者决定终止其全部或某一部分文物的收藏,或其后代没有继续收藏文物的兴趣,都可能使其家传文物流向市场;

第二,我国民间有着丰富的文物收藏,有些无收藏意识的收藏者,或把文物卖给文物商贩,或直接卖给文物商店,从而使分散收藏的文物流向市场;

第三,由于文物能带来极大的经济利益,一些不法分子通过盗窃、盗掘等手段,使馆藏文物和地下文物在文物市场上流通;

第四,在农田水利基本建设或取土时发现古代遗址,由于未能及时保护,使其流入市场。

不可否认,通过向境外出售文物,可以为国家创造较高的外汇收入。同样不可否认,文物商店在收集、保护流散在社会上的文物方面,起了巨大的作用,我国有不少博物馆都通过文物商店丰富了馆藏。但文物商店作为一个经营实体,必然要关心经济利益,特别是在改革开放后,文物的收藏和保护的矛盾日益明显。

虽然根据国家有关法令规定,只有文物商店才能从事文物购销活动,但实际上,文物商店以外的单位和个人的文物买卖、投机倒把、贩卖走私等活动一直禁而未止。特别是 80 年代末以来,一些地方出现民间旧货市场,形成对国家垄断文物市场的有力冲击。从文物市场的角度来看,增加了管理的难度。难以控制的非法的文物买卖,造成我国文物市场的混乱、文物犯罪活动的增多和大量珍贵文物的外流。

2. 文物商店的大量设置

到 1990 年,我国有包括中国文物流通协调中心在内的国家允许存在的文物商店 66 家,如果包括一些文物商店的分店,共有近百家之多。这些文物商店主要分布在我国东部及内地的一些开放城市或主要城市,这种分布也基本体现了我国不同地区经济文化发展的情况。非法的文物市场也主要是在开放城市存在的。

到 1994 年,国家文物局公布的可以外销文物的商店名单,有 94 家之多,有一些原有的文物商店也为了适应新的情况改变了名称。其中北京 8 家,天津 5 家,内蒙古 1 家,浙江 6 家,江西 4 家,福建 3 家,湖南 4 家,湖北 2 家,河南 3 家,广东 12 家,河北 1 家,辽宁 2 家,吉林 1 家,黑龙江 2 家,上海 6 家,江苏 8 家,安徽 1 家,山东 8 家,广西 4 家,贵州 2 家,四川 3 家(含重庆),云南 2 家,陕西 2 家,宁夏 1 家,新疆 1 家,青海 1 家,西藏 1 家。

3. 文物销售

首先,让我们来看一下近十年来全国文物商店的基本状况统计:

年度	数量 （个）	从业人员 （人）	上年末库存 （件）	收购 （件）	外销 （件）
90年	95	2938	12363807	6727946	438907
91年	99	3804	9834758	4398739	456229
92年	100	3091	13696078	3482005	277753
93年	103	3163	15242638	2762713	310527
94年	102	3165	14365236	2193218	226839
95年	107	3149	13734476	1860821	188785
96年	114	3140	11920308	2086022	1131838
97年	123	3224	11768951	2035226	115063
98年	121	3255	11800168	1246203	85284

从上述统计数字可以看出，从1990年到1998年的十年间，由文物系统管理的文物商店在数量上不断增多，库存在逐渐降低，文物收购也有逐渐减少的趋势。十年来，共向境外销售文物3231225件。虽然其中有许多被称为一般文物，似乎没有什么保存价值，但其大量外销，已经导致了清代乾隆六十年（1795年，我国文物外销的基本划线）以后许多文物的空白。现在，我们在研究清代中期以后的文物，特别是民间文物时，时常感到有许多的缺环；但是，这些文物在国外却收藏有很多。

（二）文物拍卖的出现和民间旧货市场的遍地开花

1. 对文物拍卖管理的薄弱导致珍贵文物的流失

清代道光年间，由洋人在上海主持了中国最早的拍卖。民国年间，浙江、江苏、上海一带的旧货铺经常采取拍卖的方式出售货物。由于中国的文物市场管理政策的原因，长期以来，中国并没有文物拍卖活动,但人们对苏富比、佳士得等国际著名的文物拍卖公司却并不陌生。

与传统的商店柜台式的文物经营方式相比,文物拍卖可以使文物在竞拍中得到一个比较公允的价格,而且可以使久藏民间的珍贵文物面世,使国家有机会吸纳并保护起来,同时还可以真正发挥藏宝于民的作用,弥补国家文物保护财力之不足。但是,由于文物拍卖是一种纯商业活动,再加上我国关于文物拍卖的行政管理和法律法规相对滞后,文物拍卖市场所存在的问题也是明显的。比较突出的问题是属于国有资产的珍贵文物有不同程度的流失的危险,对文物拍卖从征集标的到卖出的全过程缺少有效的监理。

1992年10月,北京进行了一次轰动全国的文物拍卖,可以称为新中国成立后的第一次文物拍卖活动。全部拍卖品2235件,其中最古老的是一件西周铜爵,成交金额158万美元。新闻媒体对这次拍卖予以极大的关注,纷纷报道,开展讨论。

举办文物拍卖,不仅是中国改革开放的结果,也是文物市场发展的必然趋势。但我国的文物拍卖从一开始就带有急功近利的因素,而且缺少规范,有人戏称有"千军万马过独木桥"的架势。到1995年,全国已有从事文物拍卖的公司数十家,同年举办的各种文物拍卖活动达几十场。在1995年召开的全国文物工作会议上,对文物拍卖的争议再次成为焦点之一,所争议的不仅有中国能否有文物拍卖这种文物经营形式的存在,即文物拍卖本身,集中的和核心的问题是文物究竟应该由谁来拍卖,谁来对文物拍卖进行管理,以及怎样避免珍贵文物通过拍卖流失。

从1997年1月1日《拍卖法》正式实施以后,文物拍卖市场的发展更快。据不完全统计,到1998年初,全国已有专营或兼营的拍卖文物公司100余家,成为中国文物市场占有相当分量的组成部分。与此同时,对文物拍卖标的的依法管理工作量日益加大甚至根本无法管理,珍贵文物被实力雄厚的外国人买走,拍卖伪品,等等情况都在表明,文物拍卖成为我国当代珍贵文物流失的又一渠道。还有人放言,完全开放文物拍卖市场,秦始皇兵马俑也应该拍卖,文物部门根本不需要"捧着金饭碗要饭吃"。

2. 管不住的旧货市场

北京的琉璃厂在解放前以及解放后的一段时间,就曾经是闻名海内外的旧货市场,同样的旧货市场在全国其他地方也都存在。后来,民间旧货市场逐渐被取缔了,私下的文物买卖成为非法的交易。但从 90 年代初开始,旧货市场又在全国遍地开花,与国有文物商店、文物拍卖并存,构成了中国文物市场的新格局,并在其中占有不可忽视的份额。

在 80 年代中期,伴随着日益高涨的集邮浪潮,出现了集币市场,一些古代钱币在集邮的保护下,逐渐开始了比较活跃的交易。由于古代钱币同样属于文物,并且可以卖出高价,因而在钱币交易市场上的文物交易也就相伴而生了,有的文物交易市场也正是在邮票和钱币交易的掩护下,发展成为文物交易市场。如北京海淀邮局门前的集邮市场,在 1989 年秋还只有两个钱币摊点,1993 年春节以后,卖邮票的只有两三人了,钱币交易却极为活跃,钱币以外的文物也比较普遍。

虽然按照国家的文物政策,1911 年以前的文物是禁止民间私自买卖的,但事实上难以做到。目前全国各地出现的民间文物交易市场,大都是在 80 年代末 90 年代初相继出现的。文物交易从"黑市"到半公开,再到公开,冲击着现行的文物管理法规,打开了中国文物政策的缺口。

北京是中国的首都,不仅有文物胜地,也有多处民间文物市场。北京的文物交易市场多是从寄居农贸市场而发展起来的。1987年,朝外市场首先卖起了仿古家具和文物。红桥市场以得天独厚的地理位置,吸引了大批外宾光顾。距红桥不远的白桥市场是外地文物进入北京的集散地,以距北京站较近而数度取缔却驱而不散。官园农贸市场内的文物交易曾在北京盛极一时,并在各方面的联合打击下曾大伤元气,但最终仍然站稳了脚跟。北海的花鸟鱼虫市场内,文物交易也以其环境优美,偏僻幽静,深受文物交易者欢心。劲松农贸市场于1990年2月改为工艺品旧货市场后,逐渐成为北京的大型民间文物市场之一,是北京民间文物交易的龙头。

天津在近代曾出现过不少收藏大家,90年代初,"天津沈阳道古物市场"正式以合法的身份出现,店铺、台案、地摊达600多个,货物琳琅满目,吸引着国内外的文物收藏者和文物商贩。

大连的民间文物交易活动也曾非常活跃,并很快在市中心繁华地段的人民路、天津街、九州饭店附近等地形成专营店铺;西岗旧货市场也在较短的时间内发展成东北地区最大的文物零摊交易黑市。此外,还有南京的夫子庙、中天商场、朝天宫,苏州的孔庙、无锡的南禅寺,以及西安、太原、成都等其他地区,几乎所有的大中城市都有旧货市场存在。

这些民间文物市场的共同特点是,虽然铺面都不大,但相对集中,具有一定规模和人气;所经营的物品多为1911年到1949年间的文物监管品,但也有私下交易出土文物和珍贵文物的现象;普遍存在以假乱真的情况。

由于国家法规并没有放松对民间文物经营的限制,从法律的角度讲,这些民间文物经营仍然属于非法。所以在起初,他们大都采取你进我退,你查我躲,你走我卖的策略,与文物管理者开展游击战。虽然国家禁止文物的私自买卖,但暗中的文物私自买卖却一直是存在的。与其他物品的买卖相比,文物买卖颇具神秘和奇特之处,如珍贵文物并不摆在明处、谈生意时用哑语、互相调剂余缺等等。民间文物市场上的货源主要有民间收购、从文物贩子手中收购、盗挖古墓等。而古玩商们的主要货源渠道,则是有人送货,送货人主要来自河南、山西、河北、陕西等地,这些地区在历史上古代文化遗存比较丰富,民间收藏可观,挖坟盗墓等违法犯罪活动也比较猖獗。有的古玩商在货源不足的时候,也常到离北京较近且交通便利的天津去抓货。

买卖文物可以带来巨大的利润,特别是在市场经济大潮中,普通的中国百姓也能认识到文物的经济价值。因此,民间的文物买卖经常存在违法乱纪的情况。文物贩子经常收购出土文物到旧货市场上倒卖,刺激了盗挖古墓行为;有的经营者专门向外国人兜售珍贵文物,导致大批文物的外流;私下的文物买卖不仅破坏了已有的文物市场秩序,而且逃避管理,对其他市场秩序也产生着影响。对于已经客观存在的民间文物市场,各地大都采取比较强硬的措施,查封、没收、堵截,但收效甚微,屡禁不止。如何对民间文物市场因势利导,打击非法,保护合法,成为文物市场管理的难点之一。

(三) 文物市场的发展给文物保护带来的困难

文物市场的发展,可以活跃民间收藏,这是不言而喻的事实。在国家对文物市场实行垄断的时期,向博物馆和科研机构提供藏品,是文物商店的一项主要任务,不少地方博物馆的珍贵藏品,大多是文物商店从民间收购后再提供的。文物商店还可以为国家提供民间重要文物收藏的线索。随着民间文物收藏的日趋活跃,由于国家人力、物力、财力的限制,一些暂时还无力保护的文物在民间收藏和保护,也是保护文物的重要方式。民间收藏还可以培养私人文物收藏家,不仅保护了文物,也培养了人才,提高了国民的文化素质。

但是,文物市场也是文物违法犯罪活动的温床,给文物保护带来一定的负作用。由于文物买卖可以带来巨大的经济利益,一些人买卖文物不是为了收藏,而是为了达到获利目的。这样,就使文物市场或者通过文物市场而发生的违法犯罪活动经常出现。最普遍的是不遵守国家关于文物市场管理的规定,超范围经营文物,或进行文物投机倒把活动。

文物市场的违法经营引发的严重文物犯罪活动主要有:一是盗墓,在各地旧货市场上都存在这种情况,只要哪代古墓被盗,市场上就会出现那类文物。如前几年北方辽墓被盗严重,旧货市场上很快就出现了辽代文物,像辽代贵族墓中的金冠、金面具、马具、玉带饰等;陕西、山西、山东的商周秦汉大墓被盗后,市场上又出现了商周秦汉的青铜器等;后来,盗窃田野石雕比较严重,也马上在市场上得到了反映。二是盗窃馆藏文物,据不完全统计,1990年到1998年8月,全国文博系统共发生被盗文物案件361起,盗窃文物3724件,不少被盗文物都被不法分子拿到文物市场上出售。三是走私,从1988年到1998年5月,全国仅8个海关就查获走私文物案500多起,查扣文物近5万件。走私文物的来源多是旧货市场,而海关对出境人员的抽查率只有10%。

尤其旧货市场的非法文物交易,刺激了文物违法犯罪活动的猖獗,文物违法犯罪活动,又促进了文物市场的表面繁荣。尽管如此,如果要封杀民间文物市场,显然是不可能的,关键是如何通过法律,加强对旧货市场的有效管理。

(三) 文物市场的发展给文物保护带来的困难

虽然从改革开放后到 90 年代初,我国相继出台了法律法规,规范文物市场,但是,这并没有使文物市场变得有序,遏制住由于文物市场混乱而造成文物的流失和破坏。这是值得政策的制定者和文物管理者深思的问题。

80 年代中后期,我国出现了盗窃、盗掘、非法经营和走私文物犯罪活动猖獗的现象,使我国的历史文化遗产遭到无法估量的损失。为了加强对文物的保护和文物市场的管理,文化部和国家工商行政管理局于 1986 年 7 月 20 日发出了《关于对经营文物商品的单位重新审批和换发营业执照的通知》。1987 年,国务院《关于打击盗掘和走私文物活动的通告》中,仍规定"文物购销统由文物部门经营,国内外人士不得私自买卖文物"。

1987 年 11 月 24 日,国务院发出了《关于进一步加强文物工作的通知》,指出当前文物工作的任务和方针是:加强保护,改善管理,搞好改革,充分发挥文物的作用,继承和发扬民族优秀的文化传统,为社会主义服务,为人民服务,为建设具有中国特色的社会主义作出贡献。在关于加强文物的保护管理工作方面,通知强调:加强流散文物的管理,制止文物的非法出口,是加强文物保护管理的一项重要任务。目前,国内文物市场比较混乱,必须进行整顿。要坚决执行由文物部门统一管理、统一收购、统一经营的规定。对一切未经批准的文物购销点,由工商行政管理部门坚决取缔。文物店要端正业务方向,改进经营管理,积极收购和保护文物,组织好文物的合理流通。文物销售要杜绝不正之风,文物工作人员更不得为自己和别人收购或收集文物,违者要从严处理。同时,要继续加强文物拣选工作,文化(文物)行政管理部门应主动同银行、冶炼厂、造纸厂以及废旧物资回收等部门和单位联系,相互协作,共同做好掺杂在金银铜器和废旧物资中的文物拣选工作,并做到经常化、制度化。之后不久,最高人民法院和最高人民检察院依据刑法、文物保护法和《全国人民代表大会常务委员会关于严惩破坏经济的犯罪的决定》,于1987年11月27日公布了《关于办理盗窃盗掘和非法经营文物的案件具体应用法律的若干问题的解释》。解释规定:办理盗窃、盗掘、非法经营和走私文物的案件,应当以文物的等级为标准,并结合考虑文物的数量、可评定的价格以及其他情节等。这对打击文物市场中的不法行为,起到了巨大的作用。

1991年6月29日,第七届全国人民代表大会常务委员会第二十次会议通过了关于修改《中华人民共和国文物保护法》第30条、第31条的规定。在第30条规定给予行政处罚的行为中增加了五项,其中有"文物经营单位经营未经文化行政管理部门许可经营的文物的,经工商行政管理部门会同文物行政管理部门检查认定,由工商行政管理部门没收其非法所得,可以并处罚款或者没收其非法经营的文物"等规定。将第30条第二项改为"未经文化行政管理部门批准,从事文物购销活动的,由工商行政管理部门或者由工商行政管理部门根据文化行政管理部门的意见,没收其非法所得和非法经营的文物,可以并处"。将第31条第三款改为"任何组织和个人将收藏的国家禁止出口的珍贵文物私自出售或者私自赠送给外国人的,以走私论处。"

1992年4月30日,国务院批准了《中华人民共和国文物保护法实施细则》,针对文物保护法关于文物市场管理的一些具体方面,结合文物市场管理工作中存在的问题,着重就私人文物和文物经营又作出了新的规定,如"公民私人收藏的文物可以卖给国家文物局或者省、自治区、直辖市人民政府文物行政管理部门指定的全民所有制文物收藏单位和文物收购单位","文物经营单位经营文物收购、销售业务,应当经国家文物局或者省、自治区、直辖市人民政府文物行政管理部门批准,并经工商行政管理部门办理登记手续;经营文物对外销售业务,应当经国家文物局审批"。

这些政策为改革开放后的文物市场的管理奠定了坚实的基础,体现了国家要继续控制国内的文物市场,禁止私人买卖;同时,文物部门仍拥有对文物经营的绝对的特殊权利。

改革开放之后,我国文物市场所面临的最突出问题有两个:一是如何真正体现文物购销业务统由文物部门经营;二是如何打击文物走私活动和非法经营活动,以减少国内文物市场的压力,改变文物市场混乱的局面。关于前者,文物部门与外贸部门经过长期协商,从1986年开始,外贸部门已完全终止了经营文物出口活动,并将外贸部门所存的数百万件各种文物全部陆续移交文物部门。这是我国文物出口政策和文物市场管理方面的一个重大转折。从此,从国家角度讲,文物经营已经基本上由文物部门负责了。在国家对文物市场实行垄断的时期,大量的中国文物都通过外贸出口境外。外贸部门所采取的是批量出口的方式,仅从1981年到1985年的统计数字来看,每年就达100万件之多。中央于1985年做出的停止外贸部门经营文物的业务,实行文物归口经营,统一管理,无疑是一项重要的决定,对加强文物市场管理,制止文物的大量外流,做好文物保护工作,发挥了巨大的作用。至于后者,则一直没有得到很好地解决,长期以来,文物的非法经营都是文物在文物市场上受到破坏和流失的重要原因。

为了更好地管理文物市场,减少文物的外流,文化部于1989年颁布了《文物出境鉴定管理办法》,加强了对个人携带文物出境和文物商业的监管,各地也根据本地的具体情况,制定了一些加强文物市场管理的法规。

六 艰难的文物索还

(一) 归还和偿还民族文物的国际论争

"一个民族的天才之最崇高的化身之一,是其文化遗产。……然而,历史的变迁使得许多民族文化遗产中无法估价的部分被掠夺。……这些国家的男女公民有权索回作为他们自身存在的一部分的文化……这些被掠夺了文化遗产的男女公民至少有权要求归还那些最能代表他们民族文化的艺术珍宝,他们认为这些文化珍宝是最重要的,失去它们将引起极度痛苦。……这是合法的要求。"

这段话,是联合国教科文组织总干事在其一份题为《把无可替代的文化遗产归还给它的创造者》的呼吁书中说的。在国际论坛上,要求"归还、偿还历史性民族文物",已经成为一个法律概念,因为文化的主权也是一种主权,它同领土主权、政治主权、经济主权一样,越来越受到人们的重视。尽管"国际文物保护"已经成为联合国教科文组织的主要工作之一,尽管文物的归还和偿还的浪潮越来越高,但是,当一个国家欲从另一个国家索回被非法占有的文物时,其前途却是布满荆棘的。对于历史上曾经发生的事情,今人很难持有完全相同的认识。

1. 战争与文物的掠夺

有史料表明：从历史上最早的战争开始，战胜者或征服者掠夺战败国或被占领国家的文物，是一种极为惯常的行为。强大的巴比伦王国曾专门修建陈列室，用以陈列他们在战争中掠夺的他国文物；在罗马帝国横行欧洲时，他们的首都到处都是从其他国家掠夺而来的文物珍品；公元5世纪，阿提拉的匈奴人曾洗劫了西欧的一些国家；12世纪，东征的十字军曾洗劫了君士坦丁堡的所有文物。

在16世纪以前，对他国历史和文化遗产的最大破坏，便是战争。除此以外，一个国家朝代更迭之际的战乱，也使前代遗物屡遭劫难。以中国为例：汉末、唐末、金人南侵等等，不知损毁了多少古代遗物。

当世界的历史进入到殖民时期，殖民扩张国家往往利用"战利品占有权"这一古老的"法规"，疯狂地、有计划地掠夺被殖民化国家的历史文物。在这方面，葡萄牙、西班牙、英国、法国等西方国家，都曾是在殖民主义的旗帜下，把原本属于他国的历史文物搬回了自己的国家。短短几百年的时间，使无以数计的文物离开了其创造国，成了他国的珍藏。

在南美，西班牙人不断地剥夺伟大的印第安人创造的文化遗产，如古代墓葬、宫殿、庙宇等，"印加人的宝物"和"阿兹特克人的珍宝"伴随着殖民扩张，越洋过海，到了遥远的欧洲。

在地中海和近东地区，英国、法国掠夺了埃及、土尔其、希腊等文明古国的大量文物，这些文物至今仍陈列在大英博物馆和卢浮宫博物馆内。意大利、比利时等国也在这一时期的文物掠夺中争先恐后，不遗余力。

在非洲和亚洲,文化遗产同样在殖民掠夺中横遭劫难。中国文物的流失,与中国沦入殖民地的深渊是密切相关的。1840年以后,西方列强在中国的掠夺和占领,使古老的中国文明遭到了沉重的一击。

2. 战争中保护文物国际公约的诞生

早在第三次布匿战争中,罗马将军西比奥(公元前253年至公元前183年)占领了迦太基以后,得知西西里曾在过去的战争中被迦太基人抢劫过数次,便命令西西里人查清他们被迦太基人劫走的物品,使迦太基人如数归还。虽然后来西比奥将军真的这样做了,但这却是归还战争中被掠夺文物的很偶然的一例。

历史上第一次大规模的要求偿还文物的运动,发生在1815年。在拿破仑战败以后,伴随着法兰西帝国的衰败,新的战胜国组织召开了维也纳会议,要求法国等国偿还在战争的掩护下从战败国掠夺的文物。后来,在欧洲掀起了请求归还战争中或以其他不平等手段或暴力手段夺走的文物的浪潮。在这以后,1866年,赫斯公国偿还了1794年从科伦城掠走的一座图书馆;奥地利向威尼斯城偿还了掠走了的文物;德国向法国偿还了在1870年和在第一次世界大战中掠走的文物和艺术品;根据1919年鉴定的《圣日耳曼条约》,奥地利向意大利归还了1718年掠走的全部文物。

有必要指出的是,在这一时期的文物归还问题上,最有发言权的仍然是军事实力,新的战胜国正是利用军事的威胁,迫使战败国偿还占有的以往被掠夺的文物。同时有必要指出的是,新生的资本主义强国在向他国偿还被掠夺的文物的同时,又在继续向外扩张,并在扩张中继续掠夺占有国的文物。1840年鸦片

（一）归还和偿还民族文物的国际论争

战争以后,中国的大量文物正是伴随西方列强的入侵而不断流失的。发生在1939年至1945年的第二次世界大战,又有无数的文物在战火中焚毁,或在战争中被劫,日本军国主义对中国文物的有计划地掠夺便是最突出的例证。

由于战争而使历史文物遭受严重破坏,曾经引起一些有识之士的担忧。生活在公元前2世纪的希腊历史学家波力比阿曾说过:希望"未来的征服者将学会不去抢劫他们所占领的城镇,克制自己,不把其他民族的文化遗产变成自己国家的装饰品"。但是,事实证明,这只能是一个善良的愿望。鉴于在第二次世界大战中破坏历史文化遗产的行为更加严重,1954年,联合国教科文组织主持制定了《海牙公约》。公约中有这样的规定:"缔约国应本着尊重其领土内的文物以及其他缔约国领土内的文物的精神,在武装冲突中不使文物置于可能面临破坏或损害的境地;制止对这些文物的任意敌对行动。""缔约国应承担义务,禁止、防止以及有必要时制止对文物的任何形式的偷盗、抢劫和占用。"

这样,从1815年的维也纳会议以后又经历了近一个半世纪,在国际法中,有史以来第一次将以占有艺术价值的物品以及对这类物品蓄意破坏为形式的"战利品所有权"解释为武装冲突事件中的非法行为。

虽然几乎所有的联合国成员国都批准了《海牙公约》,但在实际执行方面,却如同一纸空文。20世纪90年代发生的海湾战争,使伊拉克和科威特的文物都遭受到了巨大损失;波黑战争中,也没有哪一方肯牺牲其更大的利益而费心地去保护战火中的文物。

但是,从20世纪70年代开始,要求归还或偿还文物的浪潮却不断地涌起。一些逐步摆脱殖民主义统治而宣布独立的非洲国家,在继承自己的传统文化时发现,如果离开了凝结着其文化传统中的精华的文物,那么,继承和发扬其文化传统是相当艰难的。因此,他们纷纷向文物的现占有国提出归还或偿还文物的要求。他们认为,那些占有文物的国家应当根据新的支配国际关系的准则,以积极的和大度的姿态,把不属于本民族的文化遗产归还给那些曾遭受劫掠的国家,弥补这些国家因文物的被劫而给民族造成的创伤。

这似乎是一个完全合理的要求,但占有国却为此设置了重重障碍。他们提出:

第一,从法律角度和当时流行的地缘政治学关系来看,占有国目前所占有的文物是合法的,各种文物收藏机构无权"让渡"他们的收藏品。如果把文物归还给原有国,那么,目前占有这些文物的国家及收藏机构就等于承认他们的占有是非法的了。

第二,现在的文物占有国多是发达国家,他们有良好的技术设备和保管办法,如果将文物归还给原有国,由于落后的技术和管理,将使文物遭受进一步的损坏。

第三,文物既是它的创造国的历史文化遗产,更是整个人类历史的文化遗产,文物的收藏不应有国界之别。先进的、发达的国家、是世界文明和文化的中心,放在这些国家的博物馆里,供更多的人鉴赏,可以更好地发挥文物的作用。

第四,占有国与原有国的文物工作者和博物馆工作者,可以通过广泛接触,共同研究这些文物。

(二) 政府间委员会的建立及国外的文物索还情况

很显然,一个民族的"文化传统",是这个民族最大的财富;汲取历史上的文化精华,可以使一个民族在自我完善的过程中,得到新的生命力。以文物为主的文化遗产的被剥夺,足以使一个民族造成心灵上的创痛。因此,他们极力要求索还被他国占有的本国文物,尽管他们知道这将是一个十分艰难的历程。值得庆幸的是,政府间委员会的建立,使被掠夺文物的国家的努力,终于有了一定的收获。

文物的非法交易所造成的损失,促使联合国教科文组织于1970年11月14日通过了《关于禁止和防止非法进、出口文物和转让文物所有权公约》,要求缔约国通过各类有效手段,来杜绝非法交易,特别是要铲除其原因、制止其发生、协助做出必要的赔偿。

但是,真正批准这一国际条约的国家,却没有多少。

在这种情况下,1978年11月,联合国教科文组织在其第二十次会议上,又通过了关于"为促进文物归还和偿还原有国的政府间委员会"规约。规约中的"偿还"一词,有纠正违法行为的意思,使那些仍占有过去通过各种手段获得文物的国家很难接受,因此,几经争论,在此仅指近期由于非法交易流失的文物;而"归还"一词,则专指那些"偿还"一词不适用的文物。

政府间委员会是由教科文组织的20个成员国的代表组成的,其作用是以调停为主,以此来促进双边的、多边的和地区级的博物馆当局间专业性质的合作与谈判,调解冲突,取得实效。另外,政府间委员会又是一个解决争端的仲裁机关,其采取行动的方式是在1980年5月召开的一次会议上确定的,主要有:

确定属于偿还之列的文物的界限,指最能代表该民族文化传统的,其缺少或消失会对该民族造成无法弥补的不幸;

制定归还文物的程序,主要是填写表格,提供详细资料,允许文物占有国在一年内予以答复;

汇编清单,清单中应注明仍在其本国的和被外国占有的文物的详细情况；

制定限制非法交易的措施,如控制考古发掘、强化治安管理和海关管理、强制文物商人提供详细的经营记录、严惩非法盗卖文物行为。

1970年《关于禁止和防止非法进、出口文物和转让文物所有权公约》的通过和1978年政府间委员会的建立,使文物的归还取得了立竿见影的成绩,其中已经将文物归还原国的有：

1977年,比利时将数千件文物归还给扎伊尔。

1977年,荷兰向印度尼西亚归还了包括佛教和印度教雕像,以及出自古代皇室并与印尼历史上一些杰出人物和重要事件有直接关联的文物。

1977年,美国哈佛大学博物馆、布鲁克林博物馆、奥克兰博物馆向秘鲁和巴拿马归还了一大批文物。宾夕法尼亚大学把出土于一个重要的考古遗址的陶瓷制品归还给了巴拿马。

1978年,澳大利亚和新西兰向巴布亚——新几内亚归还了一批在人种学史上极有价值的文物。

1980年,法国将《巴比伦法典》和《汉谟拉比法典》的残片还给了伊拉克的巴格达博物馆。

1981年,法国向埃及归还了一个被非法盗卖的阿曼明雕像。

1981年,南非向津巴布韦归还了一些鸟类雕刻品。

1981年,新西兰向所罗门群岛归还了1000多件文物。

1981年,澳大利亚将一个礼仪上用的鼓归还了瓦努阿图。

1981年,英国将一批希姆阿里达文物归还了也门萨纳博物院。

1981年,英国将一颗距今200万年的非洲地方酋长的颅骨归还了肯尼亚。

另外,在最近几年,美国向厄瓜多尔归还了153件非法流入的文物;以色列向埃及归还了一百多件1967年至1982年占领西奈半岛期间考古发现的文物;伊拉克向科威特归还一批在海湾战争期间抢走的文物和珠宝;1990年联合国对伊拉克实行制裁以来,文物盗窃和走私情况十分严重,大量珍贵文物流失到了国外,其中流失到沙特的54件包括公元前2000年亚述时代的雪花石雕像在内的一批珍贵文物,于1998年归还给了伊拉克……

(三) 二战中文物的失踪、掠夺与索还

第二次世界大战已经过去半个多世纪了,但战争给交战双方的民族和人民留下的创伤,却似乎是永远都愈合不了的。当人们回过头来再次审视那场世界大战的时候,人们在痛骂法西斯的同时,谈论最多的,还有文物和艺术珍品的沦落。

在第二次世界大战前期,德国人对各国的文物和艺术品进行了最全面的搜刮。1939年9月,德军占领波兰,使波兰成为被德军占领国家中被抢劫最严重的一个。在法国,德军的目标对准了那些私人博物馆,其中罗奇尔德家族就被抢走了4000多件文物。在1941年5月,德国空军专门掩护一列由25节车皮组成的列车从巴黎开往德国,车上装载的全是文物和各种艺术品。参加掠夺欧洲各国文物的,不仅有第三帝国的政府官员、军官,而且有戈林、里宾特洛甫等高层人士,有数百名德国艺术史专家和在学术界颇受尊重的著名教授。他们掠夺他国文物和艺术品的理由更是堂而皇之:以帝国的名义。1941年至1944年,德军占领了苏联很多地区,在苏联境内极尽摧残之能事,掠夺的文物艺术品不尽其数。许多博物馆的藏品被完整地运回了德

国,运不走的便进行销毁。历代沙皇以无数财宝建造的宫殿,收藏极其丰富,却无一不被德军轰炸、掠夺,使无数珍宝流失。

但是,当德军成为众矢之的,被盟军以排山倒海之势进行反攻的时候,德国又在顷刻间成为战火的海洋,盟军在进行军事进攻的同时,又对德国的和德国抢劫的艺术品进行了抢夺。

从1944年6月开始,最先在德国搜刮珍宝并尽快运回国内的,是美国人。德国在战争的最后阶段,把本国文物的大部分和掠夺来的文物的大部分,从德国东部运到了西部,以防落入苏联人之手(当时德国已知战后将被瓜分,其中东部归苏联)。被德国人和美国人欺骗了的苏联人,只能眼看着美国人把大批文物独自运回美国。结果是,在德国所接收的文物的80%,都落入了美国人之手,这其中仅仅包括从1944年6月至1945年4月间运回美国的9000箱文物,而不包括在此以后被美国在黑尔姆施塔特矿井和梅尔克盐井等地发现的大批珍品。

虽然在以后的数年里,有一些文物被陆续归还了当时的西德,但绝大部分都留在美国,成为美国博物馆的收藏。

关于德国文物被苏联占有的情况,是在苏联解体以后才逐渐为世人所知的。1995年,彼得堡美术博物馆和莫斯科普希金美术博物馆相继举行的馆藏文物展览,使人们对一些失踪达半个世纪的文物重见天日而感到惊讶不已。

在普希金美术博物馆的展品中,有神话般的"特洛伊珍宝",它是上个世纪由德国考古学家海因里希·谢里曼在特洛伊古城遗址发现并运回德国的;有原由希特勒本人收藏,后又捐给位于林茨的第三帝国博物馆的10幅名画;有来自柏林东亚博物馆的5000多件日本和中国古代文物;有从欧洲文艺复兴时期到20世纪30年代的几千幅绘画;有来自著名的不来梅绘画陈列馆的绘画和雕刻艺术品……这些展品,都曾是德国的国家博物馆、私人博物馆的收藏,其中有的是从其他被征服的土地上掠夺而来的。这次展览的主题为"二次挽救",普希金美术博物馆馆长认为,是苏联士兵从被毁灭的纳粹德国救出了这些艺术品。但是,也有人称其为"二次盗窃"。

早在1943年,苏联就成立了一个隶属于苏联损失问题委员会的专家局,由专家局整理了一份有关在德国领土上被没收的文物艺术品的清单,其中甚至计划把德国的所有历史性建筑物直到超级博物馆都迁移。在德国正式投降之前,按照斯大林的愿望,苏联军队在德国领土上找到大量文物艺术品。1945年至1949年,一列列火车和一架架飞机,不断地将这些无价之宝运回苏联。二战结束之后,德国被瓜分,苏联曾向原东德交还了150万件展品,121箱书籍,三百多万份档案;向波兰归还了6408件属于波兰的文物,其他的则继续留在苏联。

关于德国文物和艺术品被苏联占有一事,似乎只是一个公开的秘密。并且,这些文物虽然在数量上少于美国,但其质量却是极高的。应德国的要求,在1990年至1992年间,苏联(俄罗斯)与德国签署了多个协定,以相互归还"非法拿走的文化财产",但实际工作却几乎没有什么进展。苏联认为,从德国搬走那些文物的艺术品是"理直气壮"的,因为在二战期间,仅俄罗斯就有4700万人死亡和伤残,3000座城市被毁掉,有427家博物馆、2500家东正教堂、天主教堂、祈祷场所被抢,有1.8亿册书籍被盗,564700件文物和艺术品丢失。因此,苏联和俄罗斯人都认为,占有这些文物和艺术品是对侵略罪行的合理报复,他们无论从道德上还是精神上,都有权要求赔偿。而且俄罗斯官员还在最近这样公开表明他们的观点:尽管俄罗斯近年有协议归还"非法拿走的文化财产",但在战时拿走德国的艺术品,按照某些理解,未必是非法的。俄罗斯的政治家们更是在引经据典或制定法令,使由于战争而流入俄罗斯境内的所有文化财富都归俄罗斯联邦所有。

(四) 流失海外的中国文物能得以归还吗

通过上述介绍我们不难发现,一个国家和民族,如果想索还被他国非法占有的文物,所面对的是一条多么艰难而漫长的路。虽然有少数国家经过不懈的努力,使一些流失海外的珍宝重新回归,但与实际被占有的文物相比,这个数字少得可怜,可谓沧海一粟。

作为中国人,我们更关心的是从1840年以来,西方列强用枪炮打开中国的大门,踏上中国的领土,用种种非法手段从中国掠走的无以数计的中国文物珍品,能否再回到祖国的怀抱。但是,我们同样看到了这条道路的艰难而漫长。抗日战争胜利以后,当时的中国政府曾向日本提出归还战争期间被日本非法占有的文物的要求,但直到今天,这个要求也始终只是一个要求,并没有什么实际效果。新中国成立以后,中国政府曾通过经济手段,购回几件著名国宝,但由于经济实力所限,购回国宝的路程也是举步维艰。

敦煌莫高窟自被王道士发现以后,吸引了大批西方文化盗贼,他们或欺诈骗买,或野蛮掠夺,使敦煌文物惨遭破坏,大都流失海外,以致使国际上有了"敦煌在中国,但敦煌学在国外"的论调,这确实是中华民族的耻辱。关于敦煌文物的归还问题,在国际上也有争论。1986年,有两名英国记者与当时的敦煌研究院院长段文杰有这样一段对话:

问:欧洲有人议论,过去拿去的敦煌文物,应该归还主权国,归还中国。也有人不同意。你对此事怎么看?

答：我当然赞成归还主权国。这个意见不是我先提出的。1982年,一位英国朋友访问敦煌时说,英国有不少敦煌文物保存在大英博物馆,他都看过,他认为应该归还中国,归还敦煌。一时不能全部归还,先还一部分也可以。他将为此事而努力。我非常赞赏他这种友好和公正态度。另外一位日本长期致力于中国友好和文化交流的著名人士也说:日本有不少敦煌文物,英国、法国更多,我主张各国从敦煌拿去的文物都应该归还故里。在敦煌建一个博物馆陈列起来,使敦煌文物恢复原来的完整体系。我对这一友好公正的倡议和美好的设想表示热烈的欢迎。现在有的写本一分为三份存在三个国家,无法进行研究。如果陈列在莫高窟的博物馆里,可以为世界各国的学者提供完整的资料,供大家来研究。我的意见是:

　　第一步,希望保存敦煌文物的各国和有关单位为我们提供资料,如微缩胶卷、彩色照片,先使复制资料集中起来(因为目前有的国家博物馆保存的敦煌文物还不愿意给我们看,有的给看也有保留)。第二步,逐步实现原物回归故里。

　　广大的中国文物工作者,中国政府和中国人民,虽然深知文物归还的艰难,但却无不在为此而进行艰苦的努力。事实上,新中国成立以后,已有不少文物在中国政府的努力下,在有关国家政府、海外华人的支持下和国际友人的配合下,重新回到了祖国的怀抱,除在上面已经介绍的以外,在此,我们再略举数例:

1. "三希"的分离与"二希"的回归

　　在已知的中国古代墨迹中,《三希帖》是最为著名的了。所谓《三希帖》,指的是晋朝大书法家王羲之的《快雪时晴帖》、王献之的《中秋帖》和王珣的《伯远帖》。后来,《三希帖》传至清宫,入藏秘府。清高宗乾隆皇帝酷爱历代书画，对《三希帖》爱不释手，于乾隆十一年（公元1746年）在他日常居住的养心殿前殿西间隔出一个小室，专门用于收藏他认为是三件稀世之珍的《三希帖》，并命名为"三希堂"。次年，乾隆又命令儒臣从内府收藏的历代法书墨迹中，挑选出珍品340件，勾摹编次勒石，名为《御制三希堂石渠宝笈法帖》，共32卷，并在北海白塔山的西麓建阅古楼，嵌刻石于楼内，《三希堂法帖》由此而来。乾隆十九年（公元1754年），又从内府收藏法书中选出三十余种，勾摹勒石，名为《墨妙轩法帖》，成为《三希堂法帖》的续帖，刻石藏于清漪园内惠山园的墨妙轩。

《三希堂法帖》中，以《三希帖》为代表，其中最著名的是王羲之的《快雪时晴帖》。王羲之的书法在晋朝就已经很有名气了，有羲之草隶"江左朝中，莫有及者"的赞誉。《快雪时晴帖》实际是王羲之书致"山阴山侯"的一封书札，书法精美，颇负盛名，并且也早有摹本，流传很广。它在入清宫前，曾先后经宋之绍兴内府、贾似道，元之张德谦、张晏，明之冯铨、吴廷、王近世等鉴藏，帖上留有历代鉴赏者的题跋及收藏者的印记。乾隆对"三希"中的《快雪时晴帖》也是倍加推崇，在从乾隆十一年（公元1746年）开始的六十多年的时间里，乾隆皇帝在这件只有20多个字的残简和后人题跋的前前后后，写满了自己的题跋，共达73处之多，几乎每一年都要题一二处，开始的一年多达6处。这些题跋多为得雪以后展玩此帖的承兴之作，也有赞美此帖之语。

"三希"自清代乾隆时期入藏清宫大内后，历经嘉庆、道光、咸丰、同治、光绪、宣统六朝，直到辛亥革命宣统逊位止，民间谁也不曾见过"三希"的真迹。宣统逊位以后，北洋政府每月供给尚在宫中的帝王家族和宫中遗老们三百万两银元作为生活费用的津贴，这对过惯了养尊处优、荣华富贵生活的宫内人来说，显

(四)流失海外的中国文物能得以归还吗

然是远远不够的。生活在宫里的皇帝忍不住了,他利用赏赐等办法,将一些书画、古玩等宫中珍宝带出宫,典卖换钱;宫里的太监和官员也忍不住了,他们往往采取偷的办法,携珍宝出宫,卖得钱占为己有。也就是在这个宫中珍宝明里暗里外流的时候,光绪的瑾妃把"三希"中的《中秋帖》和《伯远帖》悄悄带出了皇宫,在后门外的一个小古董铺"品古斋"内脱售。或许有人要问,在"三希"中《快雪时晴帖》更为珍贵,瑾妃既然需要用钱,为什么不把最珍贵的一帖拿出来呢?或许正是因为《快雪时晴帖》太有名气了,所以瑾妃只敢取其次者;同样,因为在大古董店太招眼,所以只敢在一个不惹人关注的小店脱售,"三希"从此分离。

历史将怎样发展,是很难预料的,也是很有戏剧性的。因怕招眼而没有流出清宫的"三希"之首《快雪时晴帖》,在后来的动荡岁月里,和离开中国大陆的其他故宫文物一道被蒋介石运往台湾,现存台北故宫博物院。而流出清宫的"二希",虽然几经挫折,却最终又回到了故土。

原来,《中秋帖》和《伯远帖》刚一露面,就被郭葆昌看上了。当时,郭葆昌是为袁世凯掌管私人财务的大红人,也是一个有名的文物收藏家,其中尤以书画为富。《中秋帖》是王羲之的第七子王献之的佳作,书法古拙肥厚,自然生动。《伯远帖》是王珣(晋元帝朝丞相王导之孙,中书令王洽之子)写的一封信,在纵25.1厘米,横17.2厘米的范围内,共写有行书五行四十七字,其文云:"珣顿首、顿首,伯远胜业情期,群从之宝。自以羸患,志在优游。始获此出,意不克申。分别如昨,永为畴古。远隔岭峤,不相瞻临。"是王珣在世书法孤本,也是二王书法系统的墨迹原件。其结字严谨,疏密有致,削劲挺拔,骨力毕现,险峻中兼有端素,稳健中又藏妍媚。再加之墨泽清润,纸质光洁,纸墨相映成辉,更好地体现了晋人书法的典型风格和神韵。对于"三希",

郭葆昌早有所闻,今日见其中"二希",为真品无疑,岂有交臂而过之理?郭葆昌立即出高价买下了《中秋帖》和《伯远帖》"二希",为自己的珍藏增添了不少光彩。

解放前夕,"二希"被郭葆昌的儿子郭昭俊携至台湾,后准备出卖给台北的故宫博物院,但由于财力吃紧,台北故宫也无力收购。后来,郭昭俊又来到了香港,因手头拮据,把"二希"抵押给银行以换取贷款。1951年,银行摧款紧急,被逼无奈,郭昭俊决定出售"二希"。当时正在香港为国家抢救流失海外珍宝的徐伯郊得知这一消息,力劝郭昭俊只能将"二希"归还祖国,而不能出售给外国人,以避免造成无法估量的损失。见郭心有所动,徐伯郊立即请示了文化部文物局局长郑振铎和政务院副总理郭沫若,并得到了大力支持。周恩来总理听到汇报后,也当即同意回收。然而,建国之初,百废待兴,外汇不足,但周总理和郭老却不断地关心和筹划此事,寻求解决办法,并对回收途径进行了周密的安排。1952年,周总理派文物局副局长王冶秋、故宫博物院院长马衡、上海文物管理委员会主任委员徐森去澳门,对"二希"进行了鉴定和议价(之所以选在澳门,是因为当时香港在英国人的控制下,台湾特务纵横不法,在香港成交安全不保)。最终,"二希"以35万元港币成交。

"三希"都曾在清宫中珍藏,又都曾饱受流离之苦。现在"二希"已经荣归故里了,但什么时候能与《快雪时晴帖》合家团圆呢?相信,"三希"合为完璧之日,必将是中华民族两岸为一之时。

2. 金编钟历险

在北京故宫博物院的珍宝馆里,陈列有一套金光闪烁的编

（四）流失海外的中国文物能得以归还吗

钟,是1790年各省总督为给乾隆皇帝80岁生日祝寿而特意铸造的。人们看到这套金编钟,无不为其造型优美和价值连城赞叹不已,却很少有人知道它曾一度流失宫外,历尽艰险。

编钟原是我国古代的一种打击乐器。早在商代就出现了3枚一套的编钟,西周后期有了8枚一套的编钟,而从湖北随县发现的战国时期楚国贵族曾侯乙使用的全套金编钟更是多达64枚。作为宫廷使用的编钟,一般为16枚一套。

这套清代乾隆时期制作的金编钟,共有16枚,全部用黄金铸成,共使用黄金13600多两。各钟的律名从低到高依次为"倍夷则、倍南吕、倍无射、倍应钟、黄钟、大吕、太簇、夹钟、姑洗、仲吕、蕤宾、林钟、夷则、南吕、无射、应钟。与早期的编钟不同的是,这套编钟外形大小相同,圆体,腰径稍大,下口平齐,以周壁的厚度来调节音高。据《清会典图》记载:编钟外高清尺7寸4分4厘9毫(约合今23.8368厘米),上、下外圆径各为清尺5寸3厘9毫(约合16.1248厘米)。其重量,发音最低的倍夷则,重清秤179两7钱(约合今4703.034625克);发音最高的应钟,重清秤380两(约合今14316.68克)。编钟的上端是交龙纽,钟体阳刻二龙戏珠图案,衬以云纹和缠枝纹,开光面上,铸有阳文律名,背面镌刻"乾隆五十五年制"款。

作为古代中和韶乐的组成部分,金编钟分两层系以黄绒悬置于钟架上,进行演奏。中和韶乐是清代在庙堂、殿陛上使用的正规音乐,使用的乐器用金、石、丝、匏、木、土、革八种材料制成,与编钟同时使用的乐器还有镈钟、编磬、琴、箫、笛、笙、埙、建鼓、敔等60多件乐器,并有歌生4人。依照清朝规定,每逢皇帝即位、大婚、册立皇后,以及每年元旦、冬至、万寿节(皇帝生日)等日子,皇帝都要到太和殿举行朝廷中极为隆重的朝会仪式,接受文武百官和外国使臣的朝贺。届时,中和韶乐齐奏,而这套金编钟更是以其纯美、悦耳的音乐,为朝会典礼增加庄严肃穆、华贵神秘的气氛,成为显示帝王威严的重要礼器。

但是,1911年清王朝被推翻,继续盘踞在紫禁城内的末代皇帝溥仪,为了继续过着其骄奢淫逸的生活,不仅陆续转移出大批宫中文物,而且在1924年,经溥仪同意,他的父亲荣源与内务大臣绍英等人,将这套金编钟以40万元大洋的价格抵押给北京盐业银行,限期一年。但是,不久溥仪便被国民军逐出故宫,合同到期时,溥仪根本无钱将金编钟赎回,而且《京报》记者还将此事披露于报端。1932年,深怕惹事生非的北京盐业银行又将金编钟及其他文物一并转到天津盐业银行。

"七·七"事变后,日本特务机关得知天津盐业银行存有一批清宫重要文物后,便威逼盐业银行经理陈亦侯。为避免金编钟落入日本人之手,天津、北京两家盐业银行合作,在1940年春天的一个深夜,将金编钟秘密转移到英租界中街67号一个地下室内,门外又堆了八吨烟煤,以遮人耳目。转移后的第三天,日本军警便闯进天津盐业银行进行搜查,由于转移及时,他们一无所获,悻悻而归。

抗战胜利后,国民党特务在孔祥熙和戴笠的指使下,继续寻找金编钟的下落,并几次找陈亦侯盘问,但陈亦侯守口如瓶。蒋介石政府垮台以前,迫切需要收兑金银,以挽救其在经济上的崩溃和为战场上的作战提供资金。为此,国民党政府派人在天津的马路上到处张贴告示:检举者奖,隐匿者罚。这使与陈亦侯一并隐藏金编钟的北京盐业银行的胡仲文提心吊胆,虽然恐被检举,但却始终不肯向国民党政府屈服,他们冒着生命危险保护了这套金编钟的安全。

1949年1月15日,天津解放,胡仲文致函天津市文管会,代表盐业银行向人民政府献出了这套秘密保存近十年的金编钟。不久,这套稀世珍宝又被运回了北京故宫。

3. 宝云阁铜窗海外归来

宝云阁,俗称铜亭,位于北京颐和园万寿山佛香阁东坡,是一座仿木结构铸造的重檐歇山顶四方铜殿。宝云阁建于清乾隆二十年(公元1755年),系清朝帝后诵经念佛的场所,整个建筑通高7.55米,重207吨,四面菱花隔扇门窗,阁上的柁、柱、梁、檩、门窗、坎墙、脊瓦、走兽等构件及九龙匾额、对联都是以铜铸造而成,通体呈蟹青冷古铜色。宝云阁端坐在高大的汉白玉须弥座上,四面有台阶,造型精美,工艺复杂,是少有的文物精品。

宝云阁原有门窗二十扇,其中十扇铜窗于本世纪初流失海外,自那时起至今的近百年中,曾有多位中外人士为将铜窗归还中国而努力过,但因种种障碍而未成功。

1993年7月,美国国际集团友邦保险公司创办人斯达先生的基金会,出资51.5万美元,从一位法国收藏家手中购得铜窗,并无偿送还中国。1993年7月12日,10扇铜窗安全运抵颐和园。12月2日,有关部门在颐和园举行了铜窗安装竣工仪式。当时的国家文物局局长张德勤在安装竣工仪式上讲话说:

中国是一个有五千年文明史的文物大国,由于历史的原因,中国有许多珍贵文物散失海外,收复这些流失的文化遗产,是一代又一代炎黄子孙的迫切心愿。缘于错综复杂的原因,实现这个心愿还需要一个艰难的过程和一个不短的时间。惟其如此,才更显示出美国国际集团今天所作所为的难能可贵。它表现了一个著名公司的领导者对人类文化遗产的高度重视和不凡的鉴赏水平;表现了一个西方民族对一个东方民族情感的理解和对中国文物保护事业的支持;表现了一个伟大民族的伟大之处。

中国有句话说：黄金有价情无价，美国国际集团为购买铜窗所付出的金钱是可以计算的，但这一举动所产生的深远影响是难以估量的。美国国际集团不仅仅是送回了几扇铜窗，它同时向人们打开了一扇窗口，一个心与心相通的窗口。通过这个窗口我们看到了不同国家、不同种族、不同社会制度下的人们友好合作的新天地。

除上述以外，中国政府还从香港收回了唐代韩滉《五牛图》以及一些走私到香港被香港警方查获的文物，从印度收回了北京天坛流失的金编钟等，近年又从美国、英国收回了即将被拍卖的湖北被盗的战国铜敦及其他走私文物。

1997年7月23日，国家文物局召开新闻发布会，公布了我国加入《国际统一私法协会关于被盗或者非法出口的公约》，这使我国长期以来受到国际间文物走私活动的侵害并蒙受严重损失的局面，有望得到某种程度的改善，对今后通过非法手段和途径流失到境外的中国文物，将有权在75年内依法提出返还或归还。作为文物大国，中国是文物走私活动较为严重的国家，每年都有许多珍贵文物流失，由于没有足够的法律依据，在追回这些文物时困难重重。加入这个公约，有利于我国的文物保护工作，有利于加大打击文物盗窃走私犯罪活动的力度。同时，国家文物局负责人强调指出，中国加入这个公约，绝不意味着承认在本公约生效前任何从中国盗走和非法出口文物的行为是合法的，对本公约生效前被盗或者非法出口的文物，中国仍保留收回的权力。从此以后，中国政府收回流失海外的文物珍品，将有法可依。但由于历史的原因，很多文物的收回希望，又将是很渺茫的。

国内的一些博物馆和企业也在收回流失文物方面做了许多工作。如上海博物馆积极抢救境外流散文物，或有境外同胞购

买捐赠,或亲自前往购买,从香港收回了许多文物珍品,包括:

西周冒鼎

1991年收回。此器垂腹,柱足,立耳,腹饰一周龙纹,以细浅的雷纹为地纹。器内有铭文6行43字,记载了晋侯命令冒的武将追击北方入侵敌人,并在倗将敌人击败。不仅是至今发现的惟一记载晋侯因军功而赐命的器物,也是发现的最早的铸有长篇铭文的西周时期晋国器物。

吴王夫差盉

1995年收回,春秋晚期。盉身呈扁圆形,通体饰以变形龙纹,腹部有一短而曲折的龙头流,底部有三个兽形足。肩部有一条弧形提梁,由无数条小龙相互纠缠交结而成。肩上刻一周铭文:"敢王夫差吴金铸女子之器吉"12个字。吴王夫差在位22年,传世遗物已发现有二十多件,但都是水器和武器,青铜礼器仅此一件。

晋侯苏编钟

原为山西曲沃县北赵村出土,共16件,高52～22厘米不等,均为甬钟,可分为两组,每组8件,共有铭文355字,记录了西周王朝征伐东夷这一史书未曾记载的战争,弥补了史书之不足。晋侯苏编钟在出土后不久被盗,2件较小的侥幸留下,其余14件被走私到香港,上海博物馆得知后,从香港将其购回。现在,此套编钟经过技术处理,仍可演奏。

其他还有1991年从日本市场上购回的保员簋、先日本古玩商一步购回的吴王光剑、春秋早期子仲姜盘及1992年购回的错金银鸟篆壶等,现均陈列在上海博物馆的"中国青铜器馆"内,供国内外人士欣赏。

1993年,一批战国竹简在香港市场上出现,日本、台湾和香港的文物收藏者和收藏机构都想获得。上海博物馆得知消息后,当机立断,先出资请香港中文大学教授张光裕先生分别购回第一批四百多枚、第二批五百多枚,一些香港友人又出资购回第三批二百多枚,使漂泊的战国竹简重又归来。

抢救祖国历史文物,避免其惨遭流失的厄运,是摆在社会各个方面有识之士面前的光荣而艰巨的任务。中国保利集团是中央大型企业集团,国家 53 个计划单列企业集团之一,在国家的支持下,保利集团开创了企业从海外大规模抢救祖国文物的先河。

保利艺术博物馆是中国保利集团下属的全国首家国有企业兴办的博物馆,所收藏的文物大都是从海外抢救回来的,以铜器、书画和石造像为主。这些文物同国家其他博物馆的藏品一样,都属于国有文物。

1998 年以来,保利集团相继从海外收集了一百多件青铜器,时代上至商周,下至汉唐。比较珍贵的有:

戎生编钟

一组 8 件,是目前发现的时代最早的一套编钟。通高 51.7~21.1 厘米,铸造工艺精湛,保存完整;钟体上铸有长篇铭文,计 153 字,对研究周代历史及音乐史、青铜器等具有极为重要的学术价值。作器者是西周中期晋国大臣戎生,铸造于晋昭侯六年(公元前 740 年),铭文记录了晋国派遣大批车队运输食盐前往繁汤交换铜料这一历史事件。铭文中"穆天子"一词的出现,将原已知的晋代提前了一千多年。

蟠虺纹编镈

是春秋时期按实用乐器制作的礼器,一套 4 件,通高 45~36 厘米不等,个体之大是春秋时期编镈中少见的。镈腔体呈合瓦形,上置双兽对峙繁纽;胎体厚实,装饰有蟠虺纹、蟠螭纹、蟠龙纹等纹饰,细密繁缛。马承源、李学勤等专家均给这套编镈以极高的评价。

蟠螭纹鼓座

为春秋晚期或战国早期的"建鼓"鼓座,高46.5厘米,底径63厘米,形似膨起的圆盖,底部中空,上装饰有细密精致的蟠螭纹等7层纹带。形体较大,保存完好,座的接口、座身、铺首衔环等为先分铸再接铸,其中接口等处以失蜡法工艺制作,工艺繁复而高超,是春秋战国时期青铜器铸造工艺的代表性作品。

应国再簋

是西周中期诸侯国应国的遗物,通高22.5厘米,作者叫"再"。器形如同战国及秦汉时期的奁形尊,上为盖,器体上装饰有长尾鸟纹、三角云纹等,两耳间有两个高浮雕兽首。盖和内底有相同的铭文6行57字,是目前所知应国铜器上铭文字数最多的一件。铭文记录了在周历十一月丁亥,周王来到胡国,赞美应国公室和成员再,赏赐给再贝30朋,马4匹。为纪念此事,再特作此器,永远祭祀不忘。

王乍姜氏簋

是西周时期周王的后妃姜氏所作的青铜器,口径20厘米,通高25厘米,器身两耳兽首伏贴,圈足下附三只兽首小足,通体饰夔龙纹,盖内和器底有相同的2行6字铭文:"王乍(作)姜氏隣(尊)"。此类器物存世一般比较少,因此非常珍贵。

此外,还有镶嵌鸟兽纹壶、镶嵌蟠螭纹铜扁壶。

关于中国文物的沧桑历程,已经引起社会的广泛关注。我们期待着中国的强大,期待着中国文物被掠夺的悲剧不再重演,期待着流失海外的中华文物精品能回归祖国。

尽管流失文物的回归是艰难的,但我们都应为此而努力!

后 记

我首先想说的是，以往写作任何文章，我的心情都没有像写这本《国宝劫难备忘录》时那样沉重。

大概是在 1986 年前后，我开始对中国古代、近代、当代的文物流失和破坏情况日趋关注，陆续搜集了一些资料，做了一些笔记。本来只准备积累资料为工作方便之用，后来，许多朋友都说，将资料整理出版是一件很有意义的工作。尤其是文物出版社决定出版本书后，我受到了极大的鼓舞。1998 年初，我不揣才疏学浅，开始了正式的整理和写作。然而，日常工作忙碌，头绪繁杂，不容我一气呵成，今日一点，明日一点，拉拉杂杂，旷日经年，才拿出了一份初稿。

在通读整理出的稿件的时候，轻松之余，我又感到了许多的遗憾，特别是：这是一本书吗？堆积资料之嫌处处可见，缺乏研究与深度，对很多内容都是浅尝辄止。但交稿时限在即，遗憾在暂时是不能弥补了。或许有一天，我会推倒重来，我这样劝告与安慰自己。我权且把它作为一项基础性的工作。

我虽然心中有些惴惴不安，不知本书将得到怎样的评价甚至非议，但我对文物事业确实有一种特殊的感情，愿意努力为之付出全部。我真诚地希望，本书的出版，能使更多的人们警醒，积极投入到保护我们祖国的历史文化遗产的神圣事业中；我也奢望,能唤起那些利用文物为个人赚取金钱的人,改邪归正;我还奢望,那些流失海外的中国文物能回归祖国,在生产和制造它们的土地上大放光华。

国家文物局郑欣淼副局长是我崇敬的一位领导和长者,他在百忙之中抽暇为拙作撰写序言,使我感到了莫大的荣光,这也是对我的鼓励与鞭策,我在此深表感激之情。

最后,在本书付梓之际,我对文物出版社在本书的编辑出版过程中给予的大力支持和帮助,表示诚挚的谢意。同时,书中引用了许多他人著作或文章中的资料,恕没有一一列出,在此一并致谢。

张　健

2000年3月　于北京团结湖陋居

主要参考资料

〔汉〕司马迁《史记》。
〔晋〕葛洪《西京杂记》。
〔晋〕王嘉《拾遗记》。
向达译《斯坦因西域考古记》,中华书局,1941年6月。
孙殿起《琉璃厂小记》,北京出版社1962年12月。
范文澜等《中国通史》,人民出版社,1978年6月。
朱剑心《金石学》,文物出版社,1981年9月。
王威《圆明园》,北京旅游出版社,1983年12月。
卢燕《丝路文物被盗记》,新华出版社,1984年10月。
孟繁峰等《古莲花池》,河北人民出版社,1984年11月。
于善浦《清东陵大观》,河北人民出版社,1985年5月。
《中国历史文化名城词典》,上海辞书出版社,1985年12月。
《中国大百科全书》考古卷,中国大百科全书出版社,1986年8月。
陈宝荣《清西陵纵横》,河北人民出版社,1987年6月。
国家文物事业管理局主编《新中国文物法规选编》,文物出版社,1987年10月。
马承源主编《中国古代青铜器》,上海古籍出版社,1988年7月。
苏健《洛阳古都史》,博文书社,1989年12月。
刘北汜《故宫沧桑》,紫禁城出版社,1989年12月。
杨仁恺主编《中国书画》,上海古籍出版社,1990年5月。
安平秋、李培恒主编《中国禁书大观》,上海文化出版社,1990年11月。
何本方、岳庆平主编《中国宫廷知识词典》,中国广播出版社,1990年11月。
王建辉、易学金主编《中国文化知识精华》,湖北人民出版社,1991年1月。
陈重远《古玩史话与鉴赏》,国际文化出版公司,1992年3月。
杨仁恺《国宝沉浮录——故宫散佚书画见闻考略》,上海人民美术出版社,1992年5月。
刘玉珠等《文化市场管理指南》,海洋出版社,1992年12月。

董耀鹏、张健《警民奋力护国宝》,中国致公出版社,1994年6月。
《中国大百科全书》文物博物馆卷,中国大百科全书出版社,1995年1月。
文渊阁《四库全书》(原文电子版),武汉大学出版社。
《故宫博物院院刊》、《紫禁城》、《敦煌研究》、《故宫文物月刊》(台北)、《文物天地》、《收藏家》、《中国珠宝首饰》、《文物工作》、《中国文物报》、《北京日报》、《北京青年报》、《中国法制报》。

封面设计　周小玮
责任编辑　张广然

图书在版编目(CIP)数据

国宝劫难备忘录/张健编著.—北京:文物出版社,2000.12
ISBN 7-5010-1230-X
Ⅰ.国… Ⅱ.张… Ⅲ.历史文物-史料-中国
Ⅳ.K87
中国版本图书馆 CIP 数据核字(2000)第 38049 号

国宝劫难备忘录

张　健

文物出版社出版发行
(北京五四大街29号)
http://www.wenwu.com
E-mail:web@wenwu.com
北京市美通印刷厂印刷
新华书店经销
2000年12月第一版　2000年12月第一次印刷
850×1168　32开　印张:13.5
ISBN 7-5010-1230-X/K·512　定价:29.00元